全国政协经济委员会副主任、国务院发展研究中心原副主任 **刘世锦**

河钢集团党委书记、董事长 **于勇**

重庆小康工业集团股份有限公司董事长 **张兴海**

中国工程院院士、阿里云创始人 **王坚**

小鹏汽车董事长兼首席执行官 **何小鹏**

爱驰汽车联合创始人兼总裁
付强

国投创新投资管理有限公司董事总经理
李钢

腾讯公司副总裁
钟翔平

百度副总裁、智能驾驶事业群组总经理
李震宇

博世（中国）投资有限公司执行副总裁
徐大全

赵福全研究院·汽车产业战略系列⑥

汽车产业创新

赵福全　刘宗巍　胡津南　马青竹　**编著**

机械工业出版社

本书是"赵福全研究院·汽车产业战略系列"的第六册,书中集中展现了"赵福全研究院"第十三季、第十四季的10场高端对话,记载了赵福全院长与刘世锦、于勇、张兴海、王坚、何小鹏、付强、李钢、钟翔平、李震宇和徐大全10位汽车行业的企业家、技术专家就汽车产业创新开展的高端对话与探讨。

本书从产业创新总论、产业管理、企业战略、技术战略、融合创新5个方面对汽车产业创新进行了系统的阐述;并对宏观经济环境变化、产业创新的新机遇和新挑战、产业创新的方向和重点、汽车产业创新的本质等问题进行了剖析;从总体创新战略、汽车产品改变、新创车企发展、研发和制造创新、销售和服务创新对企业战略展开论述;从电动化创新、网联化创新、智能化创新对技术战略进行了解读;从零部件供应商、基础材料企业、互联网公司、资本和人才等角度对融合创新进行了探讨。

本书适合汽车行业及相关行业的企业管理人员、研究人员阅读参考。

图书在版编目(CIP)数据

汽车产业创新/赵福全等编著. —北京:机械工业出版社,2020.9
ISBN 978-7-111-66389-8

Ⅰ.①汽… Ⅱ.①赵… Ⅲ.①汽车工业-产业发展-研究 Ⅳ.①F407.471

中国版本图书馆CIP数据核字(2020)第157962号

机械工业出版社(北京市百万庄大街22号 邮政编码100037)
策划编辑:赵海青   责任编辑:赵海青 王 婕
责任校对:炊小云 潘 蕊 责任印制:孙 炜
保定市中画美凯印刷有限公司印刷
2020年10月第1版第1次印刷
169mm×239mm·29印张·3插页·417千字
0 001—3 000册
标准书号:ISBN 978-7-111-66389-8
定价:99.00元

电话服务   网络服务
客服电话:010-88361066   机 工 官 网:www.cmpbook.com
         010-88379833   机 工 官 博:weibo.com/cmp1952
         010-68326294   金 书 网:www.golden-book.com
封底无防伪标均为盗版   机工教育服务网:www.cmpedu.com

有一种对话：酒逢知己，不吐不快

付于武
中国汽车工程学会名誉理事长

作为凤凰网汽车"赵福全研究院"被采访的嘉宾之一，同时也作为一位汽车行业的老兵，我在过去 50 余年里一直参与汽车产业的发展，也见证了最近 20 多年来中国汽车工业的腾飞。我有很多感触想和大家分享。

实际上，中国汽车产业从来没有面临像今天这样的历史机遇。同时，也从来没有面临像今天这样的严峻挑战。机遇来自于我们连续稳居汽车产销规模世界第一，也来自于中国制造业转型升级，更来自于当前席卷全球的新一轮科技革命，整个世界的汽车产业都重塑其中。作为后来者，中国确实迎来了千载难逢的赶超机会。

但与此同时，挑战也是空前的。能源、环境、拥堵、安全四大制约因素日益凸显，对汽车产业的可持续发展构成了现实挑战，尤其对于"跑步"进入汽车社会的中国，更是如此。尽管中国汽车产业取得了长足的进步，但总体上依然大而不强，这一点集中体现在本土自主品牌汽车企业的弱势地位。

汽车对于中国，意味着国民经济的支柱与先导、制造强国的载体与抓手，汽车强，则制造业必强；意味着 14 亿人民的便利出行和社会资源的顺畅流通，是不可或缺的交通手段，也是新一轮城镇化进程的战略支点；意味着民生福祉的提升和稳定的内容，享受汽车生活是众多百姓心中的"中国梦"。因此，中国汽车人责无旁贷，必须把握机遇、应对挑战，突破制约因素，做强本土企业，让汽车为国家和人民做出更大的贡献。

在这种情况下，行业内外的众多同仁都在思考应该如何加快做强汽车产业和建成健康汽车社会。总结历史，理清现状，展望未来，寻求突破，可谓正当其时，而且异常紧迫。

然而汽车产业实在太过复杂，牵涉广泛，各方的观点往往莫衷一是，甚至大相径庭。整个行业可以说不乏各种交流与讨论，各类论坛、研讨会比比皆是，但是我觉得最需要的，可能还是真正由专家提问、专家解答，在深层次碰撞思想、凝聚共识的一个平台。在这个平台上，大家可以充分交流、畅所欲言，类似老友聚会的一种形式。

而凤凰网汽车"赵福全研究院"就找到了这种形式，搭建起了这个平台，应该说这是一种了不起的独创，体现出了凤凰网汽车追求高端的自我定位以及具有前瞻思维的战略眼光。而我也有幸受邀参与其中，在交谈中，确实有深刻的问题和专业的互动，让我把自己心中所想有条理地和盘托出，也让我真正感受到了"酒逢知己"、不吐不快的畅怀。我觉得这种机会太难得了，这个平台太重要了！

栏目上线后，我得到了很多领导、专家从不同层面的反馈，与我的感受一样，大家对该栏目都给予了极高的评价，更有很多人建议将这些讨论进一步系统整理成册，发挥指导行业发展的更大作用。令人欣喜的是，凤凰网顺应了大家的需求，在机械工业出版社的大力支持下，开创了网络媒体反向借助纸质媒体，进行持久传播和记载历史的新纪元。每年两季的访谈内容，经过作者的认真总结和系统梳理，形成了"赵福全研究院·汽车产业战略系列"丛书，逐年推出。

在此，利用这个机会我想对凤凰网汽车策划和发起这件事情的所有领导、同事表示由衷的感谢和赞赏。感谢凤凰网汽车"赵福全研究院"项目组的全体同志认真策划选题，积极邀约嘉宾，把各项工作进行得井井有条，让这个构思逐渐细化和完善起来。

同时更为受邀担任主持嘉宾的福全院长点赞！福全是我的老朋友了，也是各位受访嘉宾的老朋友。他是有着特殊代表性的行业翘楚，无论海外还是国内，技术还是管理，产业还是学术，都有独特的经历和深厚的积淀，也是大家公认的汽车界金牌主持人。有他的担纲掌舵和亲力亲为，这一场场极具价值的巅峰对话才得以如此精彩纷呈、振聋发聩。还有福全长期栽培的小刘（刘宗巍）博士，多亏他的专业整理和文字功底，才让如此思想盛宴清晰顺畅地跃然纸上。

也对所有参与访谈的嘉宾、出版本书的机械工业出版社以及关注支持凤凰网汽车"赵福全研究院"栏目和"赵福全研究院·汽车产业战略系列"丛书的全体同仁们表示感谢，大家辛苦了。

我相信，这套集聚汽车业界顶级专家心声的系列丛书，将为国家建言献策、给企业指点迷津，其战略价值将历久弥新、不断彰显。我也希望凤凰网汽车的全体同仁以及福全院长能够百尺竿头，更进一步，把"赵福全研究院"这个高端对话栏目持续办下去，并不断总结成书。不仅会成为汽车行业深刻思想碰撞的平台、系统战略指导的源泉，也会成为中国汽车发展史的宝贵记录，记载中国做强汽车产业的艰辛历程和中国汽车人的拼搏与探索！

谢谢大家。

媒体定位与内容价值

刘 爽

凤凰网汽车新媒体首席执行官、执行董事
凤凰卫视有限公司运营总裁

高端对话栏目"赵福全研究院"自2014年4月正式推出，之后以每年两季的速度有序展开，得到了海内外众多同仁的持续广泛关注和积极反馈。

通过这个栏目，各位专家以和赵福全院长对话的形式，把多年沉淀下来的真知灼见倾囊托出。除了在凤凰多媒体全面推送以外，我们还将访谈内容进行深度加工，编撰形成了"赵福全研究院·汽车产业战略系列"丛书，每年向行业奉献这样一册饱含珍贵观点和意见的建言书。

有很多人曾问我，在互联网时代，每天产生的信息数以亿计，辛辛苦苦做一个系列的纸质书籍究竟意义何在？我觉得这是一件非常严肃，而且很有必要的事，在这件事上我们未曾有过一丝的怠慢。

值此全球制造业转型与中国经济调整的关键期，如何加快做强汽车产业和建成健康汽车社会，一直都是倍受热议的话题，有过讨论，当然也不乏争执。

作为媒体，凤凰网汽车希望搭建一个具有公信力和影响力的平台，汇聚行业观点，进行思想碰撞。"赵福全研究院"正是顺应了这一重要需求,致力于打造汽车界的"老友记",努力为行业最核心的疑问寻找答案。为中国做强实体经济,推动汽车这一支柱性产业的可持续发展,贡献我们的力量。

这是一个信息爆炸同时知识碎片化的时代,虽然我们能更快地接触到最新的信息,但在深度关注某一具体领域时,太多的信息和线索反而带来了麻烦。如何串联这些信息,才能使我们在面对这个时代时,可以更清晰地把握脉络?这个时候,论述严谨、观点翔实,更专注于内容本身的书籍,就成为更好的选择,我想这也是"赵福全研究院·汽车产业战略系列"丛书的最大意义。

在这样一个信息多终端的时代,我们当然希望依靠内容差异性和稀缺性抢占先机,但与此同时,凤凰网作为媒体,始终在思考如何让受众可以更专注于好的内容。好内容的意义在于,首先要去伪存真,使媒体保持公信力和权威性;其次要启人心智,推动社会的发展和产业的进步。我们相信,优质的内容永远是受众最需要的,也永远是媒体的原点。

最后,在本系列又一本新书问世之际,我要特别感谢清华大学汽车产业与技术战略研究院院长赵福全教授的倾力付出,感谢每位做客"赵福全研究院"栏目的行业领袖和企业精英的全力配合,正是因为各位的共同努力,才有机会将"赵福全研究院·汽车产业战略系列"丛书不断付诸出版。

谢谢大家!

前言 Preface

自2014年正式推出至今，凤凰网汽车"赵福全研究院"高端对话栏目已经先后进行了57场访谈。在这个车界"老友记"平台上，各位重量级嘉宾和我一起碰撞思想、深度交流，为国家、产业和企业的发展建言献策。同时，应广大同仁的强烈要求，我们将该栏目的内容进行了深度"加工"，以精心修订的"高端对话"实录和提炼归纳的"论道车界"系统阐述，构成了"赵福全研究院·汽车产业战略系列"专著，按每年一册的速度出版发行，用书面形式沉淀智者心声、指引产业方向、铭记发展历程，得到了业界的广泛关注和高度认可。迄今，我们已经出版了《洞见汽车强国梦》《探索汽车强国路》《践行汽车强国策》《供应链与汽车强国》《汽车技术创新》五本专著。而今天呈现在大家面前的《汽车产业创新》，则是"赵福全研究院·汽车产业战略系列"丛书的第六本专著。

为了充分做好"汽车产业创新"这个选题，2019年我们精心策划了两季共10场高端对话。应邀参加对话的嘉宾有全国政协经济委员会副主任、国务院发展研究中心原副主任刘世锦，河钢集团董事长、党委书记于勇，重庆小康工业集团创始人兼董事长张兴海，阿里巴巴技术委员会主席、阿里云创始人、中国工程院院士王坚，小鹏汽车创始人、董事长兼首席执行官（CEO）何小鹏，爱驰汽车联合创始人兼总裁付强，国投创新投资管理有限公司董事总经理李钢，腾讯公司副总裁钟翔平，百度副总裁、智能驾驶事业群组总经理李震宇，博世中国执行副总裁徐大全。

参与访谈的领导、专家和企业领军人，基于多年的研究积累、产业实践及系统思考，毫无保留地分享了各自的真知灼见。我们谈及的话题非常广泛，全面涵盖了新时期汽车产业创新的各个核心问题，诸如宏观经济形势的变化及其对产业创新的影响，深度重构期中国汽车产业创新的本质、方向与重点，基于未来创新需求的产业管理升级与政策优化，贯穿研发、制造、销售及服务等各环节的新旧车企创新战略，面向产业"新四化"能力提升的汽车技术发展战略，以及包括整车企业、零部件企业、基础材料企业、互联网科技公司等不同主体和资本、人才等关键要素在内的融合创新之道。

嘉宾们对汽车产业创新的深刻认识与精辟阐释，对产业发展现状及未来演进趋势的详细解读与前瞻判断，为广大汽车从业者更好地开展产业创新管理、企业创新实践、产品创新定位、技术创新选择、商业模式创新尝试以及面向创新的投资评估、人才管理等，提供了具有深远意义和现实价值的重要参考。

当前，中国正面临世界百年未有之大变局，在国民经济转型升级、增长动能全面切换的全新历史时期，创新的重要性正日益凸显。而汽车作为国民经济的支柱产业和制造业中的集大成者，其创新突破不仅是产业自身由大到强的根本支撑，也是其他众多相关产业和领域协同发展的核心动力。在新形势下，做好汽车产业创新极具战略意义。

与此同时，汽车产业创新正面临与之前截然不同的新局面。一方面，中国汽车产业取得了长足的进步，逐渐由"跟跑"进入"并跑"状态，某些领域甚至开始迈入无可参考的"无人区"。因此，过去的"跟随创新"模式已经不适应产业发展要求，坚定实施"引领创新"成为未来的必然选择。另一方面，对于高度复杂的汽车产业而言，产业创新是一个综合的体系，更是一个纷繁的生态，只考虑某类主体、某个领域、某个环节如何做好创新是远远不够的，我们必须既有"单点"的正确策略，又有"全局"的通盘考量。特别是在新一轮科技革命驱动汽车产业全面重构之际，产业边界不断扩展且渐趋模糊，各方力量相继涌入，汽车产业的创新难度空前提高。这就给起步较晚的中国汽车产业带来了前所未有的战略机遇和严峻挑战。

受访嘉宾们一致认为，汽车产业创新发展之路势在必行，为此急需破解诸多难题，明确适宜战略。站在新时期的历史节点上，我们必须回归到汽车的本质来创新思考其未来发展，必须更加开放积极地大胆探索、勇敢尝试，还必须更有远见、也更有耐心。而汽车"新四化"，即"电动化、智能化、网联化、共享化"的持续深化，为我们进行全方位、系统性的产业创新指明了方向。

从发展理念上讲，汽车产业创新已经不是做与不做的问题，而是如何才能做好的问题，否则不仅汽车产业的发展不可持续，而且众多相关产业和领域也将受到严重制约。而创新需要大量投入，需要面对风险，特别是在初始阶段面对极强的不确定性时，勇气与智慧是至关重要的。因此，我们首先必须解决创新理念问题，要彻底摒弃投机思想，要包容并鼓励创新试错，更要支持并保护创新回报，由此才能在产业、企业和个人层面上，形成全面积极创新的共识和氛围，有效支撑创新能力的培育和创新价值的实现。

从产业趋势上讲，包括汽车产业在内的整个制造业都在发生深刻变革，呈现出由"制造"向"制造+服务"转型的发展趋势。在此前景下，制造业和服务业将合二为一，以制造支撑服务，以服务拉动制造。也就是说，未来只做好产品是不够的，只做好服务也是不够的，必须把两者有效地结合起来，在优质产品的基础上提供优质服务。对于汽车产业而言，这一方面意味着汽车产品制造价值链将向汽车出行服务生态圈转变，智能汽车产品和智慧出行服务将共同改变人类社会，并成为人们智能生活的重要组成部分；另一方面，融合多方不同力量的产业平台公司有望应运而生，最终成为集产业原始创新、组合创新与集成创新于一体的综合体系和价值载体。

从创新实践上讲，新时期汽车产业创新需要构建新认识，树立新观念，加大新投入，形成新能力。在此过程中，传统整零车企仍将发挥重要作用，信息与通信技术（ICT）企业及科技公司也将日益深度介入，各级政府也不再是传统意义上的产业管理者，而是不可或缺的生态参与者。唯有依靠"1+1+1"三方力量的有效分工和密切合作，才能推动产业的创新发展和转型升级。最终，相关参与方在"软件定义汽车"的发展前景下，围绕互联、数据和计算三大核心价值要素，打造出各自的特色竞争力，进而整合形成未来汽车的全新能力，实现每一辆汽车与每一种应用场景的实时互动和优化匹配，为人类提供更加便捷、高效、安全、舒适的出行服务。

  本书正是上述思想的集中展示和系统描述。从这个意义上讲，本书为中国汽车产业进一步提高创新能力，也为各类不同主体有效开展创新实践，提供了方向指引和策略建议。做强汽车产业绝非一日之功，做好产业创新更是必须长期坚持的方向，要让"创新驱动"战略在汽车产业真正落地生根，还需要各方的不懈努力和紧密协作。在此，希望本书的读者们，能够彼此互勉、共同前进！

  今后我们将继续努力，不断高质量地推出"赵福全研究院·汽车产业战略系列"丛书的新作品，为产业的健康发展贡献自己的一份力量。也请大家一如既往地支持我们。让我们共同见证中国汽车产业由大变强的壮丽征程！

清华大学汽车产业与技术战略研究院 院长、教授 赵福全

2020 年 4 月 23 日

目录 Contents

序一　有一种对话：酒逢知己，不吐不快　付于武
序二　媒体定位与内容价值　刘　爽
前言

第一部分　高端访谈

01　对话刘世锦
　　——试错的过程就是创新 /002

02　对话于勇
　　——轻资产是整车企业发展的方向 /019

03　对话张兴海
　　——第三次创业的底气和信心 /042

04　对话王坚
　　——汽车的移动性潜力远未得到有效释放 /061

05　对话何小鹏
　　——学费、曲线和初心 /093

06　对话付强
　　——时而天堂，时而地狱 /129

07　对话李钢
　　——企业不能实施所有的创新 /157

08　对话钟翔平
　　——做汽车产业转型的助力者 /176

09　对话李震宇
　　——发展自动驾驶要"三位一体" /208

10　对话徐大全
　　——产业的"战国时代" /235

第二部分　论道车界

一、产业创新总论 /268

01　宏观经济环境变化 /268
中国经济已转换到中速增长期 /268
经济增长新动能的五大来源 /269
经济新增长来源的三个特点 /272
绿色发展，有减法更有加法和乘法 /273
中国汽车产业还有很大发展潜力 /273
院长心声 /274

02　产业创新的新机遇和新挑战 /275
产业互联网将助力相关产业高效发展 /275
汽车产业孕育创新发展的空前机遇 /277
新一轮科技革命是技术体系的全面改变 /277
科技革命三个核心要素的本质及重要性 /278
汽车是体现科技革命核心要素的最佳载体 /279
中国汽车产业未来发展的开创性与驱动力 /281
院长心声 /281

03　产业创新的方向与重点 /283
中国开始在汽车产业变革的最前沿进行创新 /283
技术发展需要积累，企业创新必须坚持 /284
创新是一个环环相扣的生态体系 /284
不同创新主体之间必须有效分工协作 /285
互联网企业在汽车"新四化"中的机遇与挑战 /286
汽车与互联网企业具有不同的优势 /287
汽车"大脑"是未来的战略制高点 /287

唯有云端计算才能满足未来汽车需要 /288
公有云和私有云之争的核心在于兼容性 /289
汽车将成为新一代移动互联智能终端 /289
无人驾驶将重新定义汽车产品、交通场景和生活方式 /290
未来汽车产业将形成全新的出行生态圈 /291
院长心声 /292

04 汽车创新的本质 /296
汽车的本质是解决移动性问题 /296
汽车的移动性优于地铁和公交 /297
汽车企业最应该解决的是堵车问题 /298
汽车无人驾驶尚未完全定义清楚 /298
从最基本的需求出发去解决最基本的问题 /299
改善移动性既需要单车智能也需要车队智能 /300
未来汽车必须被有效组织起来 /301
互联网将改变汽车的结构和形态 /302
汽车和互联网产业需要深度整合 /302
汽车智能化将提供更加轻松便捷的出行 /303
院长心声 /304

二、产业管理 /307

01 发展回顾 /307
中国汽车产业的发展历程值得反思 /307
让市场来检验企业创新的成败 /308
从"引进驱动"到"创新驱动"是历史必然 /309
新时期自主创新必须摆脱路径依赖 /310
院长心声 /311

02 产业政策 /313
政府应清晰界定产业管理边界 /313
合理的机制是激发企业创新活力的关键 /314
新能源汽车产业政策不宜变化过快 /315

发展智能网联汽车需要企业与政府紧密合作 /316
政企各司其职，共同做好创新 /317
院长心声 /317

三、企业战略 /320

01　总体创新战略 /320
"舍"是战略选择的第一要务 /320
并购解决不了创新能力的问题 /321
走出最接近直线的曲线就是成功 /321
品牌以产品品质和先进技术为支撑 /322
平台开放是一种能力，目的是实现更大的封闭 /322
汽车企业走开放平台之路挑战巨大 /323
未来汽车产业变革的主战场在中国 /324
深耕中国市场是拓展全球市场的最好储备 /325
院长心声 /325

02　汽车产品改变 /329
未来汽车产业的核心是"以人为中心"的服务化 /329
软件定义汽车需要强大软件能力的支撑 /331
软件比重提升将重塑不同企业的合作关系 /331
未来汽车软件不太可能一家独大 /333
汽车操作系统未来必然走向集成化 /334
院长心声 /334

03　新创车企发展 /337
"新四化"拉近了新旧车企的起跑线 /337
发挥长板优势的同时必须有效弥补短板 /339
做汽车硬件的难度远高于做软件 /340
努力成为"硬件＋软件＋运营"的新车企 /342
传统车企也应借鉴新创车企的优点 /342
新创企业必须重新思考汽车产业诸多问题 /343
新创车企要活下去必须闯过三关 /344

努力解决创新过程中产生的新问题 /345
新创车企需要消费者、行业和政府的支持 /345
汽车产业最后的胜者一定是集大成者 /346
院长心声 /347

04　研发和制造创新 /351
整合性研发及其基础能力确保产品差异化 /351
用户群选择、系统性设计和基于用户数据的持续优化 /352
"新制造"是基于智能制造的新型商业模式 /353
面向智能制造需求重塑生产组织方式 /355
"智能工厂＋体验营销"的创新组合拳 /355
院长心声 /356

05　销售和服务创新 /358
新一代消费者需要"简单"的产品 /358
未来汽车消费需求将呈现"两极分化" /359
购车环节及用户连接体系的销售创新 /361
不影响与用户直接互动的新型加盟商模式 /362
建设服务运营体系，形成品牌口碑效应 /363
车企深度进入出行服务领域的时机尚未成熟 /363
出行服务的重点是如何用好车 /364
院长心声 /365

四、技术战略 /367

01　电动化创新 /367
发展新能源汽车是产业、市场和社会的多元需求 /367
新能源汽车是中国汽车市场的强驱动力 /367
电动汽车将逐渐建立起良好的口碑 /368
在电动汽车涉及的核心技术上有所取舍 /369
以创新来解决行业的新旧痛点问题 /370
充电基础设施最终要靠社会解决 /371
车企应思考适宜的技术方案来应对里程焦虑问题 /371

增程式电动汽车的优势尚未得到充分认知 /372
　　　　院长心声 /373
　　02　网联化创新 /375
　　　　车企有责任打造"永不失联"的汽车 /375
　　　　在线是汽车被有效组织起来的前提 /376
　　　　未来汽车将与 5G 网络深度融合 /377
　　　　打破品牌区分，建设数据 4S 店 /378
　　　　市场遇冷或促使企业重新思考数据价值 /378
　　　　院长心声 /379
　　03　智能化创新 /380
　　　　自动驾驶落地应用需要"三位一体"的通力协作 /380
　　　　智能汽车技术必须基于本土化开发 /381
　　　　不同地区的自动驾驶技术开发存在差异性壁垒 /382
　　　　开放技术有助于企业形成核心竞争力 /382
　　　　自动驾驶将在特定场景率先实现 /384
　　　　车机和手机不是竞争关系，应该并行发展 /384
　　　　五年之后，车机功能将趋于完善 /386
　　　　获取"黄金数据"对自动驾驶模型至关重要 /386
　　　　互联网公司将助力车企做好信息安全 /387
　　　　三种机制有效平衡数据隐私和数据共享 /388
　　　　院长心声 /388

五、融合创新 /391
　　01　零部件供应商 /391
　　　　产业变革给零部件供应商带来重大影响 /391
　　　　传统汽车供应商可以为车辆及出行服务进行技术赋能 /392
　　　　企业转型必须兼顾眼前业务和未来发展 /393
　　　　战略性投入即使不确定回报也要坚持 /394
　　　　面向产业变革趋势进行前瞻布局 /394
　　　　基于自身优势开展更广泛的合作 /396

  未来汽车供应体系将趋向扁平化发展 /396
  汽车产业正在进入群雄割据的时代 /397
  院长心声 /398

02 基础材料企业 /400
  材料企业应为汽车产业提供更高价值的产品和服务 /400
  客户高端化是材料企业转型升级的重要支点 /401
  材料供应商在增材制造领域具有优势 /402
  院长心声 /402

03 互联网公司 /405
  汽车和互联网产业正在相向而行、相互改变 /405
  互联网公司将帮助汽车企业全面提升服务能力 /406
  互联网公司要为进军汽车产业打造新能力 /408
  进入产业互联网需要考虑共性需求和自身优势 /409
  面向最基本的用户需求进行大胆创新 /410
  构建人车互动的外部服务生态 /411
  软件能力与连接规模至关重要 /413
  品牌差异化将体现在不同的服务方案上 /413
  支撑品牌特色的服务应由车企来定义 /415
  院长心声 /416

04 资本与产业创新 /420
  借助外部资源加快创新发展 /420
  资本将为产业创新提供全程助力 /421
  国家基金重点培育标杆企业和产业生态 /422
  专业化管理是资本有效发挥作用的前提 /423
  院长心声 /423

05 人才与产业创新 /426
  汽车产业需要方方面面的优秀人才 /426
  人力资源管理体系需要在继承中创新 /426
  企业转型期更需要重视人才作用 /427
  院长心声 /427

附 录 嘉宾简介

一、凤凰网汽车、主持嘉宾及本书作者 /432
  01 凤凰网汽车 /432
  02 主持嘉宾及本书作者 /433

二、第十三季"赵福全研究院"嘉宾简介 /436
  01 刘世锦 /436
  02 于勇 /437
  03 张兴海 /438
  04 王坚 /439
  05 何小鹏 /440

三、第十四季"赵福全研究院"嘉宾简介 /441
  01 付强 /441
  02 李钢 /442
  03 钟翔平 /443
  04 李震宇 /444
  05 徐大全 /445

第一部分
高端访谈

01 对话刘世锦——试错的过程就是创新

赵福全：凤凰网的各位网友，大家好！欢迎大家来到凤凰网汽车"赵福全研究院"高端对话栏目。我是栏目主持人，清华大学汽车产业与技术战略研究院的赵福全。今天，我们非常荣幸地请到了全国政协经济委员会副主任、国务院发展研究中心原副主任刘世锦。刘主任，欢迎您，请和大家打个招呼。

刘世锦：各位凤凰网的网友，大家好！

赵福全：刘主任，您在国务院发展研究中心工作多年，退下来之后又在全国政协经济委员会担任副主任，作为国家顶级智库的核心专家，多年来您对中国的政治、经济以及产业发展可谓了如指掌，尤其是在国务院发展研究中心担任领导期间，我知道您对汽车产业进行了大量的研究。而今天我们交流的主题正是"汽车产业创新"。

改革开放40年来，中国发展很快，方方面面都取得了巨大的进步。时至今日，整个世界格局正在发生重大变化。而中国在取得翻天覆地发展成绩的同时，也面临着新一轮发展进程中的各种问题和困难，包括环境污染的问题、劳动力成本上升的问题以及创新能力不足的问题。因此，无论是国家、地方，还是产业、企业，都在探索如何转型升级。这种转型升级既是主观上的愿望，更是客观上的需求，因为如果不能成功转型升级，就不能确保未来的可持续发展。

在本轮转型升级的过程中，国家明确提出要从"量"的发展向"质"的发展转变，要从"跟随式创新"向"引领式创新"转变，要从旧动能向新动能转变。那么，您觉得中国为什么要转型升级？转型升级的最大难点在哪里？请您和广大网友分享一下真知灼见。

刘世锦：这是一个很大的话题，需要先简单描述一下中国经济目前的状态。因为谈到转型，一定要搞清楚我们从哪里来，要到哪里去。

中国经济经历了三十多年的高速增长，从2010年一季度开始逐步减速，到2019年为止已经有9年的时间了。对于这样一种变化，我们应该怎样看？业界也有一些不同的说法。有人认为是周期性的波动，也有人认为主要是受到外部的冲击，但是我们的研究团队总体上认为，这是增长阶段的转换，即中国经济正在由过去10%左右的高速增长期转变为目前的中速增长期。

为什么会发生增长阶段的转换？我们认为主要有三个方面的原因：

第一，一些重要产品的需求已经达到峰值。中国经济过去的高增长，主要依靠高投资拉动，集中在三大需求上：房地产投资、基建投资和出口投资。而这三大需求相继出现了历史峰值。工业化和城镇化发展是一个几十年甚至上百年的持续过程，目前看来，中国各种主要产品需求量最高的峰值点，也就是增长速度的峰值点已经达到了。

第二，现有技术的潜力逐渐减小。我们过去的高速增长主要是利用人类社会已经发明的科学技术，这些技术中的大部分我们现在都已经应用了，后续必须从新的科学技术中寻找发展动力。

第三，中国劳动力的数量和结构发生了很大变化。从2012年开始，中国15~59岁的劳动年龄人口总量开始下降。最近一两年下降速度仍在加快，我看到的统计数据是2018年比2017年减少了470万人。而且从2018年开始，就业人数总量也开始下降。

正是由于上述的一系列原因，中国经济必然要由高速增长转向中速增长。这样一种增速转换，当年的日本、韩国都经历过。这样的变化是正常的，也是符合规律的。当然，我们要适应这个过程也不容易，很多人还是很怀念高增长的那个时期，总想着我们能不能再回到高增长的阶段。但是，我们还是要理解并顺应经济发展的客观规律。

进入中速增长期，这是大势所趋。从经济增长阶段转换的过程来看，从2010年一季度开始减速，到2016年三季度初步触底。最近两年，基本上处在中速增长平台的平稳期，再往前走，我们认为中速增长的速率还会有所下移。预计中国2019年和2020年还能保持6%以上的增长速度，

2020年以后就会在5%~6%，或者5%左右徘徊，这都是正常的。

赵福全：在这样的中速增长期，我们必须寻找到新的增长动能。那么，您觉得我们的新动能到底是什么呢？

刘世锦：如果保持5%~6%的增长速度，那么原有的增长动能，像我刚才说的基建、房地产、出口等，驱动力就不像过去那样大了，因为需求的历史峰值已经过去了。当然，这些领域可能对中国的存量经济作用还比较大，但是对增量经济的贡献已经不大了。这些领域的增量不像以前那样大，意味着整个增长的格局将发生变化，因此中国经济下一步的发展一定要有新的增长动能。新的增长动能究竟是什么呢？我们做了一些研究，认为新动能主要有三大来源：

第一个增长来源，低效率领域的潜力。我们还有很多低效率的领域，可以继续提升效率，或者也可以说是进一步挖掘潜力。在这么多年的高速增长之后，中国实际上还是有不少低效率的洼地。

第二个增长来源，是中国低收入阶层的收入增长和人力资本的增值。现在，中国一线和二线城市大约有3.6亿人，这些人的生活状况已经与发达国家相当接近了，或者说已经达到了发达国家的水平。但是在一二线城市之外，中国还有10亿人口，他们完全是另外一种状况。我们日常会碰到很多经常乘坐飞机的"空中飞人"，但有统计数据表明，中国还有10亿人口从来没坐过飞机。另外，还有5亿人没用过马桶。我记得二三十年前，我们住的房子都是筒子楼，厕所都是公共的，根本见不到马桶。后来有了独立的住房，有了单独的厕所并且装上了马桶，那个时候真的觉得很幸福。现在很多老百姓都在追求更好的马桶了，比如到日本去买智能马桶，可见人的需求提升是很快的。但是要记得，中国还有5亿人没用过马桶，这恰恰是我们的增长潜力所在。其实汽车也是如此，虽然很多人已经拥有过不只一辆汽车了，但是更多的人还在渴望着拥有汽车的生活。

如何让这部分低收入阶层快速提升收入，是增强中国消费能力和经济增长动力的关键点之一。从根本上讲，提升消费能力最重要的就是要提升收入水平，当然也可以通过再分配来助推，但主要还是要提升劳动者本身的能力，让他们创造并获得更多的财富，也就是实现所谓的人力资本增值。

第三个增长来源，是消费结构和产业结构的转型升级。最近两年有一种说法，说我们的城市里面的消费降级了，不少人开始吃方便面了，贵一点的东西买不起了。我认为这种情况可能也存在，但是不普遍。实际情况是一二线城市的 3.6 亿人，这么多年来一直在买各种各样的消费品，该买的都买得差不多了，因此这部分人在传统消费品上的购买需求开始逐步下降，表现为消费增长速度放缓。但是这部分人又产生了新的需求，主要是服务性的消费需求，例如医疗、教育、文化、娱乐、体育、养老、旅游等，这些方面的需求上升得很快。最近我看到一个统计，说中国一二线城市居民的消费总量中，服务性消费已经占到了一半左右，而且还在快速增长。从这个意义上讲，我们根本没有消费降级，只是消费结构在发生转变而已。

还要注意一个概念，也与汽车行业密切相关。我们一直强调制造业非常重要，但也有人认为从发展趋势看，服务业的重要性越来越高。看起来二者之间好像有点矛盾，甚至彼此冲突，但制造与服务其实是相辅相成的，在某种意义上甚至是一回事。因为服务业中有很大一部分是生产性服务，包括研发、设计、信息、金融、物流、商务等，这些服务恰好推动了制造业的转型升级。实际上，中国的服务业特别是生产性服务业发展好了，中国的制造业才有可能成功转型升级。

赵福全：这也是"工业 4.0"，即智能制造的核心，大规模定制化生产必然要把制造业与服务业彻底打通。

刘世锦：因此，不要把服务业与制造业的发展对立起来。现在的趋势是制造业服务化，或者说服务业制造化，这反映了两者之间的关联。

总体而言，在消费方面，服务性消费的比重将不断提升，尤其是生产性服务业的重要性日益凸显。为此，我提出了一个概念——知识密集型服务业，这将是我们下一步发展的重点。近些年来，中国的服务业发展很快，餐馆、酒店越来越多。但是生活性服务业与生产性服务业完全是两个领域，对知识、技术、创新以及管理的要求都不一样。过去一直有观点认为，服务业的生产率比较低，当经济转型到以服务业为主的阶段，全要素生产率一定是下降的，增长也会因此减速。其实，服务业的生产率并不一定低，像我刚才讲的知识密集型服务业，其生产率是相当高的。

第四个增长来源，是前沿性创新。改革开放40年来，中国也一直在创新，但在大多数时间里，至少前三十多年，我们做的主要是"适应性创新"或者称"数量型创新"。此前，人类历史上发生过几次技术革命，我们一直远远落后于发达国家。而这一次技术革命，情况有了很大的变化。在互联网、大数据、云计算、人工智能及数字化等前沿技术上，中国与发达国家的差距并不大，有些领域是并驾齐驱，一些领域甚至是局部领先。也就是说，我们已经开始接近全球科学技术发展的最前沿。华为的任正非讲过一句话，说华为已经进入了无人区，实际上中国科技事业整体也开始进入无人区了。

对于前沿性创新，中国还有几个独特的重要优势：一是我们人口多、市场大，新技术更容易形成盈利的商业模式，而商业模式反过来会带动技术创新；二是中国的产业配套能力很强。我看到一个案例，美国一家创新企业需要某种零部件，在硅谷怎么也找不到，后来到深圳华强北商业区一下就找到了。这些都是中国的优势，关键就看我们要如何把优势用好。总体来说，我判断在本轮数字技术发展以及数字技术对整个工业体系、流通体系和消费体系的改造进程中，中国很有可能会走到前面。

第五个增长来源，是绿色发展。对此，我想强调三个理念。首先，绿色发展包括但并不限于平常所讲的污染治理和环境保护，还包括绿色消费、绿色生产、绿色流通、绿色创新、绿色金融等。比如绿色消费，以后我们从早到晚、从头到脚的每一件消费品，都要问是不是绿色的，是不是环保的，对汽车更要如此。又如绿色生产，过去我们是先生产，然后再去治理污染，而现在要求生产过程必须是绿色的，不直接产生污染。再如绿色创新，这两年比较受关注的创新几乎都是绿色的，如果不符合绿色理念，根本就不敢拿出来，拿出来也不会有竞争力，社会不会认可和接受。最后是绿色金融，近几年绿色融资发展得很快，虽然起步晚，但中国绿色信贷的规模已经是全球最大了。前段时间我们开了一个研讨会，专门讨论今后绿色融资能发展到什么程度，会议最终达成了共识：十年以后，如果某项融资不是绿色的，就根本拿不到投资了。

赵福全：什么是绿色融资？是把绿色作为衡量投资价值的前提条件吗？

刘世锦：投资的产品必须符合绿色发展的标准，如果吸引投资的项目做不到这一点，就不够格了。也就是说，未来的投资必须都是绿色投资。

绿色发展已经是大势所趋，对此我们要有正确的理解。第一，绿色发展将形成全新的绿色生产体系。第二，绿色发展不是对传统工业化发展方式的简单修补，而是与之并行的新发展方式，在一段时间内两者相互竞争，最后绿色发展将会占据优势。第三，过去我们总是把绿色发展和经济增长对立起来，比如有人直接讲，绿色发展会影响经济增长，或者有人讲，我们应该如何处理好两者之间的关系，这其中暗含的意思是，环保的绿色发展一定会对经济增长有影响。

这个观念应该调整了，绿色发展确实需要治理污染，要做一些减法。但同时也是在做加法，像绿色生产、绿色消费等都是加法。特别是绿色消费，现在大家已经越来越愿意为绿色付费了，这是一个很大的转变，说明全社会的绿色需求已经出现了。说到底，绿色产业如果没有人愿意付费，是很难发展起来的。更进一步，如果说绿色生产、绿色消费是在做加法，那么绿色创新、绿色融资就是在做乘法。总的来看，绿色发展做减法的比重在不断减小，做加法和乘法的比重在日益增大。因此，绿色发展将成为消费和创新的驱动力，成为经济增长的新动能。

刚才讲了五大新的增长来源，可以支撑中国在中速增长期实现稳定、持续、有韧性的经济发展。这里我特别想指出，这五大增长来源具有三个特点：

其一，对体制、机制以及政策的要求明显提高。我刚才讲到，我们的基础性成本高，要降低成本就必须要改革。要让城乡之间的生产要素流动起来，也必须要改革。

其二，支柱产业效应将不再明显。过去一讲到增长，大家就会想到支柱产业，像基建、房地产和汽车都属于国民经济的支柱产业。这些产业是极大的增长来源，能够带动某个地区甚至整个国民经济的发展。但是五大新的增长来源，基本上都没有这种效应。虽然也会带动经济增长，形成若干热点，但不会在某一点形成那么大的带动力，而是以普惠的方式来发挥作用。

其三，这些新增长点都需要长期的培育和努力。不可能像过去那样立竿见影，只要建个开发区，引进个汽车厂，修一条高速公路或者高铁，有时候只需要几个月的工夫，整个地区的发展就大不一样了。今后这种事情基本上很难发生了。新的增长点需要我们认认真真、坚持不懈地努力，很可能好几年过去了，表面看起来也没什么变化，但积累到一定程度就会产生质变。因此，我们一定要有耐心，要有韧劲。

由于以上三个特点，中国五大新的增长来源对我们的机制体制以及思维方式都提出了很大的挑战。如果不切实进行转变，这些增长点很可能看得见却抓不着。

赵福全： 新时代需要有新打法。您谈起这个话题可谓如数家珍，因为进行过长期系统的研究与思考，而且您所处的位置也要求您有责任必须在国家层面进行这种战略思考。实际上，您讲的这五点在汽车产业上都可以得到了体现。

刚才谈到，改革开放四十年后，经济并不是简单的周期性波动，而是要进入到一个新的时期，增长率不可能一直像过去那样高。对此，大家必须有正确的心态，尽管不愿意看到，但事实是我们已经进入了"新常态"。

解决新时期的发展动能问题，我理解就是两个方面：一方面要把原来做过的事情，重新挖掘潜力，提升效率，这本身就是一种新动能；另一方面，要寻找很多新的机会，像您谈到的，绿色发展也是一个增长来源。新的机会当然也和原来的事情相关，但是一定有本质的不同。如果在寻找新机会的时候，还是沿用原来的思维模式和行为方式，那么很可能会错失机会，因此我们需要建立新的体制和机制来积极应对这种新变化。

改革开放四十年来，我们把一伸手就够得着的水果都摘得差不多了，现在并不是没有水果了，只是水果的位置更高了，需要有新的能力才能摘得到。正值我们必须要在深水区继续前行之际，恰恰赶上了新一轮科技革命的历史机遇，互联网将升级为物联网，在万物互联之后，大数据、云计算、增材制造等新科技都将给我们带来空前的新机会。国家相继提出的如"互联网+""人工智能+"、数字经济、共享经济等，都将成为未来经济发展和产业转型的战略机遇和制高点。

实际上，我们现在在很多方面已经走在了世界的前列，或者由于自身规模超级庞大等特点，无法再参照或跟随别国的发展路径，也就是进入了所谓的"无人区"。在这种情况下，抓住战略性新动能就变得至关重要。然而，目前的总体感觉是我们的落地工作还远远不够。那么新动能到底应该如何把握？怎样才能确保快速有效的落地？具体到汽车产业，我们又应该有什么认识和举措呢？

刘世锦： 汽车行业已经取得了很大的成就。目前中国汽车的产销量在世界上稳居第一，而且接下来还有很大的发展潜力。这个潜力来自两个方面：第一，假定本轮科技革命没有发生，我们只在旧有的延长线上看。最新数据显示，中国千人汽车保有量才160多辆，美国大概是800辆，日本约600辆，我们还是有很大差距的。正如我刚才讲到的，中国中低收入阶层还有10亿人，消费潜能非常大。即使达不到美国、日本的水平，就是千人保有量达到400辆或者500辆，中国汽车产业的发展空间也相当大。

当然，中国汽车产业的发展也是有规律、分阶段的。2018年，我国汽车产销量28年以来第一次出现了负增长，有些人就开始悲观了。其实不用悲观，该增速变化完全符合产业发展的客观规律。中国汽车产业的产销量，从2001年到2010年，年均增长率超过20%，属于高速增长；从2010年到2018年，年均增长速度降为5%左右，属于中速增长；接下来有可能会逐步过渡到中低速增长的阶段，这与经济发展总体趋势一致，是完全符合规律的。也就是说，我们的步子会逐渐慢下来，但长期来看继续前进的态势不会改变。作为发展中国家和后发追赶型的国家，中国和发达国家还有相当的距离，缩短这种客观差距本身就是我们的发展潜力。因此，追赶是中国汽车产业的第一个增长动力。

第二，目前发生了新一轮科技革命。新能源汽车、自动驾驶汽车、智能网联汽车、共享汽车以及新的商业模式纷纷涌现出来，给我们带来了新的发展机会。新机会的空间以及刚才讲到的追赶空间，两者合为一体，作用叠加，就为中国提供了宝贵的战略机遇。

也就是说，如果没有这场科技革命，我们只能在数量上追赶发达国家；而现在有了这场科技革命，我们不仅可以在数量上追赶，更有机会在质量上追赶甚至超越发达国家。实际上，中国市场规模巨大，技术也已经不像过去那样落后，面临新机会时，我们是有可能走到前面的。无论是"弯道超车"还是"变道超车"，这些名词本身的内涵和准确性可以讨论，但毋庸置疑的是，中国确实迎来了重要的发展机遇期。

赵福全：如果没有新一轮科技革命，就从产业本身的发展来讲，我们还有10亿人的经济收入比较低，他们也同样有汽车梦，有高质量出行的需求，这本身就是巨大的发展动能。

刘世锦：不仅是有梦想，而且更有实现梦想的权利。中国一向认为，人权最重要的首先是发展权。我们搞社会主义市场经济，搞改革开放，就是为了更好地实现中国14亿人民的发展权，让大家都能过上好日子。

赵福全：新一轮科技革命又带来了新的发展动能，两者相互叠加，并不是简单的 1 + 1 = 2，而是发生化学反应，带来质变。实际上，新一轮科技革命将给汽车行业带来全方位的变化，不仅仅是制造本身的变化，也不仅仅是产品和技术的升级，还将改变汽车的使用模式。刚才也谈到了共享经济，共享汽车就是其中最重要的应用领域之一。

作为国家智库的资深专家，您认为中国汽车产业机会很大，我想这对广大汽车同仁来说是一个鼓舞。不过从具体行动的角度来看，我们也面临巨大的挑战，因为这是一次重大、深刻、全面的重构。车子本身要造好，又要引入互联、智能的技术，这是两个完全不同的产业。此外，还需要改变基础设施以提供支撑。举个简单的例子，充电基础设施的问题，其实是能源从油切换为电的大问题，任何一个产业都无法单独解决，必须由国家出面，协同多个产业共同努力。

面对历史性的发展机遇，请您给中国汽车产业开一个方子。无论是支柱产业，还是制造业转型升级的载体、龙头和抓手，汽车无疑都是重中之重。那么，我们要怎样才能抓住这次战略机遇呢？

刘世锦： 回顾历史可以帮助我们理清未来的发展思路。中国汽车产业经过多年来的持续发展，目前产销量已居世界第一，但是我们的发展道路并不平坦。我认为，我们是需要反思过去的汽车产业政策的。一直以来，这其中都存在一个问题。主管部门的一些同志往往认为，既然美国、日本都只有三四家车企，全世界也就几大巨头，中国汽车行业不论怎样发展，最后最多也就剩下五六家大企业，那何不从开始的时候就控制企业的数量，然后让这些企业尽快做大，以免重复建设呢？他们觉得如果让很多企业共同发展，产业会很乱，会浪费很多资源，也没有什么好处。

过去的汽车产业准入政策就是按照这种思路设计的。但这些同志没有意识到，虽然最后可能就剩下五六家甚至两三家企业，不过在开始的时候我们没办法知道会是哪几家企业留下来。看看发达国家汽车产业的发展历史，能给我们很大的启发。美国最初的时候也有几百家汽车企业，最后剩下三大车企，这是经过激烈的市场竞争和兼并重组之后才逐步形成的。

这个过程是大浪淘沙、优胜劣汰的过程，也是培育和提升企业竞争力的过程，更是市场经济发挥调节和选择作用的过程。如果从一开始就规定若干家企业处于龙头地位，那么竞争力又从何而来呢？实际上，这反映出过去我们对市场经济的理解太肤浅，还是按照计划经济的思路来制定政策：既然最后可能就剩下三四家企业，就直接规定出来好了，完全没有考虑这些企业会不会有竞争力。

历史上，不只是汽车行业，其他行业也经历了这样的过程，因为都是从计划经济走过来的，一开始都是先搞定点生产。例如冰箱行业，有关部门曾经规定了40多家定点企业。现在中国冰箱产业已经很强了，但靠的并不是当初的定点企业,那些企业现在我们甚至连名字都想不起来了。如今做得好的企业,当年都还没成立,我觉得,汽车行业的情况也是如此。

因此,并不是中国人不行,也不是中国企业不行,关键还是没有让能干的人、能干的企业去做。虽然汽车行业在2018年出现了负增长,但部分自主品牌车企的表现还是不错的。现在发展得比较好的几家自主品牌车企,有多少是一帆风顺拿到资质的?说起来,很多企业拿到"准生证"的过程,都是一段不愿回忆的痛苦历史。我们一方面不愿意给民营企业进入汽车产业的机会,另一方面却对外资企业打开了大门,这是值得深刻反思的。

回顾这段历史,我想回答一个问题。有竞争力的产品,有竞争力的企业,究竟是从哪里产生出来的?答案应该是公平竞争的市场环境。如果我们从一开始的时候,就采取真正培育公平竞争市场环境的政策,特别是按照市场经济的思路放开准入,我想中国的汽车产业应该会比现在更有竞争力。

当然,有些事情确实需要国家来做,比如环保的标准、节能的标准、安全的标准,这些都应该由国家来管,并且要管好。但是什么样的企业有资格参与竞争,有必要管吗?为什么不能允许企业先把产品生产出来,然后检查是否符合标准,如果符合就允许上市,不符合就不允许上市呢?

其实,哪家企业的产品符合标准,哪家企业的产品更好,开始的时候谁都不知道,只有通过市场来检验,因此应该给企业尝试的机会。一定要明白,创新具有高度不确定性,即使最后拿出了好产品,那也是事后所知。政府不应该管哪家企业可以做,哪家企业不可以做。只要企业履行了注册的基本程序,满足了一些必不可少的社会性管理标准,对汽车行业来讲,就是环保标准、节能标准、安全标准等少数技术指标,就应该准许其进入市场。

有人说,汽车企业的生产运营要花很多钱,会造成很大的浪费。我认为,企业是在花自己的钱,自然清楚自己的风险和责任。如果说投资者对自己的钱不心疼,反而是政府主管部门更心疼,这种说法是站不住脚的。

现实情况是，一些有资质的企业，自己经营不下去了，居然还可以转卖生产资质。如果没有能力了，就应该吊销其资质，为什么还允许转卖呢？这样一来，资质不是变成了典型的寻租产品了吗？我知道，有些企业为了进入汽车行业，不得不转很大的圈子去购买资质。像这样的审批，对提高汽车行业的竞争力能起到作用吗？对于解决环保问题、节能问题、安全问题能起到作用吗？最后结果只是助长了寻租而已。

赵福全：在某种意义上，这也是行政审批权力在干预竞争，权力批准了资质，资质就值钱了。

刘世锦：过去的事情已经改变不了了，但我们应该总结经验和教训，这对下一步的产业发展是有借鉴意义的。简单地说，就是政府对该管的事情一定要管好，对不该管的事情一定不要去管。比如，发展新能源汽车需要配套的基础设施，这理应由政府来规划和推动。政府把基础和支撑性的工作做好了，剩下的事情就应该全面放开，让企业自己去做，让市场来进行选择。

像技术路线，政府就不应该去规定，这方面的教训太多了。汽车动力技术就是这样，这么多年来多次发生变化。很早的时候，美国认为燃料电池很有前途，我们马上跟进了一段时间，结果发现技术上还有很大的距离，短期内根本无法产业化；后来有一段时间热议柴油汽车，认为其节能和环保水平不错；之后是混合动力汽车以及插电式混动汽车；然后又变成了纯电动汽车；最近又说日本氢燃料电池技术很不错，热度开始上升。这中间经历了大量的反复和浪费。

其实，在我看来，政府最好别规定发展什么技术。最聪明的办法就是制定出环保、节能的标准，符合这个标准的，都支持；不符合的，都不支持。就是以中立的标准作为评价依据。技术路线选择本来就是企业自己的事情，有些企业选择对了，就会取得优势；有些企业选择错了，那就承担损失，直至退出市场。这就是市场竞争，要让市场来解决谁对谁错的问题。实际上，有些事情政府本来就做不了，即使政府有关人员非常聪明，非常有远见，也不可能解决未来创新过程中的不确定性问题。

赵福全：刘主任谈到的这点很重要，以前的事情我们后悔也没有用，但应该从中总结经验和教训。也就是说，过去付了的学费不能白交。比如技术支撑产品，产品最终由市场选择，因此就应该让企业自己决定技术路线，并为自己的判断买单。如果政府提前规定好技术路线，但是最终该技术支撑的产品并不受消费者认可，却让企业来承受损失，这是没有道理的。

刘世锦：政府只有一个，如果决策错了，整个产业的发展就会受到影响。而企业有很多家，如果有些企业决策错了，可能会因为缺少竞争力而被淘汰，但是从整个社会层面上看，损失相对比较小。更重要的是，那些决策正确的企业就会获得机会，推动产业继续发展。

现在有很多争论，例如BAT（百度、阿里、腾讯）应不应该做汽车？传统车企要不要自己做网联化和智能化？我觉得，国家就应该充分放开，让大家公平竞争。因为现在谁都不知道，究竟什么样的创新能够在未来取得成功，什么样的企业能够做成什么事情。只有发展到一定阶段，各方才能清楚地识别出自己的机会，做出明确的选择。有一点我们可以非常确信，那就是中国人和中国企业的创造力往往会超出想象。当前，中国在多个领域都出现了很多很好的技术、产品和企业，我们没有理由怀疑中国把握汽车产业战略机遇的能力。

赵福全：国家应该营造公平竞争、鼓励创新的市场环境。企业做得了的事情，政府不要过多干预，要鼓励新力量进入汽车领域，要让企业自己决定技术路线，自己选择商业模式。反过来讲，企业做不了的事情，政府也绝不能缺位，必须把责任担起来，这在产业全面变革的新时期是极为重要的，也是中国体制优势的体现。

刘主任，下面我们先来谈谈新能源汽车。应该说，中国新能源汽车产业发展到今天，总体上还是相当不错的，当然也还有很多问题。您觉得，新能源汽车应该如何抓住新时期的战略机遇，在未来取得更好的发展？

刘世锦：我刚才讲了，我们有两个机会相互叠加在一起。一个是追赶性的机会，另一个是新一轮科技革命带来的机会。对于后者，我们凭借市场容量大的优势，基于规模经济效应，完全可能率先形成成功的商业模式，再通过商业模式的成功，拉动技术创新的进步。在这方面，新能源汽车的发展过程已经有所体现了。

目前，中国新能源汽车发展很快，已经占到了全球产量的一半，而且这样的态势预计可以保持下去。说到后续的发展，其实就是刚才讲的原则，政府应该做好自己该做的事情，而不要去规定新能源汽车的技术路线。到底是发展纯电动汽车、增程式汽车，还是氢燃料电池汽车，应该让市场来选择。当然，在新技术的市场培育阶段，国家给予一定的补贴是需要的。国外也有类似的做法，这有利于产品快速进入市场，提升规模，降低成本。但是补贴政策需要认真设计，要充分考虑产业规律。不论是补贴进入还是补贴退坡，都要给生产者留出足够的时间，政策不能变得太快。比如补贴退坡是可以的，但至少应该提前一两年就告知企业退坡的标准，这样企业才能有一个相对稳定的预期，不至于来不及应对，也才有利于平稳地达成既定的政策目标。

赵福全：智能网联汽车的发展可能比新能源汽车更难，因为涉及面更广，相关问题更复杂。智能网联汽车既涉及汽车本身的智能化升级，也涉及交通和信息行业的协同发展，更涉及基础设施的同步建设，因为"聪明"的车必须跑在"聪明"的路上。此外，还涉及商业模式的创新，比如汽车共享。根据您的经验和判断，中国智能网联汽车应该怎样才能发展得更好？我们现在的主要问题，或者说瓶颈是什么？

刘世锦：这个领域难度确实比较大，因为需要很多不同的主体相互协同，需要政府、企业以及其他利益相关者有效协调和沟通。我觉得，中国在这方面也有一个优势，那就是我们的国家很大，很多地方政府的领导人想法是不一样的。有些地方可能相对保守，不想走在前面，想先看看别人推行的效果怎么样，然后再跟进。而有些地方对发展智能网联汽车是很积极的，而且这些地方具体的发展策略往往又不尽相同。

因此，建议企业首先要选好地方做试点，一定是领导人有积极性的，条件也相对比较具备的。试点肯定有不成功的，原因可能是技术问题，也可能是政策问题，这是创新不确定性的体现，是很正常的。一开始的时候，国家一定要允许尝试，允许多样化。试错的过程其实就是创新的过程。等到做过一轮以后，把错的去除掉，剩下的就是对的。只有通过试错，才能找到正确的路径。在这个过程中，我们就可以逐步摸索出一些比较可行的做法，包括制度、政策、标准等应该如何提供支撑。最终确认效果不错后，再逐步向全国推广。

赵福全：我们本季栏目的主题之所以叫"汽车产业创新"，就是因为在新一轮科技革命的影响下，产业的边界正变得越来越模糊，因此我们必须要探索跨界创新的新方法。原来的汽车产业就是整车企业和上游供应商、下游经销商，整体上是比较封闭的。新能源汽车的快速发展，带来的不仅是汽车动力系统的改变，也不仅是加油站向充电站的改变，而是整个能源供给与使用体系的改变。因为油和电的提供主体完全不一样，供给模式也不一样。油是需要运输的，加油站的建设肯定是选在繁忙的路段，特别是交叉点上，这样效率更高；电在城市生活中几乎无处不在，因此充电站可以进入小区，进入办公楼，甚至进入工厂里面，从而形成完全不同的新格局。而智能网联汽车的影响就更大更广了。

从产业大趋势上讲，不仅汽车产业，整个制造业都在发生深刻变革。当然，汽车产业涉及面更广，拉动力更强。实际上，整个制造业都在向"制造＋服务"转型，您刚才也提到未来制造业和服务业的增长并不是矛盾的。我认为，未来两者一定会合二为一，以制造支撑服务，以服务拉动制造，或者说为了服务而制造，也为了制造而服务。

未来中国经济增长和产业发展的动能转换，只靠造出好产品是不够的，只靠好服务也是不够的，必须把两者有效地结合起来，在优秀产品的基础上提供优秀的服务。特别是像汽车这样高度复杂、关联广泛的大产业，更要强调面向"制造＋服务"的多产业协同。从这个意义上讲，未来汽车产业创新必须要靠相关各方的分工合作，政府以及不同产业、不同企业之间要协同发展，大家一起做好汽车产业创新，进而带动整个制造业的转型升级。

刘世锦：汽车行业之前有一句话，叫作"汽车进入家庭"，这其实意味着汽车社会的到来。因为汽车带来的是整个社会的变化，而且未来有更多新元素加入以后，汽车对整个社会的影响将加倍扩展。在新技术、新模式广泛应用后，未来的汽车产品以及汽车社会或许会和我们原来想象的完全不同；汽车产业的边界可能也和现在完全不同，特别是汽车服务涉及的范围将更宽更广。这些变化将深刻地影响社会的方方面面。

在这个过程中，政府和企业应该扮演好各自的角色，要切实把创新做好、做实。只有这样，最终才会演化出我们现在还想象不到，但一定非常精彩、非常丰富的汽车产业创新，从而满足人民群众日益增长的美好生活需要，实现大家心中的中国梦。

赵福全：回到今天的主题，刚才您谈到，国家和企业转型都需要并且正在寻找新动能，而在动能切换的过程中，中国的机会很多很大，只是打法肯定和之前大不一样，需要我们具备新能力。为此，我们必须积极探索、大胆尝试，必须有效协同、融合发展，还必须比以前更有耐心、考虑得更长远，唯有如此才有可能抓住新机会。在这个过程中，我们先要改变理念，否则很难形成新能力，而没有能力就抓不住机会，抓不住机会就等于没有机会。

刘主任，最后请您展望一下，您觉得十年之后，完成了动能转换的中国汽车产业将会是怎样一幅图景？

刘世锦：十年以后，从人均汽车保有量角度看，可能会比现在有所增长，但也可能并不会增长得太多；因为有研究认为，共享汽车充分普及推广后，可以用数量少得多的汽车来满足同样的出行需求。从车辆能耗角度看，节能与新能源汽车会带来明显的改善效果。从智能网联角度看，汽车自动驾驶和智能交通管理会使出行拥堵和安全的情况得到很大改观，人们在车上的时间也可以得到更充分的利用，汽车不再只是出行工具，也将成为工作和生活的移动空间。从绿色出行角度看，绿色汽车能够满足人们多方面的需求。

但是，我们现在没办法把十年以后的事情完全想清楚，一定会有很多东西远超我们今天的想象。不过这也正是汽车行业的魅力所在，如果凡事都是在延长线上发展，这个产业哪里还会有如此大的吸引力！很多的未知正是需要我们去探索、去创新的空间。国家要做的就是把创新的活力充分释放出来，这样将来一定会出现比我们想象得更好的汽车产品、汽车企业和汽车社会。

赵福全：时间过得很快，转眼间已经和刘主任交流了一个多小时了。在今天的交流中，刘主任从"汽车产业创新"这个主题出发，和大家分享了很多真知灼见。中国经济已经进入了"新常态"，中速增长是我们必须接受的现实；但是中国仍然有巨大的发展机遇，不仅是曾经走过的路、做过的事还有潜力可供挖掘，更重要的是我们还有很多新的机会，包括刘主任总结的五大新增长来源；在新旧动能转换的过程中，我们必须进行体制机制改革，必须形成新思维，培育新能力，找到新打法，否则很难把握新机会。

汽车产业既是国民经济的支柱产业，又是涉及其他众多产业和领域的复杂产业，更是未来中国制造业转型升级的载体性和拉动性产业。中国想把握住本轮科技革命带来的战略机遇，一定要紧紧抓住汽车产业这个龙头，一定要把汽车产业的载体作用发挥到最大。为此，政府应当吸取以前的教训，给予市场更大的开放度和自由度，让各方都能有参与公平竞争的机会，通过优胜劣汰，实现产业做强。最终基于汽车产业创新，完成整个制造业的新旧动能转换，为中国实现可持续发展、人民圆梦美好生活，做出行业应有的贡献。

最后，正如刘主任所说，十年之后的汽车产业图景难以预料，但可以断言一定会有巨大的变化。当前，科技革命如火如荼，社会发展日新月异。如果现在就能把未来看得很清楚，产业也就没有太大的发展空间了。在探索未知的过程中，唯有不断努力把握机会，才有可能抢占未来的制高点。对此，我们应该有充分的信心。因为中国在本轮变革中的机会可能是最大的，同时中国人的创造力也是很强的。希望中国汽车产业能够不辱使命，抓住千载难逢的宝贵机遇，让汽车为中国人民乃至全人类创造更加美好的生活。谢谢大家！

02 对话于勇——轻资产是整车企业发展的方向

赵福全： 凤凰网汽车的各位网友，大家好！欢迎大家来到凤凰网汽车"赵福全研究院"高端对话栏目。我是栏目主持人，清华大学汽车产业与技术战略研究院院长赵福全。今天我们非常荣幸地请到了河钢集团（河北钢铁集团）董事长于勇，请于总和各位网友打个招呼。

于勇： 各位网友，大家好！很高兴和大家交流。

赵福全： 网友们可能比较了解汽车产品和品牌，但不大了解汽车零部件，更不关注汽车的原材料。实际上，汽车上大约70%的零部件都是整车企业从供应商采购来的，零部件的成本和品质决定着整车的成本和品质。而钢材作为汽车产品最重要的原材料之一，直接决定着很多零部件的成本和品质。一般来说，在一辆1.5吨的汽车上，各种钢材的质量占比约为70%~80%。钢材对于整车的影响巨大，例如钢材的价格影响汽车的成本，钢材的强度影响汽车的安全性能，同时钢材的可塑性、可成形性也影响着汽车的造型。很多人或许认为，汽车厂商从炼钢厂买来钢材使用即可，实际上远不是那么简单，像钢材这样重要的原材料，其技术进步会对汽车产业产生巨大的推动作用。因此，今天我们特别邀请于总来参加访谈。

今年我们栏目的主题是"汽车产业创新"，不同于企业创新或者产品创新，产业创新是一个更大的系统工程。汽车产业上游有供应商，下游有经销商。而钢铁企业就是汽车企业很重要的供应商，反过来讲，汽车企业也是钢铁企业很重要的大客户。如何选好钢材、用好钢材，让汽车产品更具市场竞争力，一直是车企关注的话题。当前，汽车产业节能减排的压力日益增大，在这方面，汽车总质量是一个重要指标。轻量化将是汽车产业为之努力的一个长期目标，如果整车减重10%，燃料消耗量

（俗称油耗）就可以降低7%～8%，这是行业内的经验共识。而汽车的轻量化与钢材的轻量化密切相关。

于总，请您简单介绍一下河钢的情况，让更了解整车的网友们借此机会也了解一下钢铁企业。同时，也请谈谈您如何看待钢铁产业与汽车产业之间的关系？

于勇：很高兴向网友们介绍河钢，我想和大家分享几个关键的数据。从规模角度看，河钢现在是中国第二大、世界第三大钢铁企业，是世界500强企业之一。目前，河钢的年产能达到5000万吨钢材，其中境内大约4500万吨，境外大约500万吨。员工总数12万人，其中境内有10万多人，境外有1万多人。现有资产超过4000亿元，2018年销售收入3200多亿元。

河钢是我国最重要的钢铁材料供应商之一。目前，河钢是中国家电行业最大的钢材供应商，供应量占家电行业总量的40%；同时，河钢是汽车行业第二大的钢材供应商，2018年汽车用钢的供应量突破了700万吨；河钢还是众多国家重点领域用钢的重要供应企业，比如核电用钢、海洋平台用钢、管线钢等。

近几年，国家经济转型也推动了河钢的快速发展。在传统钢铁材料领域，河钢这两年把工作重心放在节能减排、产业升级和品种结构调整方面。而高端钢铁材料领域更是河钢发力的重点，2018年河钢的品种钢在市场占比已经超过了70%，在高端钢铁材料上为国家钢铁用材提供了有力的支撑。

与此同时，河钢也扩大了海外布局。目前，河钢的客户遍布全世界100多个国家，我们在70多个国家有投资，其中在30多个国家有运营项目，另外有70多个海外机构。到目前为止，河钢应该说是国际化程度最高的中国钢铁企业。2018年，河钢的海外业务收入已经突破了1000亿元人民币。最近，中宣部刚刚授予了河钢集团塞尔维亚公司管理团队"时代楷模"的称号。

赵福全：中宣部为什么授予河钢塞尔维亚公司管理团队"时代楷模"的称号呢？

于勇：对于中宣部的这次嘉奖，我想应该是基于两点考虑，一是在国家"一带一路"倡议提出以来，河钢塞尔维亚公司可能是中国钢铁行业在境外运营得最好的企业。

2016年，河钢对塞尔维亚最大的国有钢铁企业斯梅代雷沃钢厂实施了并购。该厂此前已经连续亏损六七年，原本这家企业只是塞尔维亚地区的一家地方性钢厂，其所处的巴尔干半岛属于中东欧地区，制造业相对欠发达。而河钢在并购后不到一年的时间里，就让该厂恢复了活力，目前这家企业已经成为塞尔维亚最大的出口创汇企业。这是因为河钢作为一家全球性企业，在并购塞钢之后快速导入了全球的供应链和客户网，使塞钢产品的覆盖范围扩展至整个欧洲和北美地区。2018年，塞钢产品有80%销售到欧盟地区，销至北美的产品超过了10%。其实，这样的产品布局就决定了企业的高度，现在河钢集团的塞尔维亚公司已经成长为一家全球性企业了。

二是河钢塞尔维亚公司的成功运营，特别是给塞尔维亚当地经济和就业做出的突出贡献，不仅得到了中塞两国领导人的高度评价，也带来了可观的国际影响力。

中宣部授予河钢塞尔维亚公司管理团队"时代楷模"的称号，这是国家给予河钢的最高荣誉。这个荣誉含金量很高，对我们来讲是莫大的鼓励，也是我们继续努力的新起点。

赵福全：河钢已经成为中国钢铁行业"走出去"的典型代表。实际上，以往中国企业"走出去"，大多数情况是借助外方的技术和当地的市场，我们自己只能提供劳动密集型经济的低成本支撑。但是这次河钢并购塞钢完全不同，反过来给外方注入了技术和资金，带来了国际客户，不仅帮助企业起死回生，而且带领企业走出了区域化经营，走向了世界市场。

中国企业经过这些年的发展，已经积累了大量的技术、资金以及国际客户资源，今后外方企业也可以借助中国企业的平台获得竞争力。而河钢已经成为这方面成功的先行者。

于勇：我曾经说过，河钢对塞钢的成功并购及运营，不仅是我国

"一带一路"倡议的一次成功实践,而且还说明了"一带一路"的构想既能在亚洲欠发达地区发挥作用,也能在欧洲发达地区体现价值。同时,塞钢项目的成功,也彰显出改革开放以来中国钢铁行业取得的巨大进步。

以塞钢的案例来看,我们之所以能在短时间内恢复并提升塞钢的竞争力,关键在于河钢在客户端和供应链对其进行了嫁接,使塞钢从原来的区域性企业直接变成了全球性企业。显然,河钢能够这样做的前提是,我们自己早就已经是一家国际化的大型集团企业了。国际化企业,特别是大型的跨国集团,在客户端和供应链方面的平台作用是十分突出的。

赵福全:4000亿元的资产、3200亿元的销售收入、产品行销全世界,河钢能够发展到这样的规模,确实很让人吃惊,相信关心汽车行业的网友们,包括一些汽车企业的老总们可能也没有想到。同时,河钢目前是中国汽车用钢的第二大供应企业,年供给量达到700多万吨。那么河钢的发展历程是怎样的?是如何在短短十几年时间里迅速崛起成为大型钢铁集团的?另外,塞钢得以成功并购及运营,肯定与河钢的研发实力有很大的关系。能否围绕这两个方面介绍一下?

于勇:河钢的前身主要是河北省几家地方国有钢铁企业,包括唐山钢铁、邯郸钢铁、宣化钢铁、承德钢铁、石家庄钢铁公司,以及外省的舞阳钢铁和营口钢铁公司等。2008年6月30日,这些企业正式整合成立了河钢集团。河钢集团组建初期,我担任总经理,后来又担任了董事长。河钢从几家地方企业整合成为集团公司,聚零为整,由大变强,迅速成长为全球化、特大型、综合性钢铁企业的全过程,我是亲历者之一。

河北省政府之所以做出集团化整合的决定,是因为当时五家地方国有钢铁企业,分布在不到20万平方千米的省辖面积内,共同竞争同一个采购市场、同一个销售市场。这些企业各自为战,在发展定位和资源配置上缺乏协同性,存在重复建设、产品雷同、装备重叠等问题,完全处于一种无序竞争的状态。这不仅造成了资源浪费,也给企业自身带来了很大的负面影响,对产业和企业都非常不利。

河钢集团组建之后,很快取得了立竿见影的转变效果,集团化经营带来了显而易见的整体优势。回顾走过的这11年,我们可以很自信地说，河钢实现了快速增长和健康发展。一方面，这得益于国家整体经济转型不断深化，河钢的外部发展环境越来越好；另一方面，河钢的商业模式也越来越成熟，充分发挥了集团化给企业带来的强大支撑力。事实证明，河钢旗下几家企业的整合，绝对不是简单的物理反应，而是真正发生了化学反应；绝对不是简单的数量累加，而是真正实现了质量升级。集团化发展一改过去几家企业单打独斗的局面，产生了粘结效应，形成了独特优势，创造出1+1＞2的实际效果。可以说，没有集团化，河钢不可能形成现在的规模，不可能实现高效的协同，更不可能拥有开阔的眼界。一句话，没有集团化，河钢走不到今天。

赵福全：几家企业单打独斗时无法形成合力，但是要想成功整合也绝非易事。在很多人的印象中，国有企业兼并重组的结果往往不是1+1大于或者等于2，而是小于2，可能是1.8甚至是1.5。而河钢真正做到了1+1＞2，在整合之后创造出了更多更大的价值。正如您谈到的，河钢的集团化发展之路并非简单的物理叠加，而是深度的化学反应。在整合基础上，河钢形成了清晰的发展战略，避免了各家企业之间原来存在的区域恶性竞争，实现了优势互补，提升了资源利用率，并且走出了中国、走向了世界。应该说，这是国有企业有效整合的成功典范。

经过改革开放40年的发展，中国已经取得了长足的进步，但同时也迎来了新的巨大挑战。特别是一些传统的制造业，存在产能过剩、环保压力加重、成本优势缩小等问题，钢铁可能就是其中面临挑战最大的产业之一。劳动密集、资金密集、技术密集的钢铁产业，必须加快进行转型升级。对此，您觉得转型的困难在哪里？又应该如何突破呢？

于勇：目前中国钢铁的总产能超过10亿吨，2018年的实际产量突破了9亿吨，的确是一个很惊人的数据。都说中国钢铁产能过剩，其实参照2018年钢铁的出口额和进口额就会发现，有90%的钢铁产量是在国内消费的。也就是说，中国钢铁产业的产能巨大，首先是因为我们国家自己就有巨大的需求。

这两年随着中国经济转型升级，增长速度有所放缓，这是正常的。钢铁产业未来可能会出现产能相对过剩，需要减量化发展，并加快进行转型升级，这也是很正常的，我们应该理性看待。实际上，中国现阶段遇到的很多问题，在发达国家的历史上都曾经出现过，这是经济发展到一定阶段后的必然现象。相信我们会比西方国家更有效地解决这些问题，因为他们曾经的经历为我们提供了前车之鉴。在政府的指引下，近几年来我国钢铁产业在去产能、减量化以及转型升级等方面的努力取得了显著效果。

减量化发展、环保压力增大和劳动力成本提升，这些因素在当前一个时期相互叠加在一起，既给钢铁产业带来了空前的压力，也让产业形成了结构调整和转型升级的倒逼机制，企业必须加紧行动，努力将压力转变为动力。

实际上，中国钢铁行业真正开始市场化竞争还不足十年时间。改革开放初期，中国的起点非常低，很多资源都处于短缺状态，钢铁也是如此，只要生产出来就不愁卖。由此，钢铁企业享受了长达二三十年的"幸福时光"，大家的日子都很好过。企业真正进入市场化竞争阶段，体会到供需关系正在由"供不应求"变成"供大于求"，也就是近十年的事情。但是我觉得，这种压力对企业来说也不是坏事。一家企业如果始终生存无忧，没有任何外部压力，是很难形成内部动力进行持续改革和创新的。

赵福全：改革开放40年是中国经济快速崛起的时期，也是中国基础建设取得长足发展的时期。钢铁产业由此迎来了重要的历史机遇，形成了今天这样巨大的产销规模。当前中国经济进入转型期，呈现稳增长的"新常态"，这给钢铁产业带来了空前的压力，而您把这种压力视为倒逼产业转型的动力。河钢集团过去11年的大发展，正是在市场竞争的新环境下，直面挑战、努力打拼得来的。那么，展望未来，河钢准备如何进行转型升级，具体有哪些举措呢？

于勇：我认为，尽管环保要求升级和市场竞争加剧带来了空前的经营压力，但是企业绝不能只盯着降成本和减费用，否则对转型升级是不利的。我经常在河钢内部强调，过度关注成本而不关注产品，这样的企业是没有未来的。换句话说，企业只以成本为核心竞争力，是很难实现可持续发展的。尤其在当前的环境下，多重压力叠加在一起，要求企业必须向高端化方向发展，为此必须加倍关注产品端，努力实现产品提升、结构调整和客户升级。如果还寄希望于降成本、拼价格取胜，企业恐怕连生存都会有问题。

在钢铁企业的高端化发展方面，河钢比较有代表性。过去河钢的产品以螺纹钢等建筑钢材为主，后来我们逐渐有了自己的扁平材钢板，包括冷轧钢板。当然，在产品升级和结构调整的过程中，我们也有过误区，比如对装备的理解。河钢成立以后，完成了装备由小型到大型、由低端到高端的全面升级。有一段时间，我们觉得自己的装备"高大上"了，企业的竞争力就提升了。其实不然，企业最终的竞争力体现在产品上，从装备到产品还有很长的路要走。

装备的升级相对来说容易做到，只要有足够的资金就可以，但是要把装备升级真正转换为产品升级，还需要人才、需要技术、需要管理、需要创新。同时，装备的档次还必须与产品的品种相适应。河钢在实现了装备大型化、高端化之后，逐渐意识到产品结构和装备之间不匹配是一个很大的瓶颈。一方面，装备很先进，成本很高；另一方面，产品品种不好，卖不上高价，成本根本无法消化，还谈何发展？也就是说，装备高端化了，而产品依然低端，企业还是不能实现高端化发展。为此，河钢充分借鉴了跨行业的经验，通过与西门子等先进外企进行学习互动，引入了全新的企业升级理念——通过客户端结构的调整来拉动产品端结构的升级。

我们意识到，河钢产品结构趋于低端是因为客户端的需求不高。河钢以往的客户大多是一些基本用户，在装备升级之后，我们没有开发更高端的客户，这就限制了先进装备的潜力释放，影响了企业整体的转型升级。从2013年开始，特别是最近几年，河钢把客户端结构调整作为全集团压倒一切的首要工作，以此带动产品端的调整，形成撬动集团转型升级的一个重要支点。实践证明，河钢这样做选准了定位、认清了方向、拓宽了眼界。

赵福全： 于总今天的分享非常值得整个行业借鉴。河钢从建筑钢材起步，这是历史的必然，因为有当时市场的需要。但是，河钢并没有止步于此，而是选择不断升级，使产品逐步走向了高端。

得益于改革开放以来的积累，企业有实力进行了装备的全面升级。但是您发现，对于企业转型升级来说，好装备只是必要条件，但不是充分条件。要想把先进装备的作用充分发挥出来，必须有优秀的人才，必须有大量的研发投入，而且最为重要的是，必须有相匹配的产品品种。如果用高端装备做低端产品，不仅是大材小用，体现不出装备应有的价值，而且还会造成不必要的高成本，企业的竞争力根本无法提升。为此，河钢的对策是开发需求更高的新客户，因为高端的客户才会需要高端的产品，高端的产品才会需要高端的装备。这样就会带动人才、技术以及管理能力的提升。

于勇： 您总结得很到位。河钢真切地体会到，企业在转变发展路径和升级产品结构之际，一定会更重视人才、技术、管理和创新。说到底，还是因为有需求。企业对人才、技术、管理和创新的重视程度，与其发展模式以及内在需求是息息相关的。

最近我经常在集团内部讲，河钢进入了新的发展阶段，选择了新的发展模式，特别是在产品结构调整序幕拉开之后，将比历史上任何时候都更加需要人才、技术、管理以及创新的力量。因为我们选择的是真正的高质量发展，唯有优秀人才、核心技术、先进管理和持续创新方能提供有效支撑。这并不是说，之前的一个时期，人才、技术、管理和创新不重要，只不过在客户和产品相对低端且比较固定的时候，在企业固守原有的市场定位和经营策略的时候，这些要素的潜力都被屏蔽掉了。

从这个意义上讲，在一家企业的某个时期，人才能不能发挥作用，技术会不会实现突破，管理有没有显著提升，创新是不是非常活跃，都是与企业的战略定位、发展方向紧密相关、相辅相成的。

赵福全： 都说留住人才对于企业来说是一个难题，其实企业能否留住人才，关键在于企业家制定的发展战略以及由此决定的对人才的重视程度。反过来讲，如果人才"生不逢时"，在企业没有很强创新发展需求的时候，再优秀的人才也难以发挥应有的作用。

我曾经总结过，成功的企业必须具有"三识"。改革开放初期，只要敢于去闯就能成功，此时"胆识"是最重要的能力和战略；改革开放中期，中国人开始走出国门，看到了国外的企业在怎样做，回来后"照猫画虎"就能成功，此时在"胆识"的基础上，"见识"也成了最重要的能力和战略；但是，到了改革开放40年后的今天，粗放式以及模仿式的发展已经难以为继，我们必须进行转型升级，实现创新突破，否则根本无法保持竞争力，此时"胆识""见识"和"知识"都变成了最重要的能力和战略。"胆识"不可或缺，"见识"也必须具备，而"知识"在未来的重要性将会日趋凸显。企业有"知识"，意味着必须拥有具备产业完整知识体系和创新能力的优秀人才团队，无论国企还是私企，这都是新形势下企业实现可持续发展的基础和支撑。

河钢之所以能够取得如此快速的发展，原因就在于此。以河钢塞尔维亚公司管理团队得到国家授予的荣誉为例，我认为河钢向塞钢输出的根本不是产能，而是技术，是管理，更是背后拥有技术能力和管理能力的人才。而这些优秀的人才能够得到重用，能够在合适的岗位上发挥突出的作用，则是因为您作为企业领军人对河钢发展方向的前瞻眼光和战略抉择。

于勇： 赵院长说得很对。改革开放前40年，更多的是靠需求拉动，企业的发展壮大得益于市场需求提供的红利。河钢的发展历史也说明了这一点。改革开放后40年，从中国经济大势和钢铁产业发展方向来看，我认为将进入一个全新的阶段。如果说前40年，中国钢铁产业实现了由小到大，那么后40年或者说未来20年，中国钢铁产业将真正实现由大变强，这是比前40年更加宝贵的发展机遇。前40年我们更多的是在做量的积累，能够从无到有，取得这样大的进步是很了不起的；后40年我们更多的是要做质的提升，这将给国家带来翻天覆地的巨大变化。今后，中国钢铁产业不会满足于中低端市场，不再靠低成本打天下，而是要凭借创新的技术和领先的产品，在世界市场上占据强者的一席之地。

赵福全： 实际上，这是国家、产业以及企业的必然选择。如果我们还是沿用过去40年的做法，路只会越走越窄，越走越难。唯一的出路是加强创新，提升技术含量，实现高质量的发展。无论钢铁还是汽车产业都是如此。

当前，新一轮科技革命方兴未艾，大数据、云计算、人工智能以及新材料、新工艺等技术将给制造业带来前所未有的巨大变革。而未来制造业的升级方向指向了智能制造，这也是德国工业4.0的核心思想，即通过打通设计、生产、服务全产业链条，实现大规模的定制化生产。由此传统制造业将向服务端深度延展，呈现出"制造+服务"的新业态。面对这种趋势，河钢准备从哪些方面切入，以实现智能制造？请和大家分享一下您的思考与方略。

于勇： 无论是德国工业4.0，还是5G在工业领域的广泛应用，都对钢材供应企业提出了新要求，同时也提供了新机会。在工业4.0或者说智能制造方面，河钢有自己的理解。这些年，随着集团国际化发展进程的不断推进，河钢与国外同行包括跨行业的先进企业进行了很多交流。在这个过程中，我们逐渐认识到智能制造将给传统钢铁企业带来哪些机遇和挑战，并开始为此进行有针对性的布局。

近年来，面向智能制造对原材料企业提出的需求，河钢在生产方式、管理体系、商业模式等方面都最大限度地进行了调整和改造。例如，我们原来的生产组织方式是以产品批量生产效率为主要目标，按照行政单位进行组织，从公司到工厂，再到班组、工段和工位，逐级分解工作任务。这种传统的批量式订单管理方式已经不再满足需要了，为此，河钢大刀阔斧地进行了重大改革。

在生产组织方式方面，最近几年我们已经基本完成了改造。河钢现在对应市场的不再是企业或者工厂，而是生产线。河钢现有的5000万吨钢材产能，划分为70多条生产线。每一条生产线都变成了直接面对客户的基本单元，这种全新的生产组织方式为下游客户端提供了定制化生产和个性化服务的能力，而这正是新时期客户对材料供应商的需求所在。

在改变生产组织方式的基础上，最近集团又对营销团队，即客户经理团队进行了重大调整。未来代表河钢在市场上和客户具体接洽的，将不再是企业的销售公司，而是客户经理及其带领的团队。这个团队将为客户提供产品以及相关的附加服务，这种服务不限于产品的供应期内，而是涵盖产品的全生命周期，包括围绕客户需求的更多深层次服务。与这种职责相对应的是，客户经理对内可以代表集团调动所有的相关资源，包括生产资源、技术资源和人才资源等。在智能制造即将到来之际，面对客户对材料供应商在定制和服务方面的需求升级，河钢通过整体架构和运行模式的战略性调整，已经做好了充分准备。

赵福全：您刚才谈到，河钢在企业组织架构及运行模式方面做出了重大调整，今后客户经理代表的不是河钢集团或者河钢旗下的某个工厂，而是具体的生产线及其背后的团队；而且客户经理能够调动集团内部的所有资源，为客户提供最大力度的支持。实际上，客户经理作为生产线的前端，与客户直接互动，了解客户的需求，既可以倒逼确保企业产品的生产质量和成本，又可以为客户参与到产品的设计环节提供支撑。相比于传统的生产和销售模式，这的确是颠覆性的改变。与此同时，组织架构和运行模式的调整又会对团队成长产生很强的驱动力，从而最终改变员工的理念，提升员工的能力。假以时日，各条生产线必将形成理解新模式、具备新能力的优秀团队，他们将有足够的"真才实学"，可以随时快速响应客户。

于勇：是的，正是这样。近两年，河钢在推进客户端组织结构调整以及与客户互动关系重塑的过程中，彻底颠覆了传统做法。目前，河钢和下游重点客户之间的关系，已远远超越了传统的买卖关系，更多的是协同关系；河钢给客户提供的也不仅仅是质量可靠、价格有吸引力的钢材产品，更重要的是产品之外的很多附加服务，特别是技术支持，例如解决方案的确定、用材的选择以及新材料的研发等。

在这些方面，河钢都做了较大的投入，这是为客户提供支持的前提。原来河钢的技术研发费用只投入在企业内部，近几年我们的研发费用开始投向企业外部。实际上，目前河钢的大部分研发费用都是直接用在客户端的。例如，河钢的一个销售团队在给国内一家著名农用机械企业提供钢材时发现，客户的农用机械重量过大，不仅导致造价高，而且在作业时也造成很大困难。其实客户还是像以前那样购买更多的钢材，对河钢来说意味着可以销售出更多的产品。但是，河钢早已改变了这种单纯销售产品的传统观念，不再是用户要买什么，我们就提供什么，而是真正站在客户的角度考虑，帮助客户创造更大的价值。为此，河钢为客户提出了改用高强度钢和优化结构设计的方案。这样，客户的机械产品不仅可以大幅降低成本，而且还具有了更好的操控性能和运行效果。在这个过程中，河钢最终也是受益者，客户市场份额的扩大和所需钢材的升级，也给河钢带来了更多利润，双方的合作真正实现了"双赢"。

赵福全：现在工业4.0也好、智能制造也罢，都是很"时髦"的概念，几乎每家企业都在谈论相应的升级，但是具体要怎样落地，大家都觉得非常困难。实际上，智能制造的核心就在于，不是简单地销售产品，而是更多地提供服务，通过服务拉动高品质产品的销售，为此企业要走进前端，充分了解客户现有以及潜在的需求。例如，制造机床的企业不仅要关注怎样把机床销售出去，更要帮助买方利用自己的机床加工出更高质量的产品。在这个过程中，双方要在产品的质量、成本、制造工艺和生产节拍等各个方面紧密互动。

而这正是河钢目前在做的事情。作为上游的原材料企业，河钢能够做到这一步是非常了不起的。今天，于总也向车企的老总们传递了一个信息：要想获得满足轻量化、高性能和低成本需求的车用钢材，河钢不仅有技术，而且愿意走进车企，与车企互动，共同开发更好的产品。这应该是智能制造的设计、生产、服务一体化理念，在原材料企业成功实践的经典案例。

于勇：我认为，这是未来所有供应商都必须做到的。河钢也有自己的上游供应商，包括一些全球领先的国外企业，它们重视客户、与河钢互动的做法也给了我们很多启发。现在，河钢与下游重点客户联合组建的实验室或者研发机构已经将近30个，这些机构都是由河钢提供主要的技术人才和研发费用。

站在未来新型客户关系以及商业模式的角度看，真正负责任的材料供应商，不仅要给客户提供所需的材料，更要通过材料传递先进的理念和技术，给客户提供超出产品本身的更多附加服务。

赵福全：当前汽车产业正在发生全面重构，而材料创新将是改变未来汽车产业的重点领域之一。新材料以及新工艺将为拥有130多年历史的汽车产业注入新鲜血液，这是汽车人非常关注的一个方向，也是今天邀请于总来进行交流的原因之一。实际上，汽车用钢的数量之大超乎想象，同时汽车作为民用工业中最复杂的产品，对钢材的要求也非常高。刚才您提到，河钢目前是中国第二大的汽车用钢供应商，下面就请您谈谈对于汽车行业的看法。

于勇：这个话题比较大，我对汽车行业研究不深，只能谈谈自己的感受。河钢进入汽车钢材市场之后，开始关注和研究汽车产业。我发现，在智能制造时代，汽车很可能是各种先进技术高度集成的最大平台。以移动通信领域为例，目前的关注点正逐步由智能手机转向智能汽车。很多专家都认为，继手机之后，汽车将成为下一个移动互联终端。人们现在对智能手机的期待和畅想，预计未来都会在智能汽车上得以实现。

不只如此，汽车作为新一代的移动互联终端，由于空间和成本承载力更大，一定可以实现比手机更为强大的功能。我们可以畅想，未来人们坐在汽车里面，不仅可以享受交通工具带来的出行便利，而且可以有效连接近乎整个世界。从这个意义上讲，人们对汽车的想象可以是无限的，而汽车给人们带来的惊喜也将是无限的。

赵福全：您的认识很深刻。我一直讲，汽车产业具有重要的载体、龙头和抓手作用，因此智能制造和物联网都高度重视汽车。很早之前，汽车就被称为家、办公室之外的"第三空间"以及电视、电脑、手机之外的"第四屏"，早已不再是简单的代步工具了。那么，作为材料供应企业的领军人，您认为河钢有哪些机会可以参与到汽车产业的转型升级中，并做出贡献呢？

于勇：河钢在汽车领域已经做好准备，开始行动了。我们尤其关注到电动汽车对钢铁材料的新要求。大家知道，汽车的油耗与重量是直接相关的，因此轻量化是未来汽车发展的重要方向之一。而对于电动汽车来说，轻量化带来的不仅是能耗降低，而且可以少装电池。

目前，河钢在材料研发和生产上加大了投入，以投放更多更好的车用钢。我们主要在两个方面进行了布局：

第一，在汽车高强度钢方面，满足汽车轻量化需求的最大挑战在于车用钢的强度，必须在实现轻量化的同时保证车辆安全性能不变，也就是说，要增大车用钢的强度。河钢的高强度钢板产品目前处于行业的第一方阵，我们的几条生产线涵盖了各种规格的产品。例如，河钢目前已有两条生产线可以供应1500兆帕的高强度汽车钢板。未来，河钢致力于在汽车高强度钢材供应中占据更大的市场份额，为此我们会继续加大研发投入。

第二，在汽车零部件方面，我最近也有很多感悟。原来很多人把汽车零部件简单地理解为纯功能性的，不少供应商都可以生产，车企就通过比较性价比来进行选择。其实零部件非常重要，汽车的质量和性能在很大程度上都取决于零部件。一个值得重视的趋势是，当前汽车厂商越来越倾向于集成化和轻资产的发展模式，希望供应商能够"一站式"地负责零部件的供应。也就是说，供应商既要提供零部件产品本身，更要通过零部件呈现其专有技术、专利和创新的价值。

我想，未来河钢为汽车企业供货时，也不能只限于钢铁材料本身，而是要以钢铁材料为载体，承载河钢的专有技术、专利和创新，让汽车厂商从中受益。在这一点上，河钢是很有信心的。

赵福全：这里我们可以再深入探讨一下。第一，从轻量化的角度，高强度钢板的性能提升和重量降低是河钢的强项。对此，河钢是有备而来，已经做了大量储备，刚刚您谈到1500兆帕的高强度钢已经量产了。有了高强度钢，汽车轻量化就可以有效实施，通过减少材料用量和优化结构设计来实现减重，同时保证产品的安全性能不受影响。对传统燃油汽车来说，轻量化可以有效降低汽车油耗和排放。而对电动汽车而言，轻量化意味着可以在同样的续驶里程下少装电池，使整车成本大幅下降，从而具有更加重要的价值。因此，高强度钢在汽车领域是大有可为的。

您刚才谈到的第二点，是河钢在汽车零部件方面的考虑。这部分能不能请您再详细地谈一谈？河钢具体准备为车企提供什么？

于勇：河钢的产业布局主要集中在三方面，一是传统钢铁领域，二是国际化发展，三是新兴战略产业。为此，我们专门成立了河钢工业技术公司，在未来的新兴战略产业加大力度投入力量。今后，河钢在传统钢铁领域会在高端产品上继续发力，而对普通产品则逐步退出；同时，会把更多的资本和人才投入到新兴战略产业。也就是说，在市场上要有进有退，把普通产品市场让给规模较小的地方企业来做，把高端产品和新兴战略产业的市场不断做大，利用河钢强大的人才、技术和资本力量，更多地满足国家战略层面的迫切需要。我认为，这是大型国有企业应有的战略定位，也是一种资源的优化组合，无论对于企业还是行业来说，都是大有好处的。

而汽车正是重要的战略新兴产业之一。河钢在汽车产业的布局涉及零部件、增材制造等多个方面。今后，河钢为车企提供的不再是简单的钢材零部件，而是全面满足车企需求的专有产品，这类产品源自河钢的研发能力和智能制造体系，可以在较大程度上优化汽车性能和产品结构。同时，河钢也将为车企提供更有利于其轻资产运行的新型商业模式。这就是河钢在汽车产业的全新定位。

赵福全：也就是说，要充分发挥原材料企业的优势，这个观点对整车企业很重要。一些涉及材料和工艺的新技术，比如增材制造（即3D打印技术）等，整车企业也可以做。但是如果整车企业没有和原材料企业进行有效互动，就无法得到材料技术的支撑，也很难进行整体结构的系统思考。在这种情况下，再好的构想也只是梦想，只能停留在概念阶段。

而河钢已经在汽车这样的战略新兴产业上进行了战略性的布局，决心抢占未来的制高点。难能可贵的是，河钢在转型发展的过程中明确要"有所为，更有所不为"。整个产业链条上可做、能做的事情太多了，必须有所取舍，才能聚焦核心。并不是说低性能的钢材产品不重要，但是这并非河钢未来的发展重点。未来河钢要把集团主要的力量都放在高端产品和战略新兴产业上，这也是河钢作为大型国企的担当。

现在大家都在谈论轻资产，但这其中有不少误区。对于制造业来说，轻资产并不是让企业都去做互联网，都去做软件研发，如果这样谁来做制造呢？实际上，轻资产是制造体系内部的产业链再分工，即让重资产集中在更合理的环节，而让其他环节实现相对的轻资产。从整个社会的角度看，还是要有制造，还是要进行生产投入，只是由谁来做的问题。以往，车企自身投入得非常多，例如购置冲压设备，对买来的钢材进行加工。如今，车企面临的转型压力越来越大，迫切需要"轻装前进"，把原有的一些投入转移给有能力的供应商，以获得更大的灵活性。因此，对于车企而言，轻资产模式正越来越受到青睐。

同样，原材料产业也面临着转型挑战，必须思考在新形势下如何更好地满足客户的需求。刚才于总谈到，河钢的资源正越来越向客户端倾斜，要为客户提供产品之外的各种附加服务。那么，对于车企的轻资产需求，河钢是怎样理解的？又准备如何展开具体行动？

于勇：我的理解和您一样，轻资产是产业分工协同、资源配置优化的问题。河钢本身是重资产的企业，这是由我们所处的行业决定的。未来资源的价值将越来越多地体现在使用端，并不是谁拥有更多的资产，谁就是王者，而是谁能有效配置集成更多的资产，谁就能胜出。从这个意义上讲，今后汽车企业"重集成、轻资产"的发展趋势一定会更加明显，因为唯有如此，车企才更能集中精力做好产品，实现其使用价值。如果过去整车企业不必自己建炼钢厂，那么未来整车企业也不应该自己做增材制造等技术。实际上，我个人不太看好汽车制造商自己做增材制造，增材制造技术的关键是粉末冶金等材料问题，解决这些问题的技术诀窍是掌握在材料供应商手里的。

这里我想举一个例子，可以更好地说明河钢是如何满足重点客户的轻资产需求的。河钢和海尔集团的合作，在产业分工和资源协同方面就做得很不错。之前海尔在白色家电板块的做法是，买入钢材后自行加工彩涂，然后再用于家电产品制造。而河钢当时正在谋求向家电领域延伸业务。有一次，我和海尔董事会主席张瑞敏交流，我说，做家电是海尔的优势，但是做钢板肯定是河钢的优势，为什么我们不各展所长。正好张总也想聚焦家电核心业务、剥离边缘资产，在这方面，海尔的意识和行动都是比较早的。于是，我们俩一拍即合。2014年，河钢并购了海尔旗下家电企业的特钢板块，包括设备、业务和人员都统一划入河钢。

对海尔来讲，由此实现了资产的"轻量化"，剥离部分非核心的资产可以让其更有精力做好主业。对河钢来讲，特钢业务本来就是我们致力于重点发展的，而且我们还通过并购拉进了和客户的关系，打开了白色家电产业的大门。现在，河钢是中国最大的家电用钢供应企业，2018年售出了400多万吨家电钢材，销量遥遥领先，占据了40%的市场份额。这样的成绩与当初的并购是分不开的，河钢通过海尔更加了解了家电企业的用钢需求。后来河钢和海尔又在青岛组建了国家级的白色家电研发中心，技术人才和研发投入都由河钢负责。未来海尔的家电钢板，无论产品还是技术，都将由河钢提供。

赵福全：这种模式很成功。刚才我也讲到，所谓轻资产不是整个社会的轻资产，而是产业链条的再分工。每家企业都做自己最强的部分，再通过强强联合，把整个产业做强。那么，河钢在汽车产业会怎样做？

于勇：河钢在汽车产业也在推进类似的模式。目前已经与几家自主品牌整车企业合作，它们新建的钢板冲压生产线都由河钢来投资和运营。这与海尔的特钢业务是一样的，我觉得，整车企业把钢材加工业务完全交由钢铁企业负责是最合适的选择。

由此，我们提供给这些车企的不再是整卷的汽车板材，而是切割成片、冲压成型的相关零部件。对河钢来讲，这是原材料主业的一次重要扩展和强化，我们开始直接进入到整车供应链体系中；对汽车企业来讲，则是轻资产运营，可以有效减负，节省资源用于应对产业重构带来的挑战。这样，原材料供应企业就和整车企业之间建立起有效分工和协同发展的良好关系，双方优势互补、紧密合作，也有助于提升产业整体的资源利用效率。

最近，河钢又与一家国内主流的电动汽车企业签署了战略合作协议，我们不仅负责冲压车间，还将承接激光拼焊等工作。今后，河钢会进一步把业务向汽车产业链的前端延伸，为车企轻资产发展提供支持，让车企更能聚焦于技术集成和品牌运营。

赵福全：千里之行，始于足下。企业都知道转型的大方向，但重要的是如何真正落地。对于汽车企业而言，未来产业将越来越复杂，竞争将越来越激烈,如果企业依然按照过去那种"大而全"的模式发展,很可能会被市场淘汰。实际上,任何企业都不可能拥有整个产业链条,特别是在产业边界不断扩展的今天,轻资产更应该是整车企业发展的方向。整车企业的任务就是把车设计好、制造好并且卖好,这是其绝对的主业。而其他与主业关联性不强的业务,应该尽可能地交给产业链上下游的合作伙伴来承担。

而在汽车产业链的上游,像河钢这样的企业,正好可以借此机会实现业务扩展,在出售原材料的基础上,向提供专有产品和技术服务升级。这就好比企业原来是提供小麦,现在是帮助客户做好馒头,业务向产业链的高端延伸了。在这个过程中,河钢并不是简单地把整车企业的一部分工作承接过来,替它们出苦力,而是要深入了解汽车产品的真正需求,充分发挥原材料企业的技术优势,把这部分工作做得更好。这样就可以使材料的基本性能和整车的设计要求更加精准地匹配,最终通过协同创新深度挖掘潜力,真正实现 $1+1>2$ 的效果。

未来供应商必须拥有自己的核心技术,必须提供有技术含量的零部件产品,这是保障整车产品技术含量的前提。从这个意义上讲,如果整车产品的创新没有领先的材料供应商参与其中,那从一开始就注定了会"先天不足"。刚才您提到一个重要观点,想做增材制造必须有原材料企业参与,否则整车企业自己是很难做到位的。

于勇: 是的,我认为和原材料企业相比,车企在增材制造方面至少是没有优势的。河钢在增材制造方面,尤其是面向汽车产品做了很多研究。实际上,采用传统模具的制造方式,对材料的制约越来越明显。未来包括汽车在内的很多产业,要想实现零部件性能和结构的突破,制造模式的转变很可能是一个突破口。在此透露一个信息,河钢和西门子公司合作,已经开始在国内筹建增材制造领域的试验性企业。目前,在燃气轮机上对燃烧效率影响较大的关键零部件,西门子已经完全可以用3D打印技术来制造了。

赵福全: 增材制造应该是汽车产品非常理想的制造模式,其技术突破预计将对产业进步发挥巨大作用,值得所有汽车工程师们期待。

刚才我们谈到了原材料企业如何与整车企业进行技术融合和资源组合，以帮助其轻资产运行。我想强调一点，这种商业模式不仅让车企不必操心钢材制造的复杂技术和管理，避免了不必要的资金占用，而且也会让河钢获得巨大的收益。在这个过程中，河钢并不会成为白白承载重资产的"冤大头"。实际上，河钢在一家车企的投入，可以拉动周边车企都来与河钢合作。河钢向多个伙伴提供相关的制造服务，有利于成本摊销、经验积累和技术分享，从而让整个行业受益。

这就引出下一个问题，河钢有这么好的理念，而且已经在进行实践，但是很多汽车企业可能并不知道。我想这也是今天邀请于总参加我们栏目的意义所在——要让车企的老总们都看到，原材料企业并不像大家想象得那样，只是售卖产品。在材料的核心技术以及合作的商业模式上，优秀的原材料企业已经做了很多前瞻性的战略思考，正在进行脚踏实地的战术实践。在此，您有什么话想对整车企业的领导们说吗？

于勇： 河钢在汽车领域其实是后来者，六七年前，河钢在汽车钢方面还微不足道，成为国内第二大汽车钢供应企业是最近几年的事情。这几年河钢之所以能够实现突破，主要得益于我们的发展模式。虽然起步比较晚，但是河钢对于汽车钢板的制造及其与客户的关系，可以说有我们独特的理解。对于未来汽车产业的发展方向，以及未来车企希望得到什么样的产品和服务，河钢都比较清楚，并为此进行了前瞻性的布局。河钢的国际化发展，也给了我们更多与国际领先企业接触的机会，进一步加深了我们对客户需求的理解。因此，对于包括汽车在内的众多行业，在对待客户的方式、给客户提供的服务以及与客户合作的模式等方面，河钢都做到了领先。

借此机会，我想向汽车行业的各位同仁表个态：河钢有很强的实力和良好的基础，能够为车企提供所需的钢材产品；河钢更有独具一格的胆识和眼界，愿意为车企提供钢材产品以外的附加服务，包括新材料的研发、零部件方案的研究、材料领域的资本合作、人才的互动或联合培养等。面向下游客户特别是重点客户，河钢可以提供的合作是全方位的，我们希望能与汽车企业真正形成"你中有我，我中有你"的协同关系。

赵福全：看来于总参加今天的对话是有备而来的，河钢表示愿意张开双臂拥抱汽车产业。这个表态既有决心，又有勇气；既有高瞻远瞩的思考，又有脚踏实地的行动。虽然只有11年的历史，但是河钢的进步是飞速的。在这个过程中，河钢不仅积累了技术和资金，形成了核心竞争力，而且也在商业模式上进行了开放式的探索。

我知道您很快将出任世界钢铁协会的主席，就任这个职位对您以及河钢而言意味着什么？

于勇：首先想说的是，我必须向赵院长学习，您担任世界汽车工程师联合会主席后，推动了中国乃至世界汽车产业的发展。这次我被推选为世界钢铁协会主席，出任钢铁行业世界组织的领导人，感觉分量还是很重的。世界钢铁协会有14个执委，基本囊括了世界权威钢铁企业的董事长，每位执委都有一票否决权。也就是说，如果任何一位执委投了反对票，我就不能出任世界钢铁协会主席。反过来讲，来自多个国家的这么多执委，都投了赞成票，这不仅是对我个人以及河钢的认可，也是对中国钢铁产业的认可，更是对中国经济发展成就的认可。

这几年河钢在世界钢铁协会得到的评价是很正面的。我认为，作为中国有代表性的钢铁企业，河钢在世界舞台上必须展示出两大形象：一是负责的企业，二是合规的企业。应该说我们都做到了。当然，如果没有近年来河钢国际化进程的深化，世界同行也很难认识和了解河钢，这次我也就很难当选。现在河钢在境外有很多合作伙伴，这些合作让外界有机会接触河钢。特别是在把握产业趋势、推进结构调整、掌控核心技术以及绿色制造、节能减排等方面，河钢都走在了前列，这让世界钢铁行业的同行们意识到，这是一家负责任、有实力的企业。从这个意义上讲，这次我当选世界钢铁协会主席，对中国钢铁行业是有重要意义的。

赵福全：能够有机会领导世界钢铁产业的发展，这当然是非常有意义的事情。您刚才更多谈到了河钢提供的支撑，其实如果您个人不具备这个能力，恐怕也难以当选。担任非官方国际组织的主席，既要有能力，又要有魅力，还要投入很多精力。那么，您接任主席后准备为世界钢铁协会带去什么？又想给中国带来什么呢？

于勇：作为世界组织的领导人，站位要高，视野要宽。面对世界经济发展的大趋势，既要考虑到钢铁工业在世界经济中的地位，又要应对环保排放等方面带来的压力。我希望能够带领世界钢铁协会树立健康可持续的绿色钢铁人形象，即钢铁人是有责任感、有担当的，我们一定能够通过不断突破和应用先进技术，把绿色钢铁呈现给世界人民。世界的发展离不开钢铁，而绿色钢铁将让我们的世界更加美好。要让全世界都意识到钢铁产业的价值和分量，而且意识到钢铁是可以和人类和平相处的。同时，作为中国企业家，我也要展示出中国企业的担当。

实际上，这次能够当选世界钢铁协会主席，是河钢这个大平台造就了我，是中国钢铁产业的大发展造就了我。因此，我就任之后，也要充分利用好这个契机，推动中国与世界钢铁产业的交流与合作，把世界钢铁产业的先进技术、先进管理及先进经验更好地引入中国，也让中外钢铁企业更紧密地互动，取长补短，共享资源，消除误解，凝聚共识。在这个过程中，也向全世界展示中国钢铁产业、中国钢铁企业以及中国钢铁人的思考、行动与贡献。

赵福全：没有改革开放的成功，就没有中国钢铁产业今天的成就，就没有河钢的大发展。而如果河钢只满足于规模，没有环保绿色的发展理念，没有成功的国际化实践，没有持续的技术进步，就不可能得到世界同行发自内心的尊重，您也不可能得到世界钢铁协会的认可。老实说，中国人当选世界钢铁协会主席，这是20年前根本想不到的事情。

作为一家拥有4000亿元资产、3200亿元产值、12万员工的大型国企的董事长，您本来就有千头万绪的很多工作要做。如今担任国际组织的主席，更要付出不少心血和精力。但是您愿意为世界钢铁协会的发展贡献力量，您希望通过自己的努力，推动中国钢铁产业更好地发展，并让中国钢铁产业从中受益，这本身就体现出您的大格局。从这个意义上讲，您的当选也可谓重任在肩。在此，衷心祝愿您把这件事情做好，相信您一定会不辱使命。

最后，想请您展望一下未来。从原材料供应商的角度看，您觉得十年之后，汽车会有哪些革命性的改变？以河钢为代表的钢铁企业，将会和汽车企业形成怎样的合作关系？这种合作将给汽车产业带来什么变化？而河钢将在其中发挥什么作用？

于勇：未来十年可能会产生更多的新技术和新理念，很难确定未来的汽车会以什么样的形态呈现在我们面前。唯一可以确定的是，汽车一定会让我们的生活更加美好。在我看来，在全世界范围内，从制造业到服务业，从科技发展到产业变革，各种层出不穷的新技术和新模式，汽车产业几乎都站在了最前端。未来汽车产业的发展空间之大，将会超出我们的想象。

正因如此，我想代表河钢做个表态：汽车产业可以没有河钢，但是河钢绝对不能没有汽车产业。河钢要跟上汽车产业的发展，就必须上升到一个新的高度。未来河钢将在材料技术，特别是高强度钢、增材制造等方面，持续加大研发力度。同时，在助力整车企业轻资产运行方面，加快推进我们的创新商业模式。我相信，河钢一定可以跟上汽车产业的发展，在钢铁材料领域不断实现突破。在汽车行业未来的精彩纷呈中，河钢必须占据一席之地，并为汽车产业做出我们的贡献。

赵福全：今天听了于总的分享，我们了解到，河钢是由多家地方国企聚合而成，在11年的时间里实现了快速发展，成为世界知名的钢铁企业。在这个过程中，河钢形成了规模，积累了资金，提升了技术，也走向了海外，取得了实实在在的成果。而展望未来，河钢还要向高端市场进军，通过客户升级，拉动产品升级，驱动企业升级。特别是河钢要在汽车产业着重发力，攻关增材制造等关键技术，并尝试创新商业模式。这一点让我印象深刻。

说到这里，我想这一个半小时的交流，应该足以化解网友们的最初疑惑——为什么一档汽车产业的对话栏目，会邀请钢铁企业的董事长来参加？因为未来汽车产业的创新发展离不开原材料企业的支持，而像河钢这样有实力也有眼光的企业，已经在积极参与汽车产业的创新发展了。

刚才问到未来河钢将在汽车产业的发展中发挥怎样的作用，于总说了一句话，"汽车产业可以没有河钢，但是河钢绝对不能没有汽车产业"。面对汽车产业这个大载体，河钢一定要在其快速发展中分一杯羹。而河钢要分到这杯羹，就必须不断提升自己的能力，在汽车产业发挥更大的作用。否则，就不会被汽车产业拥抱，只会被汽车产业淘汰。反过来讲，未来汽车产业要想获得很好的发展，也需要原材料企业的积极参与。拥抱是一个相互的过程。而河钢在于总的带领下，一定会把前瞻的战略认识转变为切实的具体行动，加快与汽车产业彼此拥抱的进程。未来，伴随着汽车产业的发展，河钢必将获得更快更好的发展。

如果说过去十年，河钢夯实了基础；那么未来十年，河钢必将进一步腾飞。而在汽车这一民用工业中技术含量最高、客户需求最难、创造价值最大的产业里，河钢完全可以大放异彩，做出更大的贡献！

感谢于总！感谢各位网友！

于勇：谢谢大家！

03 对话张兴海——第三次创业的底气和信心

赵福全：凤凰网汽车的各位网友，大家好！欢迎大家来到凤凰网汽车"赵福全研究院"高端对话栏目，我是栏目主持人，清华大学汽车产业与技术战略研究院的赵福全。今天我们非常荣幸地邀请到重庆小康工业集团创始人兼董事长张兴海，请张总和各位网友打声招呼。

张兴海：凤凰网汽车的各位网友，大家好！很高兴来到凤凰网与赵院长进行这场对话。

赵福全：张总，我和您是同龄人，也是多年的老朋友。作为改革开放后中国汽车产业发展的亲历者、参与者和贡献者，您带领企业从零部件做起，到几万元的微型车，再到现在均价10万元左右的SUV、MPV车型，不断攀上新高峰。小康集团近几年更是好事连连，先是在A股上市，2019年4月10日又举行了新车型、新品牌、新工厂的发布会，正式推出了全新品牌"金康赛力斯"，并提出了"新制造"的理念。说起来大家可能对市场占有率相当可观的小康产品比较了解，但对小康连续跨越式发展的历史不太清楚。作为小康的决策者和领军人，您能不能借今天的机会和大家简单分享一下企业的发展历程，尤其是最近一段时间里发生的巨大变化。

张兴海：非常高兴有机会和大家一起交流。小康从开始创业到现在已经有30多年，一直专注于实体经济的制造业。从零部件到整车，迄今为止我带领企业经历了三次创业。第一次创业是做零部件，当时主要制造汽车座椅的弹簧和洗衣机拉线开关的弹簧；第二次创业是做微型汽车；第三次创业则是做新能源电动汽车，目前小康正处在第三次创业的进程中。

在这三次创业中，前面两次我们都做到了行业领先水平。第一次创业，我们率先填补了国内的一项技术空白。大家知道，二十世纪八九十年代，全自动洗衣机大都来自日本，每台全自动洗衣机的拉线开关里都要用一根弹簧，起初这种弹簧的技术被国外企业垄断，一根进口弹簧的价格超过 1 美元。后来我们研发并生产出了同样性能的弹簧，价格只需要 1 元人民币。当时小康是国内唯一一家掌握此项技术的企业，一举在该领域取得了行业领先地位。直到今天，这项弹簧技术仍然在被广泛使用。

到 2003 年，我们开始第二次创业，主攻微型汽车，从零部件正式跨入整车行业。经过慎重思考，我们没有选择切入轿车或者商用车起步，而是聚焦于微型汽车，品牌就是东风小康。东风小康是由小康工业集团和东风汽车携手打造的一家合资企业，双方各占 50% 的股份，而企业的实际操盘人是我。到目前为止，东风小康在微型车市场的份额始终保持在前三，在技术方面也处于第一梯队。

应该说，小康所做的创业一直都是"从 0 到 1"，而不是"从 1 到 N"的。1986 年，我开始第一次创业时只有 23 岁，当时对零部件毫无了解，完全是从零开始，逐步做到了行业领先，并且填补了国内技术空白。

2003 年，我开始第二次创业做整车，之前根本没有做过整车，也是从零起步。而且作为民营企业，很难拿到生产资质，后来通过与东风汽车合资才解决了这个问题。对于东风汽车而言，与小康合作是盘活国有资产，实施混合所有制改革的战略举措；同时，也是希望能够形成一个新的产品谱系，因为在此之前，东风在商用车、乘用车等方面有很多品类的产品，但还没有微型汽车，与小康合作生产微型汽车帮助东风填补了这个细分市场的空白。

而对小康来说，我们解决了能不能做汽车的大问题。记得那个时候，很多员工不愿意去湖北十堰，但是我想，终于可以做整车了，怎么可以不抓住机会？于是就反复动员说服大家。后来微型汽车我们也做成功了。老实说，我这个人就喜欢做"从 0 到 1"的事情，这也可以说是我的一个人生追求。

三年前我们开启了第三次创业，这次的目标是电动汽车，仍然是在做"从0到1"的事情，因为做电动汽车和原来做传统汽车是完全不一样的。好在我们在电动汽车方面虽然起步晚一点，但是起点比较高。2019年4月10日，我们发布了全新的电动车品牌"金康赛力斯"。首款产品的价格定位在27.8万~45.8万元，主销车型的价位在30万元左右。也就是说，之前我们是做3万元左右的微型汽车，而现在要做30万元的电动汽车。

从弹簧到微型汽车，再到现在的电动汽车，小康的三次创业一直聚焦于实体经济，聚焦于制造业，聚焦于汽车行业。我们还将继续努力。

赵福全：可以说，您的创业历程也是改革开放40年的一个缩影。一个年轻人，怀揣着一个梦想，凭借着一股冲劲，抓住机会，不断拼搏，既获得了事业的成功，也给产业发展做出了贡献。更加难能可贵的是，很多人抓住一次机会获得一些成绩后，就满足于既有现状了，而您在第一次和第二次创业成功后都没有停步，现在又开始了第三次创业。如果追求的是个人财富，我想您的财富早就足够了。但是您还有更大的梦想，才会一次又一次开启"从0到1"的艰难征程，这真的很了不起。当然，这一切也得益于时代赋予我们的机会。

小康举办的这次新车发布会，老实说让大家耳目一新。从3万元的微型汽车到30万元的电动汽车，这是一次巨大的飞跃。当然这样的产品转型升级绝非易事，因为这并不是简单的技术和生产能力问题，品牌承载力和市场认可度等因素也都非常重要。您开启了第三次创业，决心实现从3万元到30万元产品的跨越，我很想知道，您的信心从何而来？您的底气是什么？

张兴海：说到第三次创业的底气和信心，我觉得可以归纳为三点。一是产业大势。企业发展一定要顺势而为，所谓"既要正确地做事，更要做正确的事"，顺势而为就意味着做正确的事。我认为，我们进军电动汽车就是顺势而为，因为发展新能源汽车是国家大势，习近平总书记早在2014年就明确指出，发展新能源汽车是我国从汽车大国迈向汽车强国的必由之路。这是小康敢于投入大量资源造电动汽车的最大底气，因为中国已经把新能源汽车提到了汽车产业转型升级和未来发展的战略高度。这些年来，国家各部委以及各级地方政府发布了一系列支持新能源汽车发展的政策，这是大家有目共睹的。

二是市场需求。相比于燃油汽车，电动汽车的操控性和舒适性更好。很多开过电动汽车的用户，都很喜欢这种驾乘体验，甚至不愿意再去开燃油汽车了。

三是社会需要。当前环境污染问题日趋严重，很多城市经常受到雾霾侵扰，大家都渴望拥有蓝天和白云。电动汽车在使用阶段没有排放污染，这一点是燃油汽车做不到的。我们自己也生产燃油汽车，很清楚燃油汽车即使满足了国家排放标准，对环境仍会有一定的影响。

正是基于政策、市场和社会的多元需求，我们最终选择了做电动汽车。当然，电动汽车也不是想做就能做的，两年前我们就开始申请新能源汽车的生产资质。因为小康具有多年的造车经验、成熟的生产能力和完备的研发体系，所以很顺利地获得了国家发改委和工信部的双资质。

除了上面谈到的底气和信心，我还想说一点：小康之所以选择做电动汽车，而且选择从高起点做起，也是因为我们"穷怕了"。这个"穷"不是指财富上的"穷"，而是指在技术和品牌层面上的"穷"。没有核心技术，没有品牌溢价能力，我们就"穷"。同样一辆车，我们的售价是10万元，如果换个车标，可能直接就卖到20万元了。

如果还是按照既有的模式和打法继续只做传统车，我认为小康是很难快速解决这个问题的。因此，我们下定决心，第三次创业一定要从高技术、新品牌开始。起步宁可晚一点，但是必须高一点。燃油汽车在国外已经有一百多年的发展历史了，自主品牌要在燃油汽车上实现超越，真的太难了。自主品牌的燃油汽车想在价格上突破15万元的天花板，都是挺不容易的事情。但是，电动汽车真正发展起来才十几年时间，在这方面中国基本与世界同步，而且中国拥有全球最大的电动汽车市场。我认为，如果自主品牌认认真真地做电动汽车，是有机会实现"换道超车"的。

当然，我们前期的积累也非常重要，正是因为小康在传统汽车领域打拼了十几年，在微型汽车领域做到了行业前三，我们才有机会进行第三次创业。赵院长肯定很清楚，造车是非常不容易的一件事。产品的复杂性不必多说，造车的关键是要对客户的生命负责。可以说这十几年来，我们每天都是如履薄冰，始终保持着对产品质量的高度敬畏，也因此赢得了客户的认可。说到底，如果不把产品做好，没有赚到钱，是谈不上再发展、再创业的。因此，除了顺势而为和满足需求，支撑我们打造30万元价位电动汽车的根本原因还是我们自己的技术积累和能力储备，这也是我们的底气和信心的真正来源。

赵福全：想造电动汽车，并且一上来就是30万元价位的电动汽车，这背后有战略判断，有执着追求，有底气信心，也有能力支撑。您首先谈到产业大势，发展新能源汽车是国家的既定方针。所谓"能力不如选择，选择不如借势"，您认为，发展电动汽车正是顺势而为的正确选择。

更重要的是，电动汽车真正发展起来还不过十几年。您觉得，相比于燃油汽车，电动汽车将给后发企业实现赶超提供更大的机会。

在微型汽车领域打拼多年之后，您再次创业做电动汽车的时候，下定决心要从高起点开启新征程。实际上，每一位创业者都面临一个选择：究竟是由低端产品起步，逐步发展到高端，还是一上来就做高端产品。这两种选择都有道理，原来大部分自主品牌选择的道路都是前者，小康二次创业时也是如此。而您说自己"穷怕了"，技术含量和品牌定位上的"穷"带来了很多问题，产品的售价和利润因此很难提升，因此，再次创业的时候，您选择了品牌和价位上的高起点。当然，这是要有综合实力特别是核心技术作为支撑的，而您认为小康经过多年来的努力，已经具备了这样的实力。也就是说，大势在那里，机会在那里，基础也在那里，于是您就做出了选择，我相信这是您深思熟虑后的战略抉择。

不过，这其中还有一个问题。并不是产品好就一定有人买，30万元以上的产品价位还需要品牌提供支撑。第一，如何让消费者愿意购买30多万元的小康电动汽车？第二，怎样摆脱小康在历史上形成的"微型汽车企业"的品牌形象？由于过去十几年的积累，小康才有底气敢于挑战更高端的产品。可是过去的十几年，从品牌角度来看，可能也是一种历史负担。这是一个客观事实,想回避也回避不了。我想,只有把这个问题回答对了,消费者才会购买小康的电动汽车。

就您个人而言,多年来的努力早已得到充分的肯定。我知道,您是重庆市的全国人大代表,同时还是全国工商联(即中国民间商会)的副会长,这代表了国家和地方政府、行业以及全社会对您的高度认可。但是企业的品牌形象不等于企业家的个人形象,要让消费者花30多万元来购买一家自主品牌车企的汽车产品,而且这家车企之前主要是做微型汽车的,这恐怕还需要技术和产品以外的有力支撑。这是我最担忧的问题,想听听您的详细解答。

张兴海:品牌这个话题是任何企业都绕不开的,我们做车十几年,面对终端消费者也十几年了,体会是很深的。刚才也谈到,如果小康的产品换上合资品牌的车标,我想我们10万元的SUV马上就可以卖到20万元。但品牌提升绝非一日之功,现实情况是,小康的品牌目前还不能支撑20万元的产品价位,对此我们是很清醒的。不过这是传统燃油汽车的情况,我认为电动汽车的情况会不一样。这是一个全新的领域,会给我们打造新品牌带来新机会。

当然,即使是在新领域,品牌也不是企业想怎样定位都可以的。这么多年我们一直在做实体经济,在制造业打拼,深知品牌是以产品品质为支撑的,一定要先做好产品,然后才能建立起品牌。尤其对于一个新品牌,就更是如此,必须让自己的产品在方方面面都达到很高的标准。例如产品安全性,汽车产品不管价位多少,都事关消费者的生命安全。要建立一个让消费者信赖的品牌,安全性能首当其冲。

而电动汽车相比于燃油汽车,面临着新的安全考验,比如会不会自燃?碰撞后会不会爆炸?这些问题我们在几年前进行产品设计的时候就进行了重点考虑。我们在全球范围内寻找优秀的技术资源,以确保解决电动汽车的安全性以及其他各种问题,后来发现当时最好的电动车技术,还是在美国,在硅谷。于是,为了真正做好电动汽车,为了确保产品一经推出就能树立良好的品牌口碑,我们决定在这块技术高地上"筑巢引凤",把新能源公司即金康的总部和研发创新中心都建在了美国西海岸的硅谷。这样的做法成本当然很高，但是我们必须拥有先进的核心技术，才能推出优质的产品，让消费者感受到符合中高端品牌定位的产品性能。

赵福全：小康的电动汽车是借助硅谷的技术资源研发出来的？

张兴海：是的，这也是我深思熟虑后的决策，一定要确保技术领先。同时，造车是一个系统工程，除了研发之外，我们在制造方面也进行了大量投入。我想，如果电动汽车还是用原来微型汽车和 SUV、MPV 的工厂制造，是不可能生产出满足新标准的电动汽车产品的。为此，我们把电动汽车的制造体系与之前传统汽车的制造体系完全分开，包括人员、装备、工艺，也包括生产流程和体系，都截然不同。实际上，我们是按照国际最高端电动汽车产品的标准来建设新工厂的，或者说，我们是用生产 50 万元以上价位产品的生产条件来打造售价 30 万元的电动汽车。

目前，我们在重庆两江的新工厂已经建成，智能化程度很高。据参与建厂的供应商说，现在中国最接近"工业 4.0"境界的汽车工厂，一个是宝马在沈阳的工厂，另一个就是小康在重庆的工厂，而且由于我们的工厂是 2019 年才完工的，在一些方面甚至比几年前建成的宝马工厂更智能。这不是我的评价，而是同时参与过小康和宝马汽车工厂建设的一家供应商的反馈。也就是说，小康采取了完全不同以往的研发和制造方式，以最先进的技术和智能化的工厂来打造我们的电动汽车产品。这是第一点。

第二点，就像您刚才说的，产品好，并不代表消费者就会买单，一定要设法让消费者了解到我们产品的好，真正感受到物有所值。因此我们在终端销售方面提出了体验式营销的模式，即消费者可以先体验再购买；并且因为拥有智能工厂，我们有能力提供一系列的定制化服务，消费者可以先下单，然后我们再按照其需求交付。

实际上，小康的燃油汽车已经尝试了先体验再购买的销售模式。对于最高售价在 13 万元以上的轿跑 SUV 风光 ix5，我们现在提供 72 小时的免费体验。体验过后，如果消费者不想买了，可以随时把车退回来，如果想买，再来提一辆新车。我认为，体验式销售一定是今后的趋势，尤其是新品牌更要这样做，因为只有让用户信得过，他才会购买。企业自己说产品有多好是没有用的，用户亲身体验一下就知道了。

"金康赛力斯"既是新产品，也是新品牌，我们一定要把产品做好，把品牌支撑起来。正因如此，我们通过聚拢海内外高端人才，掌握了具有自主知识产权的电动汽车核心技术；我们建成了国内先进的全新智能工厂，提供顶级的定制化生产能力；我们推出了体验式营销等一系列终端创新，让产品能够更贴近消费者。我想通过这些努力，一定可以让消费者慢慢地了解我们的产品，感受到小康的电动汽车值得购买，并且可以放心使用。

赵福全：张总的这番介绍，也增加了我对小康电动汽车的信心。的确，看到你们在硅谷的研发中心和新建的智能工厂，这和15年前造微型汽车的状况简直有天壤之别，小康现在的实力和格局真的是今非昔比了。

您刚才也谈到了自己深层次的思考。如果还是造传统的燃油汽车，中国本土车企的产品要想把价格卖到30万元以上，客观来讲是非常困难的。因为我们的品牌沉淀和世界级的强企相比，还相差甚远，而且消费者先入为主的烙印也很难抹去。但是新能源汽车的发展加上智能网联技术的应用，正在推动产业发生全面重构。在这些新领域，国外的强企们也同样没有太多积累。而在消费服务体验方面，它们的经验大都来自于燃油汽车，对电动汽车的了解同样非常有限。实际上，电动汽车消费者对品牌的感知、对产品的诉求以及对服务的追求，与燃油汽车是完全不同的。这就产生了一个重要机遇——在新能源汽车品牌的培育上，中外车企可以说基本处在同一起跑线上，而不再像原来一样，我们是跟在人家后面在努力追赶。这就是您刚才说的"换道超车"，因为现在竞争的方向不同了，竞争的方式也不一样了，大家都有领先的机会。

另一方面，有机会还要把握得住。汽车的技术含量是很高的，要想把产品做好，必须有优秀的研发团队，必须掌握核心技术。为此，小康在硅谷建立了研发中心，这和当年造微型汽车时的打法完全不同，那个时候恐怕在重庆也还没有像样的研发中心。同时，把产品设计好之后，还要能造好。为此，小康又打造了全新的智能工厂，并且按照供应商的评价，这个工厂是国内顶级水平的。最后，把产品造好了之后，还要能卖好。为此，小康在营销方面也做了很多思考，特别是将互联网思维的客户体验文化导入到新产品——无论你买或不买，我都愿意让你体验，试过了之后再决定是不是购买。

我想，正是这些努力给了您足够的信心，小康一定要充分发挥后发优势，利用新赛道、参与新竞争、打造新品牌，把握住这次难得的历史新机遇。

我注意到在2019年4月10日的发布会上，你们多次提到"新电动汽车"的理念。对此，我有个疑问：小康为什么把自己的新能源汽车产品称为"新电动汽车"？这其中有哪些内涵？说起来，相对于燃油汽车，电动汽车本来就是"新"的。当然，电动汽车其实诞生得比燃油汽车还早，只不过后来燃油汽车占据了绝对的主流地位，因此现在的电动汽车也可以说是"老树开新花"。而小康在电动汽车前面又加了个"新"字，这是什么原因？难道其他企业的电动汽车不够"新"吗？小康的电动汽车又有哪些更"新"之处呢？

张兴海：这个问题非常好。借此机会，我来分享一下小康的思考。首先，我们的"新电动汽车"仍然是电动汽车，而不是混合动力汽车。传统汽车是由发动机提供动力，经过变速器后直接驱动车轮；而纯电动汽车是由电池提供动力，由电机直接驱动车轮，我们认为这是两者之间的本质区别。小康的"新电动汽车"是基于纯电动汽车打造的，直接驱动车轮的只有电机，用户体验与纯电动汽车完全相同，这是其基本属性。

那么，这个"新"又体现在哪里呢？目前，用户对购买电动汽车最大的顾虑就是里程，在本质上这其实是充电难的问题。要去一个稍远些的地方，电动汽车用户总是担心能不能开得到？到了那里能不能找到充电站？否则开不回来怎么办？这对于所有的纯电动汽车来说，始终是一大痛点。哪怕未来有企业打造续驶里程1000千米的纯电动汽车，也仍然需要解决充电问题。

要从根本上解决这个问题，最好的办法就是完善充电设施。三年前，我们深入研究了美国的一个高端电动汽车企业，其解决方案就是尽可能多地建专用充电站。美国别墅多，安装家用充电桩比较方便，这样电动汽车利用晚上的时间充电，白天就可以正常行驶。应该说这是一个可行的解决方案。

但是这个品牌却一直没能实现盈利，我们研究后发现，他们在充电桩建设上花的钱甚至比在产品研发上还要多。那么，作为后来者，我们还要这样做吗？从市场特点来看，中国用户大多住在高楼上，有些家庭甚至连停车位都没有，即使企业想给用户安装充电桩，可能都没有合适的地方。显然，这家美国电动汽车企业的商业逻辑在中国很难大规模推广。

我们也研究了燃油汽车早期的发展情况。在福特汽车发展初期，也尝试在各个地方建加油站，但是企业建站的速度始终跟不上用户的需求，而且福特的加油站又不能给通用的汽车加油。历史证明，单个公司要想解决整个产业发展所需的基础设施建设问题是不可能的。最后，加油站的问题还是交给社会来解决了。

赵福全：没错，这不是一家企业能够解决的问题。那么，小康有没有新对策呢？

张兴海：自建充电站的商业逻辑难以复制，也无法完全解决充电难题，但是这个痛点不解决是绝对不行的，我们必须想别的办法。作为车企，我们就在技术上思考解决方案。

三年前，我们的团队就专门研究了特斯拉的电动汽车和宝马的 i3 增程式电动汽车，在中国还没有销售的时候，我们就从美国把车买来分析。结果我们发现，增程式电动汽车在使用过程中基本可以做到里程无忧，即使电池里的电能都用完了，用油也可以再跑几十千米，而且如果一直找不到充电站，到加油站加上油也可以继续行驶。不过，在电能耗尽后的增程阶段，虽然还可以行驶，但是速度比较慢，最高只能达到 80 千米/时，而且操控性和舒适性明显下降，噪声振动也很大，用户体验远不如纯电动汽车好。因此，我们认为宝马的这款增程式电动汽车只是从解决"充电难"角度部分解决了问题而已。

我们也研究了日本车企的相关技术，例如日产的 e-Power。e-Power 的驱动很有特点，发动机只负责充电，不直接参与驱动，驱动车轮的始终是电机，这和PHEV（插电式混合动力汽车）有明显的不同，后者是电机和发动机都可以驱动车轮。这样看来，增程式电动汽车可以解决充电难题，但在性能上有损失；而日产e–Power不属于新能源汽车的范畴，但因为全程电机驱动，始终都是电动汽车的使用体验，而且有不错的节油效果。

这就引起了我们的思考，我们能不能把这几款国外产品的优点集合起来，打造出一种新的电动汽车？这款产品一定只用电机直接驱动车轮，因为我们认为，电动汽车的本质就在于纯粹的电机驱动。而电能的来源可以有多种方案，包括电池、发动机或者氢燃料电池等，这是其"新"的体现。

赵福全：日产e–Power不是纯电动，而是串联式混合动力，发动机不直接参与驱动，而是通过发电来驱动电机。而增程式电动汽车解决了里程焦虑的问题，但是此前的增程式方案牺牲了一定的电动汽车性能。那么，小康现在要做的是建立一个新的电动汽车平台？

张兴海：是的，这就是我们"新电动汽车"的内涵——小康将打造一个全新的电动汽车平台。一方面，彻底解决充电难题，让用户完全没有里程焦虑。另一方面，这个平台上的车型可以是纯电式的，也可以是增程式的，而增程的来源目前是发动机，今后也可以是氢燃料电池，只是价格会有所不同而已。

在2019年4月的发布会之前，我们专门做了一次测试，开着我们的"新电动汽车"去了一趟西藏，途中有电的地方就充电，没电的地方就加油发电，完全按照电动汽车的性能标准行驶。在川藏线上，这款电动汽车把很多燃油汽车包括大型SUV都远远甩在了后面。

赵福全：发动机工作需要氧气，而高原地区空气稀薄，发动机也会有"高原反应"；而电动汽车不需要氧气，在高原上有天然优势。并且对于山路、坡路多的工况，相比于燃油汽车，电动汽车更能体现出操控优势。

张兴海：您是内行。我们的"新电动汽车"用电池驱动，可以行驶150千米，同时配备了增程发动机，这台发动机并不是在电能完全耗尽的时候才开始工作，而是根据需要随时发电，储存到电池里，这样可以确保较高的效率。

赵福全：我听明白了，"新电动汽车"是一个全新的电动汽车平台，其基础是纯粹的电驱动。但不是只由电池提供电能，电能的来源有多种方式，这就给了消费者很大的选择空间。可以是只用电池，那就是BEV（纯电动汽车）；也可以是电池加上发动机发电，那就是REV（增程式电动汽车）；此外，未来还可以延展成为FCEV（氢燃料电池汽车）。无论电能的来源有何不同，最终都是由电机来驱动车轮。这样充电方便的用户可以选择纯电版，充电不便的用户可以选择增程版，同样没有里程焦虑，而得到的依然是电动汽车的完美体验。

实际上，当前汽车产业进入了动力多元化的新时代，各种技术方案各有不同的优缺点。纯电动汽车由于电池原因，成本相对较高，而且续驶里程越长，成本越高；要降低成本，就得减少电池，又会带来续驶里程的缩短；续驶里程做得再长，电能用尽的时候也还是要充电，用户仍然会有里程焦虑的问题。增程式电动汽车的优点是真正实现了里程无忧，缺点是在增程发动机驱动车辆时，产品性能有可能会下降一些。日产e-Power只用了很小的电池，就让消费者体验到电动汽车的感觉，但因为电池太小，发动机几乎始终处于运行中，从本质上讲还是以燃油动力为主，属于串联式混合动力汽车，而不是新能源汽车。而小康希望把各种方案的优势结合起来，提供一个既完全由电机驱动，又能彻底解决里程焦虑问题的电动汽车新方案，这就是您说的"新电动汽车"。

张兴海：您总结得很全面，我们的"新电动汽车"确实集成了各种动力方案的优势，并且努力解决了这些方案的不足。我想，我们完全自主研发的"新电动汽车"产品能够给用户带来惊喜。现在很多家庭都是在拥有传统燃油汽车之后又买了电动汽车，可能平时上下班通勤用电动汽车，因为电价比较便宜，又没有限行；而周末出游要去远一些的地方就用燃油汽车。同时购置两台汽车不仅增加了用户的开销，也是社会资源的一种浪费。如果选择小康的增程版"新电动汽车"，完全可以合二为一。无论是日常通勤，还是远途出游，甚至是开到另外一座城市去，都不存在问题。有电的时候就充电，不方便充电的时候就加油。而且我们的"新电动汽车"属于国家政策定义下的新能源汽车，可以享受新能源汽车的一系列优惠政策，比如使用绿色环保车牌、不受限行影响等。

赵福全："新电动汽车"就是在纯电动的平台上增加了高性能的增程器。那么，在"三电"即电池、电机和电控方面，小康有哪些突破？在增程器方面，小康又有哪些优势？

张兴海："新电动汽车"的核心技术，我们都是很先进的。在电机方面，我们的电机是全球最高端的，而且实现了电机、变速器以及控制器的三合一，体积很小；这三个部件，国内其他企业目前还大都是独立设计的。在电池方面，小康自己做电池包，电芯是外购的。电池包成组技术直接关系到电动汽车的基本性能，例如使用同样的电芯，如果电池包做得好，可以行驶400千米；但如果做得不好，可能只能行驶350千米甚至300千米。而我们的电池成组技术非常不错，并且由于我们实现了电机、变速器和控制器的三位一体，可以使电池的性能得到更充分的发挥，不仅有效提高了车辆的续驶里程，而且让百公里加速时间达到了3.5秒的高水平。在发动机方面，小康一直拥有很强的实力，这次使用的发动机增程器也是我们最优秀的产品。

赵福全：也就是说，三电核心技术大部分是你们依托在硅谷建立的强大研发团队自己做的；同时又引入了技术成熟的发动机作为增程器，以解决里程焦虑的问题。这样看来，"新电动汽车"可谓名副其实。

张兴海：小康的"新电动汽车"是在纯电动汽车的基础上，又向前迈进了一大步，我个人对这套新技术还是很有信心的。比如我们现在推出的首款车型是B级车，百公里油耗可以控制在几升以内，而相同大小的B级燃油汽车，油耗肯定是两位数的。

赵福全：这就是发动机与电池、电机耦合的优势。发动机作为增程器，可以始终工作在最佳性能区域内。实际上，和PHEV相比，REV的特点与优势也是明显的，REV在本质上是电动汽车，而不是混合动力汽车。

张兴海：在这方面概念确实存在一些混淆，因此，我们把自己的

"新电动汽车"产品叫作 EVR，EV（电动汽车）是前提，R（增程）是 EV 的一种能力延展。我们的 EVR 只以电池供能可以行驶 150 千米，这在城市里足以满足通勤需求。我们的目标就是要打造一个全新的电动汽车品牌，还城市一片蓝天白云，这也是电动汽车的使命所在。

赵福全： 您觉得增程式电动汽车在推广过程中会遇到哪些挑战？至少到目前为止，增程式电动汽车还没有发展起来，这是为什么呢？

张兴海： 首先要提高用户对增程式电动汽车优势的认知。纯电动汽车无论续驶里程有多长，最后还是需要及时找到能充电的地方，如果充电基础设施不够普及，充电难的问题以及由此带来的用户里程焦虑是解决不了的。因此，我们才要做体验式营销，让更多的用户通过线上线下多种方式的亲身体验，了解我们"新电动汽车"的便利性，并提出改进意见。体验式营销就是希望让更多的人了解我们的产品，同时也可以获得更多的反馈，以改进我们的产品。实际上，小康现在要投放的产品已经不是第一代增程技术了，而是我们的第二代增程技术，今后我们的产品和技术还将继续迭代进化。

赵福全： 您刚才还谈到了产品制造的重要性。如果产品制造做不好，产品的品质就难以保证。我记得在发布会上你们还提出了"新制造"的说法。另外，您前面介绍小康已经建成了高度智能化的工厂。那么，所谓"新制造"与智能制造有什么区别吗？小康的"新制造"意味着什么？挑战在哪里？

张兴海： "新制造"首先是以智能制造为前提的，或者也可以说是基于智能制造的一种新型商业模式。

"新制造"的核心是以市场为导向，以用户为中心。目前，汽车制造主要还是以产品为中心的。基本逻辑是我先打造出好的产品，然后再向用户销售，这是传统的制造方式。这种方式很难完全解决用户关心的痛点，也无法满足不断变化的市场需求。为此，我们提出新的制造体系必须是以市场为导向，以用户为中心。以此为目标，"新制造"把共同参与造车的各种资源都整合起来，最大限度地发挥各方的优势。

在研发端，我们在研发"新电动汽车"的时候，集成了博世、德尔福、大陆、博格华纳、华为以及阿里等资源，让各企业充分发挥各自的长处。"不一定为我所有，但一定要为我所用"，我认为这是新时期企业应有的经营理念和商业模式。

在采购端，我们以前也和国际知名供应商合作，但基本上是他们有什么产品，我们就用什么产品。而现在我们会把各方供应商资源汇聚起来，按照我们的目标来进行零部件开发，绝不是他们有什么产品，就往我们的车上放什么产品，那样是不可能达到全局最优的效果的。而且在零部件开发和生产方面也建立了明确的分工，技术上以他们为主的产品由其自己负责；技术上以我们为主的产品，供应商给我们代工，由我们提供技术，供应商收取代工费用。

在销售端，就是线上和线下的体验式营销，我们在城市展厅或体验中心实现了体验、交付、服务一体化。后续还会做共享汽车出行，用户不一定买车，也可以用车。在此过程中获得的用户数据，都将实时反馈回研发、采购和生产端。

也就是说，小康的"新制造"是立足于智能制造、围绕用户需要建立的全链条、全闭环的全新商业模式。

赵福全：提出"新制造"的说法，也是想区别于主要从生产端出发的智能制造，强调利用智能制造的能力，最大限度地满足用户的需求。这实际上是在向互联网企业学习，因为如果忽视了用户，忘记了终端消费者，无论多么优秀的制造都将是无本之木，也都是没有意义的。制造能力的升级千万不要陷入自娱自乐的误区，总以为只要产品好，消费者就一定会买单。产品好只是消费者认可的必要条件，但不是充分条件。

另外，"新制造"之所以能够把用户放在最重要的位置上，是因为有优质的设计、生产和服务能力提供支撑，这样才能最大化地满足消费者的个性化需求。强调以市场为导向、以用户为中心，并不是弱化设计和生产，而是要把设计和生产能力更好地发挥出来。简单地说，小康的"新制造"就是更强调关注消费者的智能制造。

张兴海："新制造"是以用户为中心的，因此我们一定要为用户创造出更多的价值，让用户感到超出预期的价值呈现。如果没有这样做，很可能用户会觉得这个产品好是好，但还是贵了一点。而今后我们努力的目标，是让用户觉得这个产品简直太好了，完全超出了他的期待。

比如，小康"新电动汽车"都具备空中升级能力。目前推出的版本具有L2.5级自动驾驶的能力，后续我们的产品可以像手机一样，不断给用户推送更新，进一步提升自动驾驶能力，当然还有很多其他的功能优化。我想，这就会成为超出用户想象的地方。

又如，我们的产品是基于用户定制来生产的，因为我们有智能工厂的支撑。这种定制需求不可能通过线下采集，一定是在线上完成的，是基于实时数据来实现的。从用户下订单到企业组织供应商，再到生产制造，整个过程都采用数据实时在线技术。用户甚至可以在线上看到自己定制产品的生产全过程，这是只有智能制造体系才能实现的，也是我们不把"新电动汽车"放到以前工厂生产的原因。

赵福全：智能制造的本质是大规模定制化的生产，是"制造"向"制造+服务"的升级。不过，对于智能制造，以往通常更强调制造本身的数字化、智能化、网联化，而对"服务"相对有所忽视。而小康提出的"新制造"，我感觉与其说是"制造+服务"，不如说是"服务+制造"，是以服务拉动的制造，是把服务放在了更重要的位置上，以用户的需求作为整个体系的引领。正是因为侧重点不一样，才要用"新制造"来区别于一般意义上的智能制造。

张兴海：把"新制造"和"新电动汽车"结合起来，"金康赛力斯"这个新品牌就出现了。我们相信，它一定会给消费者带来意想不到的超值体验。实际上，我们自己有一个"蓝天计划"，目标就是要成功打造一个"新电动汽车"品牌，为中国的"蓝天保卫战"做出应有的贡献；同时也希望能为传统汽车企业探索一条新出路。我觉得无论对于小康自身，还是对于行业而言，我们都必须这样做。"新电动汽车"要还给城市蓝天和白云，这是车企的社会责任，也是我们不容回避的历史使命。

未来，小康的产品将逐步实现全面电动化，即百分之百的电驱动。按照我的设想，如果一切顺利的话，这个目标在两三年之后就可以实现；最慢也会在2025年前后实现，也就是说，小康在未来几年内一定要实现全面电动化。

赵福全：从最初开始创业算起，您已经走过了30多年的风风雨雨，现在您又开启了第三次创业，决心开辟一番新天地。展望未来十年，到创业的第40个年头，您想把小康带到什么样的新高度？

张兴海：我希望届时小康能够成为全球领先的智能电动汽车企业，这是我们的愿景。具体来说，我希望小康能够推动汽车能源变革，创享汽车移动新生活。10年之后，我们至少要进入到全球电动汽车行业的第一梯队。电动汽车是未来的发展趋势，从这次上海车展上就可以看到，现在已经到了"无电动，不车展"的地步了。不过从增程式电动汽车的角度来看，目前只有小康和理想汽车推出了这类产品，我觉得这也是我们的机会所在。后续我们要用自己的"新电动汽车"产品助推中国新能源汽车产业的可持续发展。同时，在"新制造"方面，我们也要为传统汽车企业探索出一条新路，即智能制造结合电动汽车最大化满足用户需求的新路径。

赵福全：回顾小康的发展历程，在张总的带领下，这三十多年是一步一个脚印地走过来的。可谓"创业艰难，成绩显著"。为什么现在能有第三次创业，就是因为前两次创业的成功，为企业积累了资本实力，积累了技术能力，积累了用户口碑，同时也积累了人才资源。尽管小康是从微型汽车切入整车领域的，后续的产品也以经济型汽车为主，但是已经在汽车行业牢牢地占据了一席之地，这本身就是巨大的财富。

但是，张总并不满足于现状，而是要攀登更高的山峰。合适的事情必须发生在合适的时间，而且必须遇到合适的人。小康能取得今天的成绩，在于抓住了改革开放的机遇，更在于张总的魄力和执着。而小康之所以敢于开始第三次创业，是因为看到了新的机遇。在新一轮科技革命的驱动下，整个汽车产业正在发生全面重构，电动化、网联化、智能化将给汽车产业、企业、产品和技术带来翻天覆地的变化。张总觉得这是小康转型升级的宝贵机遇，因为电动汽车完全不同于燃油汽车，这次换道使重塑汽车品牌成为可能。为此，小康决心从高端电动汽车起步，彻底突破之前只能做10万元价位汽车产品的瓶颈。

实际上，机会永远都有，关键看谁能够抓住。面对产业空前变局，有的企业是支撑不下去了才被动转型，而有些企业则是迎着机会主动转型。我认为主动转型其实更不容易下决心，因为企业要在情况还不错的时候否定自己，彻底革命，这就要求企业家必须具有清醒的认识和准确的判断，更要始终保持拼搏的精神和创业的斗志。我想，这也正是企业家的伟大之处。说到底，下定决心转型本身是大前提，否则企业一定不可能转型成功。

当然，只有决心是不够的，决心只是必要条件，企业成功转型还需要其他很多关键要素的支撑。就像张总刚才说的，必须要有先进的核心技术，要有优秀的生产能力，还要有创新的商业模式，所有这些因素合在一起才能支撑起高端的新产品和新品牌。为此，小康进行了大量投入，在硅谷建立了研发中心，又在重庆两江新区建成了高水平的智能工厂。我认为，这不完全是钱的问题，更是眼光和勇气的问题，因为并不是有钱的企业都会愿意并且敢于为了转型进行战略性的前瞻投入。

具体到产品方案上，小康也做了系统的分析和深入的思考。小康认为，当前电动汽车发展的最大瓶颈，并不简单是电池成本或者能量密度的问题，而是充电困难的问题，因为里程焦虑才是电动汽车用户的最大痛点。这个问题必须解决，而小康判断，靠企业自建充电设施绝非长久之计，更应该从技术方案的角度寻找破解之道，同时要确保不改变电动汽车属性这个基本前提。为此，小康提出了"新电动汽车"的理念，即以全域电机驱动为基础，以发动机作为增程器来补充电能，从而彻底解决了充电难题。在这个过程中，小康认真开发各项核心技术，并持续进行优化升级，尽管产品还未正式上市，但目前已经是第二代技术了，并且还在开发储备第三代技术，以进一步优化产品性能。

今天我们对话的主题是"汽车产业创新"，张总前后三次创业的历程，他的思考、判断与决策，他的勇气、魄力与追求，恰恰为我们诠释了企业应该如何开展创新。我相信观看今天这个节目的同仁们，对于张兴海董事长以及他领导下的全新小康，都会有一个更深刻的了解和认识。

在产业重构带来的历史机遇面前，小康已经做好了准备。因为有15

年的造车经验，有对汽车的感悟，有对消费者的了解，有对产业的体会，更有对未来的战略判断，相信小康一定可以转型成功。在此，祝愿小康在张总的带领下开启的第三次创业能像过去两次一样大获成功！

张兴海：谢谢赵院长，谢谢凤凰网广大网友们的关心与支持。我们会一如既往地做好产品，让更多的用户享受到"新电动汽车"带来的美好汽车生活。

04 对话王坚——汽车的移动性潜力远未得到有效释放

赵福全：凤凰网的各位网友，大家好！欢迎大家来到凤凰网汽车"赵福全研究院"高端对话栏目。我是栏目主持人，清华大学汽车产业与技术战略研究院院长赵福全。今天我们非常荣幸地请到了阿里巴巴技术委员会主席、阿里云创始人王坚博士。王博士，请和大家打个招呼。

王坚：网友朋友们，大家好！

赵福全：王博士，在我们汽车人眼里，您是一位非常神奇的人物，是来自"云"里的神秘博士。阿里巴巴这些年来的快速发展，离不开技术的支撑，而您作为技术委员会主席，直接影响了很多重要的技术决策。

我知道，您在很多场合都分享过自己关于汽车行业的思想和观点，尤其是关于汽车产业的未来发展。当前，新一轮科技革命不仅给汽车产业带来了深刻变革，也对信息产业产生了重大影响。从原来的传统互联网时代，到现在的移动互联网时代，再到今后的物联网时代，大数据、云计算、人工智能等技术带给我们的变化将越来越大。那么，从您的角度看，新一轮科技革命到底会带来哪些变化？这些变化究竟意味着什么？

王坚：这是非常好的问题。在过去五年里，相信大家都听到过很多新技术，几乎每年都有一两个新技术成为热点，说是会改变世界，结果发现似乎也没有改变什么。从云计算、大数据，到AR/VR（增强现实/虚拟现实技术）、人工智能，再到物联网，我们讲了很多技术，好像会发生什么，但是实际上又没有发生。其实我认为，这恰是本轮科技革命和以往技术革命明显不同的地方，因为这次科技革命是整个技术体系的全面改变，而不是单项或几项关键技术的重大突破。

赵福全：本轮科技革命不像当年瓦特改良蒸汽机那样，是一项技术突破引发人类社会跨入工业时代。

王坚：本轮科技革命是一次技术体系的深刻变化，因此其意义可能比蒸汽机更加广泛和深远。相对而言，我觉得和第二次工业革命或者称第二次技术革命即"电气革命"更贴近一些，因为当时也产生了一整套的全新体系，不仅是电能本身，也包括电动机、电灯、电话等一系列使用电能的新发明，以及电能远距离传输技术等，由此电能才得以大规模应用。

在本轮科技革命引发的体系变化中，我认为有三个非常核心的要素。这三个核心要素其实都是大家耳熟能详的"热词"，但是被不同的人，在不同的场合，以不同的方式表述过之后，结果反而使其重要性变得模糊了。

第一个核心要素是互联网。今天互联网这个词好像不"时髦"了，一个重要原因就是出现了移动互联网和物联网的概念。但其实移动互联网和物联网仍然是互联网，只不过定语不同罢了。就像我们今天不用刻意强调是110伏电压还是220伏电压，或者是高压传输电还是低压传输电一样，这些说法的差别没那么重要，都可以统称为电。移动互联网和物联网虽然加了定语，有了新变化，但是互联网始终是其本质，这一点并没有改变。我认为，无论现在还是未来，互联网都是技术体系中一个非常核心的要素。

第二个核心要素是数据。最新的概念是大数据，大数据既让大家重新认识到数据的重要性，但同时也在一定程度上模糊了数据本身的作用。我在著作中提出过数据资源的概念，强调数据是这个时代最重要的资源之一，可以对很多方面产生深刻影响。但数据的价值现在被模糊化了。以汽车行业为例，我看到的大部分情况是用数据来助力汽车营销，而不是真正用数据来改变汽车，这其实是舍本求末。我认为，在未来的技术体系中，数据是非常重要的要素和资源。在这里我没有说大数据，因为按照我的理解，大数据只是利用数据的一种方法，就像怎样使用钢材有很多种方法一样，而真正核心的还是数据本身。

第三个核心要素是计算。也有很多概念产生，使大家反而忽略了计算本身。从云计算到雾计算，再到边缘计算，我们听到了各种各样的提法，但讲来讲去还是计算。其实这些不同的提法，只不过是不同的人在从自己的角度阐述计算的不同方式而已。

我认为，互联网、数据和计算是三个核心要素。未来这三个核心要素彼此之间、与其他技术之间以及与众多产业之间紧密结合、相互作用，就会引发非常巨大的变化。

赵福全： 现在出现了太多的新概念，实际上说的是同一个内涵。大家对新技术的理解本来就需要一个过程，概念多了反而容易糊涂。更重要的是，很多人往往局限于概念，并没有根据自己主业的特点来思考和实践如何有效发挥这些新技术的本质作用，这恰恰是因为对基本概念的理解不到位。

王坚： 我觉得其实最难突破的正是常识性技术。看起来非常简单的一件事，但就是突破不了。天天想着很深奥的技术是于事无补的，我们今天最需要重点解决的是常识问题。

赵福全： 这个观点非常重要，我们最应该解决常识问题，或者说我们应该"勿忘初心"，从最基本的需求出发，形成最基本的能力，以解决人们日常生活中最基本的问题，这样就会带来巨大的改变。

刚才您谈到了互联网、数据和计算三个核心要素，实际上，您也是这些技术发展的直接推动者。接下来就请您谈谈，这三个核心要素将如何改变汽车产业呢？

王坚： 我是不懂汽车的，不过作为旁观者或许反而容易产生不同的看法。汽车行业的人们可能认为，汽车现在的样子是天生的，是很自然的，而我认为并非如此，汽车绝不是天生这个样子。例如汽油与汽车结合在一起，今天看来很平常，但是最早出现的汽车是以蒸汽机驱动的，用煤做燃料，只不过后来有了发动机，整个汽车的结构才逐渐变得更适应发动机了。因此，我们不能简单地认为汽车就应该使用汽油。实际上，我们正处在这样一个时代，很多今天习以为常的事情，可能以后都会变得大不一样；而很多今天闻所未闻的事情，可能以后都会变得习以为常。这是我们先要建立的一个基本认识。

赵福全： 近几年在中国有一个争议比较大的问题，究竟应该是"互联网+",还是"+互联网"?我认为各行各业的互联网化,在本质上都不是简单加上互联网的问题,而是要把互联网作为一个工具、一种能力,使自己的行业如虎添翼、快速发展。互联网本身就是一项技术,当然也包含了很多的子技术。如果各行各业都能把互联网技术应用得很充分,解决了各自行业的最基本问题,那么互联网就会走进千家万户,改变人们生活的方方面面。

王坚: 是的。互联网将改变整个社会,当然也会改变汽车的形态。我不是汽车专家,但我知道历史上汽车的外形发生过很多变化。比如在三四十年以前,汽车是比较方正的,而现在的汽车造型更强调流线型,比过去更加圆润。一直以来,汽车虽然在外观上变化很大,不过在本质上还没有太大的变化。但是今天,情况恐怕要有所不同了,我们需要反思,未来的汽车到底会是什么样子?站在发展的角度看,这绝不是一两句话就能说清楚的。

赵福全: 新一轮科技革命包含的内容很多,有些技术可能是既换了汤,更换了药;但也有些技术可能只是换了汤,并没有换药,之所以拿出一个新名字,只不过是营销手段,希望被人认为是新技术。这就需要我们在不断地尝试和追求新技术的同时,时刻不忘这些技术的核心本质,以及需要解决的基本问题。

实际上,今天大家最关注的还是新一轮科技革命作为重要的手段,在自身行业里的应用前景。以汽车为例,您认为新一轮科技革命带来的机会具体有哪些?

王坚: 以我的理解,除了信息技术的发展进步之外,汽车行业本身有着其内在的驱动力。最典型的就是电动汽车,汽车动力技术的转换其实与互联网并没有什么关系,主要源自能源消耗和环境污染问题。但是结合了互联网之后,电动汽车的发展就可以有新的局面。也就是说,很多产业可以在新一轮科技革命中找到助力,但都是有前提的。像汽车产业,如果自身没有变革的动力,很多事情就不会发生,并不是加上了互联网就一定会有变化。

赵福全: 就好比如果人们不再需要汽车,我们也就不必再用新技术去完善汽车了。您的这种认识，对汽车行业的同仁们很有启发。

王坚：另一方面，刚才我谈到了三个核心技术要素，我觉得汽车是体现这三个要素的最佳载体。这是我长期思考后得出的结论，并不是因为今天做汽车产业的节目才这样说。当年阿里和上汽一起做互联网汽车的时候，我就对此想过很久。

首先，对于互联网，我的第一个观点是：互联网将给汽车产业带来一件非常重要的事情，就是形成未来汽车能够依靠的全新基础设施环境。所谓"聪明"的车必须跑在"聪明"的路上，至于是先有路，还是先有车，这个问题是说不清楚的。不过目前来看，我觉得路对车的重要性被大大低估了，今天很少有人会想到道路对汽车发展的功劳，大家选车、开车的时候根本不会想到路，这其实是因为路已经修得非常好了。

赵福全：争论先有车还是先有路没有意义，因为这就是鸡和蛋的问题。而对于路的重要性，国家层面是有认识的，改革开放初期就有所谓"要想富先修路"的说法。当然，普通消费者不会考虑那么多，他们觉得就应该有路，实际上，本来也不应该让消费者操心路的问题。

王坚：到目前为止，虽然可能很多人也没有意识到，但其实大家买车的第一个前提就是因为有路，而不是其他。未来互联网不断发展，我想或许再过五十年，大家买车的第一个前提将是因为有互联网。我经常讲，以后的车既跑在路上，又跑在互联网上。汽车本身到底会发生什么变化，真的说不清，但肯定是与全面互联网化的道路基础设施相适应的。

再来谈谈计算。大家可能都听过这个故事：微软公司创始人比尔·盖茨曾经揶揄汽车产业。他说，如果汽车像计算机那样发展的话，汽车早就变得非常便宜，而且可以用很少的燃料跑很远的距离。而汽车企业则反唇相讥说，如果汽车像计算机那样发展的话，我们的汽车每天都得重启甚至重装系统。这个故事其实说明了一个问题，汽车在过去的确和计算能力没有直接关系。我们完全可以把计算机抽象成一个有计算能力的装置，而把汽车抽象成一个没有计算能力的装置，后者的所有功能都是通过机电系统完成的，并不需要计算能力。

但是今天，从娱乐系统功能升级开始，汽车一点一点地具有计算能力了。因此，我的第二个观点是，未来汽车最核心的价值将由计算能力来驱动，这是非常重要的。比如目前车企都在开发自动驾驶系统，另外车上安装的软件也越来越多，只不过大家还没有从计算能力的角度来考虑这些变化罢了。简单地说，未来的汽车将成为一个巨大的计算平台，而不只是一个运动的机械平台。

赵福全：为什么汽车需要成为一个巨大的计算平台，是因为要代替人来实现自动驾驶和信息交互，所以需要大量的计算吗？

王坚：我倒认为主要不是因为这些需求。汽车需要有计算能力，其根本原因不在于娱乐系统，也不在于自动驾驶，而是因为汽车本身就是一个巨大的数据生成源。而有数据就需要处理，处理数据就需要有计算能力。实际上，互联、数据和计算是一个铁三角的关系。

赵福全：这里面也有鸡和蛋的问题，有了大量的数据，就需要有相应的计算能力；反过来，有了足够的计算能力，才能处理更多的数据。最终，汽车的能力就可以更强。因此，数据和计算也是一组相辅相成的要素。

王坚：没错。我认为发展到这个时代，谁的迭代更快，谁就能在竞争中胜出。就好比大家都还是乡间土路时，谁率先把路升级成碎石硬路，谁就能享有碎石硬路带来的好处，进而也就更有希望把路再升级成柏油路。

赵福全：这就产生了一个新问题，如果政府有长远眼光，直接修一条柏油路，让大家都受益，不是更好吗？就像过去农村要致富，靠老百姓赚钱修路太难也太慢了，很多时候都是政府出面，先把路修好。今天政府不应该直接修一条有利于未来汽车发展的"好路"吗？

王坚：现在的情况和当年修路致富时还不太一样。中国大力兴建道路等基础设施，使汽车产业乃至整个经济得到了快速发展，这其实是有经验可以借鉴的，例如美国早就已经把路网建设好了，政府就比较容易判断应该怎样做。而今天是要建设承载未来汽车的"路"，全世界都不知道未来什么样的"路"才是最好的，事情就变得非常困难，需要原始创新和大胆实践。按照我的理解，创新的主体应该是企业，或者是政府、企业和高校协同合作，共同来进行这类创新，否则政府也很难确保方向正确。

赵福全：我们现在已经进入无可参照的"无人区"，前面的"路"必须由自己来开拓。当前，面向未来汽车产业的发展，可能企业和政府都知道我们应该先修"路"，但是到底从哪里入手、要如何修、修成什么样子，这些问题都没有现成的答案，都还需要进行摸索。不过反过来讲，这也正是我们有望实现领跑的战略机遇。

刚才也谈到了互联网，未来汽车一定会进入充分网联的新时代，因此您把网络视为未来汽车所必需的基础设施，即所谓的信息高速公路。也就是说，未来汽车既需要一条看得见、摸得着的实体路；也需要一条看不见、摸不着的虚拟"路"。后者甚至可能要比前者更重要，它将支撑未来汽车发生颠覆性的变化。

王坚：我觉得应该这样讲，网络必将成为未来汽车依赖的基础设施，但是现在我们所说的联网只是汽车依赖网络的一个很浅层的需求。就像刚才我说到计算，汽车计算能力是从娱乐系统升级开始的，但娱乐系统只是非常浅层次的计算。

当年提出"信息高速公路"的概念，现在想想，是非常了不起的。今后人们买车的理由可能主要是因为网络，因为有了网络，汽车就能做很多现在做不了的事情。总之，互联网、数据和计算，这三个核心要素加在一起，一定会让汽车发生很多巨大的变化。

赵福全：有了这样高度信息化的"路"，就可以把汽车的数据彻底打通，海量数据流通起来，就会催生出超级计算平台。三者叠加，将使汽车变得完全不同。那么，类似的事情在其他产业也会发生吗？

王坚：很多产业的情况都是类似的，因此也可以彼此借鉴。其实有件事情我一直觉得很奇怪，汽车产业好像很少谈起编队行驶的事情。实际上现在大家关注的无人机产业，无论是完全自主飞行的无人机，还是有人进行监控的无人机，编队飞行都是很重要的一个研究领域，特别是在技术上要实现几千架无人机的编队飞行是非常困难的。但是大家一直在为之努力，因为机器之间实现有效的相互协同，将会带来巨大的收益。

如今，汽车一方面为人类提供了出行便利，另一方面也带来了很多负面的问题。我觉得未来每一辆汽车都将成为自主驾驶的机器，而这些汽车机器有效协同起来，就能解决现存的很多问题。和无人机产业相比，我感到奇怪的是，为什么在汽车行业好像大家只关注单车的无人驾驶呢？

赵福全： 我理解主要有两个原因。一方面是受固有思维的影响，不像无人机是一个非常新的产业，汽车已经有100多年的历史。今天的汽车是经过漫长的历史沿革一步一步发展进化过来的，因此不少人想不到或者说接受不了太过"跳跃"的变化，发展思路可能确实有一定的局限。另一方面，其实汽车无人驾驶要比飞机无人驾驶难得多。说到这里，我很想问问您，您觉得未来汽车是按照延长线思维还是按照跨越式思维发展更好呢？

王坚： 我也不知道哪种发展方式会更好一些，只是觉得汽车产业在发展过程中可以更多地借鉴一下其他产业。飞机和汽车相比确实不太一样，比如无人驾驶飞机这个名词翻成英文都很困难，如果用 auto pilot 这个词，飞机很早就是 auto pilot 了，只不过有时候还需要飞行员干预一下而已。单架飞机的无人驾驶对人类来说不是太大的挑战，因为飞行过程中并不需要太多的应变操作，只有遇到非常规的情况时，才需要人为干预，平时大部分时间飞行员都不用做任何操作。因此，在跨洲际的长途飞行时，很大的担心是飞行员因为无聊而睡着了。但是，汽车无人驾驶究竟要如何实现，我觉得这件事情至今还没有说清楚。

其实我也说不清楚，因为没有人告诉我，汽车无人驾驶究竟想做什么事。是把驾驶本身无人化，还是要把人在车上的所有动作都无人化？这是两个完全不同的目标。毕竟人在车里，并不是只做驾驶一件事的。

赵福全： 我认为还是以前者为主，代替人完成对车的基本驾驶操作。现在的情况是，如果车里没有一个人在驾驶，车里的乘客就哪里都去不了。

王坚： 即使是驾驶员，也不会只做驾驶一件事。驾驶员还要对一些危险状况进行预判，对周边环境进行感知，甚至路况还会影响到他的情绪，因此，他绝不只是在做驾驶本身的动作。这是我的理解，我觉得我们对无人驾驶汽车到底如何与环境相互结合，还没有完全思考清楚。

赵福全：王博士的思路确实和我们大多数汽车人完全不同，这正是今天我们这次交流的可贵之处。像您刚才说的这个问题，按照我们汽车人的理解，驾驶员不管还有其他多少事情可做，但第一要务就是要把车开好。我们并不是要代替驾驶员做所有的事，主要就是代替他更好地驾驶。对于汽车人来说，这个功能要求是很清晰的。

王坚：这种思路上的差别可能也和我的背景有关系，我是学心理学出身的。您刚刚说最主要的就是替代驾驶行为，但我觉得驾驶行为并没有被完全定义好，这也是自动驾驶越做越难的原因之一。因为在做到一定程度的时候，可能会突然发现人在驾驶过程中还会做别的事情，而我们之前并没有考虑。所以我说，我们对驾驶行为的认识还不够完整，比如对危险的预判，是不是驾驶行为的一部分？说到底，我们对人究竟是如何驾驶汽车的，还没有完全搞清楚。

赵福全：对危险的预判当然是驾驶行为的一部分，这一点汽车人是很明确的。根据我对自动驾驶的理解，驾驶行为包含了很多事情，而不只是执行驾驶的动作本身。这也是高等级自动驾驶需要处理的数据量非常大、所需的计算能力非常强的原因所在。说到底，如果机器达不到目前人类驾驶员的水平就不可能取代人，因为无法保证人和车的安全。

王坚：我还想强调的是，我们应该跳出驾驶员的视角来理解驾驶员的行为。例如无人机编队飞行，其实和飞机上有没有驾驶员没有关系。对于无人机来说，由于没有人驾驶了，飞机的复杂度就可以大大下降。那么我们可以同样问问汽车，如果没有人驾驶了，汽车的复杂度有没有下降？我觉得，从系统的角度看，这个问题其实还没有认真讨论过。

赵福全：您的核心观点我听明白了，您认为自动驾驶汽车的开发，关键还是要回归驾驶的本质。究竟驾驶员做的哪些事情是和车有关的，这些事情需要怎样通过未来的互联网、数据和计算来加以解决；又有哪些事情是和车无关的，这些事情必须考虑清楚是不是需要应对。一定要从最本质的需求来思考。

王坚：其实还不只是自动驾驶的问题，而是在没有驾驶员的时候，汽车应该是怎样的。或者说，这不是如何替代驾驶员的问题，而是在不需要驾驶员的时候,我们应该如何设计汽车的问题。

赵福全:作为开发过很多款车型的人,我来回答一下您这个问题。答案就是不管车上有没有驾驶员,乘客的体验应该是一样的。现在人们已经习惯了人驾驶的汽车,包括加速、减速、转向等操作的力度。对于乘客的心理感受来说,机器驾车要和人驾车时一样好甚至更好才行。当然,人类驾驶员的水平也有高低之分,有开车好的,也有开车差的,机器驾车必须是和最高水平的人类驾驶员看齐。您觉得这样够不够?

王坚:这样恐怕还不够,虽然这样的无人驾驶汽车是可以让消费者接受的,但未来汽车应该还可以有其他很多变化。我认为第一个维度要从车的内部考虑,比如把方向盘去掉,汽车的形态会是什么样?而第二个维度要从车的外部考虑,即在未来环境下汽车将有哪些变化。今天我们讲人机协同,实际上汽车很早以前就实现了人机协同,让人开车本身是一件非常了不起的事情,涉及高度复杂的人机协同。而未来我们还想用机器把驾驶员换掉,情况将变得更加复杂,因为真正需要处理的是开车时的环境,而不是开车本身。

赵福全:没错,开车不是简单的加速、减速等操作,更重要也更困难的是对于周围信息的收集,所谓"眼观六路耳听八方",以及收集到信息之后进行快速判断。然后才是执行操控的动作,当然加速、减速的时候,要让乘客感到舒服才行。

王坚:我认为,今天的技术挑战,主要不是实现技术的挑战,而是理解技术的挑战。就像对人工智能的理解一样,我们对人驾驶汽车的理解也还很肤浅,因为我们对人本身的理解还不够深入。

第三个维度,也是我最有兴趣的,从更接近汽车本质的体验出发,未来的汽车形态应该有哪些变化,这些变化能不能改变我们对汽车的根本看法。记得当年我第一次去美国的时候,最喜欢的就是开车,因为体验到了之前没有体验过的速度感。美国高速公路还是有限速的,如果是在德国不限速的高速公路上,可以把加速踏板一直踩到自己不敢踩了为止,人的心理成了最大的限速。说到底,汽车的本质就是实现快速便捷的自由移动。今天汽车拥堵的问题非常严重,汽车的移动速度变得和自行车一样，这是对汽车本质的最大背离。对于汽车的设计开发者来说，能不能解决堵车的问题？现在大家说的是，我把车里的娱乐系统做得更好一些，让人在堵车的时候不烦躁，我认为这是本末倒置了。未来的汽车必须向着回归本质的方向发生质的变化，这才是最有意义的。从目前的自动驾驶来看，我觉得只有自动泊车是和汽车的本质有一些相关的，不过自动泊车省下的只是停车的时间，也还没有真正增加人的移动性。

移动性是我非常看重的一点，我认为应该把人在车上的时间作为描述移动性的一个基本指标，未来我们能不能把花在车上的时间减少一半？如果汽车设计不考虑这个目标，而是笼统地讲要靠道路或者别的方面来解决拥堵问题，我认为是和汽车的本质相悖的。

赵福全：您刚才谈到，开发自动驾驶汽车或者说未来汽车，我们首先要清楚地回答驾驶员都在车上做哪些事情，我们用机器取代他来做这些事情的目的和意义，以及需要什么能力来加以实现。这其实正是汽车人目前在做的工作，而您觉得做得还不够。我们在这个话题上讨论了不少，感觉非常有意思。

您还谈到了汽车的本质，对此我深有同感。让我们想想汽车为什么被发明出来？就是为了实现从 A 点到 B 点的移动。移动就有效率的问题，也就是移动距离和移动时间之比。如果移动的时间长、距离短，效率就低；如果移动的时间短、距离长，效率就高。而且移动是人类的"刚需"，只要有人就一定有移动的需求，尽管互联网时代，大家可以通过微信等在线方式联络，但还是会有见面沟通的需要。就像今天我们两个人在凤凰网的演播厅当面对话，如果咱们是用微信聊，相信不会有这么多思想碰撞，网友们也都不愿意看了。

虽然人在移动过程中肯定会有多种感受和需求，但我认为，对移动效率的追求始终是最根本的。那么，您觉得新一轮科技革命将会怎样助推汽车移动效率的提升呢？

王坚：过去人们提升汽车的移动效率，主要是靠提高车速来实现的，包括修建高等级的道路。现在路网已经基本建成，进一步扩展的空间不大了，而汽车的数量越来越多，结果造成拥堵问题日益严重。

那么，我们应该怎么办？刚才谈到了无人机的编队飞行，今天我想问一个可能比较幼稚的问题，如果北京市区路面上的上百万辆汽车都是编队行驶的，会不会比现在更快地从 A 点抵达 B 点？会不会有效提高汽车的出行效率？我觉得现在大家并没有从这个角度考虑问题。其实未来移动性的改善，可能主要不是靠提高单个车辆的速度，而是要提升整个车队的效率。

赵福全：这就引出来一个新的问题。实际上移动性既是指从 A 点到 B 点的效率，更是指整个交通系统的总效率。我认为，未来的交通必将是多种出行工具在合适的时间和地点应用的有效组合，最终实现整体移动效率最优。举个简单的例子，从北京去上海，有的人出门先坐公交或者出租车，下了车后坐地铁到达高铁站，然后坐高铁前往上海，期间还需要短途的慢行移动衔接，比如步行或骑自行车。这个过程涉及汽车、地铁、高铁以及短途交通工具等多种出行手段。显然，高效的交通系统绝不是汽车自己就能解决所有问题的。从北京到上海当然也可以开车去，但是时间就太长了。

王坚：我觉得从汽车的角度出发，我们可以把问题限定在城市内从 A 点到 B 点的移动。先不考虑两个城市之间的远距离移动，那肯定是飞机和高铁来解决问题。

赵福全：即使是在城市内部，也有汽车和地铁、自行车的组合问题。

王坚：我们也先不考虑多种交通工具的组合，或者说假定从 A 点到 B 点就使用一种交通工具。在这种情况下，如果我是汽车厂商，我觉得自己的目标应该是让汽车胜过地铁、胜过公交，让大家都选择汽车来出行。也就是说，车的移动性要优于地铁和公交，而且还要让人们买得起这种高移动性的车。我觉得，在新一轮科技革命的驱动下，未来的汽车是可以实现这个目标的。

赵福全：我知道在您主导下，阿里正在全力推进城市大脑项目。按照您刚才说的，如果杭州建成了城市大脑并运行起来，是不是就不需要地铁了？不过据我所知，现在杭州有好几条地铁线正在修建。

王坚：我之前就和市长讲过，杭州做城市大脑的目的之一就是以后可以少修地铁。这个观点不是今天才说的。

赵福全：少修地铁，多卖汽车？

王坚：后面的半句话我当时没有讲，但是少修地铁的结果肯定需要更多的汽车，当然是更多的公交车还是更多的小轿车，这又是另外一个问题了。我想强调的是，地铁的效率并没有大家想象得那么高，而且它会带来很多问题。这是一个大话题，今天时间有限，我就不展开谈了。

赵福全：实际上，无论是地铁还是公交车，都只是一种交通工具。对个人出行而言，我不关注换乘了多少种交通工具，我关注的是整个出行用了多少时间和成本，以及出行过程中的舒适性和便利性。如果从A点到B点，中间换三次地铁或者公交车，即使能够更快更便宜地到达目的地，恐怕我的感觉也不会好。这就是为什么很多人出门就愿意乘汽车，宁可堵在街上也不愿意去坐地铁的原因。因为坐地铁远不如坐汽车舒服，而且往往还得走不短的路程才行。

王坚：汽车是其他任何交通工具都替代不了的，因为它是目前为止唯一能够做到"门对门"移动的交通工具，这是汽车最大的竞争力所在，其他优点都是在此基础上的锦上添花。比如地铁，以我的观察，几乎没有人可以乘地铁从出发地直达目的地，即使把"门对门"的范围扩大到几百米，绝大多数情况下也是做不到的。

赵福全：听这个节目的汽车人应该拥抱您，谢谢您如此看好汽车。在北京，很多人为了减少堵车时间，常常选择地铁出行，出行效率确实高了，但是舒适性和便利性都降低了。

王坚：实际上效率也低了，因为乘汽车出行本来应该比地铁更快。举个例子，在杭州每逢节假日期间，人们从高铁南站出来进入地铁站，要花一个半小时。估计北京也是一样。因此，2019年的五一假期，我们在杭州开通了公交数字专线，引导人们离开高铁站时不要进地铁站，而是进公共汽车站。但即便如此，仍然有换乘效率的问题。在这方面，汽车本应是更合适的解决方案。

赵福全：所谓移动性既要看出行效率，也要看出行便利性。多种交通工具组合，恐怕很难完全解决换乘不便的问题。从这个角度讲，汽车确实是其他交通工具无法替代的。

王坚：您讲的这种不方便，到最后也会体现在效率上。

赵福全：此外还有舒适性的问题。如果下了飞机，先乘地铁，再换公交，然后再骑自行车到达目的地，还不如直接坐出租车，即使慢一些，但在车上可以看看手机或者休息一下，体验会好很多。那么，您觉得新一轮科技革命究竟会如何提升汽车的移动性呢？

王坚：要增加移动性，我认为车应该被组织起来。我说的是组织，而不是被控制，组织和控制是两个不同的概念。人也有组织，但是我们不需要被控制。以我对城市的理解，在今天的情况下，自动驾驶汽车很难进入城市交通体系。那么，未来自动驾驶汽车要怎样才能进入呢？我觉得汽车必须被组织起来，否则自动驾驶汽车是没法进入城市交通的。

赵福全：这就产生了一个新问题来，具体由谁来组织汽车呢？

王坚：应该是城市的管理者。过去城市管理者与汽车的关系非常简单，他们只负责发放牌照，只要汽车不违规就可以上路行驶；而未来可能就不是这样了。我们对比一下，在电能应用的过程中，人类对电能的组织效率远远超过在交通体系中对车辆的组织效率。现在汽车对于城市管理者来说，就像一只只无头苍蝇，管理者并不知道今天在路上的每辆车到底从哪里来，要到哪里去。

赵福全：进入了所谓"失联"状态，实际上一直以来，整车企业把车卖出去之后，也几乎就和车辆"失联"了。

王坚：是这样的，不仅城市管理者，整车企业也和车辆失去了联系，这是非常糟糕的一件事。虽然表面上也有车主登记信息，但其实没什么作用。我经常讲，汽车为什么需要把互联网当成基础设施？首先就是要解决"失联"问题。如果车企都不知道自己造出来的车在如何运行，又何谈改进设计和优化服务呢？

而从城市管理者的角度来说，汽车的"失联"直接导致了交通效率的降低。为什么会出现堵车现象？堵车其实就是交通效率的低下，在汽车数量增加到一定程度后，被暴露出来了。堵车并不仅仅是因为车多，根本原因还是管理水平不足。比如我们日常管理10个人可能就乱了，可是部队可以管理1万人，依然井井有条。现在我们的城市管理100辆车可能就乱了，实际上是可以做到管理好1万辆车的。要管好的前提，就是必须改变车辆的"失联"状态，这样就能以汽车为起点，把整个交通有效地组织起来。

赵福全：您认为，因为每辆车都处于"失联"状态，每辆车都各行其是，结果导致出行效率低下。而政府应该承担起汽车组织者的角色和责任，以彻底解决这个问题。

王坚：政府只是最后负责管理，之前发明这样一个技术体系以及打造相应的产品，应该是企业的责任。比如，现在车企把车卖出去就"失联"了，未来车企要让汽车逐步具备采集并处理各种交通信息的能力。

赵福全：汽车如果具备了这种能力，就像谷歌目前开发的产品，造价会非常高，恐怕没有多少人能买得起。

王坚：谷歌可能是超前了一点，也可能是具体路线没有选对，但是我认为，这样的努力方向是正确的。关键是不能还没开始做，就认为这不是汽车企业该做的事情。举个简单的例子，其实汽车企业也做过很多本该别人做的事情，比如在车里装上了放咖啡的杯架，喝咖啡和汽车有什么关系，但为什么汽车人做了杯架呢？这个例子可能不完全准确，不过道理是相通的。我们要开发更好的汽车，本来就没有什么固定的界限。现在因为杯架成本低，车企就做了。而今后要解决汽车互联的问题，肯定比做杯架复杂得多，成本也高得多，但是收益也大得多，为什么就不能去做呢？

我想表达的观点是，车企很早以前就做过不是自己"份内"的事，而且完全是自己主导去做的，而不是等着别人做。今天我们要开发未来的汽车，我觉得这就是车企的责任。车企应该思考如何赋予汽车新的能力，这样才能真正体现汽车在整个交通环境里的重要性。

赵福全：我认为这番交流很有价值，对我来说也找到了一个更深层次的话题，我们可以进一步讨论。先来梳理一下，我们一致认为，汽车的作用就是实现移动。而从移动性的角度出发，您认为在城市交通体系中，汽车的移动性应该是最高的。

现在中国不少城市堵车严重，我一直调侃说，这是因为中国人把汽车当成自行车来用了。而按您的观点，未来或许就要把汽车当成自行车使用，这样交通系统的综合效率才能更高，甚至您的目标是要努力发展汽车来替代地铁和公交。当前城市交通系统的移动效率确实存在很大的问题，或者说遇到了瓶颈。从根本上讲，要突破这个瓶颈必须构建起智能化的全新交通体系，汽车人认为这是整个交通系统升级的问题，即建设智能交通系统（ITS）的问题。而您认为，在解决移动性问题的过程中，车企应该担当主力。

王坚：我们认真想一下，为什么可以把30名士兵编成一个排，不是因为有人发明了"排"这种组织方式，而是因为人具备基本的能力，可以被组织起来。在我看来，现在汽车之所以无法有效组织起来，就是因为不具备这种能力。

赵福全：如果您的分析是正确的，汽车就应该承担起这个使命。那么，在本轮科技革命中，究竟如何才能让汽车具备被组织的能力？前面也谈到了互联网、数据和计算，我们要如何利用这些要素让未来汽车早日成为现实呢？

王坚：最初的尝试方向，我认为就是前面谈到的那句话——"跑在互联网上的车"。也就是说，首先要让汽车实现在线。当一辆车在线上的时候，管理就有可能实现。有人会说，如果没有有效的管理系统，我的车在线上有什么用？最终的目标一定是每辆车都在线，但这需要一个逐步发展的过程。当有能力在线的车辆还很少的时候，不可能建立起有效的管理系统。但是也不能等到管理系统建好了，汽车再具备在线能力，这个逻辑肯定不对。思考一下人类的发展历程，都是先有新的技术出现，发展了一段时间之后，才逐渐把新技术更好地组织和应用起来。

例如，三四十年以前，北京的路面上还能看到马车，反而是汽车比较少，但今天已经见不到马车了。显然，是汽车先具备了替代马车的能力，然后才渐渐实现了替代。因此我认为，车企要做的第一件事情，就是要让汽车逐步做到在线。实际上，今天我们还无法知道最终应该如何把在线的汽车组织起来，这个答案的获得，只能靠越来越多的在线汽车慢慢积累和迭代。

在线是汽车能够被组织起来的先决条件之一，同时，在线也是获取数据的前提。刚才说到汽车"失联"，其实失去的不只是联系，更是最宝贵的数据资源。数据同样是组织的基础，而如果没有实现在线，也就无法实时获得数据。我认为，汽车一定是未来非常重要的数据来源。早在五年前，我就说过这样一个观点：世界上第一位的物联网，一定是汽车的物联网，因为其他产品的物联网都没有汽车的物联网那么厉害，比如做个可以联网的所谓智能音箱，怎么能和联网的智能汽车相比呢？从这一点上讲，没有机会做汽车，我是觉得有点遗憾的。

赵福全：现在您也有机会，您可以说服您的老板马云来做汽车。

王坚：做车是很难的事情，把汽车做出来就不容易，要做好就更难了。能在汽车行业做得好的企业，真的是非常了不起。因为汽车不是想做就可以做，更不是有钱就能做得好的，对此我是很有敬畏心的。

刚才谈到要把汽车组织起来，第一个条件是让车在线。接下来，第二个条件是要有物质基础。这个物质基础不是造车的钢铁等材料，而是数据。过去大家喜欢讲数据虚拟化，这个说法是有问题的，因为数据的本质是物质。如果每辆汽车都既能在线，又有数据，那就为高效率地把汽车组织起来打造了很好的基础。当然，在汽车具备这两个条件的前期，有可能在较长的一段时间里，数据还是会被浪费掉，因为管理汽车的计算平台也不是一下子就能建立并完善起来的。但只有具备了基础条件，我们才能逐步区分出，哪些计算应该放在车上完成，哪些计算应该放在云端完成，然后汽车就能比较容易地组织起来了。

赵福全：我们谈汽车要在线，实际上在线的前提条件是联网，联网之前则是通信。汽车已经从最初单点发射、接收的通信，发展到现在基本实现了联网，但是联网还不够，还需要向在线进化，进而获得更大的赋能。其实个人电脑（PC）的核心就是联网，而智能手机的核心则是在线，PC 只在使用的时候联网，而手机则是 24 小时在线，这种差别也是智能手机赢得越来越多使用者的原因所在。未来的智能汽车也必须做到在线，甚至可以说，在线代表了一种最高境界。那么，您觉得汽车从联网进化到在线，最难的地方是什么？

王坚：我觉得5G会很关键。假定5G得到充分普及，那么在通信能力这一端就可以满足需要了。未来5G网络与汽车的关系一定远远好于当年传统互联网与PC的关系，预计汽车会和5G深度融合在一起。其实之前PC与互联网也是被人为绑定起来的，原本这两个发明是相互独立的，没有直接关系。而且我认为，汽车和5G之间结合的紧密程度，将超过PC和互联网。如果不考虑成本，5G具备的低延迟、高速度以及多基站等优势，确实可以为自动驾驶汽车提供非常好的基础。

赵福全：没有5G，汽车的在线就实现不了吗？

王坚：我自己的看法，其实没有5G，汽车在线也是可以实现的。

赵福全：如果不做复杂的计算和大量的数据传输，我认同这个说法。

王坚：我曾经讲过，可能汽车不应该完全绑定在5G上，或者说在没有5G的地方，汽车仍然需要保持在线。因为谈到汽车的移动性，还有一个很重要的内涵就是覆盖性，汽车可以跑到很偏僻的地方，不能说没有5G的地方就不让汽车去了。我认为，未来汽车和互联网的关系甚至会比和路的关系更紧密。比如一个地方即使没有路，但是只要有互联网，汽车就能开过去。其实今天的汽车也可以开到没有路的地方，但是要靠驾驶员；未来只要有互联网就可以了。

赵福全：4G在北京、上海这种城市应该是全覆盖的。我觉得我们可以先不去考虑极端的情况，比如开到特别偏僻的山区，连4G信号都没有的地方。在4G基本覆盖大城市的情况下，为什么现在汽车在线还没有实现呢？是因为4G的技术支撑不了？还是因为这种基于4G的汽车在线带来的商业驱动力不足？

王坚：打个可能不恰当的比方，负责汽车销售的是4S店，我觉得4S店实际上是汽车厂商一个非常重要的发明。现在的问题是，一辆车联上4G网络并不困难，难的是没有一个跨品牌经营汽车数据的"4S店"。这样一来，汽车联网主要还是基于车企自身的需要，还没有把各个品牌的车当成一个整体来看待。

赵福全：特斯拉、蔚来这些新车企就没有设立4S店，而是自己销售，但它们的车也没有做到实时在线。您认为是 4S 店阻碍了汽车在线的快速导入？

王坚：4S 店是汽车产业的重要发明，今后汽车产业需要产生一个超越 4S 店的更大发明。即不分生产厂商，不分车型，所有在线的车辆，都把数据汇聚到一个地方，我们不妨称之为数据 4S 店。就像加油站一样，不分品牌，谁的车来了都可以加油。而不是这个加油站只能给上汽的车加油，那个加油站只能给一汽的车加油。试想如果加油站是按汽车品牌区分的，那汽车产业绝对发展不到今天的局面。同样，如果汽车联网甚至在线之后，仍然是分品牌管理的，那就没有意义了。因此，我认为汽车在线的关键是要建好数据 4S 店，至少应该做到加油站的程度，也就是说，可以分中石油和中石化，但是绝对不分汽车品牌，这样才能真正协同起来。

数据 4S 店要怎样建设呢？我们可以借鉴汽车产业的历史经验。美国当年建设了很多高速公路，其中一个重要的推手就是汽车企业，这些企业告诉政府应该建什么样的道路，从而确定了道路标准。今天针对互联网这种新型道路，我们的汽车企业能不能也为城市管理者提供一套标准，这才是技术活。而真正修"路"的时候，就是体力活了。

赵福全：真正有价值的汽车在线，一定是把各个不同品牌的车都联在一起，形成一个统一的平台。我知道，您之前直接参与了阿里和上汽的合作，就是做汽车在线这件事，而且从在线支付等角度出发，也打通了一些功能，当然相对来说还比较有限。至于像下载歌曲之类的功能，汽车联网的时候就可以实现，并不需要在线。那么，在打造这个互联网汽车平台的过程中，您认为最大的挑战是什么？为什么不利用这个平台，基于阿里的大生态，建立一个更大范围的统一在线平台呢？

王坚：您刚才问的问题恰恰指出了这个平台目前的最大瓶颈。您看到的是我们实现了支付在线、点歌下载等功能，实际上，我在最初设计这个系统的时候，恰恰认为这些功能是最不重要的。而很多我认为重要的功能，被汽车工程师们一做，就回到原来的样子了。

赵福全：您认为不重要的功能变成了最终的卖点，而您认为重要的目标却没有实现。为什么没有实现呢？是因为没有商业价值吗？还是因为您没有坚持？

王坚：我有两个重要目标是实现了的，只是没有被大家关注。对这两个目标，一方面我坚持了；另一方面，它们当然有商业价值，不过这个商业价值必须积累到一定程度才能得到体现，这需要一个由量变到质变的过程。

赵福全：请您详细说一说？

王坚：第一个功能是惯性导航。在互联网汽车RX5造出来之后，我组织了一次拉力赛，从云栖小镇一直开到安康。当时我主要就是想测试惯性导航系统，走这条路要穿越秦岭，隧道长达18千米。在这么长的距离内，RX5既没有GPS，也没有手机信号，全靠惯性导航系统，实测证明效果还不错。

第二个功能就是采集车辆和道路的相关数据。RX5边跑边产生数据，比如在途中车辆的制动次数，哪段高速公路不够平整，哪个路段正在修路等，从车辆的基本状况到周边的状况，都实时记录下来。这些数据在今天看来可能还没有实际商业价值，但是等到很多车辆都具备类似能力的时候，就会产生很大的商业价值，这只是规模问题。

赵福全：假如不同品牌的汽车都能采集这些数据，那又该由谁来统筹管理呢？

王坚：当时我想的是，我们做出一个很好的系统，各家车企都可以用。后来发现远没有那么简单，看起来汽车行业还是有点狭隘。大家知道，微软推出统一的Windows操作系统对计算机行业的发展，产生了巨大的推动作用。我们很难想象，如果今天有五种不同的操作系统，产业会是什么状况。先不说统一的Windows系统带来了多少好处，至少它的坏处一定远远小于五种不同操作系统造成的麻烦。

在设计互联网汽车系统的时候，我一开始就和上汽说，这个系统做出来要给整个行业用，上汽也表示同意。但是我没有想到的是，只要打上了上汽的烙印，其他企业就都不愿意采用这个系统了。

赵福全：互联网行业恐怕也有这个问题吧，只要打上了阿里烙印的系统，其他互联网大企业也不会用。这就是竞争，全世界都是这样。

王坚： 确实没有办法，每家企业都是从自己的竞争需要出发的，这是其一。其二，更大的挑战在于，中国现在每年卖掉几千万辆汽车，这些汽车实现了在线之后，到底应该怎样组织起来，会产生哪些价值？这一点是没有共识的。我刚才讲的只是我自己的观点，我觉得每辆车都在线后产生的数据会有巨大的价值，不要说大家认不认同我的观点，很多人可能都没有想过这件事，这样推行起来难度自然就大得多。

现在汽车行业遇到了严峻的挑战，中国汽车销量出现了负增长，市场不像前几年那样好了。我觉得这可能反倒是一个好时机，可以促使大家重新思考这个问题，因为以前是不是做在线都不影响卖车，而如今必须深入挖掘汽车的重要价值了。实际上，我们要解决汽车目前存在的问题，必须跳出原有的框架，引入新的元素，否则一定解决不了。

赵福全： 如果很有竞争力的信息通信技术（ICT）企业进入汽车产业，能不能打造出一个汽车行业的微软或者安卓系统？未来汽车会成为一种带有机械功能的电子产品。我认为，所有的电子产品都是先从硬件开始，然后做软件，再形成系统。在统一的系统架构下，优质的软件与优质的硬件紧密结合、相互支撑，才能提供优质的服务，进而连接形成生态。如果今天让您来做这个系统，和四五年前相比，您觉得会有什么不同？

王坚： 有更容易的地方，也有更困难的地方。按我的理解，大家的认识可能会比较容易一致；而要达成协议恐怕会更难，因为大家都已经认识到了这件事情的重要性。

赵福全： 正因为更了解了，所以对开放式的合作会更谨慎。而且车企在选择合作伙伴时也有更大的空间了，不和阿里合作，也可以和华为、腾讯、百度合作。

王坚： 我觉得大家都应该明白，谁最早找到了平衡点，谁就是最终的胜者。目前产业迷雾尚未消散，大家尽可以百家争鸣，无论是自行其是，还是彼此争吵，都没有关系。但是在这个过程中，只要有一方率先达到了一个较好的平衡点，其他参与者可能就会被淘汰，这是市场竞争残酷的地方。

赵福全：RX5 的推出引起了行业巨大的反响，尽管当时实现的功能可能在您眼里还只是皮毛，但却形成了实实在在的卖点。当然，您自己觉得，有些功能的价值还没有像您期待得那样体现出来。

王坚：我当时说过这样一句话，不要把互联网汽车理解成能在里面点外卖的汽车。互联网汽车的真正价值远远不限于此。

赵福全：是的，消费者可能对一些实际的功能更感兴趣，而您认为数据才是关键，包括车辆的数据，也包括交通状况的数据。问题在于企业如何利用这些数据，如何让消费者为这些数据买单？这些数据除了具有优化交通系统的行业价值，和消费者个人有什么关系？

王坚：这些数据价值和消费者也是密切相关的。有了这些数据，消费者就可以得到更好的汽车，获得更好的移动性。未来，数据将成为汽车不可分割的一部分。

赵福全：等到数据量大到一定程度，就会发挥巨大作用，让每辆车都从中受益。例如一辆车开进某条小路，发现里面的路不好走，数据实时收集和共享后，下一辆车就可以提前知道路况了。

王坚：是这样的。其实今天的汽车也是经过很多年的发展，才变成现在这种比较方便的状态。刚开始的时候，汽车都找不到加油的地方。

赵福全：到目前为止，汽车的改变主要还是机械上的，是看得见、摸得着的改变，即硬件为主的演进。而未来更多的改变来自软件，是看不见、摸不着的改变，而且表面上和车企并不直接相关，即使最终能让消费者受益、产生市场价值，也需要较长时间的积累。在这种情况下，企业凭什么要投入呢？

王坚：这就是领导者的重要性。这个发挥引领作用的领导者，可能是政府，可能是某家了不起的企业，也可能是您这样的战略家，总之需要有远见的引路人。然而目前我们在这方面的认识和投入都非常不足，还不及对充电桩的认识及投入程度。我觉得这是很悲哀的事情，要知道我们要做的是一件可以改变整个人类社会的事情，其重要价值远非充电桩可比。如果我们能像建设充电桩那样，投入精力建设汽车互联系统，我想今天就可以见到很多效果了。

赵福全：如果有机会重新来过，让阿里和上汽再合作一次，从头搭建斑马这个平台，您会不会有什么新打法？能不能让这个系统有更大的发展？

王坚：我可能并没有什么新打法。现在来看，当年我们的路径总体上是正确的，因为我们正处于一个必然要经历的积累阶段。实际上，任何一种新技术的发展都要经历类似的阶段。之前我做过云计算，做过城市大脑，做过互联网汽车，都没有办法绕开这个阶段。

赵福全：这段时间是黎明前的黑暗，企业要做的就是坚持。而您认为当时的想法和做法都没有错，只是技术发展必然要有这段储备期，或者说孕育期，一些价值本来也不可能立竿见影。这是一次全面深刻的产业变革，企业要有足够的耐心。同时有耐心不代表不做，而是要不断储备，甚至要牺牲一些眼前的局部利益。真正能够这样做的企业，既是为了自己，也是为了产业，绝对是高瞻远瞩的企业。

王坚：在这个阶段必须坚持，现在我们也依然坚持在做。其实当初我做阿里云的时候也是这样，靠的就是坚持，那个时候真的有一万个理由，可以在中途把它停下来。

赵福全：这就是我曾经说过的"能力不如选择，选择不如借势"。就像您做阿里云的例子，能力远没有基于战略判断的选择更重要，而按照正确的选择坚持做下去，不断投入人力、物力和财力，等到大势成熟的时候，企业就会取得成功。

王坚：是这样的。因为选择是随时都在进行的，开始的时候判断这件事应该做，中途也可能会半途而废，所以做不做是一种选择，坚持不坚持也是一种选择。当然，创新具有不确定性，即便坚持了，中间也可能会失败。但是如果不坚持，最后的胜者一定不会是你。

赵福全：问您另外一个问题，华为刚刚发布了汽车战略，除了造车以外，包括智能驾驶计算平台、云服务、智能互联以及5G应用等，都有涉足。我相信您对此肯定高度关注，据您来看，华为要做的事情和您当年所做的事情有哪些差别？

王坚：从顶层设计的层面来讲，我觉得没有太大的差别，大家都看到了几个核心要素的重要性。而今天我们可以看到，第一，技术更成熟了；第二，技术正在系统化，之前主要还只是单个技术或者某个方面的技术体系，现在逐渐变成了一个大的技术系统。

从这个角度看，技术是有很大进步的。但是我觉得今天汽车的本质问题依然没有解决，我期待着某家造车企业能够来做这样的事情。这需要汽车和互联网企业进行一次彻底的整合，进而引领产业的变革方向。在这个过程中，主角可能是一家汽车企业，或者一家互联网企业，也可能是一个大财团，最终整合的深度将远远超出大家的想象。

赵福全：您谈到造车企业，现在这个概念是模糊的，造车是指做硬件平台，还是指做软件平台？两者是完全不同的。

王坚：我指的是做整车的企业。我觉得，像阿里肯定不算是造车企业，虽然我们也会考虑汽车的发展问题，也会努力把互联网、数据和计算三个核心要素整合到汽车里，但是整车企业有其独特的技术能力，很多工作是不可能靠供应商完成的。

赵福全：您认为，未来汽车的互联和智能，还是将由整车企业来主导其发展，因为它们拥有互联和智能的载体即汽车本身。像BAT（百度、阿里巴巴、腾讯）这类企业也只是供应商，它们会在产业变革中发挥重要作用，但不会是主导作用。

王坚：没错，正是这样。实际上，BAT现在就是供应商，除非将来它们变成造车企业，并且真正形成造车的能力。最终只有具备了自己该具备的能力，企业才能胜出。

赵福全：如此说来，像阿里这样财力雄厚的企业，买下一家整车企业，不就可以解决这个问题了吗？

王坚：以我的经验，购买解决不了能力的问题，或者说只能解决基本的生产能力问题，不能解决更重要的创新能力问题。

我曾经在微软工作过，当时微软的市值很高，随便一个小产品的营收就超过迪士尼公司。于是内部就有人提议，我们是不是把迪士尼买下来？后来有人说，微软的确可以把迪士尼买下来，可是迪士尼现在是赚钱的，买回来我们能确保继续赚钱吗？迪士尼与微软是在两个完全不同的领域，那个行业究竟怎样运作我们根本不清楚。于是放弃了这个想法。当然，我觉得收购方也可以努力培育出新领域的核心竞争力，但是这种培育是需要花钱的，而且还需要足够的时间，绝对不是简单的一次资本运作就能获得的。

赵福全：我非常认同您这个判断，其实对车企来说也是一样，不可能买下一家互联网企业就能解决问题。这样看来，两类企业唯一的选择就是合作。在这方面，我也做过思考。我认为，本轮汽车产业变革不是简单的技术进步，也不是完全颠覆的革命，而是一场全面深刻的重构。重构意味着一定会有翻天覆地的变化，会引入很多新的要素，同时又不是彻底的推倒重来，而是要有所保留和继承。也就是说，传统车企一些原有的能力和"外部"互联和智能的能力，必须有机地结合起来。如果掌握着硬件的传统车企和掌握着软件的ICT企业不能有效组合，重构就不可能实现。

除了这两种能力之外，基础设施也必不可少，比如我们刚刚讨论的"互联网道路"，一定是由政府来主导修建；还有所谓的V2X（车辆连接万物，即车联网），这个X中的绝大部分都是政府掌握的。因此，我提出了"1+1+1"商业模型，其中第一个"1"是指传统整零车企；第二个"1"是指ICT及高科技企业；第三个"1"则是指政府及其掌握的公共资源。这三方力量缺一不可，唯有有效集成，才能实现产业重构的宏伟目标。

显然，其中任何一方都无法包揽一切。如果让传统车企做ICT企业的事情，根本无从下手。反过来，如果让ICT企业造车，努力掌握四大工艺，研究如何打造汽车品牌，这也是有问题的。最后即使这两类企业能够紧密合作，如果没有政府的支撑，无论能源结构的转型、信息高速公路的建设、各种基础设施的联网以及标准法规的制定，都是做不到的。

我认为，未来一定会产生打通整个汽车产业互联网的平台公司。而能够推动多方力量优化组合、催生产业平台公司的重要力量，就是资本。微软要经营迪士尼可能做不好，迪士尼做微软的业务可能也不行，但如果未来有一件事情同时需要两家公司的能力，那就到了资本出面整合的时候了。

王坚： 我也相信资本是非常重要的。我刚才讲的意思，是想强调不同领域的能力需求是完全不同的，而技术创新是第一位。实际上，技术创新也需要资本的支持。

赵福全： 产业平台公司的出现还需要时间，而当前的现状是，ICT企业对于汽车进行的创新，车企往往不愿意或者说不敢采纳，这样就无法有效落地。另外，尽管双方都想合作打造行业共同使用的系统，但现实情况是各家企业之间都有壁垒，难以打通。您觉得，这个问题要如何解决呢？

王坚： 其实一直以来，我们的很多讨论最终都会落到这个问题上面。我们不妨把复杂问题简单化，还是来做个类比。在手机行业有一件很有意思的事情，车企可以参考一下。现在几乎所有人出门旅游都会用手机拍照，我们想买一部没有照相功能的手机可能都不太容易了，也就是说照相功能成了手机的标配，甚至很多消费者就关注手机的拍照效果。但是把照相机安装到手机上，最早并不是由用户提出来的，只是因为成本比较低，手机厂商觉得可以放上去增加一个卖点，于是就这样做了。慢慢发展到了今天，每家厂商生产的手机都能拍照了。

我认为这类决策只能由企业来做出。最初把照相机放上去，应该是有企业觉得成本不高，想放上去试一试，绝对没有想到会成为刚需。这种原创性的创意基本上都是无法通过用户调研得到的，因为用户自己都不知道有这种需求。在手机没有照相机功能之前，如果问消费者是不是需要，他很可能会觉得没必要，为什么我买手机还要额外付一笔相机的钱呢？另一个典型的例子是鼠标，在鼠标问世前，没有消费者会说自己需要这种操作工具。

今天我们都不知道究竟是哪家企业最先把相机装到了手机上，或许苹果公司在其中受益最多，但苹果肯定不是第一家安装相机的手机企业。我觉得，现在的汽车产业就需要这样的创新，而且这种创新需要一步一步地积累和迭代。

赵福全：可能第一家尝试把相机装进手机的企业已经成为先烈了。而苹果公司作为集成式创新的典范，是站在前人肩膀上取得成功的。

王坚：汽车企业也是一样，应该从最基本的用户需求和体验出发，进行大胆创新。不能等到已经有了 iCloud 云服务，照片可以保存在云端了，我才在手机上安装相机，那就晚了。当然，成本也很重要，但不能什么事情都以成本为由不做尝试。另外，也不能一上来就想做成一个完备的大系统，那就把自己逼入了绝境。我想，从用户对汽车的本质诉求出发，始终坚持创新，并不断完善，这才是制胜之道。

赵福全：我们刚才讲到，互联是未来汽车的基础，是必要条件。互联之后就可以有效传递大量数据，带来巨大价值。而处理这些数据就需要计算，这种计算能力是单车无法完全承载的，必须依靠云端。因此，互联、数据和计算其实是一个有机的整体，都是发展智能汽车最核心的问题。未来智能的汽车一定是跑在智能的环境里，并且将和各种基础设施和服务单元形成万物互联的新生态。显然，这个大生态同样要以互联、数据和计算作为基础。

那么，您认为智能的车、智能的路和智能的云，怎样才能实现有效协同呢？这实际上是一个系统性的难题，云端必须具备对大量数据进行实时存储和快速计算的能力，这需要 5G 这样的高速通信手段提供支撑。数据传得快，计算跟不上不行；计算做得快，数据传得慢也不行。同时，汽车本身也要有相应的能力。说到底，智能的车、智能的路和智能的云之间，究竟是什么关系？您觉得未来整车企业是否也应该做自己的云呢？

王坚：这个问题非常大，而且我也没有清晰的答案。可以肯定的是，数据必须在云端进行存储和处理，但是也不能为了云而云。企业一定要说清楚，我建这个云要做什么。对此，我认为车企应该面向最大的用户需求、最大的社会价值、最大的经济价值，来解决最核心的问题，这个问题就是提升汽车的移动性。汽车企业要回答，汽车的进步能不能促进堵车问题的解决？如果不能，汽车可以订外卖、可以听音乐、可以做很多的事情，就都失去了意义，因为与解决堵车问题的社会价值相比，这些功能其实都可以忽略不计。

大家知道，堵车造成的经济损失是非常大的。在这方面，车企有很多工作可以做。例如，在高峰期的城市道路上，一辆汽车的驾驶员踩了一下制动踏板，可能就会影响后面几千米的汽车通行。如果我们通过云计算，把这次影响减小到一百米之内，其社会价值就会超过今天我们可以想象的其他任何场景。我认为，这才是车企最应该解决的核心问题。

赵福全：为什么要在云端计算，不能在车上计算吗？

王坚：我认为肯定要在云端计算，之所以这样说是有原因的。第一，未来汽车自身的计算能力一定会增加，这是毫无疑问的，但是汽车的计算能力是以能耗为代价的，因此不可能什么都放到车上计算。很多做自动驾驶的技术人员测算过，为了满足高级别自动驾驶的计算需求，电动汽车的绝大部分电能都必须供给计算使用，这样电动汽车连基本的续驶里程都无法保证，更不可能做其他事情了。当然，通过优化设计和硬件升级，能耗会逐渐下降，但完全依赖于车载的计算系统，我认为是不行的。

赵福全：是的，我们也专门计算过，这部分能耗超乎想象。燃油汽车都难以应对，对电动汽车更是巨大的挑战。

王坚：如果基本的能耗都承担不起，还谈什么智能呢？从这个角度看，要在车上进行的计算必须精打细算，这不仅是成本问题，更是现实的能耗问题。第二，整个交通系统的优化运行也必须用云计算，否则不可能实现最高效率。设想一下，如果是边缘计算，制动的车后面可能有1000辆车，每辆车都靠点对点通信，怎么可能做得到。

赵福全：路面上可不只1000辆汽车，各种状态也远比一次制动复杂得多。

王坚：是的，几千米就有这么多车，整个交通系统里面的车就更多了。两辆车之间进行V2V当然可以实现，但是到100辆、1000辆车的时候，就不可能实现了。要解决复杂系统的全局优化问题，云计算无疑是最佳选择。目前关于这方面的争论很多，其实我认为，很多时候是因为大家讨论的问题并不一样，才有如此多的争议。如果只是解决某个具体问题，可能多种方案都是可行的，又或者有不同的最优方案。但是，如果从能耗的角度，以及交通系统复杂度的角度考虑，我觉得只有云计算才能胜任。现在我正在做城市大脑，就是从全局来思考，这让我把这个问题看得更清楚了。

赵福全：如果云是必然选择，那么会是公有的云，还是各家企业都拥有自己的云呢？如果各家车企都租用阿里的云，阿里云能够负担得了吗？要知道，这还不只是连接大量车辆的问题，像您说的城市大脑，要把城市里面所有的基础设施都连接起来，这也是所谓 IoT 即万物互联时代对云的要求。

王坚：云就是要解决这个问题，这是我一直坚持的观点，阿里云也正是这样实践的。实际上，云平台的体系架构应该是一样的，如果不一样，那就像内燃机汽车和电动汽车的差别，成为两种不同的产品了。以阿里云为例，我们的云分为两种，内部叫公共云和专有云，外面也有人叫公有云和私有云，两种云的体系结构是相同的，只是所有者和部署方法不同。

有些企业在做这两类不同云的时候，采取了不同的体系结构，这其实有很大的问题。对阿里云来讲，无所谓拥有者是谁，怎样部署，因为底层的体系结构是一样的，所以很容易进行迁移。之前争论所谓公有云和私有云，其实并不是所有权的问题，而是兼容性的问题。

赵福全：像阿里这种企业，您觉得未来的竞争壁垒在哪里？

王坚：对于阿里云来说，最重要的竞争壁垒就在于，我们是今天可以做到公共云和专有云体系结构相同的少数一两家公司之一。绝大部分企业都是公共云做一套，私有云另外做一套，后续想把二者整合成为一套体系是非常困难的。这就是阿里云的技术竞争力。

赵福全：您说的这个问题，别的公司就没有认识到吗？

王坚：它们也认识到了，但是这里面技术难度很高。就像今天大家都知道电池很重要，但也不是每家企业都能把电池做好。即使都知道云平台结构统一的重要性，最后也未必能做得到，这就是技术壁垒。

赵福全：在智能的车和智能的环境有效组合的过程中，城市大脑必须介入其中，而阿里云正向这个方向努力。刚才您谈到了无人机的编队飞行，汽车应该怎样借鉴这种模式呢？其实，大规模编队的组织在技术上是很难的。像大海里的鱼群，它们就是编队巡游，数量众多，密度很高，速度极快，可是既不会碰撞，也不会滞缓，完全像一个整体一样在顺畅移动。这其中的诀窍，人类还没有完全搞清楚。如果像您说的，北京的几百万辆汽车都能够像鱼群那样有效组织起来，效率确实会非常高。

王坚：像无人机编队飞行，据说已经可以做到3万架的编队规模，这是非常惊人的。如果飞机能做到3万架的规模，我想理论上汽车也可以做得到。至于说到鱼群巡游的原理，这个问题确实还没有确切答案，这也是我们可以研究的方向之一。

但是我今天更想讲的是，为什么我们汽车企业不能从一次制动的影响开始研究？如果我们连这样简单的问题都没有认真考虑过，又怎么可能解决更复杂的问题呢？

赵福全：一个驾驶员的一脚刹车，没有造成任何交通事故，但是可能导致很长距离的堵车，而堵车正是我们需要着力解决的核心问题。不过这个问题听起来简单，解决起来却并不容易。如果汽车没有联网，更没有在线，在前车制动的一瞬间，后面的其他车辆根本无法知道，更不可能及时应对了。

王坚：智能肯定和联网有关系，但也不是说没有联网，我们就不能做智能了。我觉得，今天我们讲汽车智能有一个很大的误区，就是过分强调汽车是智能的载体，而没有讲汽车本身的智能。实际上，这就是个体智能与集体智能的问题。如果单车的智能不做好，是没有办法通过连接集聚形成集体智能的。

赵福全：首先一辆车要尽可能"聪明"，但是只有一辆车"聪明"还不够，必须是一群车都"聪明"，才能构成群体的"聪明"。如果没有群体的"聪明"，单车再怎么"聪明"也只是孤军奋战，达不到最佳的效果。未来一定是集团军作战，才能形成一个高效率的大交通体系，让每个人都从中受益。从这个意义上讲，企业的眼界不能太狭隘了。如果每家企业都只看自己，最终整个产业的发展进步就会受到影响。反过来讲，那些眼光长远、布局前瞻的企业，就会发展得更快。或许正因如此，在产业重构的历史关键时期，一些传统巨擘企业有可能会轰然倒下，一些新创企业也可能会乘势崛起。

最后，请您展望一下十年之后的场景，智能的汽车、智能的环境还有您的城市大脑将会是什么样子？

王坚：总体上，我还是比较乐观的，尽管我刚才说了很多困难和问题。应该说，今天大家对汽车的认识正在逐步加深，汽车本身的进步，城市基础设施的发展，包括5G、城市大脑等的建设，可能都会比我们预想得更快。因此，我个人充满信心，十年以后汽车的移动效率一定可以大幅提升。

赵福全：谢谢各位网友的倾听，也谢谢王坚博士的分享。虽然此前王博士也经常在各种场合发表观点，但是往往时间有限，没有办法充分展开。而且王博士的思路前瞻性很强，例如早在2016年，他就写了《在线》一书。可能很多时候听者无法完全理解，感觉这位阿里云的创始人高深莫测，真像是从"云"里走出来的一样。而今天我们进行了一个半小时的深层级交流，相信大家一定更了解王博士的观点了。

人类社会正在发生翻天覆地的变化，汽车产业也正在经历前所未有的重构。汽车作为重要的出行工具，既有传统的硬件，又有全新的软件，两者犹如汽车的躯体和灵魂，将会有效组合，形成未来的汽车。当前，汽车产业的创新发展需要破解众多难题，而王博士认为，汽车人更应该回归到汽车的本质来思考其未来的发展。

比如自动驾驶，首先，从驾驶员的角度，要想清楚驾驶员都在车上做什么事情，其中哪些需要用机器取代驾驶员来完成，为什么要取代，以及要具备什么能力才能取代。其次，从车的角度，机器取代驾驶员之后操纵的还是车，那么车本身应该有哪些相应的改变。再次，从行驶环境的角度，汽车智能之后，如果周边的环境不够智能也不行，就像今天北京的一些路口，一会儿来一个行人，一会儿来一辆自行车，自动驾驶等级再高的汽车也难以应对。最后，从大交通系统的角度，还涉及整个车队的管理，汽车与其他交通工具的组合，以及各种交通工具与基础设施之间的交互等问题。

要把上述要素都充分落地并有效组合起来，需要一个长期的过程，这就是为什么大家感觉新一轮科技革命似乎机会无处不在，但真要行动又觉得无从下手的原因。对于我们所处的时代，我之前总结了三点：听起来很好，看起来很乱，干起来很难。

而今天通过与王博士的交流，我想我们汽车人还是要自我挑战，要勿忘初心，要回到汽车最本质的属性去解决关键的问题。不是把简单问题复杂化，而是把复杂问题简单化，直击真正的瓶颈和痛点。当然，我们也不能总想一口吃个胖子，要有足够的耐心，这一定是一个渐进的过程。实际上，如果我们能够不断解决一个一个的"小"问题，最终就会带来汽车移动性的显著提升。

在这个过程中，我们需要很多手段，需要很多能力，包括汽车硬件的完善，汽车软件的进化，也包括通信能力的升级，政府力量的推动。最后，我们很可能还需要纵观全局的城市大脑，通过云计算处理海量数据，实现城市中每一辆车与每一个场景的实时互动和优化匹配，从而让汽车更好地服务人类，也让人类社会享受更加美好的生活。

展望未来，在能源、互联和智能三大革命的驱动下，汽车产业全面重构的进程将不断加速，这其中蕴含着空前的机遇，但也将带来空前的挑战。面对这种情况，传统车企与ICT企业都无法独自应对，各方参与者需要更加紧密地拥抱、协同创新。

尽管王博士谈的很多问题非常尖锐，但从长远来看，他还是很乐观的。的确，未来值得期待！在此，希望大家都能在各自的领域贡献自己的才智，大家的努力汇聚在一起，社会就会更进步，生活就会更美好，而汽车一定可以在其中发挥更大的作用。

王坚：谢谢赵老师，今天让我说出了很多以前没有说出来的话。

05 对话何小鹏——学费、曲线和初心

赵福全： 各位网友，大家好！欢迎来到凤凰网汽车"赵福全研究院"高端对话栏目，我是栏目主持人，清华大学汽车产业与技术战略研究院的赵福全。今天我们非常荣幸地请到了小鹏汽车创始人、董事长兼首席执行官（CEO）何小鹏先生。何总，请和各位网友打个招呼。

何小鹏： 大家好！我是何小鹏，很高兴能够在凤凰网与大家一起聊聊小鹏汽车、聊聊中国新制造。

赵福全： 小鹏汽车作为新创车企的主要代表之一，关注度比较高，您在各种场合下也介绍过小鹏汽车的品牌内涵和造车理念。但毕竟是一家新车企，相比于主要的传统车企，大多数网友们可能还不太了解小鹏汽车。在此，请您先介绍一下小鹏汽车的发展历程，特别是你们的品牌定位和产品特色。

何小鹏： 小鹏汽车是一家新创车企，是为了打造智能电动汽车而成立的企业。曾经全球出现过由功能手机向智能手机转变的浪潮，而拥有100多年历史的汽车行业现在正在经历由燃油汽车向电动汽车转变的浪潮。与此同时，我们认为，可能很多人都忽视了更为重要的一点，传统的功能汽车还将向智能汽车转变，未来的汽车能够做更多的事情。

以前我在做科技创业公司的时候，就非常关注企业的基因，因为很多时候企业需要有不同的基因，才有可能做出不同以往的事情。而小鹏汽车的基因就是由科技创业、汽车产业和金融领域的人组合在一起、共同打造大众能够买得起并且喜欢的智能汽车。我认为，这是小鹏汽车和传统汽车企业以及其他新创车企最大的差别。

中国现在几十家新创车企的负责人，除我之外，基本上都来自汽车及关联行业，包括汽车设计、汽车制造、汽车销售、汽车媒体等领域。

我想，基因的不同会让小鹏汽车对整个汽车以及出行产业的思考有所不同，这也是成立小鹏汽车的缘由之一。目前小鹏汽车的第一款产品 G3 已经上市了，这是一款 A 级 SUV，2019 年每天的交付量超过 100 辆。

赵福全：每天 100 多辆，那一个月下来有 3000 多辆？

何小鹏：2019 年，每个月的交付量有 2000～3000 辆，周末时交付量会少一点。

在最近的新车交付过程中，我们获得了关于用户偏好和用车行为的很多有趣的数据，这让我更加相信未来智能汽车一定会走进千家万户。以我们现有的用户数据举例，第一，小鹏汽车的车主中有 97% 选择了智能配置，包括自动驾驶、车联网、语音和视觉识别功能；第二，每天使用自动驾驶功能的车主数量，在总用户中所占的比例接近 40%，这是非常高的。因此，小鹏汽车在自动驾驶安全、交互培训以及新手教育等方面做了很多工作。

通过这两个数据，可以看到智能汽车离我们的生活已经不远了。而小鹏汽车的目标就是做不一样的智能制造和智能出行公司，让智能汽车走进千家万户。

赵福全：小鹏汽车作为一家初创的汽车公司，把智能化作为实现自身特色化发展的一个重要切入点。那么，小鹏汽车的品牌是如何定位的？支撑小鹏汽车品牌内涵的核心要素是什么？当前几乎所有的汽车品牌都在讲智能化，小鹏汽车的智能化有什么与众不同？或者说消费者在购买小鹏汽车的时候，会产生怎样的情感共鸣？

何小鹏：我想主要有三点。第一，提到小鹏汽车，相信很多人就会想起何小鹏。在中国很少有企业是用创始人的名字来命名的，而我们之所以这样做，是希望强化创始人的背景与企业基因和文化之间的关联。

第二，我们期望让用户感知到小鹏汽车是一家有互联网基因、科技基因的企业。比如小鹏汽车的投资者包括阿里巴巴，也包括来自多个科技方向的风险投资（VC）和私募基金（PE）。同时在公司团队构成中，来自阿里、腾讯、华为等科技企业的人员比例非常高。目前，小鹏汽车在做大量的基础研发工作，而不只是做整车的集成研发。

第三，小鹏汽车想让汽车的智能化真正走进用户心中。最近我与一家排名很靠前的中国整车企业的老总交流，谈谈各自如何研发智能汽车，我感觉双方确实是不同的。小鹏汽车现在有2000多名研发人员，我们自己做很多底层的智能化开发工作，真的是在一行一行地写代码。这样我们才做到了按月升级汽车上的软件，提升产品的功能和性能，为车主提供更好的体验和服务。

而大部分整车企业的做法不一样，它们更多的是在集成供应商的智能化能力，这种方式决定了后续很难进行整车层面的升级。这些企业所做的整车升级，大多是在解决一些错误，而没有把汽车的整体功能进行整合和优化。这是它们与小鹏汽车的根本区别。小鹏汽车目前上市销售的时间很短，但是在智能化方面，我们已经进行了三次空中下载（OTA）升级。

从我们最近的统计数据来看，目前由用户口碑带来的新车销量已经达到10%。虽然绝对值还不大，但这是一个非常不错的开始。所谓智能化，绝不是用户购买了一辆带有自动泊车功能的车，却从来没有用过这项功能；应该是产品具有自动泊车功能，而用户愿意天天使用，甚至介绍亲朋好友们都来使用这个功能。这也是互联网的逻辑，除了要把汽车这个硬件产品卖给客户之外，更重要的是要让用户真正感觉到汽车智能化就在身边，每天会真正使用这些智能功能。

赵福全： 品牌内涵是通过产品体现出来了，而产品还要依靠技术来支撑。打造品牌是一个长期的过程，企业必须不断在产品和技术上发力，久而久之，大众就会了解到企业的基因，继而对品牌产生清晰的认识，而有相应需求的消费者就会与企业产生共鸣。小鹏汽车品牌的核心内涵就是智能。您谈到，用户非常喜欢使用小鹏汽车的自动泊车功能，相比之下，其他车企同类车型的用户可能对自动泊车功能用得就比较少。这就产生了一个疑问，用户之所以高频使用小鹏汽车的自动泊车功能，是因为你们产品的相关功能做得更好，还是因为选择你们产品的是更青睐智能功能的用户，或者说这些用户由于关注到了小鹏汽车的企业基因和品牌内涵，因而选择了你们的产品？

何小鹏：这是一个很好的问题。占领用户的心智，是企业成功的关键。而占领用户的心智是非常困难的，必须付出很多努力。在这些努力中，产品是"1"，品牌、市场、公关、营销活动等都是在"1"后面的"0"，一定要先把"1"立住，也就是必须先把产品做好，这一点至关重要。正因如此，小鹏汽车创立伊始，就做了大量基础性的研发工作。同时，我们也在思考，为什么很多整车企业没能让用户真正使用智能功能呢？我想可能有三个原因。

第一，企业首先必须找对用户。这一点就像您刚才讲到的，我认为小鹏汽车找对了用户，我们的用户是乐于尝试汽车智能功能的人群。以前在互联网领域创业时，我发现一个规律——在移动互联网的最早期，大概前五年的时间里，移动互联网的高频用户都是电话的低频用户，反过来，移动互联网的低频用户都是电话的高频用户。简单地说就是，打电话多的人上网特别少，打电话少的人上网特别多。用户群体之间的差异是非常明显的。

汽车产品的使用其实也有类似的规律。之前我们研究了很多品牌的电动汽车，通过观察我们发现，车越大、价格越贵，反而越没有使用智能化功能的可能，因为这些车往往有专职驾驶员在驾驶，或是作为公务用车使用。在这种情况下，驾驶员由于担心影响乘坐者的感受，很少使用自动驾驶等智能功能。所以我们认为，小鹏汽车应该选择心态年轻的用户群体，我们的用户定位叫作年轻新贵，这些用户更愿意探索和尝试新鲜事物。

第二，今天不少汽车产品的智能功能，都是由几十家供应商的技术整合而成，在用户体验和智能交互方面缺乏系统性的总体设计。这往往导致用户体验不佳，人机交互不畅，车企对用户进行新手培育也较为困难。例如，有的产品需要系统进入到相应的界面才能进行自动泊车，而进到这个界面是有概率的，用户要碰"运气"；还有的产品直接采用了供应商的技术方案，在自动泊车时需要用户全程按着一个按钮，否则自动泊车就会中断。这非常不方便，而且用户也无法在下车后进行自动泊车。

第三，很多车企没有根据用户数据进行整车的检测、优化与运营升级。举个例子，2018年12月小鹏汽车的自动泊车功能上线，2019年3月，我们分析数据后发现，在一些地方自动泊车的成功率明显下降，我们马上查找问题的根源，包括与供应商讨论，而供应商之前从来没有接到过类似的反馈。后来发现，自动驾驶功能受当地气压和湿度的影响，因为某些雷达在气压和湿度反常的情况下会出现偏差。如果此时系统能够"提醒"雷达——根据车辆所处环境做出修正，雷达就能输出正确结果，自动泊车功能也就正常了。我们的具体解决方法是，基于数据分析设定了一个临界点，当系统发现车辆所处地方的气压和湿度超出临界点时，就会"通知"雷达调整相应的参数，确保其正常工作，这样自动泊车的成功率就大大提高了。

我想，现在有些汽车上的自动泊车功能之所以使用率较低，可能正是因为企业没有去关注用户使用该功能的实际情况，这样也就无法发现问题并及时解决。而小鹏汽车始终密切关注用户数据，发现哪里做得不好立即进行完善优化。前面说过，在小鹏汽车上市后的几个月里，我们做了三次在线升级，整个系统的功能使用率从40%升级到了70%。

正因如此，小鹏汽车获得了良好的口碑。就像自动泊车，现在很多产品都有该功能，而且也都进行过宣传和展示，但是等到用户真正使用时，就会发现哪个产品的自动泊车功能更好用。如果某款产品的系统界面简洁、操作方便，成功率和安全性比其他产品好几倍甚至十几倍，那么用户的评价就会完全不一样。

最近小鹏汽车正在组织进行一个自动泊车大赛。比赛场景设定为侧位停车，车位长度为汽车车长加上前后各10厘米。让报名参赛者驾驶各种车型进行人工泊车，与小鹏汽车的自动泊车进行比赛。通常，人工泊车的时间在30～60秒，而小鹏汽车能够在20秒内完成自动泊车，成绩比很多经验丰富的老驾驶员都要好。通过这次比赛，大家对小鹏汽车的自动泊车功能就会有非常直观的感受。

赵福全：您作为小鹏汽车的创始人、领军人和奠基者，一开始就明确了品牌定位——要在汽车智能化方面领先。为此，您认为首先要找对用户，一定是对智能化高度关注、愿意尝试智能化功能的群体。然后要让目标用户群体真正认可自己的产品，通过领先投放各种智能化功能，包括硬件也包括软件；更通过不断迭代、优化升级，让客户对小鹏产品的体验越来越好，依赖感越来越强，进而产生深厚的感情，这样小鹏汽车的品牌价值也就体现出来了。在这个过程中，智能汽车能够不断地迭代、自我完善是非常关键的。

你刚才还谈到了很重要的一点，汽车智能化只有软件是不够的，硬件也很重要。例如硬件随着环境的改变而出现变化，就会对整个系统的功能产生很大影响。以往大家可能认为智能化主要是软件实现的功能，而做软件的工程师往往也不关心硬件。您通过实践后得出的结论是，硬件和软件都必须做好，两者之间要实现有效地融合。我之前也讲过，硬件和软件就像躯体和灵魂的关系，没有软件的硬件是"行尸走肉"，没有硬件的软件是"孤魂野鬼"。

赵福全： 谈到智能化对品牌的支撑，有一个不得不面对的问题。实际上，在新一轮科技革命驱动汽车产业全面重构的今天，几乎所有的汽车企业都在讲智能化。而很多企业在智能化方面采用的都是相同或者类似的供应商，这样要如何避免出现同质化呢？以往在传统汽车上，整车企业依赖各自的技术能力对品牌提供支撑，例如大家常说"开宝马，坐奔驰"，这是因为宝马以强劲的动力和良好的驾驶体验为其品牌诉求，而奔驰以卓越的NVH（噪声、振动与声振粗糙度）技术和高品质的乘坐舒适性支撑其品牌内涵。未来如果车企的智能化产品都采用比较接近的硬件和软件，品牌的差异化要如何体现呢？对此，小鹏准备怎么做？此外，刚才谈到小鹏汽车的自动泊车可能领先了一步，但是很多车企的供应商都是相同的，这样其他车企会不会很快追上来？

何小鹏： 对于您的这个问题，我在创立小鹏汽车之初就经常反问自己。而我在汽车行业做得越来越深的时候，反而觉得压力不大了。为什么呢？我想分享四点。

第一，如果像管理硬件供应商那样管理软件供应商，也就是依然按照打造传统汽车的方法来管理供应商体系，这在智能汽车时代是很难成功的。很多传统车企也不是完全没有意识到这一点，但是每家公司都是有基因的，这些企业已经在汽车行业打拼了数十年甚至上百年，它们的基因早已固化了这样一种逻辑，即一款车开始销售后就不应该再改变产品功能以及相应的供应链了。在这方面，小鹏汽车的先天基因完全不同。

第二，智能化将会逐渐成为驱动消费者购买汽车的强劲动力，为此，车企一定要自己做很多研发工作。现在已经有部分消费者把智能化作为买车的主要诉求，虽然人数还不是很多，但增长很快，可能两三年后情况就会大不一样。对此车企必须早做准备，有效研发智能化功能的相应系统和技术。为此，在车辆操作系统、嵌入式系统、电子电气、线束以及运动控制等方面，小鹏汽车都在进行整合性的自主研发。我认为，不把这些工作全部完成，车企是做不出好的智能化产品的。在这个过程中，我们做了很多可以让供应商来做的事情，就是为了确保差异化的用户体验。当前，很多整车企业都在和 BAT 合作，都在和某些大牌供应商合作，以此加强自身产品的智能化功能，这个大方向无疑是正确的。但是，如果最终是每个供应商各做自己的一部分，整车企业不能把各个部分彻底打通、有效整合，那么智能产品的差异化是无法保证的。

第三，如果企业没有自己做研发，没有具备相应的基础能力，是无法进行在线升级优化的。小鹏汽车在 2019 年 4 月在线升级了接近 300 项功能，这对于很多整车企业而言是不可思议的。当然，我们在升级过程中也碰到了很多问题。以前做移动互联网功能升级时，成功率大概在 99.99%，而现在做汽车功能升级时，做到 90% 都不容易，成功率还不够高。为什么会是这样？我们分析，这次升级涉及的计算单元有十几个，而且还有升级的先后顺序问题，复杂度和相应的风险都比较大。这是一个系统性的问题，要彻底解决是非常困难的。比如苹果手机有时候会出现"白苹果"的故障，屏幕显示白色苹果的图案，手机无法正常开机。这就是软件出现了错误，要解决这个问题需要一整套方案，只靠苹果公司自己是不可以的，还要和很多合作伙伴一起来解决。

智能汽车的在线升级能力，或者说车企通过智能化功能运营每一个用户的能力，不可能一蹴而就，一定是从小到大地逐渐积累起来的，或许需要一两年的时间才行。以前我们做移动互联网功能升级的时候也经历了这个过程。由于复杂度更高，汽车功能的升级肯定会碰到更多的挑战，需要更长的时间。而越是成熟的车企，可能越不愿意承担这种风险或者说学习成本。

第四，在大部分整车企业中，研发、制造和销售等环节都是相对独立的体系，缺少整体的运营体系。原来在组织上三个体系就是相互独立的，现在想用一个新体系把三个体系全部打通，从组织上就无法支持。一直以来，制造业常有"技工贸"的说法，而我认为未来的新制造一定会变成"技工贸运"。其中，"技"指技术，"工"指生产制造，"贸"指贸易，在新时期将会是新零售，而"运"则是指运营。运营体系恰恰是传统汽车企业缺少或者不够重视的，而且对于这些体量庞大的车企来说，即使想要改变也不是两三年内就能完成的。

为什么以前的互联网公司可以快速转身？就是因为那时候的互联网公司普遍规模较小，也就几十人到一两百人。而汽车企业可不是这样，像小鹏汽车现在还刚起步，人数也有四五千人了，大型车企一般都有几万甚至几十万人，要转型应对新挑战是非常困难的。

赵福全：小鹏汽车的核心竞争力，或者您讲的企业基因，就是智能化。或许大家觉得把智能网联视为未来竞争战略制高点的企业有很多，小鹏汽车又有什么不同？何总认为，即使说的是同样一句话，但是企业的理解和认识可能完全不同。虽然都觉得重要，但是您是在骨子里相信，智能化就是未来。因为相信，所以就会投入，而且遇到困难的时候也不会退缩。这是小鹏汽车的第一个基因。

同样因为相信，所以智能化功能的核心必须自己掌控，为此小鹏汽车在软件底层编程上做了大量投入。此外，虽然深知智能汽车的升级能力远没有那么容易形成，您觉得需要一两年时间的经验积累，我认为可能要比两年时间更长，但您还是义无反顾地坚持做下去。这是小鹏汽车的第二个基因。

一款产品要做好，既要设计好，也要制造好，同时还要让客户使用好，这就是您刚才谈到的运营。您觉得在这个过程中，传统车企对研发、制造和销售都很重视，但却缺少运营，特别是对汽车的使用过程关注不够。当然对您的这个观点,可能不少传统车企的老总并不见得同意,但至少小鹏汽车自己非常重视运营。这是小鹏汽车的第三个基因。

谈到这里就引出一个新问题。智能化功能的实现既需要硬件也需要软件,软件背后涉及的是数据、信息安全乃至整个生态的大系统,对此车企能掌握多少呢?比如百度、阿里、腾讯以及华为,这些公司从事软件开发的人员全都数以万计。同时,还有不少新进入汽车产业的参与者并不造车,而是聚焦在某些高科技领域内,比如开发平台技术、算法以及传感器等,这些公司也各有所长。此外,智能网联汽车的发展还与很多企业没有办法主导的因素相关,比如信息化基础设施和平台的建设,法规和标准的完善等,像自动驾驶车辆能否合法上路就不是车企能够决定的。在这个过程中,车企不仅需要把 ICT 企业的能力用足,还需要政府力量的支持。因此,我专门提出了"1 + 1 + 1"的商业模型,强调三方力量必须有效融合,才能实现智能网联汽车的良好发展。

软件定义汽车,这句话说起来容易,做起来其实很难。因为智能汽车本身是一个高度复杂的大系统,而能够定义这个系统的软件究竟是什么?是自动驾驶、车联网、智能座舱,还是车载操作系统、端管云之间的连接?我认为这些要素缺一不可。而在这其中,小鹏汽车自己能做多少呢?同时,以一家新创车企的能力和规模能够支撑起来吗?

何小鹏: 实际上,我认为很多时候企业是因为没有想清楚才进行了很多巨额的投入,如果真正理解了智能化的需求和想要实现的功能,就会发现必需进行的投入是有限的。最重要的是如何把自己以及其他合作伙伴在多个不同方向上的投入有效整合起来,要做到这一点难度非常高。目前,大部分汽车企业开发一款车大概需要 300 名研发人员,小鹏汽车不一样,我们内部核算过,开发一款车大概需要 1000~1500 名研发人员,就是因为我们一定要做好整合,同时还要保证产品的持续迭代升级。

说到底,所有企业面临的核心问题都是取与舍,因为任何公司都不可能具有全部所需的能力,而相比于行业巨头,初创公司肯定有更多的事情是自己做不了的。因此,公司负责人必须判断哪些要做,哪些不要做,哪些是能够得到的,哪些是只能舍弃的。所谓战略,无外乎就是想做什么、该做什么、能做什么，最终决定做什么、不做什么。很多时候，确定不做什么才是战略选择的第一要务。

赵福全：的确，在战略的取舍选择上，往往决策"取"容易，决策"舍"却很难。

何小鹏：我经常思考小鹏汽车的战略，究竟哪些事情要做，哪些事情不要做。一家企业要做的事情，就像风暴眼一样，由里向外分为很多的圈层。我认为，越往外面的部分越应该开放，可以交给合作伙伴，而越往里面的部分越核心，必须由自己完成。对于整车企业来说，首先要做好定位，在此基础上，把产品研发、供应链管理和制造过程这几条主线的核心部分做好。

例如，我把电动汽车技术分成四个方面：一是通用性的汽车技术；二是与电动直接相关的技术，主要指"三电系统"（电池、电机、电控）；三是电子电气、线束等相关技术，这些技术既和电动技术密切相关，又和智能网联技术紧密关联；四是智能网联技术，主要有自动驾驶、智能座舱、人工智能（AI）和 V2X 四个方面，V2X 也包含了未来的 5G 技术。

作为一家新创车企，在以上四方面技术的最底层，小鹏汽车基本上都是选择与最好的供应商合作。因为我认为越是新公司，越需要和一流供应商合作，以保证产品安全。比如在通用性技术方面，我们对安全问题高度重视，小鹏汽车正在做中国新车评价规程（C-NCAP）的碰撞测试，目标是五星安全，为此在过去的几年里我们已经碰撞测试了 70 多辆车。

在电动技术方面，我们选用了成熟的电池和电机，同时与合作伙伴一起开发电控系统。此外在电动系统安全方面，我们也做了很多工作，例如正在按照 IP68 级标准来开发电池管理系统。在电控和安全这两部分，小鹏汽车要充分形成自己的能力，电池和电机则交给供应商。很多人问我们为什么不做电机？对于传统燃油汽车来说，大部分整车企业都是自己做发动机的，因为发动机是驱动汽车的核心技术。现在电动汽车是由电池提供动力，电机直接驱动的，为什么小鹏汽车不做电机？实际上，我从来就没有考虑过要做电机，一方面，电机不是我们现在有能力做的；

另一方面，更重要的是，电机不在我们企业的核心战略里。

我们的战略是集中力量把智能做好。因此，我们要开发智能网联技术和电子电气及线束技术，至少要做到深度参与设计，这是小鹏汽车一直着力在做的事情。也就是说，舍弃的是那些和汽车智能化相关性比较小的技术，得到的是把汽车智能化做得更好更深。这就是小鹏汽车的战略取舍。

另外，您刚才提到技术人员规模和智能汽车研发难度是否匹配的问题。实际上，BAT开始取得成功的时候，人数都是比较少的。如果我没有记错的话，百度那时的技术人员不足4000人。阿里一直到2014年上市之前，纯技术人员的规模都是以千为单位的，没有超过10000人。而作为自身定位非常明确的初创公司，小鹏汽车现在有4000人，其中技术人员占到70%，也就是接近3000人。这么多技术人员现在只开发两款车，无论是从当前的工作量，还是从未来的技术储备来看，我觉得这个规模都已经足够了。

而且整车企业与供应商是不一样的。对于供应商来说，是把一个标准的产品，提供给很多整车合作伙伴使用，对于每个合作伙伴都要做兼容性、适配性的开发和集成，可能做这些工作的人员合起来就占到公司技术团队的一半以上。换句话说，真正从事技术开发的研发人员占比往往是小于50%的，越是平台型的公司，越是如此。小鹏汽车如果要输出技术，也需要至少多一倍的研发人员。也正是因为不需要输出技术，不必考虑多种需求，我们才能更快速地把自己需要的技术做出来。我认为，以目前的人员规模，小鹏汽车已经可以做好很多事情了，今后我也会把团队增长的节奏控制好。

赵福全：刚才的交流涉及一个非常重要的话题，当汽车产业从发动机时代，跨入到电动化、智能化、网联化的时代之后，未来支撑品牌的核心技术究竟是什么？而您对此有独到的见解。过去，发动机、变速器无疑是核心技术，车企必须通过卓越的发动机和变速器技术，让用户感觉到动力澎湃、低油耗和低排放的品牌内涵；而未来，电动化、智能化、网联化技术将成为核心技术，但您认为，通过电池、电机技术已经不足以让汽车品牌脱颖而出了，企业必须聚焦于智能网联技术，以形成自身特色。

我想无论对错，您的这个观点都足以引发本栏目观众们，尤其是整车企业负责人的思考。您认为智能化才是最核心的，才能让汽车产品有内涵、有品位、有高端品牌应该具有的新魅力。为此，小鹏汽车集中力量在智能网联技术方面下功夫，特别是坚持自己开发很多相关技术。

您刚才还谈到，如果平台是自己的、封闭的，不对外开放，投入的人力、物力、财力就可以比开放的平台少很多。为什么会是这样？是因为像百度、阿里、腾讯和华为这些公司要服务更多的客户，每一个客户都要牵扯很多技术服务的精力吗？还是开放平台本身就要涉及更多的开发工作呢？

何小鹏：我曾总结过互联网的两个逻辑。第一，开放是一种能力，不是谁都能做到的；第二，开放是为了更大的封闭。当这两个逻辑放在一起时，类似安卓操作系统的开放，开发工作就会变得非常复杂。因为开放的时候对于基础技术以及规则、标准等的要求，都会大幅提高。如果一个系统只适用于一两种硬件，或者只适用于一家企业的时候，研发时要思考的因素就比较简单，满足了要求就能做出来、做得好。而如果一个系统要开放给很多合作伙伴共同使用的时候，要考虑的就是整个行业当前的需求和未来的变化了，也就是说必须考虑每一家企业的不同需求，还必须把软件架构的分层设计做得更多更细，更必须以系统的底层架构，让每一家企业都能做适配和调试性开发，这其中的难度可想而知。其实很多时候我们说某家企业的产品不够好，是因为没有考虑到这家企业有多大的用户量，没有考虑到这家企业需要为多少合作伙伴提供服务。

在这个过程中，每一家企业都很难充分实现差异化。我第一次创业的时候，就做了很多开放性的工作，但是越往前走，越觉得产品难以做到极致；越往前走，越觉得本地化、集中式的开发才能确保产品趋于极致。

那么，为什么像BAT之类的很多大型科技企业还会思考开放？是因为它们想追求更大的封闭。例如，今天我把自家的大门打开，欢迎大家都到我的院子里来，享用这里的水果和蔬菜，等大家都以我家的蔬菜和水果作为食物基础，再各自去做自己事情的时候，我就等于把自家的篱笆墙向外扩展了，把这些水果和蔬菜的享用者都包括了进来。这也就意味着更大范围的封闭。

赵福全：这就引出一个新问题，智能网联究竟能不能通过封闭式发展来实现？封闭有两个好处，一是更容易形成自己的特色，二是可以集中优势兵力满足自己的需求，而不必服务很多客户，对此我是认同的。但是，在万物互联的时代，很多技术如果不开放，最后反而会使自己被边缘化，甚至可能就此被市场淘汰。

您之前在互联网领域创业，对此一定有更深刻的认识。比如今天汽车产品的操作系统（OS），还有其他很多智能化技术，用封闭的方式发展会更有利于小鹏汽车参与未来的竞争吗？如果某一天汽车行业出现了一个类似安卓或者视窗这样的系统，让很多企业都可以在上面开发更强的智能化功能，而小鹏汽车始终强调自己的小而精。这就好比一位很好的厨师不追求成为一个大饭店的主厨之一，一直就在家里做饭，结果做出来的菜除了自己家的几口人就再没有别人吃了，您觉得会有这种风险吗？

何小鹏：这确实是个问题，我也思考过很多。从互联网的角度看，其实是两种发展方式并存的。比如苹果公司就是封闭系统的典型代表之一，包括硬件、软件、销售、服务以及OTA、生态管理等，苹果都是自己做，这是非常"重"的发展方式。而安卓就是开放系统的代表。我一直在问自己，对于开放式的技术平台，中国有没有公司最后能够做成功？从目前来看，我觉得开放的互联网平台，只有一家半可以算是成功的，而开放的技术平台，起码到目前为止还没有。不管是在市场上基本处于垄断地位的优势企业，还是各种各样企业的联合体，都没有真正做到。当然，说到这里我们先要明确何为成功的技术平台，我认为，必须在中国乃至全球拥有相当的影响力和用户群，才能称为成功，而这样的技术平台我至今尚未看到。

回到汽车产业的话题，最开始我是小鹏汽车的投资人，后来加入公司直接操盘。早在作为投资人的时候，我就反复在想，汽车上新出现的操作系统、自动驾驶、车联网、大数据以及相关的一些新硬件，有没有可能集成在一起形成一种开放的能力？这些新的软硬件都是原来传统汽车企业不曾去做的，如果有新车企打造出来，能否以此为基础形成开放的技术平台？像谷歌和特斯拉都做了很多新的硬件和软件，它们肯定也设想过开放出来，以形成更大的封闭，但事实上这是非常困难的。

这其中可以说有两个流派。一个就是阿里巴巴，很多年前就做了阿里云，基于一个共性结构，为不同的客户提供各种定制化的服务。但这样做是有前提条件的，我曾经和阿里的参谋长曾鸣先生专门聊过这件事，我们一致认为：越是复杂的体系，想要实现简单的开放，就越是难以实现。汽车正是最复杂的民用产品，硬件上零件数以万计，软件上代码超过一亿行，规模上产品年销数十万甚至上百万辆，我认为同时具备这三个条件的只有汽车，没有其他任何产品了。

另外一个是安卓，提供一个开放的平台，让不同的客户在上面开发自己的产品。安卓系统本身无疑是成功的，但是我们换个角度思考，安卓对于谷歌来说到底算不算是成功的开发？恐怕答案就不一定了。因为谷歌最核心的诉求是搜索，安卓并没有帮助谷歌把搜索做得更大，这实际上是如何更好地聚焦主营业务的战略问题。

说到底，企业还是应该聚焦于最主要的事情，这样才能形成独特的竞争力。随着时间的推移，我愈发相信中国最终会出现一两家新车企，能够把新硬件、新软件、新零售以及新运营做好并且组合好，从而成功地走向全球。

对于很多创业者来说，首先要解决活下来的问题，这无可厚非。不过仅仅如此，是不足以使企业变得更强的。我是二次创业者，第一次创业时，我想的主要也是活下来；但是现在是第二次创业，我想得更多的是未来能不能做强。如果最终只能勉强活下来，没有机会做强，那我又何必二次创业呢？毕竟对我来说，财富已经足够了。我想做的是一家全球性的成功企业，是完全与众不同的产品。为此，小鹏汽车必须有不一样的企业逻辑和前瞻思考，我们要布局十年、二十年，才有可能从一颗种子开始，慢慢萌芽长大，变成一家强大的企业。

赵福全：您讲的话对我有很多启发。开放的大平台肯定是有竞争力的，但是通过多年来对产业发展的观察，特别是思考了互联网与物联网的差别之后，您给出了自己的判断。对于开放的技术平台，目前还看不到产生的可能，或者说任何企业要做这类平台都是非常困难的。尤其是在高度复杂又追求特色的汽车产业，新创企业沿着做开放平台的路径走，挑战会非常巨大。

对此，我也做过很多深度思考。汽车产业有不少实力雄厚的大型车企，它们都拥有雄厚的资金、人才和技术储备，也都具有巨大的品牌号召力。但恰恰因为如此，任何一家车企想要一统江湖，迅速实现世界大同，阻力都会非常大。我认为，未来很可能会先诞生几个具有一定特色、彼此之间又相互独立的平台，每个平台上都有若干实力强大的车企和其他一系列相关企业，从而形成几个既造车也用车的平台公司或联盟。在这之后，这些平台可能会逐步走向融合，最终形成一个世界大同的大平台，我相信这一天是会到来的，但这注定是一个漫长的过程，可能要在20年之后。

如果20年之后汽车产业真的实现大同了，到那个时候，小鹏汽车能不能成为统治世界的大平台公司呢？所谓"人无远虑，必有近忧"，企业必须有前瞻的思考。但另一方面，企业真要布局未来也是很纠结的，因为投入得多才有可能做得出来，而一旦产业发展路径发生了变化，投入越大，损失就越大。那么，在当前局面空前复杂、机遇与挑战并存的产业重构期，您认为企业究竟如何才能站得高、看得远、看得清、看得准呢？

何小鹏：今天如果去问任何成功的企业家，他在创业初期是否可以预见到10～15年以后的情形，如果他说可以，我不会相信。特别是对第一次创业的人来说，不付出一些学费几乎是不可能的。但是不可否认，每个人站在不同的高度，看到的风景确实是不一样的。我认为，一个好的创业者，或者一个好的企业家，他必须具有持续自我修正、不断自我成长的能力。随着时机的改变、科技的进步和场景的变迁，创业者的认识要越来越高，判断要越来越准，这才是最重要的。

您刚才讲的例子,我是深有感悟的。以前我们做手机浏览器,自己开发浏览器的内核,一直做了很多年。后来我们的竞争对手,包括我们自己,甚至像微软这样的大公司都不再做浏览器内核了,全部都用谷歌的浏览器内核。谷歌等于统一了浏览器内核的标准,这对我们而言其实是一件很痛苦的事情。

但是如果当初我们不做内核,就永远不会对浏览器有足够的理解,也不会有足够的想象力。而后来之所以选择放弃,正是因为发现浏览器内核不足以承载更大的商业价值。如果足以承载,我相信至少几家大公司还是会继续自己做的。因此,前面的工作也并不是浪费,而是一个必须经历的有益过程。

赵福全:创业者,尤其是首次创业者,一开始就把所有事情都看清,恐怕是不可能的。实际上,像您这样坚信智能化一定是未来的发展方向,必须朝着这个方向不断努力以形成自身特色,这种战略判断就已经很了不起了。在这个过程中,做多少硬件、做多少软件,自己掌控多少、外部资源利用多少,以及内外部资源如何组合,这些其实都是战术问题,不是战略问题。在这期间进行的一系列修正、完善和优化,并不是要否定自己的战略,而是为了实现战略目标而进行的战术调整。我认为,创业者无法完全看清未来,但至少要看清楚大方向。也只有看清了大方向,才会在实践过程中始终坚持下来。

何小鹏:您说得很对,我非常认同。这里可以举个例子来印证您刚才讲的观点。我曾在阿里巴巴工作过,当时在总裁班培训中我了解到,在企业最开始的17年里,阿里巴巴进行了15次战略调整。当然,大方向始终未变,但是如何从起点走向终点,中间需要经过哪些步骤,开始的时候是不知道的。如果其中哪一步走错了,可能企业就生存不下来了。但是也不可能有哪家企业能够走出一条通向目标的直线,在摸索中勿忘初心,走出一条最接近直线的曲线,这就是成功。

赵福全:马云看到了互联网必将把全世界的人们连接在一起,因此电商一定是未来的大趋势,至于这件事到底怎样做,需要什么样的软件和硬件,应该搭建什么样的平台,采取什么样的合作模式,如何完成支付等，诸如此类的问题，我想他当时也不清楚。因此，阿里巴巴也是在不断摸索和修正中才走到今天的。但无论中间交了多少学费，马云始终认定互联网将给电商带来机会，大家通过互联网做生意的需求绝不会消失，这可能就是他最大的战略。从这一意义上讲，很多企业家恐怕还是低估了战略的重要性，成功的企业一定是看准大势，然后顺势而为，在坚持大方向的前提下不断修正，最终抵达成功的彼岸。

下一个问题是关于您个人的，当年您先是投资小鹏汽车，等到两年之后才正式出山，直接领导公司发展。那么，您为什么选择在那个时候出山呢？是觉得当时做得不够好，还是有了很多新想法要付诸实践，又或者是觉得基础已经打得差不多了，您可以领导小鹏汽车快速成长了？请分享一下您当时的想法。

何小鹏：在创办小鹏汽车之后，一开始我觉得汽车产品是最难做的，与其让我这个互联网人带领团队做车，还不如让一群有互联网思维的年轻汽车人来做。

后来我的这种想法发生了转变。我记得那天正好在我儿子刚刚出生20分钟后，有位投资人给我打来电话，他说："小鹏，我觉得汽车产业这一轮窗口期，在未来几年内就会关掉。"我们之前有一个共识，要想做成一家汽车企业，首先必须形成一定的技术能力和团队规模，其次必须达到年销10万~20万辆汽车，这样才算把基础做起来。不过这还只是前面的"1"，最后能不能行还要看窗口期，在时间上无论过早还是过晚都很难成功。而他认为本轮的窗口期可能在2020年左右就会关闭。

实际上，我对时间窗口也是这样判断的，他的这番话提醒了我。在2020年智能电动汽车时代到来之前，小鹏汽车必须尽快形成完善的体系、有力的团队和足够的规模，为迎接未来的竞争挑战打下坚实的基础。赶上这个时间窗口非常重要，而且当时刚好是在我儿子出生这样一个非常感性的时间点，这更让我觉得，我必须出来做这件事，这对我本人也是一次全新的挑战。

因为中国还很少有企业家能够同时把硬件、软件的研发和制造做好，并且把产品销售与用户运营两个体系融合起来。经历了第一次创业，我了解了软件的研发和制造，也知道应该怎样做用户运营，但是我还不太了解硬件的研发和制造，也不知道这种软硬件结合的产品应该怎样做销售。我希望自己能学会这些，而且能将其有效地组合起来，这对于中国企业更好地发展是有帮助的。

另一方面，我希望带给小鹏汽车国际化的思维。我认真研究过硅谷，我注意到，第一，硅谷公司的人才数量普遍都很高，且软硬件组合能力比较强；第二，硅谷的很多公司自诞生之日就觉得自己是全球的企业。但很多中国企业，包括我第一次创业的时候，都认为自己是中国的企业，这是很大的不同。而第二次创业，我在这方面已经有了心态转变。

当时是2017年，中国改革开放马上要到40年了，我也刚好40岁出头。可以说，这是一个非常好的时间点。我们又在第一次创业时积累了一些能力、资源和人脉。于是，我下决心一定要出来做这件事。

赵福全：在投资两年后选择亲自操盘，这好像是偶然，其实也是必然。孩子出生似乎构不成理由，很多人可能觉得更应该享受天伦之乐了，然而您恰在此时选择了出山。一方面您深感时不我待，时间窗口不会永远敞开，必须赶在前面，利用好这个天时。另一方面，我认为可能更重要的是您的创业者特质。实际上，创业是非常艰难的，甚至有人说"创业就不是人干的事"，创业者需要把自己的全部身心都交给事业，不管第几次创业都得如此。这不是靠赚钱的欲望就能驱动的，唯有那些把做成事情当成唯一乐趣的人，那些不断追求自我挑战的人，才有可能成为优秀的创业者。而您就想挑战自己，想把硬件和软件、产品销售和用户运营都同时做好，因此毅然选择了二次创业。

这个过程中，从一开始您就认识到，完全用软件思维来打造硬件是不行的，于是选择让年轻的汽车人先来做，因为他们可能既懂硬件，又没有完全被硬件束缚住。然后在这样的基础上，您再出山，带来更多的软件思维。经验永远是一把双刃剑，可能会让企业少走弯路，也可能会让企业受到束缚。而且精神上的束缚有时比物质的束缚更可怕，后者容易绕开，前者却是在无形之中影响企业的发展方向。

如今，您在汽车产业已经实战了两年，这正是产业快速变革的时期，每半年产业形势都会大不相同,而新创公司更是几乎每个月都在改变。那么,和 2017 年相比,您现在的认识有没有发生一些变化?同时,您从软件跨界到硬件行业,做得时间越来越长,会不会因此变得越来越保守了?

何小鹏:实际上,我的认识确实有很多变化。我曾经与很多投资界的朋友交流过,做硬件和做软件真的有着巨大的差别。我认为,做硬件要比软件难得多,因此需要格外谨慎。

第一,硬件是短板理论,而软件是长板理论。有很多规模不大的互联网公司估值却很高,因为做软件只要有亮点、能够吸引用户就可以,不需要考虑商业化或其他体系支持匹配的问题。例如,过去四年里全球有两家互联网创业公司,团队不超过 200 人,就以超过 100 亿美金的价格卖掉了。这在硬件企业中是不可想象的事情,因为硬件的逻辑完全不是这样。表层来看,硬件企业要做的也无非是把产品卖出去,但实际上这涉及底层的很多问题,包括如何识别出客户体验的痛点,更包括如何解决客户的这个痛点。在这个过程中,并不是说看到了一个硬件的机会,然后投钱去做就能成功。即使看到了客户痛点,但是解决这个痛点的硬件要如何设计研发出来,如何制造出来,又如何销售出去?而且还要确保低成本的研发和制造、大规模的销售和服务。要做成硬件就必须把这些短板全都补齐,否则根本不可能成功;而做软件只需要抓住一个突出的长板就足够了。

第二,互联网公司基本没有从客户到用户的转换问题。实际上,客户和用户是不同的,我认为购买之前只是客户,购买之后才是用户。对于追求流量的互联网公司来说,客户和用户的区分是模糊的;但对于做硬件的企业来说就不是这样了。比如,互联网人可以审视汽车产品发现很多痛点,但是如果不了解汽车的研发、制造、销售以及品牌建设、质量控制、成本管理,也没有仔细考虑过组织架构、供应链管理以及销售体系能否支撑规模化运营,那么这样的发现是毫无意义的。又如,可能很多互联网人觉得通过电商来销售汽车就可以了,实际上很可能根本卖不出去,或者最开始的时候依靠朋友圈能够拉动一些销量,但后面就难以为继了。

第三，互联网行业的利润率要远高于制造业。做互联网创业，通常最开始的时候是不赚钱的，不过一旦开始盈利，利润率就会很高，毛利率达到80%、净利率在30%~50%是很正常的。但是在制造业，毛利率如果做到20%、净利率做到5%~10%，那就非常好了。这中间的差距非常大。

我和一些互联网的老总们讨论过，他们认为互联网公司的经营管理和财务运营做得非常灵活，相比之下汽车公司有很大不足。我认为不能这样看。互联网公司的软件产品是可以快速迭代的，今天发现问题，明天修改，后天就可以上线。三天时间，一组研发人员就完成了优化升级。而在汽车行业，想改一个汽车门把手的设计，都要9个月的时间，500万元的开模费用，涉及多级供应商，还要做大量验证工作。因此，汽车一定是在前面考虑得越充分、越清楚越好，等到后面再来调整是很痛苦的，甚至是不可能的。比如，如果后期决定改变一个零部件的设计方案，可能会发现针对原来的零部件，三级供应商已经买了原材料，二级供应商已经在工厂里批量生产了，而一级供应商生产出来的零部件已经在运往整车工厂的途中了，这些都有费用的支出。真要更改零部件，整车企业就需要赔偿这些费用。而且即使整车企业愿意赔偿也不一定可以更改，因为这些供应商在组织和能力上很可能跟不上这种快速的变化，根本无法按时拿出新的零部件。因此，经营汽车公司和经营互联网公司的逻辑是完全不同的，或者说前者必须比后者考虑得更全面、更系统、更前瞻。这对来自互联网产业的汽车创业者来说，是一个很大的挑战。

当然，对于汽车企业来说，我认为也有很多事情是可以调整和改进的。例如，汽车行业有很多标准要求非常高，有一些是基于安全性的考虑，但也有一些并没有实际价值。举个例子，车企为什么一定要做那么多辆试制车？有人告诉我，试制车以后可以卖给员工使用，多造一些也无妨，我觉得这个理由根本站不住脚。实际上，如果把一些不必要的要求降低到合理的程度，可能就能为企业节约5%~15%的费用。

再举一个例子，对于特斯拉，很多人看到的都是问题，但是我们更应该思考特斯拉有哪些做得好的地方。我觉得其中有一点很重要，特斯拉基本上都是做好了 A 车型，再去做 B 车型。但我们的整车企业，规模还不是很大，每年往往就会有 20 款甚至更多款的不同车型在同时研发，而且不只是小改、中改的车型，也有不少大改甚至全新开发的车型。企业为此花费了大量的研发及测试费用，并在模具上投入巨大。此外，尽管也形成了一定的市场规模，但由于分散到不同的产品上，企业获得的积累和沉淀相对而言要少很多。我认为，传统车企中相当一部分资金都用在了无法获得积累的地方，这可以说是一种浪费。反观特斯拉，只有几款产品，每一款都全力做成精品，特别是聚焦于底层的共性技术，比如车载系统、芯片以及三电平台等。这样不仅节省了大量的开发、验证和模具费用，并且强化了经验的积累。这是一套与传统车企完全不同的思维逻辑和运行体系。

对于互联网出身的创业者来说，必须努力学习"技工贸运"中的"工"和"贸"。因为原来互联网企业只需关注"技"和"运"，无需考虑"工"和"贸"，而做汽车的时候，很多问题我们都需要重新思考。未来的汽车产业是一张全新的大地图，传统车企之前的地图固然不全，但具有互联网基因的新车企也只看到了一部分，可能连一半都不到，对此我们要有清醒的认识。不过换个角度想，这也恰恰是机会所在。我们可以在全新的大地图里，创新思考很多做事的方式。在这个过程中，我们必须不断使用第一性原则来分析问题，而不能简单地采用类比法。比如互联网企业是怎样做的，汽车企业也这样做；或者 A 车企是怎样做的，B 车企也跟着这样做。这种打法最终肯定是行不通的，因为情况完全不同。我觉得，类比法可以开阔我们的思路，但从根本上讲还是要回归到事物的本质，用第一性原则来作出判断。

与此同时，我们必须认识到，汽车的用户也在发生变化。我最近总结出一个有趣的对比：由功能手机到智能手机的转变过程，与当前传统汽车到下一代智能汽车的转变过程有一个相同点，那就是用户关注点将变得完全不同。记得 2006—2010 年间，大多数手机的宣传语都是所谓的"超长待机"，即一次充电可以用多少个小时，就像今天宣传电动汽车都在讲续驶里程有多少千米一样。而到了 2010 年以后，基本上就没有手机厂商再谈待机使用时间了。为什么呢？因为用户的需求发生了巨大变化，用户已经不再关注手机充电一次能用多久的问题，而是把关注点转移到手机的功能上了。汽车的情况很可能也是这样。

只根据当前的情形来预测未来的状况，我认为是错误的。谁也不敢说，自己能够准确地看到明天甚至后天的情景，通向未来之路只能通过不断探索才能找到。而现在我们要做的是打好基础，形成足够的能力和规模，建立能够敏捷反应的体系和机制，然后勇敢地去探索和尝试。

赵福全：我感受到，在创业的过程中，您也在不断反思和成长。或许在 2017 年您下决心出山的时候，更多的还处于了解汽车产业的阶段，而作为董事长和 CEO 直接操盘小鹏汽车两年之后，您对汽车产业已经有了很多深层次的感悟。因此，您才能总结出互联网与汽车产业的不同之处，特别指出两者分别适用于长板理论与短板理论，强调不能靠简单类比来决策。

我在汽车蓝皮书论坛演讲时也强调，硬件行业遵循的是短板效应，任何环节都不容忽视，一个螺丝钉做不好，也会导致火箭发射失败。而在软件行业，产品有一些漏洞是很平常的事情，只要不影响使用就不算大问题，后续可以进行修复或者升级处理。这是硬件和软件行业之间最大的不同，也是互联网和汽车产业之间最大的不同。

即使未来汽车产品将由软件主导和定义，上述不同也不会发生改变。一方面，未来汽车依旧必须有可靠的硬件，这是基础和前提，没有硬件作为载体，再优秀的软件也无用武之地。而有硬件就需要大量的投入，需要生产过程的管理，需要确保品质过硬，还需要尽可能地减少更改，因此未来汽车的硬件仍然不能采用快速迭代的软件思想来打造。另一方面，汽车是事关用户安全的特殊产品，因此对其软件的要求也是特殊的。例如同样是移动智能终端，智能手机每天死机两次也没什么，但是智能汽车不仅不能"死机"，就连一些软件上的漏洞也是不可接受的。如果自动驾驶程序出现了一个故障，很可能就会导致交通事故，甚至威胁到用户的生命。

何总是从互联网跨界转战到汽车产业来的，但是您对于汽车产业的认识非常深刻，我想这也是小鹏汽车未来继续前行的最大财富之一。不过刚才您也谈到，互联网行业一旦盈利就会赚得盆满钵满；相比之下，汽车制造业不仅投入巨大，而且利润率要比互联网行业低得多。了解到这些之后，您有没有后悔当初选择进入汽车行业？

何小鹏：我这个人做事情，是一旦决定了就不后悔。实际上，汽车制造业给了我一个完全不同的视角，促使我重新去思考、去感悟，这本身就是很有意义的经历。在这个过程中，我们对汽车产业的理解也在不断加深。比如前面提到的供应链问题，整车制造过程中缺少任何一个零部件都不行。又如生产一致性的问题，在互联网行业，1+1肯定等于2，只要把程序代码写好了，后续无论运行多少次，结果都是一样的；而汽车行业却不是这样，我们生产出的成千上万辆车里面，恐怕没有任何两辆是完全一样的。因此，要确保大批量生产的一致性，很考验企业的能力。

实际上，尽管前人的经验已经听得很多了，但对新创车企来说，最后很多问题恐怕还是得经历一遍才会真正明白。比如有一次一家供应商突然中断了供货，导致我们的工厂陷入停产，因为这家供应商的产能被另一家整车企业占满了。当整个工厂无法开工的时候，真的感觉每一天都是煎熬。这种亲身经历的煎熬和听别人讲故事的感受，完全是两回事。现在我们努力做到的是，一旦遇到了问题，要能够快速解决、回到正轨。

赵福全：其实您刚刚提到的这些问题，汽车企业一开始也都经历过。企业可以交学费，但必须尽快从中积累经验，避免后续出现同样的问题。我想，这可能是互联网的快速迭代思维可以应用于汽车产业的一个维度。

下一个问题，汽车在实体经济里可能是最复杂的产业之一。一款产品涉及上万个零部件，需要几百家企业参与，开发时间至少在两三年以上，投入经费则是几十亿元的级别。因此，新创车企必须心存敬畏，充分尊重产业规律。但另一方面，汽车产业正在发生前所未有的全面重构，这也是跨界车企能够诞生的根本原因，新创车企如果被传统"经验"束缚，不能带入新思想、新打法，也是没有前途的。在刚才的交流中，我们能够感受到，您对汽车产业的理解越来越深，这令人钦佩。不过这样一来，您会不会失去跨界创业者的创新思维，或者说您的创新勇气和创业锐气会不会减弱？有没有人说您越来越像汽车人，而不像互联网人了？您准备如何处理尊重行规和持续创新之间的矛盾，即所谓的守正出奇呢？

何小鹏：我感觉自己的创业锐气和创新动力并没有减弱。通常企业做得越大，压力越小，就越有可能趋于保守。而今天小鹏汽车只是一家初创公司，还谈不上做大，因此我们有很强的创新动力。实际上，我们也一直在进行创新，包括在组织上采取一些创新的模式。将来随着能力的提升，我还想做更多的创新尝试。从长远来看，我会不断给自己设定更高的目标，确保必要的焦虑感，以驱动企业的持续创新。

刚才我更多地谈了硬件与软件行业的不同，其实在某种程度上硬件行业也是可以借鉴软件行业的规律的。对于软件产品，只要一次开发完成，之后的复制基本上就是零成本，规模化效应非常明显。对于硬件产品，研发、采购、物流、生产等环节都要做好，门槛和代价确实比软件高得多，包括人才、技术、资本和时间的投入都非常大。因此，企业必须首先实现产品的顺畅生产和体系的良好运转。问题在于，传统车企只是基于前面100%的基础工作，努力实现110%或者120%的销量和收入，这样的规模效应是十分有限的。

我认为，在新时期车企应该转换思路，在做好硬件的前提下，努力去做新的、附加值更高的硬软件组合体，从而有效分摊前面基础性的高投入，实现更高的规模效应。在这方面，企业理应进行更多创新，必须思考如何在原有的硬件基础上，打造硬软件的有效组合，在一定程度上实现成本的"由重变轻"、利润率的"由低变高"。由此，企业的经营状况就会完全不同。

在我看来，包括汽车企业在内，不少中国硬件产品的制造商，已经在硬件上有了足够的积累，形成了一定的技术能力。下一个阶段，完全可以在原有的基础上，追求更大的梦想，为成为"硬件 + 软件 + 运营"的新公司而努力，并尝试创新的商业模式。沿着这个方向前进，就可以越来越接近互联网产业的思维逻辑了。小鹏汽车还处于打造硬件基础的阶段，我们在这方面不会讲得太多，但实际上我们已经做了很多布局。等到我们把基础工作做完，大家就会发现，小鹏汽车"硬件+软件"的新产品，一定是与众不同的，而且与以往的产品相比，后续的区别会越来越大。

赵福全： 从互联网产业跨界进入汽车产业，这确实是非常大的挑战。一方面，您必须也一定会越来越了解汽车；另一方面，您必须坚持创新，因为如果事事都和传统车企做得一样是没有机会的。特别是随着企业不断发展，规模越来越大，积累越来越多，包袱也会越来越重，有时候在生存压力下，企业坚持创新的决心和力量就会减弱。而何总表示，他的创新勇气和创业锐气并没有丝毫减弱。当然，企业也不能为了创新而创新，而是要在尊重行业客观规律的前提下去做合理的创新。

对此，何总做了深度思考。无论今后汽车产业如何发展，汽车产品如何智能化，都不能违背行业的基本规律。比如必须绝对确保汽车安全，必须打造好汽车的硬件基础，在此基础上，新创车企发挥创新优势才有意义，才有可能走得更快和更远。但与此同时，产业正在发生重大变革，新创车企才有机会参与造车。因此新创车企不能完全按照传统车企经历过的路径来发展，而是必须有所创新，为产业发展注入传统车企不太具备的新能力。

那么，这种新能力究竟会是什么？从电动化的角度看，电池、电机、电控等技术固然不是传统车企的强项，但也不是互联网企业的强项；从智能化的角度看，人工智能及其在汽车上的应用，恐怕对于所有企业来说都是新事物，为什么新创车企就能比传统车企做得更好呢？对于小鹏汽车而言，您认为你们的优势能力和特色创新体现在哪里？

何小鹏： 从研发的角度，我们在新制造体系、电池安全、电池工艺、自动驾驶、视觉识别和语音交互等重点领域做了很多工作。10～20年之后，世界一定会进入高度智能化的时代，从智能时代的汽车产品需求出发，我判断上述技术都是必需的。实际上，人工智能技术未来将变得越来越重要。我认为，在这方面的较量中，最后的胜者一定是能够有效组合硬件、软件、新零售以及新运营的集大成者。而在可以承载软件、新零售和新运营的硬件里面,汽车无疑是最有可能也最有价值的,因为汽车硬件的价格承载力足够大,物理空间也足够大。为此,小鹏汽车目前的研发投入,都是以未来打造出完全不一样的汽车,或者说类似机器人的汽车为目标的。我们对于做哪些技术,不做哪些技术,是有取舍的。

从销售的角度,我们致力于打造新零售体系。像汽车这么贵的产品卖出去,是可以做很多事情的,这和企业的品牌建设也息息相关。那么,什么才是好的汽车品牌?按我的理解,一是消费者不仅要知道这个品牌,并且要对品牌有好感;二是消费者要认可该品牌的产品力,包括产品的颜值、价格、质量、性能、功能等,特别是智能化功能,都是产品力的一部分;三是支撑品牌的企业服务体系和能力。此外,还要和竞争者相比较。

赵福全: 谈到销售,小鹏汽车的新零售体系与传统车企的零售体系有哪些明显的不同?

何小鹏: 二者之间有两大不同。第一个不同是在购车环节。很早以前,人们购物都是到市场,买菜到菜市场,买布到布市场。今天的汽车产业还是这样,消费者到4S店或大型汽车市场看车买车。但是大众销售体系正在发生变化,消费者购物可以去大型的购物商场,也可以去社区周边的小型购物店,还可以去淘宝、京东等网购平台,销售渠道不再单一,而是组合的。我认为,今后汽车销售也会发生类似的变化。实际上,当下消费者了解汽车的途径已经越来越多元化了。当然,可能汽车销售的变化不会那么迅猛,毕竟汽车是专业性很强的大宗消费品。

为此,我们把原来集销售(Sale)、零配件(Spare Parts)、售后服务(Service)和信息反馈(Survey)于一身的汽车4S店,拆分成两类不同的2S店。其中,2S销售店放在城市的大型商场里,小鹏汽车今年的目标是建设150家2S销售店。而2S服务店放在郊区,因为用户并不需要频繁进行车辆的维修和保养,特别是相比于传统燃油汽车,电动汽车更不需要太多养护,所以完全可以把2S服务店放在郊区以节省成本。另外,智能汽车新增了很多能力,比如如果有车辆被锁在充电桩上了,客服人员远程操作就可以为车主一键解锁,根本不需要到现场去处理。因此,如果一家汽车企业在北京这样的大城市原本需要20个维修点，将来可能只需要5个就足够了。我认为，这种模式的变化最终将改变整个汽车销售体系。

第二个不同是连接用户的体系。小鹏汽车致力于打通各个环节，变传统的单点服务模式为全方位服务用户的多点服务模式。现在我们正在加紧搭建后台系统，从生产、物流、销售到交付、使用等环节，全部都要打通。同时，也在开发前台的手机App（应用程序）。将来用户只要用这个手机App就可以选车、购车，包括支付购车定金、查询所选车辆的装配状态、获取交车的时间及地点等，整个过程对用户都是透明可查的。

基于这两项工作，小鹏汽车在2019年4月底开放了加盟商体系。成为我们的加盟商，第一不需要存车备货，不会有库存、压价等问题；第二不需要负责维修，也就不需要很大的店面，一百平方米的2S店，可以和以往几千平方米的4S店一样发挥作用。这样，我们就降低了加盟商的专业难度和资金压力。

赵福全： 谈到这里我有个疑问。大家都说未来汽车销售的理想状态是C2B模式，即整车企业直接与客户互动，实时获取客户的需求信息并及时应对。以往车企采用经销商模式，是因为加盟商有很多资源，包括资金、土地、店面和客户资源等，但也因此割断了车企与用户的直接联系。为什么小鹏汽车还要采取加盟商的方式，而不是直接与客户互动呢？

何小鹏： 我们就是和客户直接互动的，客户使用的App就是小鹏汽车自己开发的。实际上，除了实车销售的其他环节，客户都是直接和小鹏汽车互动的。我认为，C2B模式确实代表着未来的方向，但在最开始的阶段，在品牌传播和一些软件功能和服务上更容易得到一定实现，同时必须在硬件制造体系中找到一个性价比的平衡点，不需要做得太超前。

至于小鹏汽车使用加盟商的逻辑，是因为这些加盟商往往拥有当地的资源，比如在某个商场加盟商可以拿到很好的铺位，而我们自己可能就拿不到。我们希望可以充分借用外部的有利资源，尤其鼓励那些做过电动汽车销售、做过手机销售、做过新零售的伙伴来一起销售小鹏汽车，这样我们就可以快速发展，同时大幅降低管理难度。

当初我决定由轻到重、从互联网进入汽车领域创业的时候，设想的就是自己先把系统做好，把流程打通，让体系运转起来，然后指导合作伙伴赚钱，由此逐步缩小管理范围，提高经营效率，从而在某种程度上实现由重到轻。我在互联网产业得到的一个重要经验就是，要建设共赢的生态，帮助别人成功就是我们的成功，因为别人的成功一定会让我们取得更大的成功。建立加盟商体系，相当于小鹏汽车在全国各地都有了合作伙伴，大家一起宣传和销售产品，共同从中获益。我认为，这是与传统制造业完全不同的经营理念。

赵福全：互联网时代的发展趋势之一就是"去中心化"。引入加盟商，建立共赢生态，这可以理解为是一种"去中心化"。刚刚您说的那些优点，我都认同。不过事物都是有利有弊的，加盟商体系当然有优点，但是也有一些缺点。例如，加盟商以较小的资金投入加入小鹏汽车的销售业务，可以轻装前进，但是因为投入少，也可能会出现退出比较随意的情况，继而带来很多现实的问题。

此外，新创车企必须尽快塑造出全新的品牌形象，而品牌是在产品的销售、使用和服务体验中逐步形成的，任何正面或者负面的口碑都很重要。对此，我有一个观点——豪华品牌都是服务出来的。这里说的服务是一个大概念，除了传统的汽车售后服务即车辆维修保养之外，未来围绕汽车产品的服务要广阔得多。而小鹏汽车采用了门槛较低的加盟商模式，这些加盟商能不能有效支撑你们的品牌形象？同时，加盟商能否把小鹏汽车的汽车理念快速、准确地传递给客户？

何小鹏：豪华品牌都是服务出来的，您的这个观点我非常认同。以前在互联网公司时，我们有一个类似的说法——好产品都是运营出来的。这里讲的运营不是营销术语，而是从企业全方位服务用户的角度来看的。比如运营好一个互联网软件，就和做好服务一样，要通过运营让用户感受到你的变化，获得更好的人机交互体验。从这个意义上讲，汽车维修保养这类服务其实就是硬件的运营；而未来汽车还会有围绕软件的诸多服务和运营。小鹏汽车有一个专门的团队负责运营，他们的工作是探索如何做好电动汽车使用的运营、安全的运营以及用户服务的运营，包括生日、节日以及定制化的用户服务等。比如用户每天早上要从家里开车去公司上班，后台系统会根据他的出行轨迹，事先提醒他当天行车路线是不是拥堵，以及有没有更快捷的路径等，而且这些运营将来都是可以全自动进行的。

小鹏汽车非常重视建设这个运营体系，因为我们相信必须做好运营，才能在每一天的每一点积累中建立口碑。用户获得了良好的体验，就会把自己的感受与别人分享，这样我们的品牌就能传播出去。现在我们在做的就是培育一个优质的种子用户群。互联网企业需要的种子用户数是百万量级的，我认为汽车企业需要的种子用户数可能会是1万~10万，至于具体数字，我们还在探索中。

记得在第一次创业时，每天增加100个新用户，我就会特别高兴，因为这些用户都是口碑传播的结果。现在，小鹏汽车每天新增的用户还没有达到这个数字，我希望我们每天都能有100个通过朋友介绍来购买小鹏汽车的用户。这个目标可能要到明年的某个时候才能实现，因为建立口碑需要一个过程。如果能够做到，我认为将是一个非常重要的节点，代表小鹏汽车的口碑效应在去中心化的宣传中得以建立。品牌宣传以前主要依靠中央和地方媒体，后来依靠个人媒体，现在则依靠社交媒体，社交媒体传播的是真正的口碑。

赵福全： 口碑传播其实一直都存在，不过之前主要是朋友之间见面聊天时的口口相传，而现在有了互联网手段，效率就大不相同了。小鹏汽车建立新运营体系的核心理念就是要服务好用户，让用户去做口碑的传播者，从而带来新的用户。也许有人觉得，把现在的用户服务好，意义不大，因为这些用户再次购车可能要到十年之后了。这样的想法太过短视。消费者愿意花钱来买你的车，这等于给了你一个培育种子用户的机会。你把产品和服务做到极致，用户自然就会成为你的免费宣传员。可以说，服务好现在的用户就是在为未来的用户建立口碑。

说到运营，就会想到出行的话题。汽车产业重构带来的重要变化趋势之一，就是汽车将从之前的拥有使用向未来的共享使用转变，由此很多汽车企业纷纷进入出行领域。刚才您谈到的运营主要还是客户服务层面的，现在一些汽车企业已明确将出行服务商作为转型方向。那么，您怎么看整车企业既造车又参与出行运营？小鹏汽车在这方面有什么布局？

何小鹏：今天大部分整车企业选择进入出行服务领域，我认为可能有两个核心诉求。一是解决销售的问题；二是检验产品的品质。我觉得从大方向来看，出行服务是正确的。但是对于小鹏汽车这样的企业，这不是我们现在应该重点去做的事情。目前，出行服务领域里的车辆，无论是在汽车总销量，还是在实际运行的汽车数量中，所占比例都非常小。对车企而言，从战术角度，进入出行领域可以达到刚才讲的两个目的，但是从战略角度，我认为现在做一家出行公司不是最佳选择。

大家知道，在互联网时代，门户的概念非常重要，其功能类似于网络普及之前的黄页，是网络流量的入口。而门户始终在变，从搜索引擎、浏览器，到操作系统、社交媒体。进入移动互联网时代，逐渐产生了多个割据的功能生态，使互联网的线上流量逐渐与线下的人流、物流连接起来，从而引发了整个社会的巨大变化。比如，原来的出行就是从 A 点到 B 点的移动，现在这个需求通过互联网与相应的出行工具连接起来了，这是 Uber、滴滴以及摩拜、ofo 这类出行运营公司出现的根本原因。在这个过程中，软件的发展只是起点，硬件也要发生改变，然后和软件一起去匹配应用场景，最终实现最佳的出行运营。但是硬件也就是未来的汽车究竟会变成什么样子，现在谁都无法准确预测。我觉得唯一可以肯定的是，"新软件+新硬件+新运营"的出行服务一旦真正实现，必将成为产业的一个重要里程碑。而能够把这件事做成的企业，一定是既懂硬件、又懂软件、更懂运营。

正因如此，我认为现在去做出行运营，时间还太早。小鹏汽车目前做一点尝试和积累就够了，不需要做很多。如果今天想去做很大的出行公司，将会面临一场"烧钱"的白刃战，而对车企未来的发展并不会有太大帮助。当然，也不能什么都不做，小鹏汽车必须在硬件和软件方面积累相应的能力，特别要思考面向未来应用场景的新需求，汽车硬件和软件需要有哪些变化。只有想到了，才会去做；只有有能力，才能做得出来。对此，我是想了很多的，只是有些内容还不能拿出来分享。

在出行领域，小鹏汽车可能在 3~5 年之后会推出比较大的举措。当然，这些举措能否实施依赖于今天打下的基础。企业必须有足够的规模、一定的品牌力、优秀的硬件制造能力和硬软件研发能力，才能在出行领域发力。同时，必须想清楚哪些必须自己来做，哪些可以让别人来做。要从五年、十年之后的产业前景和企业目标，倒推今天的战略取舍与战术行动。

赵福全：这确实是一个很难的选择。我认为无论是否进入出行领域，都没有绝对的对错。选择不做，并不是认为这件事情不对；选择做，也不一定现在做就对。您认为出行服务是社会发展的大趋势，但到出行服务成熟的时候，硬件和软件一定都和现在大不相同。当前只是让软件来适应现有的硬件，而未来软件将拉动硬件发生质变，两者有效融合，最后形成全新的能力，从而真正改变人们的出行方式。

不久前我也讲过，如果车企只是为了卖车而做出行，那是"挂羊头卖狗肉"；如果是把滞销的车拿去做出行，那就是"挂羊头卖臭肉"了。我并不是特指某一家车企，而是想提醒行业重新思考，出行服务的核心到底是什么？如果整车企业不是从一开始就致力于解决出行的本质问题，我认为，这种参与是没有意义的。更多的只是签个到而已，就好像在说，出行是未来方向，我们企业也在做出行了。没有想清楚就去尝试，可能会有一时的宣传效应，但对企业的运营来说，有百害而无一利。

而何总认为，尽管出行是大方向，但现在做还为时尚早，可能三五年之后会有一些举措，前提是把基础打好。为此，小鹏汽车当下的重点工作就是成为一家优秀的汽车企业。新时期优秀的汽车企业有新的内涵。汽车硬件仍然重要，但只是必要条件，不是充分条件；车企必须同时把汽车软件做好，而且要努力实现最佳的软硬结合，这才是车企应对产业重构时最应具备的能力。对于新创车企来说，做好硬件是前提，不把硬件做好就去做软件，那是无本之木，根本谈不上发展。而对于传统车企而言，应该在硬件的基础上积极向软件扩展，因为未来软件将会定义汽车。当然，无论硬件能力还是软件能力，都要有一个培养的过程，要有足够的时间来沉淀。这其中既需要企业的持续努力，也需要社会的逐步接纳。如果车企能够沿着这个方向不断积累下去，未来就有可能成为王者。

企业先要保证眼前的生存，才能考虑未来的积累。下面我们就谈谈生存问题。大家知道，2018年中国汽车销量出现了28年来的首次负增长，2019年第一季度的状况也不乐观。新能源汽车尽管保持了较快的增长速度，但在整个市场份额中所占的比例还太小。同时，财政补贴快速退坡，以及电动汽车出现的一些安全和质量问题，也对新能源汽车的发展造成了影响。对于新创车企来说，生存的压力恐怕就更大了。如果不能度过近两三年比较困难的时期，后面的所有梦想都将成为泡影。您认为新创车企面临的压力主要有哪些？要如何才能渡过难关生存下去呢？

何小鹏：两三年之前，很多人对新创车企质疑的是PPT造车，今天已经没有人提起这一点了。因为包括小鹏汽车在内的多家新创车企已经把产品实实在在地交到了消费者手上。当然前面的路还很长，我认为，新创车企要生存下去必须闯过三关。

第一关是产品交付。新创车企首先要在全国超过100个城市交付超过10000辆汽车，这对企业的整个运营体系、组织能力和销售渠道是一个基础考验。我觉得，前几家新创车企目前正在通过这一关，我们应该可以过关。

第二关是规模销售。销售10000辆汽车其实不算什么，要让企业正常运转起来，工厂每天至少要生产200辆车，这样每月20多个工作日，就能达到4000～5000辆的月产量。这个规模才能保证企业的研发、采购、制造、物流和销售体系正常运转。我想这会是新创车企面临的重要一关。

第三关是经营优化。简单说，销售一辆车到底能有多少利润？这些利润都从哪里来？企业如何通过产品设计开发、供应商管理、成本控制以及运营服务等各方面的改进，进一步扩大利润？实际上，新创车企在闯第一和第二关的时候，就会碰到经营优化的问题，而我认为这一关的真正考验是在企业实现了规模销售之后。

能否通过这三关，对于新创车企是非常关键的，闯关成功也就解决了生存的问题。

至于当前市场大环境对新创车企的影响，我是这样看的。目前汽车市场有两个变化：一是中国汽车市场大环境的变化。对此，新旧车企都没有办法改变。但要看到，中国汽车销量的基数已经非常大了，而新能源汽车所占的份额还很小，且仍处于增长阶段，因此，我认为整体市场规模的波动对于新创车企而言基本上没有太大影响。反倒是传统车企，面临的压力可能会更大。尽管传统车企也在新能源汽车领域发力，但燃油车减少的销量，短期内很难通过新能源汽车增加的销量弥补。另外，环保标准的提高也是很大的挑战，国五排放标准的车型只能降价销售，而消费者通常是买涨不买降的，越是降价大家越不想买。在这个时候，新创车企没有这些包袱，这本身就是一种优势。从这个角度看，市场竞争更加惨烈，对于新创车企来说是危中有机。

二是新能源汽车的财政补贴退坡，即现在开始真正迈入后补贴时代了。此前，国家财政补贴直接推动了新能源汽车产业的发展，但也催生了一些为了补贴而做的产品。这些偏低端、竞争力不高的车型进入市场，影响了消费者对新能源汽车的使用体验。我认为，后补贴时代更能推动好产品的出现，因为唯有好产品才能赢得消费者。当然，企业打造出好产品之后，又会面临新的挑战，最主要的就是如何让更多的消费者购买好产品？而且企业要从中盈利。

问题的核心在于如何提升电动汽车对燃油汽车、混合动力汽车的竞争力。为此，我们必须更加聚焦于电动汽车产品的优化上，聚焦于用户体验的升级上。在当前这个时间点，有人质疑电动汽车，包括最近媒体对电动汽车安全性的担忧，都是很正常的，也是正确的。这说明作为一个新事物，电动汽车还没有被市场完全接受，这正是我们努力的方向和机会。而产生这些质疑，恰恰说明电动汽车的发展引起了越来越多的关注。对于媒体和客户的关注，我们常说不怕被黑，因为只要自己做得好，早晚可以让大家从黑转粉，怕的是连黑都没人黑你。我相信，随着越来越多好产品的推出，电动汽车将逐渐建立起良好的口碑。个人预测在2021年前后，中国一二线城市的新车销售中，会有10%的份额来自于电动汽车，此后消费者对电动汽车印象的转变会更加快速。

赵福全：汽车销量的下降，主要是传统燃油汽车销量的下降，这对于在存量市场上竞争的企业压力更大。而新能源汽车的销量还在上升，而且本来份额也很有限。因此您认为，市场大势不景气对新创车企基本没有影响。新创车企真正要面对的是产品交付、规模销售和经营优化这三关的考验。目前，小鹏汽车已经过了第一关，下一步是要尽快形成规模，同时考虑怎样向管理要效益，向经营要利润。听了何总的分享，我感觉您对未来充满信心，而且目标很明确，目前就是聚焦于打造优秀的电动智能汽车产品。

最后一个问题，十年之后，在中国庞大的汽车市场上，在产业重构不断深化之际，您觉得小鹏汽车将会成为一家什么样的企业？请您和大家畅想一下未来的愿景。

何小鹏：未来的小鹏汽车首先还是一家注重产品、注重创新的公司，这是我们的基因；第二，在十年之后我们一定已经走向了全球。我在第一次创业时就带领企业走向了全球，这一次创业的目标也是如此；第三，我期望我们的业务能够从汽车一种产品的硬软件整合，发展到更多种产品的硬软件整合；第四，小鹏汽车的愿景之一是改变出行方式，既包括人的出行方式，也包括物的移动方式，我相信，十年之后我们可以在某些出行场景上实现这一点。

目前全球前五的汽车企业中，还没有中国企业的身影。十年之后，预计全球前五的车企中会有中国企业出现。中国巨大的市场规模会发挥出强大的集聚效应，这种集聚效应使企业能够在中国市场获利更多。就像手机市场的集聚效应一样，中国汽车市场也可以支撑中国企业脱颖而出。当然中国市场虽大，但汽车产业的集中度目前还比较低，未来中国汽车企业经过优胜劣汰，相信更能发挥市场规模的优势。而我的期望是，作为中国车企的代表，小鹏汽车能够在全球汽车公司的前列占据一席之地。

赵福全：时间过得很快，感谢何总今天坦诚的分享和深度的交流。我提了不少很有挑战性的问题，而何总侃侃而谈，思路非常清晰。何总认为，未来汽车产业必将发生翻天覆地的变化，汽车将由带有电子功能的机械产品，向带有机械功能的电子产品的方向发展。在这个过程中，汽车电子、车联网、大数据、云计算等核心技术的发展最终都体现在汽车的智能化上。为此，小鹏汽车在智能化方面进行了大量投入，包括在底层的软件开发、硬软件的整体组合以及企业运营的商业模式上，都做了战略思考和战术布局，目的就是要实现智能汽车的差异化发展，并以此形成自己的核心竞争力。

难能可贵的是，何总是从互联网产业跨界进入汽车行业的，直接操盘汽车企业只有两年时间，就已经深深认识到汽车与互联网产业的本质区别。何总特别指出，互联网产业是长板效应，而汽车产业是短板效应，为此，每一个零部件都要做好，每一个软件都不允许出错。因为任何一个软件漏洞都不是简单的系统死机问题，而是关乎汽车安全的大事。在前进的道路上，小鹏汽车肯定无法完全避开问题，但是一定要努力少交学费，而且要在交学费的同时迅速解决问题、回到正轨。在这一点上，可以充分借鉴互联网快速迭代的思维方式。

在产业全面重构的新时期，软硬结合给汽车产业带来了新机会，也带来了新挑战。车企不仅要把硬件做好，也要把软件做好，更要把硬件和软件的组合做好。在这个过程中，由于开发硬件和软件各有不同的客观规律，所以必须用适合硬件的方式去打造硬件，用适合软件的方式去打造软件。但仅仅这样还远远不够，因为为了硬件而开发软件，或者为了软件而开发硬件，都无法达到最佳效果，未来的汽车产业一定是硬件和软件有效融合、互相拉动。为此，企业必须以"硬件+软件"的整体性思维，重新思考如何打造出最佳的硬软件组合。也就是说，既要充分尊重硬件的基本规律，又要大胆接纳软件的创新思维，唯有如此，企业才能抓住产业变革的战略机遇。

对于新创车企的发展，挑战巨大，不过机遇更大。关键在于，企业领军人必须有清晰的战略、准确的取舍。像小鹏汽车在智能方面所做的投入就远远超过"三电"方面，因为领军人何总相信未来汽车产业的机会更多来自于智能方面。当然，企业战略选择的对错，最终只有靠结果来证明，因此必须通过有效的战术落地，确保达成所制定的战略目标。

为此，企业既要有正确的战略选择，更要有正确的战术实施，即所谓正确地做正确的事。

最后，祝愿小鹏汽车在何总的带领下，能够继续为汽车产业的创新发展注入活力、带来变化。同时祝愿小鹏汽车越做越好，未来不仅要在中国取得成功，更要代表中国走向世界。

何小鹏：谢谢大家！谢谢赵教授！

06 对话付强——时而天堂，时而地狱

赵福全：凤凰网的各位网友，大家好！欢迎来到凤凰网汽车"赵福全研究院"高端对话栏目。我是栏目主持人，清华大学汽车产业与技术战略研究院的赵福全。今天非常荣幸邀请到爱驰汽车的联合创始人兼董事长付强先生。

付强：各位网友，大家好！我是付强，非常有幸与赵教授在这里对话。

赵福全：付总，我们本季栏目的主题是"汽车产业创新"。新一轮科技革命正在驱动汽车产业发生深刻变革，正是在此大背景下，一批像爱驰汽车这样的初创企业涌现出来。作为爱驰的领军人，请您先为各位网友简单介绍一下，爱驰汽车创建的背景、目前的规模以及发展的情况。

付强：可能网友们对爱驰汽车还比较陌生，因为我们是一家初创企业，不过我希望再过两三年，爱驰汽车能够成为一家比较知名的企业。

爱驰汽车创办于2017年2月，诞生在汽车行业向"新四化"转型的大背景下。2016年下半年，我们开始组建团队。早期的创始成员对未来汽车行业的认识基本趋同，大家一致认为"新四化"一定会到来，这将是难得的创业机会。实际上，对于我们这些原本在传统汽车企业打拼的人来说，能够认识到并且敢于进入新变局，这本身是有一定难度的。

爱驰汽车早期创始团队中的很多人原来都在传统车企担任要职，应该说，我们拥有一个比较好的组合。我作为联合创始人，汽车专业研究生毕业之后就进入汽车企业，曾经长期负责市场一线的管理工作；另一位联合创始人谷峰，此前是上汽集团的副总裁和CFO（首席财务官），他在汽车金融和财务管理方面有很强的背景；早期创始人当中还有研发、供应链以及制造等方面的资深人才；除此之外，我们也有来自于人工智

能、互联网行业的专业人才。

目前，爱驰汽车的团队汇集了传统汽车、人工智能以及互联网等行业的顶尖人才。因为我们深知，汽车产业更强调团队作战，而不能靠个人英雄主义。要把车做好，我们需要方方面面的优秀人才。

赵福全：爱驰汽车成立以来做了哪些工作？现在你们达到了什么规模？有多少员工？其中研发人员占多少？

付强：从2017年2月到2019年底，我们用了将近三年的时间打造了一个全新平台，完成了第一款车型的开发，建成了一座现代化工厂，构建了上游供应链体系，并进行了海外布局。目前，爱驰的第一款产品马上就要上市了，同时我们还有两款产品在研发中，对于未来的技术路线，我们也做了储备。特别值得一提的是，爱驰在创建之初就立志借助汽车"新四化"的契机走出国门，完成几代中国汽车人的夙愿，我们的首款产品就有欧版车型，届时将在欧洲和国内同步交付。

2019年8月，爱驰通过混合所有制改革成为一家老国企——江铃控股的大股东，持股50%。如果不考虑江铃控股的人员，爱驰汽车的员工总数目前约为1500人，其中一线研发人员有600人；服务于一线产品研发的人员有800人；还有一些市场和客户端的一线人员。总体上，辅助人员比较少，全员都要创造效益，这是我们在创立企业的过程中一直坚持的理念。相比于其他新创车企，爱驰汽车的人数可能是最少的，但是我们的工作效率是很高的。

赵福全：爱驰汽车是在汽车产业变革的大背景下，源自于"老"汽车人的"新"梦想，致力于抓住空前历史机遇、实现产业创新发展的一家新创车企。创立至今近三年的时间，爱驰完成了很多实实在在的工作，近期首款产品很快就要投放市场了。

当前，汽车产业涌现出一批造车新势力，也经常有一些新旧车企比较之类的讨论。其实按照我的理解，一方面，新旧只是一个相对的概念，只要之前没有造车、现在开始造车的企业都可以称为造车新势力。就像20多年前刚进入汽车行业的自主品牌车企一样，当时它们也是新势力。任何企业总要经历一个由"新"到"旧"的发展历程。因此，从产业角度讲，我们大可不必把"新旧"的划分看得那么重。

另一方面，最近才加入赛道的造车新势力，尽管诞生在产业变革的历史机遇期，必须具有创新元素，但是作为车企首先还是要把车造好。因此，从企业角度讲，"新旧"还需要有效结合。刚刚付总也谈到，爱驰汽车有很多来自传统车企的骨干，您本人就是传统车企的代表性人物之一，汽车科班出身，精于市场和销售；谷峰也来自传统车企，强项是金融和财务管理，而造车正需要庞大的资本支撑。同时，爱驰也招揽了大批互联网、人工智能领域的优秀人才，从而实现了团队的良好组合。

当然无论如何，新创车企还是要抓住汽车"新四化"的机会，否则也就没有必要选择在此时造车了。那么，新一轮科技革命究竟会给汽车产业带来哪些变化？汽车产业变革到底会产生哪些机会？作为新创车企的领军人，请您分享一下自己的认识和判断。

付强： 关于汽车"新四化"，有不同的说法，目前业内比较有共识的是电动化、智能化、网联化和共享化。总的来看，汽车"新四化"是相互关联、互为支撑的，例如电动化为智能化提供了很好的基础，网联化又为共享化创造了便利的条件。如果这四化只有一化发生，对汽车行业会有一定影响，但不会产生太大的冲击。现在是四化一起发生，就会产生颠覆性的改变。

首先是电动化，一方面降低了造车的门槛，另一方面又拉近了新选手和老选手的起跑线。当然，不能说二者目前已经在同一起跑线上了。我来自于传统车企，非常清楚传统车企在电动化方面的技术积累不是今天才开始的，它们早有储备，只是用不用的问题。也就是说，传统车企之前虽然没有起跑，但它们的起跑线是在我们前面的。电动化只不过使我们这些新创车企的起跑线距离它们近了一些而已。

智能化也是同样的情况。不过，在这方面我认为可能两类企业的起跑线差距更小，距离更近。传统车企过去对这些技术也没有太多关注，因为之前大家普遍认为，做智能不应该是汽车企业的工作。

再到网联化和共享化，新旧车企之间的差距就更小了。应该说，"新四化"的这几方面内容，越是往后，大家的起跑线就离得越近。而传统车企由于体量大、转身难，刚跑起来的时候往往速度不快，这就给了新创车企一定的机会。

我们之所以选择创业，原因就在于此。当初我们认识到了产业变革的发展趋势，尽管也在企业身居要职，但我们还是没有办法付诸实践。因为对于大企业来说，要真正迈出变革性的脚步必须非常谨慎，需要观察很长的时间。既然认识到了变革必然发生，而在原来的企业内又无法行动，那就不如自己出来尝试。

而爱驰能够在这么短的时间内把汽车行业各方面的人才聚集在一起，也证明了业内不少有识之士都对"新四化"的发展趋势有着相似的认识。比如我与谷峰走到一起，也是在一次偶然的交流中发现彼此的看法完全一致，最终一拍即合，决定一起出来创业。实际上，我们俩原来的工作轨道可以说是平行的，并没有什么交集。

赵福全：其实并不是传统车企对于"新四化"完全没有认知，只不过要真正采取行动确实并不容易。说到底，这还是一个认知程度的问题，对变革的认识深度决定了企业决策的坚定性，进而影响投入资源的力度以及最终取得的成果。

由于在传统车企中，您感觉企业的行动比较缓慢，又不想失去这个千载难逢的机会。唯一能做的事情，就是自己来当老板，把所有需要的资源组织起来，沿着变革的方向加快行动。这就是您出来创业的初衷。

同时，造车不是一个人就能完成的事业。您在筹划阶段就要思考能否找到足够多的志同道合者。结果您发现很多传统汽车人可谓"英雄所见略同"，大家对未来的判断总体上是一致的，只是在细节上略有差别。您和谷峰能够一拍即合，就充分说明了这一点。这进一步增强了您创业的信心。

当然，您对新旧车企的能力差距有非常清醒的认识。很多传统车企在电动化方面都有技术储备，包括电池、电机、电控，而在智能化、网联化方面，起点也比新创车企高。不过这种差距并没有其他领域那样大，电动化使造车门槛大幅下降，而网联化、智能化和共享化也并非传统车企的强项。更重要的是，面向未来的产业变革，您认为新创车企在认知和决心的程度上超过传统车企,因此投入的资源会更多,行动的速度会更快,这样在起跑线相距不远的情况下,新创车企跑得快一些,就有机会抢占未来的战略制高点。

我之前曾经讲过,变革的能力来自于变革的行动,而变革的行动来自于对变革的认识。反之,如果没有认识,即使有能力也不会行动,那就等同于没有能力。从一开始创业,您就深知新创车企还不具备和传统车企同样的能力,但是基于对未来趋势的深刻认识,您相信可以通过投入资金、搭建平台、聚拢更多的有识之士,一起努力来形成所需的能力。

付强: 是这样的。我们还是以赛跑来类比,并不是说爱驰汽车的起跑线在传统车企前面,而是说两者之间的距离很近。实际上,对于一些互联网背景的新创车企来说,可能某些方面的起跑线还在传统车企前面。此外,大部分传统车企都是锻炼多年的老运动员,从体格上看,肯定也比爱驰汽车这样的新运动员好。如果说传统车企已经是国际顶级选手了,那么爱驰目前可能还只是一名业余选手。

不过重要的是,爱驰汽车是真的想往前跑,而传统车企不一定想跑;而且我们跑起来没有任何负担,而传统车企跑起来身上还背着包袱。也就是说,我们和他们的竞技状态完全不同,第一,他们不是义无反顾地往前跑;第二,他们也没有完全聚焦在一条跑道上。我认为,这样的描述至少对爱驰来说是完全适用的。对于其他新创车企,比如一些互联网背景更强的企业,可能情况有所不同。这些企业在造车方面,起跑线要远远落在传统车企后面,而在互联网方面,可能却是在前面的。

赵福全: 面对产业变革,每家企业由于能力和背景不同,都有各自不同的优势。像您来自传统车企,对造车本身有很深的理解。与传统车企相比,您领导下的爱驰汽车没有历史负担,是清零之后再出发,在创业之初就下定了拥抱未来、誓死一搏的决心。而对于那些互联网背景的新创车企来说,其网联化能力可能比爱驰强,但是造车能力就不一定赶得上爱驰,至少对造车的认识跟您相比会有一定的差距。

无论如何,要想真正把握住未来产业变革的机遇,首先必须把车造好,然后还必须加入新基因和新元素,两者缺一不可。造好车是传统车企多年积累形成的优势,而注入新基因和新元素,也就是智能和网联等内容,则是传统车企急需弥补的部分。相比之下,拥有互联网背景的新创车企,急需把造好车的功课补足,而在注入新基因和新元素方面,这些企业可能具有一定优势,但很多内容同样需要新的投入。因此,每类企业都应该把自己的优势用足,同时加紧弥补劣势。当然,在这个过程中,最终还是要看企业拥抱未来、投入资源的决心。

下面一个问题,经过三年的努力,爱驰汽车的首款产品很快就要上市了,然而现在正好遭遇到中国汽车市场的整体下滑。2018年是中国新车销量28年来首次出现负增长,2019年的情况也没有好转。有人说中国汽车市场正在经历严冬,还有人说这还只是初冬,真正的严冬还没有到来。不管怎样,汽车市场整体形势不太景气是客观事实。在这种情况下,您如何看待新创车企的市场环境?爱驰会因此调整原有的销售计划吗?

付强: 关于市场形势,我是从两个方面来看的。第一,汽车市场整体增长与否,与新能源汽车市场增长与否是两回事。从汽车市场的整体情况来看,2019年的汽车销量仍在继续下降,但是新能源汽车相较2018年同期,仍然有所增长,特别是纯电动汽车的增幅最大。这一减一增,从市场结构的角度看,对专注于新能源汽车的新创车企更有利。

当然,进入2019年8月后,新能源汽车的销量也出现了同比下降,而且降幅达到两位数。不过我认为,这种情况主要是由短期性因素造成的,例如国五转换到国六、新能源汽车补贴退坡等,在这些政策变化的时间节点前,都会造成市场的虹吸现象。即有些消费者把购车计划提前了,需求提前释放,之后的市场就会出现疲软,这种现象是很普遍的。因此,还是应该从更长的时间段来审视新能源汽车市场的发展。

第二,财政补贴进一步退坡之后,新能源汽车的消费结构正在发生很大变化。其中受退坡影响最大、减少比较多的车型是A00级的纯电动微型汽车。而从整个汽车市场的情况来看,微型汽车的需求本来就不强。这说明以前A00级电动汽车的销量高,是由于政策驱动或者说补贴驱动造成的。目前,汽车市场总体上销量最大的是A级车型,包括A级轿车和A级SUV。在新能源汽车补贴完全取消之后,我相信其市场需求也将会回归自然状态，即与汽车市场的总体需求相类似。

也就是说，一方面，从汽车产品结构上看，新能源汽车今后仍将是汽车市场增长的强驱动力；另一方面，未来新能源市场将会逐步进入市场驱动的真实状态，届时很可能与汽车市场总体需求一样，A级车将大行其道。未来几年，真正符合市场需求的新能源汽车产品仍将有广阔的发展前景。对于中国的新能源汽车市场，特别是爱驰即将切入的A级车细分市场，我非常看好其未来的发展。

赵福全：目前一些新创车企遇到了不少困难，对此您是怎样看的？后续爱驰会不会遇到类似的困境？

付强：实际上，所有企业在经营过程中都会遇到各种困难，问题的关键在于导致一些困难出现的内在原因是什么，可不可以规避？我认为，虽然每家企业都有自身的优势，或者说长板，但是最终的竞赛成绩并不取决于企业的长板，而是取决于企业的短板。长板很长不是问题，这说明优势明显，但是短板太短肯定不行，因为劣势过大必然会拖后腿。现在来看，一些较早进入新能源汽车领域的企业，可能未必有效弥补了自己的短板。

当然，并非所有的新创车企都是真正按照"新四化"的方向在发展，如果没有按照这个方向发展，那就不会形成长板，也谈不上弥补短板了。而如果新创车企确实坚定不移地朝着"新四化"的方向前进，那就要分析，是不是短板太短导致它们陷入了困境。比如，A公司可能在互联网方面有优势，但在造车基本能力方面存在明显不足；或者B公司可能在服务客户方面是长板，但在运营管理层面短板明显。这样一来，企业的最终表现都会受到很大的影响。因此，新创车企必须充分认识到，我们经营的仍然是一家汽车企业，我们要做的是在汽车产品的基础之上寻求变革、注入新元素，而不是去开辟一个全新的行业。对新创车企来说，汽车产业的基本规律必须尊重，汽车产业所需的基础能力必须具备。这就要求新创车企从创业之初，就要有实现长短板平衡的战略认识，并始终为之努力。

对于爱驰而言，在造车基本能力方面，我们是合格的，因此应该不会像前面一些企业那样遇到这方面的问题。现在，我们着力解决的是如何把自己的长板做得更长。为此，我们在战略规划、未来布局和技术储备等方面已经开展了一系列工作。

赵福全：我认同您的观点，企业既要把自身的优势发挥到极致，又要把自己的短板有效弥补，毕竟制造业遵循的不是长板效应而是短板效应。如果车造不好，其他方面的体验再好也没有用。那么，基于此前一些新创车企的经验与教训，您觉得爱驰汽车的短板可能在哪里？又应该如何尽快补足呢？

付强：其实所谓的长板和短板，并不是企业自己认为的，而是要由消费者来认定。从消费者的角度看，汽车市场整体销量为什么下降？很多人讲，是因为经济原因造成消费者购买力下降。我个人不太赞同这种观点。我认为，汽车销量的下降是结构性问题，或者说是供给侧的问题。

当前市场上出现了一种趋势——购车人群老龄化，这是不合逻辑的。因为年轻一代，也就是独生子女的一代，本应成为汽车增量市场的主要消费人群，他们已经陆续成年，且家庭经济条件远好于父辈。然而现实情况是年纪较大的消费人群在更换旧车，年轻一代的消费人群却没有购置新车。这导致汽车市场只有存量置换部分，而增量部分却增长乏力，整体销量自然就会下降了。

那么，为什么本应购置新车的消费人群不愿意出手呢？我觉得，并不是他们的购买力不足，更不是他们不需要汽车，主要还是因为现有的产品和服务与他们的期待不符。新一代消费者与我们这代人完全不同，他们对汽车产品的要求不仅仅是代步，也不像之前消费者那样以汽车作为身份、地位的象征。除了代步功能外，他们更在意的是"有趣"。也就是说，汽车一定要符合他们的生活方式，产品要互联、要智能、要"酷"，服务要透明、要便捷、要"简单"。反观现在的绝大多数汽车产品和服务都并非如此，因此新一代消费者的购车意愿就下降了。

回到刚才的问题，爱驰汽车必须把新一代消费者不愿购车的问题解决掉，这样我们也就解决了最大的短板。说到底，现在消费者需要的是不会给自己添麻烦的汽车产品和服务，这也是企业必须为之不懈努力的方向。

赵福全：这是最高境界，消费者希望可以享受到毫无任何担忧的出行服务。

付强：是的，今天的消费者需要的就是这样的产品和服务。他们青睐"简单"，无论是快消品还是附加服务都是如此，最好一键就能解决问题。新一代消费者觉得，商家就应该给我提供所需的产品和服务，而不是让我自己去寻找和判断产品和服务。这就给企业提出了更高的要求，但我们别无选择，必须全力解决这个问题。对此，爱驰汽车有如下思考。

第一，在商业模式上要围绕消费者来构造生态，而不是把产品放在一个地方等消费者过来看。这个地方就是现在的汽车4S店。曾经4S店在汽车销售及售后服务中发挥了重要作用，但是我们认为，今天4S店的存在已经逐渐不再合理了。爱驰汽车不建4S店，我们一定要直接面对客户，即"爱驰-客户"，而不是"爱驰-4S店-客户"，这是完全不同的商业逻辑。基于这样的逻辑，我们会把"朋友圈"逐步建立起来，然后以爱驰为核心，组队来为消费者提供各种服务。

第二，信息要充分对称。过去在汽车销售过程中信息是不对称的，实际上那时候只有让信息不对称，才能给中间商更大的盈利空间。今天，消费者已经习惯了互联网时代的去中间化交易，所有的互联网电商，在本质上都是一种去中间化的商业行为。我们汽车产业也应该给消费者提供这样的环境，让汽车消费变得非常透明。

第三，产品要实时在线。今天的消费者需要实时在线，比如我们都有这样的体会，离开手机一会儿就会产生焦虑感，而如果一两个小时处于不在线的状态，那简直就是一种煎熬，甚至会有不太安全的感觉。因此，今后汽车产品必须要实时在线。

第四，服务要高度便利。新一代消费者中绝大多数是独生子女，他们是在改革开放后的大好环境下成长起来的，而且是互联网的"原住民"，早就习惯了各种生活上的便利。让年轻一代消费者花时间去学习如何使用产品，是不现实的。他们已经习惯于你推送给我看到的就是我想看的，而不是我去寻找自己想看的内容；如果推送给我看到的不是我想看的，那我就要换掉你。当然，汽车目前还达不到这个层次，但最终我们必须把产品和服务做到这个层次，才能真正满足新一代消费者的需求。

赵福全：付总的这些观点实际上说明了很重要的一点，新创车企唯有秉持新理念、实践新打法、推出新产品、提供新服务，才有后来居上的机会。如果样样都和现有的汽车产品及服务类似，是不可能满足消费者的新需求的，那样创业造车也就失去了意义。三年前，很多新创车企正是通过描绘自己的新理念来说服投资者注入资本，并吸引志同道合者一起开始造车的。在这个过程中，行业也曾有过所谓"PPT造车"的担忧。而三年后，一批新创车企的产品开始陆续进入市场，而且一些车型初步得到了市场的认可。应该说，新创车企已经正式成为汽车产业的参赛选手了。

实际上，在通向"新四化"的道路上，目前传统车企也在不断加快前进的步伐，努力挖掘各种商机。我想，如果没有新创车企，传统车企的转型步伐恐怕要比现在慢得多。从这个意义上讲，新创车企已经为产业创新做出了巨大的贡献。且不论新创车企最终可能创造出的实际产值，仅就目前阶段而言，你们在转变汽车产业发展理念和推动汽车产业整体转型方面的贡献，就会被历史铭记。

当前，新创车企的产品不断进入市场，这其中也出现了一些问题，如质量、服务或者"新四化"等方面做得不太到位。现在爱驰的产品即将投放市场，那么您刚才提到的这些新理念，有哪些爱驰已经做到了，又有哪些做得还不够好？另外，针对其他新创车企此前上市的产品遇到的一些问题，您觉得爱驰可以借鉴什么？又应该做哪些调整？

付强：这两年新创车企上市产品出现的问题可以分成两大类。一是传统部分没做好，在这方面我认为爱驰汽车不会有问题，我们对此有百分之百的信心；二是创新部分没做好，包括由于电动化、智能化、网联化带来的一系列新问题，例如里程焦虑、充电便利性、电池安全、电磁干扰、电磁辐射以及车辆网络安全等。这些都是伴随着"新四化"产生的新问题，在某种程度上也是创新的代价。但不能说为了实现汽车"新四化"，这些问题就不解决了，这肯定是不行的，消费者也不会接受。

因此，我们既要以创新来解决行业原本存在的痛点，又要解决在创新过程中带来的新问题。针对这些新问题，爱驰汽车一直在努力。例如对于里程焦虑问题，爱驰汽车目前已经在电池系统能量密度指标上做到了行业领先，在轻量化指标上也做到了行业领先，由此我们的产品在新欧洲行驶循环（NEDC）工况下续驶里程达到503千米，如果再加上行李舱里的增程电池包，总续驶里程可以达到623千米，我想这可以在很大程度上化解消费者的里程焦虑。即便如此，我觉得也不能说这样的里程就一定能够满足消费者的需求了，我们还要在续驶里程方面继续探索。为此，我们对甲醇重整制氢燃料电池技术进行了开发和储备，以此作为电动汽车的增程器，可以成为解决消费者里程焦虑的终极方案之一。

而充电便利性问题，不只是爱驰汽车面对的难题，也是整个行业面对的难题，这不是车企能够完全解决的。对此，我们只能趋利避害。因为各地充电设施的情况差异很大，所以我们决定在充电基础设施比较充分的市场优先切入，这也是爱驰汽车选择一、二线城市作为主攻市场的重要原因。同时，我们并不是被动等待充电设施的逐步普及，而是努力做一系列尝试来改善充电便利性。例如，爱驰的自动充电机器人就是为公共停车场和老旧社区打造的充电解决方案。当然，这还需要与相关方进行合作才能实施。

还有车辆网络安全的问题，在这方面，我想谁也不敢讲能够彻底解决，世界上没有哪个网络是绝对攻不破的。但是，我们必须高度重视车辆网络安全，持续降低车辆被网络黑客攻击、给消费者带来危险的可能性。

此外，在控制车辆电磁辐射方面，我们做得也很不错。目前，爱驰已经通过了中国和欧盟的相关标准。爱驰汽车的辐射水平与电冰箱相当，是手机通话时电磁辐射的1/40。

当然，解决新问题的征途是没有尽头的，所有这些方面都需要我们持续努力。特别是在智能化方面，爱驰汽车虽然已经取得了一些进展，但是距离未来真正的汽车智能化，还有很长的路要走。实际上，对整个行业而言，未来的汽车智能化也需要一个逐步探索、迭代递进的过程。

赵福全：付总对于汽车"新四化"的到来以及由此导致的产业变革深信不疑。而纯电动汽车的逆势增长，更让您对自己选择的方向坚定不移。实际上，新创车企也没有退路，必须对新能源汽车市场的未来前景充满信心，而大家如果都充满信心，也会促进市场向好发展。

刚才您谈到，新创车企的产品问题主要有两个方面。一是传统造车应该具有的技术诀窍没有完全掌握，导致一些车企在造车方面没做到位。您认为把车造好是基本的前提，而基于团队的背景，爱驰在这方面非常自信。

二是对于"新四化"带来的新问题没有有效解决。任何新生事物在初始阶段总会有缺陷，其发展完善需要时间。但至少要在现有条件下努力做到最好，包括续驶里程、网络安全等一系列问题，企业都应该有相应的解决方案。在这方面，爱驰进行了大量的探索，特别是在延长续驶里程和改善充电便利性等方面，开展了富有成效的工作。

不过，新能源汽车市场的增长还需要一个爬坡的过程。尽管目前新能源汽车仍保持着增长，但是毕竟总量有限，而且参与竞争的车企越来越多。特别是在新能源汽车（NEV）积分政策的压力下，传统车企也必须导入新能源车型，这恐怕会加剧"僧多粥少"的局面。

简单测算一下，假设2020年新能源汽车的销量达到200万辆，届时参与竞争的产品种类估计不会少于300种，那么平均每款产品的销量就不足1万辆了。您曾经长期担任车企高管，肯定非常清楚规模对汽车企业的重要性。如果一款车型的销量还不到1万辆，这意味着单车的成本会非常高。

而寄希望于靠智能网联制胜，恐怕挑战会更大，这其中成本也是一个核心瓶颈。曾经业界希望发展单车智能，但这样车辆的成本实在太高了，消费者很难承受。因此现在明确了车路协同的发展路径，不过这又需要政府在交通基础设施升级方面进行大量投入。显然，要实现汽车智能网联方面的全面突破，还需要一个较长的过程。

一方面，新能源汽车市场"僧多粥少"，面临激烈的红海竞争；另一方面，智能网联汽车的发展有赖于基础设施和法规体系建设，走向成熟尚待时日。那么在这段时间内，新创车企要如何度过这个"冬天"呢？

付强：我感觉您提的问题当中有一个预设，就是以目前新能源汽车的市场规模为基础，考虑这么多车企如何在其中分一杯羹。比如 2018 年中国新能源汽车的销量是 127 万辆，2019 年原本预计可以达到 150 万辆，现在看来达到这个目标比较困难，可能最终会在 120 万辆以内。当前，新能源汽车的市场总量确实还不大。不过我认为，我们对于新能源汽车市场的判断不应仅仅基于其现有的销量规模。

第一，消费者在购买汽车时，并不是预先界定了一定要买新能源汽车或者燃油汽车，而是要选择最满意的产品。当然，有些市场是受政策影响的，例如在北京，燃油汽车的指标非常少，消费者想要购车基本上只能选择电动汽车；而在上海，除了电动汽车之外，插电混动车型也可以享受到优惠政策。在这些地区，消费者确实要先决定动力种类，然后再选车，不过这些地区的政策都是有利于新能源汽车的。

除了这些地区之外，大部分消费者尤其是新一代消费者做出购车决定的原因，主要并不取决于这款车是电动汽车还是燃油汽车，而是取决于车企提供的产品是不是让他们喜欢，是不是达到了他们的心理预期。我认为，只要你的产品在同级产品中更优秀、更有竞争力，那就会被消费者选中。

就爱驰来说，我可以很自信地讲，我们的电动汽车产品完全具备了与传统燃油汽车竞争的品质和性能。除此之外，爱驰汽车还有传统汽车不具备的特性，比如更智能、更有趣以及实时在线等。从这个意义上讲，我们所做的尝试实际上是在解决汽车行业供给侧结构性改革的问题，即用我们全新的汽车产品真正打动新一代消费者来购车。我们所瞄准的并不是当前 120 万辆的新能源汽车市场，而是 2500 万辆的整个汽车大市场，其中 A 级以及 A＋级、B 级 SUV 的销量规模很大。爱驰汽车考虑的是，我们能在这里面占据多大的比例。

第二，我不否认，短期内如此众多的新能源汽车产品集中到中国市场上来，竞争会非常激烈。不过，爱驰汽车还有另外一个策略，那就是进军欧洲市场。从一开始的产品规划，到后续的设计开发，再到最后的采购制造，爱驰汽车都提前进行了布局，充分考虑了欧洲标准。正因如此，前不久我们才能顺利通过欧盟的认证，现在爱驰汽车已经可以在欧盟上牌了，这也是目前中国新创车企中唯一的一家。最近我们还打通了中欧铁路的运输渠道，第一辆爱驰汽车已经在欧洲终点站顺利卸载。这样爱驰的目标市场就扩大了很多，我们要努力做到"东方亮，西方也亮"。

赵福全：在这个栏目中，我不是您的辩论对手，而是要通过我的提问，激发您把内心的想法都充分讲出来，与行业分享。刚刚付总谈到，爱驰汽车并不是只在新能源汽车市场中瓜分份额，而且要到传统燃油汽车市场中抢占地盘，甚至还要创造需求，通过优质产品打造新的增量市场，让原本持币待购的消费者都能出手购车。这部分人群不是购买力不足，而是还没有看到令其心动的汽车产品。按照此前国家的产业规划，2020年新能源汽车的销量应该达到200万辆左右。爱驰汽车也会争夺这个市场，但并不将其视为主战场。

付强：爱驰汽车也会为这部分市场做出贡献。我相信，随着越来越多像爱驰汽车这样优质的新能源汽车产品不断投放市场，国家关于新能源汽车未来发展的规划目标一定可以更快实现。

赵福全：如果新创车企都能开疆拓土，新能源汽车市场肯定就不是现在这个规模了。反过来讲，如果新创车企不能成功扩展市场，销量规模始终无法提升，结果肯定会大幅亏损。

您刚才谈到，爱驰汽车即将出口欧洲，这就引出下一个问题。我们知道初创企业在起步之际有很多事情要做，即使只专注于一个市场，也会面临资源和能力上的巨大挑战。在这种情况下，为什么爱驰汽车要去开发另外一个市场？这样做的必要性究竟有多大？企业的宝贵资源和能力不会因此分散吗？

付强：要回答这个问题，就先要想清楚为了进军欧洲市场，我们需要做哪些工作，然后再来分析这些工作是不是需要额外投入很多。为了开发欧洲市场，爱驰需要按照欧盟标准来开发和制造产品，这就涉及产品多样性的问题，要有中国版和欧洲版车型，毕竟中国和欧盟的技术标准和配置要求是不同的；此外，还需要在欧洲建立销售及服务渠道。

不过根据爱驰的规划和定位，其实这些并没有多少是真正额外要做的工作。比如产品的制造，并不是说我们原来已经有了一个面向中国标准的工厂，现在还需要另外投建一个面向欧洲标准的工厂。实际上，作为初创企业，爱驰本来就是一张"白纸"。我们希望产品达到什么样的品质，就应该按照什么样的标准建厂。而爱驰的思考是，直接按照欧洲标准来建设工厂，这样产品在国内市场的品质也会更有竞争力。现在，我们可以很自豪地和消费者讲，爱驰汽车是具备全球市场品质的产品。当然，并不是说按照中国标准制造的产品就一定不好，但是和欧洲标准相比差别是存在的，不承认这一点也不客观。从制造的角度看，我们并没有多做什么工作，爱驰就是要建立一个高标准的工厂。

赵福全： 看来爱驰汽车是按照90分的标准来要求自己的，这样即使做得不够好，也能拿到85分，比按照70分标准起步要好得多。客观上，这等于提高了投放中国市场产品的起点。

付强： 是的，起点提高意味着产品的溢价能力也会提高。再从产品开发的角度看，情况也是类似的。既然是从零开始，为什么我们不采用更高的欧洲标准，这等于是提前抵达了未来。因为中国汽车技术标准的演进过程，实际上就是不断逼近欧洲最新标准的过程，像油耗、排放等方面都是如此。既然在后续的标准升级过程中，企业早晚都要付出相应的成本，那么爱驰也不过就是提前支付了这些成本，但因此我们就可以只投入一次，而不必承担二次投入的代价了。从长远的角度看，我们应该还节约了资金。

赵福全： 目前爱驰的制造工厂和采购体系都是在国内吧？是否有计划在欧洲新建工厂？另外，在欧洲的销售网络及售后服务方面，有没有较大的投入呢？

付强： 目前销往欧洲的产品都是在国内生产的，至于是不是要在欧洲建厂，那是将来再去考虑的事情。

在销售及服务方面，我们在欧洲的模式真正体现了共享的理念，即最大限度地利用存量渠道资源，而没有投建授权经销商。爱驰在国内都不建授权经销商，在国外更不会这样做。实际上，发达国家的汽车配套体系更加完善，车企需要的各种服务，如金融保险、汽车租赁、维修养护等，可谓应有尽有，就看你有没有能力把这些资源整合起来。

而爱驰汽车的团队恰恰具备这样的整合能力。我们的团队是标准的国际化团队，拥有大批外籍和海归人才，他们都在境外企业以及国内的外资、合资企业工作过多年，这一点决定了爱驰整合海外资源的能力。从销售及服务方面看，爱驰的付出也并不多，海外部门的人员加起来也没有多少。可以说，爱驰汽车进军欧洲市场，是做了一件"四两拨千斤"的事情。

赵福全： 我相信很多企业的高管原本都会心存疑虑，进入欧洲市场究竟需要付出多大的成本？而通过今天的交流，我们了解到爱驰汽车是认认真真算过账的。一方面，新创车企必须努力以最小的投入、最快的速度实现产品上量来摊销成本，而开辟欧洲市场显然有助于这个目标。另一方面，爱驰汽车从一开始就有明确的定位，不会走低端路线，因此进军欧洲市场并不需要太多的额外投入。

首先，进入欧洲市场确实需要提升技术标准，像安全、油耗、排放以及材料回收等方面，欧洲标准都比中国更严。但是今天中国汽车技术标准已经越来越与国际接轨了，像国六与欧Ⅵ排放标准基本接近，油耗法规也逐步向欧洲靠拢。因此，按照欧标开发产品其实并没有大家想象得那么难了。这与十几年前的情况完全不同，那时候中国与欧洲的技术标准差距很大，中国汽车产品要进入欧洲市场，需要进行很大幅度的技术升级。与此同时，作为新创车企，按照欧标开发产品，等于提前满足了中国几年后的技术标准，从而节省了二次投入的资金。

其次，不仅技术标准，制造标准的情况也是如此。作为更加成熟的汽车市场，欧洲对产品的制造品质有更高的要求。但是爱驰原本就给自己设定了很高的目标，按照欧洲标准建设工厂也就成了很自然的事情。而打造出高品质的产品后，既能覆盖欧洲市场，增加销量规模；又能反哺中国市场，让中国消费者从中受益。显然，这样的投入产出比是很高的。

最后，由于不在当地制造，也就不会有在欧洲的工厂及供应体系投入。而通过整合借助现有的资源，企业在销售及售后服务方面的投入也并不多。或许还能帮助当地的渠道摊销成本、创造利润，从而实现双赢。因此，付总认为爱驰汽车进军欧洲市场完全不需要担忧，这看起来是用略大于1的投入、获得远大于1的产出的合理决策。

赵福全：下一个问题是关于爱驰入主江铃控股的，这也是汽车产业混合所有制改革的一个代表性案例。想请您谈谈，爱驰作为一家新创车企，为什么要参与非常复杂的混合所有制改革呢？另外，江铃是具有传统燃油汽车生产资质的，将来爱驰也准备制造燃油汽车吗？

付强：在这里我们还是用陆风来代替江铃更合适，因为江铃有很多业务板块，容易造成混淆。这个问题实际上涉及爱驰和陆风两个品牌各自承载的任务。刚才我讲到，爱驰汽车即将进军欧洲市场，韩国、日本、美国等标准较高的成熟汽车市场，也都在我们计划开拓的范围之内。相应的，爱驰产品的价位区间可以比较好地覆盖中国最有潜力的市场区域，即一二线城市的细分市场。

这就带来一个问题，虽然爱驰汽车充分考虑了规模效应，谋求中外市场联动以产生协同作用，然而我们的产品并没有完全覆盖中国本土市场。爱驰进入的是20万~30万元价位的市场，而10万~20万元价位的市场却没有产品。从中国汽车市场的消费结构来看，这两个价位区间都很重要。恰恰陆风可以在10万~20万元价位的市场上有所作为，这是我们增资江铃控股的重要原因之一。

同时，爱驰汽车的战略定位很明确，我们一定要在电动化、智能化、网联化和共享化方面寻求突破。因此，未来陆风的产品规划也将充分体现这些元素，只不过其表现形式和方法会与爱驰略有不同。现阶段我们正在对陆风进行盘点和重整，我想后续无非有两种策略：一是保住现有存量，未来增量朝着"新四化"的方向前进；二是存量就不保了，全力以赴直接进入到"新四化"，这两种方案都有可能。

实际上，我们已经考虑得比较成熟了，很快就会做出最后的决定，只不过具体情况暂时还不能公布。从大方向上来讲，能够选择的就是两条路：从存量起步，逐渐走向"新四化"；或者放弃存量，直接迈入"新四化"。

赵福全：既然这么相信"新四化"，似乎应该放弃存量，以加快进军未来的脚步。

付强：也不是不可能，但是现在还没有最终定论。毕竟混改在2019年8月底才完成，目前我们还不能很清晰地回答您这个问题。

赵福全：国有企业进行混合所有制改革是非常不容易的探索，爱驰敢于迈出这一步，这本身就值得敬佩。我们知道，虽然爱驰汽车此次一举成为江铃控股公司的最大股东，但并没有完全控股。目前，江铃控股公司还有江铃集团和长安汽车这两个不同的国企参股方。那么，爱驰将如何处理与两个伙伴之间的关系？它们能为爱驰提供哪些支持？三方怎样进行资源优化重组以实现企业利益最大化？这直接关系到爱驰能否真正把陆风的资产盘活。

付强：是的，江铃控股有限公司是一家合资企业，现在有爱驰汽车、江铃集团和长安汽车三个股东。在合作过程中，一方面当然会有彼此磨合的问题，也会有工作效率的问题；不过另一方面，三方各有不同的优势和资源，所谓"人多力量大"，我们也可以产生协同效应。

未来，陆风和爱驰的产品线在底层技术上肯定要接轨，不可能各自为战，这是整车层面的协同；而在供应链层面，爱驰更可以与股东方相互协同，扩大采购规模及话语权；甚至在营销渠道等层面，爱驰也可以和其他股东方进行协同。其实合资合作本身就是一个整合资源的过程，爱驰选择了这一发展方向，就一定会沿着这条路好好走下去。

赵福全：爱驰增资入股江铃控股公司的时间还很短，因此您还不方便透露太多细节。作为旁观者，我认为爱驰参与混合所有制改革符合国家发展大方向，也适应当前政策环境，不过在操作层面恐怕会有很多困难。合资公司的优点是三方股东可以共享很多资源，但是如果各方在一些重大决策上意见不一致，就会导致企业行动滞缓，反而把合作的优势消耗掉。作为合资公司的最大股东，爱驰汽车既要把自身在"新四化"上的理念和能力用到极致，也要把陆风原有的资源充分盘活、有效利用，最终使陆风形成面向未来的品牌定位和全新能力。不能不说，这是一大挑战，期待爱驰汽车能够交出令人满意的答卷。

付强：客观来讲，挑战确实比较大。当然，我们肯定会全力以赴。

赵福全：付总，您是汽车专业科班出身，又曾主管过多家知名企业的销售工作，可以说，您是最了解中国汽车市场和消费者的车企高管之一。刚才我们在交流中也谈到，新一代消费者有完全不同的需求，接下来请您再展开来讲一讲。当90后、00后成为中国市场的消费主力之后，他们对汽车的需求究竟会有哪些变化？车企又应该怎样满足新一代消费者的需求？这恐怕不只是汽车"新四化"的问题，也是未来年轻一代将会如何选择出行的问题。

付强：我过去的从业经验的确集中在市场端，但是如果因此说我最懂消费者，那真的不敢当，最多只能说我可能是最懂经销商的汽车人之一吧。在传统的销售体系中，车企实际上并没有太多机会直接面对消费者，因为中间还隔着经销商这一层，所以，之前作为车企销售高管，其实我对消费者的理解也是间接的，基本信息来自于经销商或者调研机构，当然我会有自己的判断，我很清楚他们说得到底对不对。过去的工作确实练就了我这方面的判断力。至于对消费者的了解，我只能说略知一二。

赵福全：您不必谦虚。我觉得，很多业界同仁之所以看好爱驰，就是因为他们觉得付总带领团队造出来的车，会更贴近消费者的需求。

付强：可能确实有这方面的因素。事实上，我和团队也一直没有停止过对消费者需求的研究，特别是自己创业以来，我们更可以直接面对消费者，不再有中间环节。现在，消费者看到的就是爱驰，爱驰面对的就是消费者，这就给我们提供了更多机会去接触消费者。这种直连的方式，让我们越来越了解消费者的需求。正如我在前面谈到的，新一代消费者或者说潜在增量市场消费者的需求是：要"简单"，追求一键式操作；要方便，必须实时在线、定制推送；要透明，消费信息完全对称；要"有趣"，充分彰显个性化。我认为，所有这些都是未来汽车消费的刚性需求。

由于新一代消费者目前还没有真正成为市场消费的中坚力量，我们必须提前了解他们的需求。实际上，消费者的需求与技术的进步是相互作用的。过去企业经常以各种形式对消费者进行调研，比如组织焦点小组对消费者进行访谈，了解消费者想要什么产品。这就是先掌握消费者需求再用技术加以满足的传统思路。现在看来，这种模式有其局限性。因为消费者对新技术的理解有限，在新技术没有实际应用前，消费者很难想象到未来的产品可以是什么样子。

赵福全： 是的。苹果公司创始人乔布斯就不相信这种调研方式，他认为，企业家应该以自己的直觉来引领未来的消费趋势。

付强： 我认为，更科学的办法是把未来科技进步的可能性充分传达给消费者，让他们能够真正想象到新科技带来的变化，而不是凭空猜想。乔布斯之所以能够预见未来，是因为他把自己当成一名消费者来进行思考，同时他又了解科技进步的现状和趋势。但并不是每个人都拥有像乔布斯一样的天赋。我觉得应该让更多的消费者参与进来，把每一项重要技术将会带来什么变化都梳理清楚、表达明白，再让他们去考虑未来的需求。

我们分析后发现，未来科技进步主要会在几个方面直接影响汽车消费体验：一是5G技术；二是自动驾驶技术；三是电驱动技术，这些都将是2025年前后影响汽车市场的关键要素。当然，这些技术都没有脱离"新四化"，像5G技术与网联化相关，自动驾驶技术与智能化、网联化都相关，而电驱动技术是电动化的一部分。此外还有商业模式的改变，如汽车共享等，也就是共享化。未来这几个方面既各自平行地影响消费者的需求，又彼此相互作用，共同改变市场的走向。

由此我预计，未来汽车消费需求将出现"两极分化"的现象。一部分消费需求是更加个性化的汽车产品。企业需要通过大数据分析，基于智能制造体系，为消费者提供定制化的产品。例如，爱驰在上饶的智慧工厂就可以满足消费者的个性化需求，我们的柔性生产线正是为此准备的。今天说定制化生产似乎略早了一些，但是毫无疑问，未来消费者对于个性化的需求肯定会越来越高。

另外一部分消费需求则是无差异化。这主要是针对共享汽车，消费者个人并不需要拥有这类汽车。例如未来人们出行时，出门就有共享汽车乘坐，下车就上高铁，等到从高铁下来，又有共享汽车来接，这样就可以得到完美的出行解决方案。显然，消费者对于共享汽车的要求不会像私人汽车那样多。

也就是说，按照我的理解，未来消费者对汽车产品的需求将呈现出完全不同的两极：一极是更通用化的产品，即共享汽车，要求没那么"讲究"，但性价比极高；另一极则是个人拥有的汽车，消费者一定会要求极强的个性化，各个方面都非常"讲究"。

赵福全：如何满足汽车消费者的需求，这确实是一个很难回答的问题。之前您在工作中是通过经销商或调研机构来间接了解消费者的，而现在爱驰为了抢占未来市场的制高点，决心直接和消费者互动。因此，爱驰不设经销商这一中间环节，从技术手段到商业模式，都直接面对消费者。因为您认为，经销商虽然曾经在汽车产业发挥了重要作用，但同时也阻碍了车企和消费者的连接。

未来消费者究竟想要什么样的产品和服务？您提到了很重要的一点，问题的答案不应该由企业自己闭门设想，也不应该让消费者凭空猜想。倾听消费者的心声是有前提的，毕竟产品和服务必须由技术提供支撑，而消费者并不拥有汽车技术方面的专业知识，特别是在新一轮科技革命正在到来之际。例如人工智能，消费者可能知道这个名词，懂得一点概念，但是人工智能将给汽车使用和出行服务带来多大程度的质变，这是非常专业的问题，普通消费者很难有全面的理解。

因此您认为，为了让消费者产生更加精准的想象力，必须先与他们互动，把相关知识都传递给他们，然后再倾听他们的想法。这样的消费者反馈应该比企业自己预测需求更为有效。虽然企业的高管也是消费者，可以进行取样，但这仅仅是一个样本，而且有先入为主的可能。因此，还是应该努力获取尽可能多的、精准的消费者样本，以推断出更准确的结论。也就是说，在目标细分市场选定一群消费者，企业与他们互动，让他们对未来技术进步有充分的了解，然后再进行有效的调研访谈。对于像爱驰汽车这样直接面对消费者的车企来说，这是一种非常好的模式。

针对未来汽车消费需求，付总认为产品定制化将是一个重要的方向。尽管其实现还需要一个过程，可能更是一个远景的目标，不过爱驰汽车已经在为此进行准备。不久前我到爱驰上饶工厂看过，柔性化的制造机器人以及各种智能化装备确实不错，这说明爱驰已经为产品定制化做好了制造能力上的储备。

下面想请您分享一下自己的创业体会。您担任企业高管多年，负责过奥迪、斯柯达、奔驰以及沃尔沃等品牌的销售工作，从经济上来说，我想您肯定并不缺钱，生活很舒适。那么，是什么因素让您下定决心辞职创业？刚才您也谈到了自己的梦想，比如不想错失产业变革的机会，并且希望有一天能把中国的汽车产品卖到发达国家去，这其实是很多汽车人共同的夙愿，而现在爱驰汽车从起步阶段就做到了，这可能是一个重要的理由。但是另一方面，初创企业肯定会遭遇到一系列困难，想必您也不得不面对一些煎熬。如果原来的工作状态可以称得上日理万机，那么现在创业的繁忙程度是不是远超从前？不知道对于出来创业，您后悔过吗？

付强：说实话，有时候也会后悔。创业这件事，真的是一会儿在天堂，一会儿在地狱。有的时候感觉非常好，因为觉得自己是在做一件伟大的事情；有的时候又会觉得很不值，特别是当所有的挑战和压力一起袭来的时候。我想，这可能是创业者共有的感受。

如果始终感觉自己在天堂，这样的创业者恐怕对困难还没有正确的认识，是不可能成功的；而如果始终感觉自己在地狱，有这种心态的人也不可能出来创业了。创业的过程也是一个调整心态的过程，创业者需要时刻提醒自己保持一颗平常心。不管遇到什么情况，都能吃好饭、睡好觉，以饱满的热情投入到工作当中。人不能总是在不正常的心理状况下工作，每天都很亢奋或者很沮丧，这样的状态是做不成任何事情的，我们更应该在一种平常的状态下坚持不懈地努力。

赵福全：不过也有人说创业者就是要每天都很亢奋才行，否则就会失去创业的动力。不知道在您说的平常状态下，还能保持创业的激情吗？

付强：我觉得情绪饱满和情绪亢奋是两回事，且不说亢奋的状态难以持久，人在亢奋的时候所做的决定常常是错误的。例如很多醉酒者就处于典型的亢奋状态，实际上这是不理智的状态。如果用喝酒来类比，我认为创业者需要不时喝点"小"酒，充满激情，但是不能暴饮，太过亢奋是有问题的。

赵福全： 创业需要面对很多未知的情况，有些时候真的不好判断走哪条路更好，做决定时就像是在下赌注。遇到这种情况，难道不需要"酒壮英雄胆"吗？创业者是不是在亢奋状态下，更容易做出最艰难的决策？

付强： 如果我们要靠酒来壮胆，那就根本不会出来创业了。回到您前面的问题，虽然我刚才说，有时候也会后悔，但是总体来说我没有后悔。不后悔的原因是，爱驰一直在既定的道路上向前迈进，而这条路本来就是自己深思熟虑后选择的。过去三年来，爱驰汽车从零起步，从完全不被大家了解，到逐渐被行业认知，再到下一步要让广大公众和消费者充分认可，在这个过程中，我能真切感受到创业的成就感。这些走过的路、获得的成果，就是我们继续前进的最大动力。

当遇到困难的时候，我们确实也会想，做这件事到底值不值？但这其实是一种阶段性的反思，是为了把工作做得更好。试想如果遇到困难时，我们不加思考就认为肯定没有问题，那就是盲目乐观了。而在阶段性的反思之后，我们会更加坚信，自己做这件事是非常值得的。

赵福全： 创业需要遭遇很多现实的困难和挑战，包括资金、人才、技术等，每一个细节都需要创业者关注。当企业从无到有、从有到好不断发展时，创业者固然会欣喜，但更需要冷静。唯有肩负使命，继续前行，才能获得令人期待的更大成果。所以说，创业的过程就是一个痛并快乐的过程。如果只有痛，恐怕任何人最终都会放弃；而如果只有快乐，人就很难保持平常心，结果也无法成功。因此，优秀的创业者无论面对困难还是成绩，都要时刻保持冷静，并且始终充满信心。

不管怎样，经过过去三年的努力，一批真心造车的新创车企已经从描绘梦想的PPT阶段成功走到了实车交付阶段，好几家企业的产品正在市场上销售，爱驰的新车也即将交付客户，这是一个良好的开端。更重要的是，新创车企给汽车产业带来了变革性的思想和实践，这本身就是很大的贡献。当然，在后续的竞争中，新创车企还要面对更多的挑战，这是很正常的，其实传统车企当前的压力也非常大。我相信，只要坚定地行进在正确的道路上，任何企业都有最终脱颖而出的希望。

付总，像爱驰这样的新创车企目前正在产业创新的道路上进行探索。实际上，产业创新是一个系统工程，需要方方面面的支持，包括全社会、行业以及政府，并不是只要企业自己努力就够了。借此机会，您有什么话想对全社会、行业和政府说吗？您希望广大社会公众、行业同仁以及政府如何理解和支持新创车企？

付强：首先，我们面对的最大社会公众群体就是消费者，消费者是企业的衣食父母，他们的选择直接决定企业的成败。不过对于消费者，我认为企业单纯讲情怀是没有意义的。当然不是说消费者没有情怀，也不是说我们不能基于共同的情怀与消费者产生共鸣，但是必须先满足消费者的基本需求，这种需求一定是实实在在的产品和服务，因为消费者掏钱就是要买企业的产品和服务，而不是要买企业的情怀，所以，企业不应该对消费者提期望，而是应该全力满足消费者对企业的期望，即把产品和服务真正做好。做到了这一点，消费者自然会用钱包来选择你、支持你。

其次，行业离我们的距离最近，我们确实希望行业能够更多地理解新创车企。以前我们从业于传统车企，在不同的公司工作，包括私企、国企和跨国公司。如今虽然我们出来创业，但其实扮演的角色并没有本质差别。只不过原来是在别的公司做事，现在是在自己的公司做事而已，从全局看我们还是在为行业做事。

我希望全行业都能认识到，新创车企已经是汽车行业重要的组成部分，特别是在深刻变革的时间节点上，行业迫切需要新的活力，需要新的实践者去做一些开拓性的尝试，不管他们最终是否会成功。人类历史一再证明，如果没有闯在前面的探索者，就不会有未来最终的成功者，而且一些成功者就是从探索者中产生的。请大家一视同仁地看待新旧车企，我们都是行业的一份子，都在为行业的创新发展而奋斗。

最后，政府是行业以及企业的最大管理者。一方面，如果没有政府的支持，爱驰汽车绝对走不到今天。借此机会，我想由衷地感谢所有关爱和支持过爱驰的各级政府。政府才是真正意义上的天使投资者，助推"大众创业、万众创新"，助推汽车行业向"新四化"转型发展，也助推像爱驰汽车这样的初创企业从无到有地快速成长。

另一方面，我希望政府能够创造更加宽松的创新创业环境，进一步放开产业准入，给初创企业更多创新尝试的机会。同时，对投放市场的产品设定高标准和高门槛，严格进行监督检查，真正做到"宽进严出"。最终要让那些浑水摸鱼、钻政策空子、谋取短期盈利的企业越来越少，让致力于长期发展、推动行业不断进步的企业获得更好的政策空间。

赵福全：付总认为，消费者就是上帝，他们是在用自己辛辛苦苦挣来的钱购买企业的产品和服务，因此企业对消费者不应该有任何要求，更不应该有丝毫抱怨。对于消费者，企业唯一能做的就是提供超越消费者期待的优质产品和服务，让消费者感受到物有所值，甚至物超所值。

对于行业，新旧车企同样都是业内的耕耘者，不应该强分彼此。事实上，只有大家共同努力、相互借鉴，一起把汽车产业这个"蛋糕"做大，整个行业才能更快地进步，各类企业也才能获得更大的发展空间。

而对政府来说，新创车企和传统车企都在为国民经济发展和汽车产业创新做贡献，尤其是新创车企，创业者是把个人的梦想和资金都投入了进来，只为博取一次尝试的机会，这样的创新勇气是值得钦佩的。国家应该努力营造鼓励创新、保护创新、尊重创新的大环境，不断出台切实支持创新的相关产业政策。

最后一个问题，请您展望一下，在您的带领下，五年乃至十年之后的爱驰将会是什么样子？到那个时候，爱驰将在汽车产业中占据怎样的地位？

付强：作为初创企业，首先我们要全力以赴，确保爱驰汽车到那个时候还能活下来，能活下来本身就说明我们取得了阶段性的胜利。

当然展望未来，我们确实为自己描绘了一个长期发展的战略路线图。近期目标是在 2022 年之前使爱驰成为新创车企中的头部企业，头部企业的内涵不仅是指产销量，也包括利润，还包括社会影响力等方方面面。

中期目标是在2025年之前使爱驰成为汽车行业中以科技见长的优秀企业，即通过努力把汽车"新四化"相关的科技创新真正做成爱驰的强项。为什么以2025年作为分界线？因为我们判断到2025年之后，与汽车"新四化"相关的新技术将会迎来质的飞跃，如自动驾驶、5G技术等。

而远期目标则是在2025年之后，我们希望爱驰汽车能够逐渐成为全球出行行业中的一个重要参与者。届时我们会选择什么切入点以及如何参与出行生态，将取决于我们在中期目标阶段取得了哪些创新突破、形成了哪些特色优势。

我们判断，单独的第二产业在未来可能将不复存在，第二和第三产业会紧密融合成为一个混合型的新产业，比如出行产业就是这样一个横跨二产、三产的混合产业。这也是从赵教授那里学到的理念。爱驰如果想要长期生存下去，一定要成为全球范围内出行产业的重要参与者，但这并不意味着我们要成为滴滴那样的公司，未来整个出行产业会有更加明确细化的分工，爱驰汽车希望在其中的某个核心环节，发挥比较重要的作用。

赵福全：时间过得很快。我和付总是老朋友了，不过坐在演播室里，静下心来一问一答，既有切磋，也有交流，更有颇具挑战性的互动，应该说这还是第一次。通过今天的对话，我深深感受到，作为来自于传统车企的新创车企领军人，付总对于本轮汽车产业变革即汽车"新四化"的认识非常深刻。

在付总看来，"新四化"既有区别又有关联，既涉及技术又关系到商业模式，这样复杂深刻的产业变革为创新创业提供了千载难逢的历史机遇。这也是像付总这样的一批人下决心离开传统车企、自己出来创业的根本原因。付总认为，相比于传统车企，新创车企可以更聚焦在"新四化"方向上投入更多的资源，这是新创车企的最大优势和机会所在。

同时付总认为，尽管产业正在发生空前剧变，不过造好车仍是必要条件；而做好"新四化"，则是充分条件，两者缺一不可。在这个过程中，企业既要把自己的长板发挥到极致，又要把自身的短板尽快补齐。

比如爱驰汽车具有很强的传统车企基因，对于造好车的认识很深，从研发到制造都做了大量投入，甚至可能比一些传统车企的标准更高，因此，付总对爱驰能够造好车充满自信。不过只是这样还远远不够，作为新创车企，捕捉"新四化"的机遇，在新领域内实现突破才是爱驰汽车追求的长板。为此，爱驰在打造团队时不仅延揽了传统车企的优秀人才，而且还聚拢了资本运作、海外扩展、商业模式打造以及互联网、人工智能技术等方面的优秀人才，并致力于将这些人才有效组合、凝聚合力。

当然，每家企业的长板和短板是不同的，例如一些互联网基因的新创车企可能在"新四化"的某些领域内拥有优势，但是在造车方面就存在欠缺。因此，不同的企业首先要认清自身的长板和短板，然后努力弥补短板，在此基础上再把长板做得更长。对此企业既要有战略上的认识，更要有战术上的行动，真正想到做到，才有可能胜出。

展望未来，汽车企业既要关注把车造好，也要关注把车用好。因为进入万物互联的时代，第一、第二和第三产业的区分很可能将不再分明，届时每一个产业都同时包含着产品和服务，形成紧密交融的整体。例如出行产业就将把汽车产品和出行服务融为一体，很难简单地将其归入二产或者三产。也就是说，未来可能只有所谓的 A 产业、B 产业和 C 产业，而三产的概念将不再适用。

面对这样的前景，爱驰的远景目标非常明确，就是一定要成为全球出行产业的重要参与者。当然不是要成为滴滴那样的企业，而是要在大出行中找到适合自己的关键环节，打造自己的特色优势。实际上，很难有哪家企业能够成为未来出行产业独一无二的龙头，大家都是大出行生态的参与者和建设者，共同提供优质的出行产品及服务。无论是更好的交通工具，还是更好的出行体验以及更好的出行服务，都是必不可少的要素。而在这其中，初创企业如能找准定位，将会大有作为。

谈到爱驰汽车的创新发展，令我印象深刻的还有两点。一是积极参与到国有企业的混合所有制改革中，这既符合国家发展大势，又有望发挥整合资源的优势。二是产品直接按照欧洲标准打造，目前已经通过欧盟认证，即将同步进入中国和欧洲市场，这得益于爱驰对自身的高标准定位，以及由此为进入发达国家市场所做的一系列战略布局。

我认为，在拥抱汽车"新四化"的征程中，无论是传统车企，还是新创车企，都有最终获胜的机会，关键看谁有更深刻的认识以及更有效的实践。也就是说，既要"走在正确的道路上"，又要"正确地走在道路上"，两者缺一不可。传统车企有机会，因为它们掌握着造好车的技术诀窍，并且也在朝着"新四化"迈进；而新创车企也有机会，因为它们有自己的独特优势，没有历史包袱就是最大的优势之一。特别是那些产业发展需要而传统车企并不掌握的新能力，正需要新势力将其引入并发展起来。

针对消费者、行业和政府，付总也分享了自己的心声。他认为，企业没有资格对消费者提任何需求，而是必须最大化地满足消费者的需求。只要为消费者提供真正优质的产品和服务，企业就一定能够获得消费者的认可和支持。而在汽车行业内，新旧车企应彼此尊重、相互支持，大家共同参与、一起努力，才能把产业的"蛋糕"做大。所谓"一枝独秀不是春，百花齐放春满园"，只有一两家企业独占鳌头，汽车产业是没有未来的。大家齐心协力、分工合作，汽车产业才能发展得更好。最后，任何企业的发展都必须依靠创新，而创新有赖于适宜的外部大环境。希望国家能够给初创企业提供更多机会，努力打造并不断优化有利于创新的政策环境，鼓励大家都能投身到创新中来。只要做好了创新，产业转型和经济发展也就有了保障。

再一次感谢付总。希望您能坚守自己的创业梦想，带领爱驰汽车不断前进。虽然创业是一个痛并快乐的艰辛过程，就像您说的，一会儿在天堂，一会儿在地狱。但正是勇往直前的创业者们，为我们的产业创新注入了新的活力。

付强：谢谢赵教授！谢谢各位网友！

07 对话李钢——企业不能实施所有的创新

赵福全：凤凰网的各位网友，大家好！欢迎大家来到凤凰网汽车"赵福全研究院"高端对话栏目！我是栏目主持人，清华大学汽车产业与技术战略研究院的赵福全。今天非常荣幸邀请到了国投创新投资管理有限公司董事总经理李钢先生，请李总和大家打个招呼！

李钢：大家好！我是李钢，很高兴参加这次对话。

赵福全：今年我们栏目的主题是"汽车产业创新"。当前，"电动化、智能化、网联化、共享化"即所谓"新四化"正在给汽车产业带来翻天覆地的变化。在此过程中，我们不仅需要单一的产品创新、技术创新、管理创新，更需要全方位、系统的产业创新。一句话，创新已成为当今汽车产业发展的主旋律。

对于本轮汽车产业的巨变，业界一直有很多说法，如产业重构或者产业革命。李总曾在政府部门工作多年，现在又主管投资公司，致力于寻找并培育具有创新潜力的种子企业，特别是您对汽车产业非常熟悉。在此先请您谈谈，您对创新与产业发展的关系是如何理解的？

李钢：回答这个问题之前，我想先谈谈国家为什么提出"创新驱动"的理念，实际上与"创新驱动"相对的，是另一种驱动模式，即所谓"引进驱动"。

大家知道，改革开放开启了我国经济发展的新时代，而2019年已经是改革开放的第41年了。41年前，中国经济水平很低，资金、技术、人才都极度缺乏，因此只能采取直接引进国外先进技术的方式来加快经济发展。在这方面，汽车产业也不例外，我们通过合资引进了所需的技术，开启了汽车产业发展的新征程。时至今日，中国已成为全球最大的汽车产销国，形成了完备高效的产业链条，并且有力地促进了国民经济的发展和国民生活的改善。

但是应该看到,这种"引进驱动"模式存在先天局限,并且随着时间的推移,这种局限越来越明显。当年,我们之所以能够成功引进产业和技术,根本原因在于西方发达国家进入后工业化阶段后,由于能源、环境以及劳动力成本等压力,开始向外转移制造业。显然在这个过程中,发达国家不可能把最新、最先进的技术"转移"给我们。与此同时,我们还付出了能耗和污染的巨大代价。

而发展到今天,中国的情况已经大不相同了。早在2010年,社会科学院工业经济研究所的一份研究报告就显示,我国中西部地区总体上已处于工业化中期,东部地区已处于工业化后期,而京沪发达地区已经进入到后工业化时期。

这意味着中国的积累已经达到了很高的程度,再往前走,我们和发达国家一样,需要的是最新、最先进的技术。而这样的技术不会有哪个国家愿意提供,这就是为什么近年来我们很少再听到"技术转让"这个词的原因。正如华为总裁任正非所说的,我们现在已经进入了"无人区"。后续中国经济的转型升级和持续发展,再不能靠"引进驱动",而只能靠"创新驱动"了。

赵福全：时代在发展,中国在进步。之前的那个年代,中国需要技术引进,通过跟随式发展来解决"从无到有"的问题。而改革开放40余年后的今天,中国各方面的实力突飞猛进,很多产业逐渐和发达国家同步,一些领域甚至已经进入到引领全球的"无人区"。因此面对未来,我们必须进行全新的探索,努力解决"从有到优"的问题了。

李钢：是的,之前我们走的是"有脚印的路"。这样做的好处是没有太多风险,因为前面已经有人走过这条路了。但是踩着别人的脚印前进,我们永远都不可能成为领跑者。中国早晚要踏上没有足迹的"无人区",成为领先的开路者。然而没人走过的道路上可能有地雷,也可能有陷阱,走起来并不容易。即使像摩托罗拉、诺基亚这样的大公司,一旦选错发展路线,也会陷入困境甚至破产重组。

从辩证唯物主义的观点看,新的技术肯定不够成熟,存在路径风险。

而旧的技术虽然落后，但是非常成熟，既无风险，又相对简单，买过来之后只要照着做就可以了。问题是中国发展到今天，已经不可能再靠"引进驱动"继续跟随发展了。国家现在提出要"创新驱动"，因为我们别无他法，后面的路只能靠我们自己走。

赵福全： 之前中国跟在发达国家后边前进，应该说走过了一条平稳、快速的发展道路。但是走到今天，这种简单引进的发展模式已经行不通了。一方面，最先进的技术根本买不到；另一方面，一些领域我们进入"无人区"后也没有更先进的技术可买。当此之际，我们唯有进行原始创新，才能真正破局，实现进一步发展，这也是国家提出"创新驱动"的原因所在。

李钢： 人类社会的发展进程可以划分为农业社会、工业社会和后工业社会。在工业社会的初期和中期，后发国家往往可以通过引进技术实现快速发展。但是从工业社会后期迈入后工业社会，情况就完全不同了。因为后工业化时期，服务业的比重大幅上升，国家也好，企业也好，都需要不断创新，才能保持自己的优势地位。这实际上是一个非常困难的关口，很多拉美和东南亚国家就是因为没能突破这个关口，才陷入了所谓的"中等收入陷阱"。

为什么会有中等收入陷阱呢？这就好比自己的车厢之前一直挂在别人的火车头上，被拉着前进，但是到了半山腰后，人家把火车头和车厢之间的挂钩脱掉了，这样车厢自然就失去了动力，无法爬上山顶，甚至可能跌回到山脚下。

实际上，在创新发展动力上，发达国家也在与中国进行"脱钩"了。不过，中国的情况有所不同，此前我们已经悄悄造出了自己的火车头，尽管这个火车头的驱动力还需要进一步加强，但至少我们保持了推力，不会让车厢跌回去，而且还在继续向上爬坡。

赵福全： 那么，我们的驱动力究竟来自哪里呢？

李钢： 这个驱动力就是创新。坦率地说，在过去几十年的跟随式发展中，我们也有很多原本非常不错的企业逐渐丧失了创新的能力。这其中固然有创新风险大、不确定性强，一些企业不敢轻易下决心投入的原因；但更主要的还是因为，很多企业只要引进技术就可以获得丰厚的利润，由此形成了路径依赖，根本没有创新的动力。

赵福全：创新不仅有风险，而且需要大量投入，特别是开始阶段，投入产出比往往很低。相比之下，从外部直接引进技术，短期收益无疑更高。但从长远来看，引进技术不可持续，没有自主创新能力的企业终究是没有未来的。因此，创新首先要解决理念问题，要在战略层面上认识到必须坚持创新、培育创新能力，即使是在可以引进技术的时候。

"创新驱动"的提出，对解决中国可持续发展的重大问题具有划时代的意义。而国企是创新的重要力量，那么，您觉得当前针对国企的机制体制改革做得怎么样？或者说我们怎样才能做得更好？

李钢：中国到了新的发展阶段，在各个方面都必须要创新。一方面，国家旗帜鲜明地提出了"创新驱动"的发展理念；另一方面，我们还需要采取一系列实际措施，确保"创新驱动"能够真正落地。从这个意义讲，国企面向创新需求的机制体制改革至关重要。而就目前的情况来看，个人认为，我们在这方面做得还很不够。

我们在研究投资对象时发现，国企在研发投入方面仍然不够积极，因为考核的指标往往是利润，而研发投入在本质上就是要把企业的一部分利润花掉。如果只考核利润，企业就会减少甚至不做研发，以保证利润指标的达成。当然，如果企业一直不在研发上投入，没有技术储备，未来就会发展乏力，最终会影响长期的利润收益。但这样的后果并不是短期内就能体现出来的，而且会由后来者"买单"。

合理的方式应该是把研发投入与利润放在一起来评价。这样国企即使把利润全部投入到研发上，也可以完成考核指标，企业才会有动力去做研发。有了足够的研发投入，企业后续才能实现更好的发展。

说到底，关键还是机制问题。大家常说民营企业比国有企业更有活力。我的观点是，不管哪一种所有制的企业，如果没有适当的机制都不会有活力，更不会持久。我们在投资中非常关注企业的机制设计。例如，一些民企属于典型的家族企业，我们在投资意向交流中要求其进行机制改革，不能只是企业家及其家族独有，也要让管理团队和骨干员工持股。

他们开始不理解，我们就反复劝说，让他们明白这样的要求其实对企业有利。因为如果没有合理的机制保障，企业后续是很难有良好发展的，我们的投资项目也会受到影响。结果不少企业家最终下决心启动了机制改革。

赵福全：民企并不代表必然拥有创新活力，建立真正有效的企业机制，让全体员工特别是核心团队都有奋斗的动力，才是企业产生持久创新活力的根源和保障。在这方面，让管理层持有股权或期权是很好的方式。当然，让管理层持股之后，也会出现一些新问题，比如管理层可能因此担心股价波动，过多关注短期利益，这其实也不利于创新。因此，机制设计必须把长期利益和短期利益结合起来，进行综合考虑。但不管怎样，我们都必须坚持创新。否则无论是国家还是企业，都不会有未来。

李钢：是的，特别是在跨越"中等收入陷阱"的关键阶段，我们必须坚定不移地加强"创新驱动"。任何国家，如果没有形成自己的创新能力，只靠别国牵引，都是不可能成功的。

赵福全："按方抓药"的时代已经过去，未来要想真正满足中国这个庞大市场的需求，提供更有竞争力的产品，唯有通过创新才能做到。在整个创新体系中，政府、企业、高校和科研院所的有效分工和紧密协作，即所谓"官产学研"四位一体至关重要。那么，在具体实践中，您觉得"官产学研"合作怎样才能真正落地？国家、企业、高校、科研院所乃至社会，各自应该做好哪些工作？

李钢：关于创新，有两句话经常说起，一是"产学研"或者"官产学研"相结合；二是企业是创新的主体。虽然已经说了很久，但在实际工作中做得并不太好。究其原因，我认为创新是一个体系，或者说是一个生态，而不是简单的一个点，因此只考虑某个方面怎样做好创新是远远不够的。

从创新链条出发，完整的创新生态可以分成三个部分，我将其称为原理创新、产品创新和产业化创新。原理创新的主体主要是高等院校和科研院所，教授们带领团队完成技术理论创新，并试制出原理样机；产品创新的主体是相关的工程公司以及企业的研发部门，研究人员基于原理创新确定可行的方案，开发出实实在在的产品，比如说开发出一款发动机；而产业化创新的主体则是企业，工程师们负责把产品做成大批量、低成本、高性能并且满足生产一致性要求的商品，这个过程并不简单。

因此，教授、研究人员和工程师这三个知识群体的角色和任务是不同的。所谓"术业有专攻"，各方都把自己擅长的工作做好，然后再有效连接起来，才能构成一个完整的创新生态。也就是说，在这场创新的接力赛中，每一棒都必须跑好才行。

赵福全：是的，在创新的过程中，每一个环节都不可或缺，否则就会形成短板效应，影响整个创新体系的产出。唯有把创新链条上的每一个环节都做好，然后再充分打通，才能有效形成创新合力。

李钢：这个打通必须按照市场经济的规律来进行，也就是说，各个主体都要在创新合作中充分获利。我举个例子，一家发动机领域的国际知名工程公司，每年都拿出大笔科研经费，提供给各大院校，让教授们指导研究生进行前瞻技术的研究，由其完成原理创新。在这个过程中，课题经费以及科研成果就是教授及其团队的回报。

之后该公司的研究人员会把各大院校在不同领域内取得的最新成果综合起来，设计成一款各方面性能大幅提升的新发动机，从而完成了产品创新。这款先进的发动机将以高价出售给多家整车企业，从而确保了该工程公司的收益。

最后，整车企业把这款发动机产业化，搭载在新一代的车型上，获得了性能更好的汽车产品。这样就完成了产业化创新。而车企的回报来自于数以万计的新车销售额。由此就形成了一个完整的创新链条，而链条上的每个创新环节都产生相应的价值，并通过市场将这种价值转化为各参与方的实际收益。

赵福全：知识产生实际价值的过程，也就是创新的过程。即从基础科研到产品开发，再到量产销售，最后产生商业价值，获得经济回报。

李钢：在这个过程中，创新机制极其关键。我再讲一个案例，这是我们投资的一家医药公司的事情。由于中国市场竞争日益激烈，这家外资医药公司受到了冲击，其在华的研发中心一直业务不振，于是公司董事长就打算将其裁撤掉。但是这个科研团队却不想离开中国。后来我们一起商量出解决办法，那就是该公司把中国研发中心保留下来，同时将中心的股权一部分卖给国投公司，一部分转给科研团队，相当于三方合资重组了这个研发中心。结果一年之后，那位董事长过来开会时，惊奇地发现这个中心的研发进展非常快，原来好几年都做不出来的成果，现在一年内就已经研发出来了。

赵福全：为什么会出现这种状况？研发人员还是这批人，差别为什么会如此明显？

李钢：研发人员自己说，原来是一天8个小时按部就班地工作。现在因为机制变了，他们自己也拥有了股权，因此干劲十足，无论是投入的时间还是工作的效率，都远远超过从前，取得更多研发成果一点也不奇怪。可见，不仅是国企，民企也好，外企也罢，如果没有很好的机制，同样是不行的。

赵福全：机制的确非常重要，其最大作用就是保障公平合理的创新回报。任何创新主体，如果得不到应有的创新回报，都不会有持久的创新动力。反过来讲，如果在机制上切实保障创新主体享有创新产生的收益，就会充分释放出他们的创造力。您刚刚谈到的外企案例，就说明了这个道理。

因此，我们强调"创新驱动"，最核心的一点就是要解决创新机制的问题。在这方面只谈情怀是不够的，必须让创新主体真正享有创新成果带来的经济利益。因为无论是团队还是个人，都需要投入大量时间、精力和智慧，才有可能取得创新成果，社会必须认可和尊重他们的付出，并回报他们的付出。

现在国家明确提出"创新驱动"，您觉得，未来十年中国在创新方面能够取得多大的突破？怎样确保达到我们预期的目标？又有哪些关键问题应该重点关注？

李钢：我们前面谈到了关于创新的两句话，虽然效果还不够理想，但是这两句话本身并没有错。问题在于我们能不能把这两句话落到实处，真正建立起完整的创新体系。

第一句话,"产学研"相结合。我认为,实际应该是"学研产"相结合,这样的顺序更合理。对这种结合,大家的理解不能只停留在表面上,而应深挖其内涵并积极付诸实践,即"学研产"三方要弥补短板、各司其职、环环相扣、协同创新。

第二句话,企业是创新的主体。不能狭隘地理解成所有创新都要靠企业来实施,正如前面讲到的,原理创新是以大学为主,产品创新是以工程公司为主,产业化创新才是以企业为主。并不是说,企业要把原理创新、产品创新和产业化创新全部负责到底。

赵福全:创新本身也是有顺序的,先有基础理论的突破,才能开发出更先进的产品,最后还必须进行产业化,以实现商业价值。在此过程中,不同的创新主体必须有清晰的分工。

李钢:是的,分工一定要明确,并且每一个环节都不能滞后。我认为,目前中国创新的主要瓶颈,一个是刚才谈到的机制问题,另一个就是在创新链条中产品创新这个环节存在比较明显的短板。实际上,我国高等院校的原理创新成果并不少,但是最终落地的却并不多,主要就是卡在了产品创新上。

过去我们主要依靠各种科研院所或机构支撑产品创新,实践证明效果并不好。而在近期的科技体制改革中,有200多家国有科研院所或机构改制成了企业,也包括中国汽车技术研究中心这样的单位。我觉得这个调整方向是正确的,因为企业机制更能支撑这些单位做好原理创新向产品创新的成果转化。

当然,产品创新完成了,还要通过产业化创新形成商品,并经受市场的检验。在这方面我国已经建立了完备的制造体系,相关企业数量众多,应该说已经具备了产业化创新的一定基础。不过,进一步提升的空间依然很大,尤其是在一些基础和前沿领域。

赵福全:毫无疑问,创新是一个国家和民族可持续发展的基础和原动力。过去几十年,由于方方面面的原因,中国一直处于跟随发展的状态,创新的重要性没有真正凸显出来。当然,这也是当时的历史条件下中国的必然选择。

当前，中国已经进入到全新的发展阶段。对于创新而言，已经不是做与不做的问题，而是如何做好的问题，否则我们今后的发展将不可持续。面对未来，中国必须建立起高效的创新体系，打通整个创新链条，实现各个创新主体的合理分工并形成合力，特别要从体制机制的源头入手，真正形成有利于创新的考核机制、激励机制和人才培养机制，以保证从原理创新到产业化创新的全面突破。而未来十年将是"创新驱动"战略真正落地生根的关键十年，我们必须全力以赴、攻坚克难。

回到我们今天的主题"汽车产业创新"。当前汽车产业正在经历前所未有的深刻变革，呈现出电动化、智能化、网联化和共享化即所谓"新四化"的发展趋势。请问李总，您是怎样看待"新四化"的？您觉得未来中国汽车产业在"新四化"中的机会在哪里？

李钢： 我国汽车产业的发展历程是循序渐进的，这符合客观历史规律，对此我们必须有正确的认识。从 20 世纪 80 年代开始，中国汽车产业进入快速发展期。但那个时候我们对汽车的理解非常有限，还处于认识汽车的阶段。1990 年之后，我们开始研究如何制造汽车；进入到 21 世纪，我们才真正有资格思考如何设计汽车。我觉得从那时开始，讨论中国汽车创新才真正具有意义。

现在有些经济学家批评中国汽车产业一直不鼓励创新。实际上，如果对汽车尚无基本的认识和能力，是谈不上创新的。这就像一个人要把小学、初中、高中都念完了，才能上大学一样，不可能直接从幼儿园升到大学。在汽车创新这个问题上，根据目前的状态批评以前的政策其实并不公平。

而在 2009 年全球陷入金融危机之际，中国出台了《汽车产业调整和振兴规划》，在世界上第一次推出了国家层面的新能源汽车战略纲领，开始尝试在汽车创新方面开辟具有自身特色的发展道路。今天我们提到的汽车"新四化"，实际上也是中国汽车创新不断深化和扩展的体现。因为时至今日，我们已经有条件在全球汽车产业变革的最前沿进行创新了。

按照我的理解，"新四化"可以概括为动力电动化、整车智能化、运行网联化和出行共享化。中国最先启动了电动化进程，取得了先发的有利位置；现在又在全力推进智能化和网联化；基于这些技术的发展，共享化的出行服务也会逐步走向成熟。目前，很多企业都在进行"新四化"方面的积极尝试和布局。不过，"新四化"并非孤立的，而是相互交织、彼此影响的。因此，绝不是某家或某类企业单兵作战就能解决所有的问题，更不可能一蹴而就。我认为，"新四化"将是一个长期的发展过程。

赵福全：关于汽车"新四化"，从科技角度来看，是因为技术进步推动产业发展到了当前这个变革的阶段；而从中国自身角度来看，我们为什么能够站在"新四化"的最前沿，有能力参与本轮产业变革，归根结底是因为改革开放四十年来中国汽车产业取得了巨大进步。我们从完全不了解汽车，到掌握了如何制造汽车，再到形成了正向设计开发汽车的能力，今天又迎来了"新四化"的历史机遇，终于可以和国际上的优秀车企正面较量了。这一次，我们是站在同一条起跑线上开始竞争，这是作为后发者的中国获得的最大机会。显然，如果没有过去40年的积累，没有对汽车认识的深化、造车水平的提升、正向开发能力的形成，即使汽车产业变革到来，我们照样不会有参与的机会。

下面我们来交流一下您现在主抓的工作。应该说，在创新的过程中，资本的重要性不言而喻。科研需要资金，工程开发需要资金，产品量产也需要资金。您之前在政府部门工作，看到了我们在创新中的不足。而现在您负责面向创新的投资管理，正可以利用资本的力量来加快弥补我们的创新短板。那么，您觉得资本在未来创新过程中的作用到底是什么？这种作用又应该如何充分发挥呢？

李钢：资本和创新是密不可分的。创业者以及创新公司，必须获得资本的支持，才有可能把事业真正做起来，毕竟创新是需要大量投入的。同时，把知识变成财富，也是很多公司和团队进行创新的原始动力。

从原理创新看，很多国外巨头公司也并不太多涉足，因为原理创新的不确定性最大，甚至可以说，不成功是大概率的事情。对于企业来说，是不能这样试错的，即便再大的公司也经受不起频频失败的损失，所以，大企业往往会等到创新成果比较成熟之后再来接手，比如入股或者直接收购某个崭露头角的初创公司。

我曾经和一位美国的大学校长交流。他说，如果一个大学生毕业后带着一个成果去福特汽车，希望获得10万美元的创新支持，福特是不会答应的。但是天使基金的投资人这时候就会站出来，为学生提供支持，把产品做出来。当然也可能做不出来，或者验证后发现效果并不好。不过一旦成功，就可以拿着这个产品再去找福特，福特会用1000万美元买下来。因为这个产品可以立即交给自己的工程师进行产业化，这和当初学生拿着电脑进行解释的那个成果，完全不是一回事。

从这里就可以看出，天使基金的投资在创新链条的起始阶段发挥着非常重要的作用。对于天使基金来讲，甘愿进行试错冒险是有原因的。一定会有不少投资最终失败了，损失掉若干个10万美元；但只要成功了一个项目，天使基金就可以按照事先约定的股权比例获得丰厚的回报。

赵福全：天使基金就是一个海选的过程。投入成本很低，在很多项目中只要成功一个，就可以收回成本、获得收益，然后再进入下一轮的投资。

李钢：天使基金的投资策略基本上就是占满赛道。在一个看好的领域内，把1000万美元分别投在100个项目上，最终总会有几个成功的项目。如果一个项目都没有成功，那就是投资人的眼光出了问题。实际上，就算偶有判断失误也不完全是坏事。对于天使基金而言，失败是成功之母，再选项目的时候经验就会更足；而对于整个产业来说，等于把各种路线都摸清楚了，这是更大的贡献。

第二类基金是风险投资基金，也就是大家通常说的VC。第一轮天使投资做出了样机之后，第二轮风险投资会扶持企业进行下一步的小批量生产。如果要类比的话，天使基金就像孵化器，而风险投资则如同加速器。在这个阶段，将验证整个制造工艺的可行性，还会找一些企业或客户试用产品，并根据反馈进行优化。

如果反馈良好，那就需要建立大规模量产的体系了，否则在产能上无法满足企业或客户的需求，也无法实现更大的发展。这个时候就需要第三类PE基金即所谓股权投资基金提供支持了。此阶段项目已经有了较为稳定的营业活动和相对成熟的盈利模式，经PE估值后可以通过公开或非公开的方式获得大量的资金支持。

赵福全：项目价值越高，投资成本就越高。或者说，距离创新成果的产业化变现越近，资本进入的成本就越高。

李钢：没错，风险和收益是成正比的。到了 PE 阶段，虽然不能说一点风险没有，但是总体上风险已经不太大了。总体来说，这几类资本各有不同的专注环节和擅长领域，都在创新活动中发挥着重要的作用。

赵福全：在创新的过程中，人员的投入、设备的投入以及后续创新成果商业化的投入，都需要大量的资金。因此，资本对于创新的促进作用不可低估。而对于传统汽车制造业而言，如何有效利用资本是以前我们相对关注不足的一个方面。

正如李总刚刚讲到的，资本在创新的不同阶段有不同的作用。从一个基本的想法到最终的产业化，这个过程中技术的成熟度不同，风险度不同，相应的投入与回报也就不同。越是成熟的阶段，风险就越小，但是需要投入的资金量就越大。因此，在不同时机介入的基金无疑有着不同的侧重点和投资策略。也就是说，没有一个资本是万能的，但是不同的资本组合起来，就能为创新提供全程的助力。

那么，国投创新投资管理公司将在产业创新中扮演什么角色？作为投资方，你们目前重点投资哪些领域？或者说，您判断未来汽车产业中哪类企业或者技术更有发展前景？

李钢：我们是一家投资管理公司，通常也称为基金管理公司。我们公司的定位基本上是以 PE 为主，现在管理着由不同投资人委托的十多只基金。由于投资人的诉求不同，所以每只基金的情况也不太一样。其中，有三只基金是由国家发改委、财政部和工信部联合发起的，可以称之为国家基金。对这些基金，国家会对我们有一些要求，但主要还是由我们自主管理。

赵福全：相比私人基金，国家基金有什么特别的要求？

李钢：国家基金要求专注于推动整个产业的转型升级。我们现在管理的国家基金有先进制造基金一期 200 亿元，京津冀产业协同发展基金 100 亿元，最近开始启动的先进制造基金二期 500 亿元。这些基金总体额度不小，但是投入到各个大产业中就并不多了。为此，我们必须精打细算，把好钢都用在刀刃上。

总体上，我们是按照国家指示的六大领域进行投资。一是新能源汽车和智能汽车；二是医药和医疗器械；三是智能制造，包括人工智能和机器人等；四是现代农业装备；五是现代轨道交通装备；六是现代海洋工程装备。我们要用有限的资金推动六大产业的转型升级，这无疑是非常艰巨的任务。

为了圆满完成任务，我们的打法是关注细分领域，在其中抓住若干龙头企业。通过我们注入的资本以及投资后的服务，促其成长，使之成为国内的标杆企业，甚至在国际头部企业中占据一席之地。

如果在某个细分领域里有中国企业进入了全球前十，我们就会将其列为标杆企业，然后再推动下一个细分领域。这些领域可能划分得很细，比如电池、电机、车灯、转向机等。每一个细分领域无论大小，我们都要努力培育出标杆。这样就可以引导国内其他企业向标杆企业看齐，去学习和追赶。我想，通过在若干领域内培育标杆企业，再由标杆企业带动其他企业进步，整个行业就会快速向前发展，最终顺利实现转型升级。

赵福全：具体到汽车领域，国投创新投资管理公司重点关注哪些方面？

李钢：我们在汽车领域先后选择了一些企业，按照培育生态的目标来进行投资。前一段时间主要集中在电动化领域，重点是动力电池。我们投资了电池公司，如比亚迪、宁德时代；也投资了电池核心组件及材料公司，如生产湿法隔膜的恩捷，以及一些生产三元锂电池正极和负极材料的企业；此外，还投资了电池回收项目。除了电池以外，我们在电机方面也有一些项目，包括一些很细分的领域，如导磁体等。可以说，围绕着电动化的整个生态，我们基本上都做了布局。

与此同时，我们在网联化和智能化方面也开始拓展，包括投资了斑马网络、虹软科技等公司。还有一些项目，目前还不能公开。我们的投资不只给企业注入了资金，而且加强了相关企业之间的互动，具有双重作用。

赵福全：谈到这里，我有一个疑问。事实上，投资单独的企业本身就很难，而您说要投资培育生态，这恐怕就更复杂了。每一家参与企业都只是生态的一部分，它们之间基于各种关系相互交织、共同形成的复杂整体，才是生态。因此，培育生态意味着既要把各个关键节点做强，更要把不同关键节点之间的壁垒打通。您刚刚提到，你们的投资已经在被投资企业之间产生了增进互动的效应，那么，这种效应是怎样实现的呢？是作为投资者向这些企业提出建议吗？还是直接要求它们要互相合作？

李钢：这种效应其实也不需要刻意为之。我们所做的就是把大家对接到一起，企业自身就有合作的强烈需求。比如，我们经常把这些投资企业的领导组织到一起开会，很多时候不等我介绍，他们就已经开始交流并探讨如何合作了。有了这样的基础，我们就可以做到"三融"，即融市场、融体制、融资源，从而为培育生态发挥积极的作用。

赵福全：融合，说起来容易做起来难。我一直讲，未来在打通产业生态的过程中，资本的作用至关重要。因为资本是黏结剂，将不同的参与主体紧密连接在一起；资本又是催化剂，促进重点领域加快做大做强，同时还会催生很多新业务和新模式。当然在具体的投资项目上，不能只依靠资金的雄厚，还必须具备专业知识，特别要对相关产业、产品和技术有深刻的理解。对此，李总有什么心得可以和大家分享？

李钢：确实如此。实际上，我们不仅在做投资工作，同时也在做大量的产业研究。公司有自己的研究部门，专门为内部服务，不对外发表科研成果。这样的投入是值得的，既可以避免在大方向上走弯路，又能够提高具体投资项目的成功率和准确度。

总的来说，我们的理念可以概括为三句话。一是践行国家战略；二是市场化运作，因为良好的机制一定是市场化运作的结果；三是专业化管理。什么是专业化管理？就是研究整个产业发展的趋势，梳理产业链条的情况，摸清各个细分的领域，掌握相关企业的信息，在这些专业研究的基础上，开展投资管理工作。

赵福全：我觉得，未来的投资决策会更加困难，真的不是只懂专业技术就够了，还必须懂产业趋势，懂市场需求，懂商业模式，懂生态关系。之前的投资主要是针对单独的主体，只要把这家企业的实力摸清楚，就可以保证一定的成功率；而未来的投资必须考虑到整个生态，也就是说，不能只考虑投资对象本身，还要考虑这家企业在横向上以及在上下游之间的竞合关系，否则很难确保投资成功。

投资公司通常会努力促进被投资企业之间展开合作，但不会简单地给企业"拉郎配"。同时，投资公司需要对未来产业发展有准确的洞见和深刻的理解，这就是您讲的专业化管理。基于对政策、市场、企业、产品、技术和商业模式的深入研究，形成专业的判断，然后进行有效的投资，这样才能真正发挥资本作为黏结剂和催化剂的关键作用。

李钢：您说得很对。在投资界有一句话——投资就是投未来。投资者看一家企业的过去和现在，其实是在判断这家企业的未来会怎样。特别是当今时代，科技进步和产业发展的速度都非常快，有时候甚至超出了原有的迭代规律，同时市场竞争也日趋激烈，这恰恰是产业发生革命性变革的特征。

实际上，人类历史上的几次产业革命，都是先由科技进步带来更为先进的生产力，然后引发生产关系的转变，最终形成全新的产业乃至社会形态，这是由生产力决定生产关系的客观规律所决定的。本轮产业变革也不例外，我们看到的是，产业不断出现一些新形态和新模式，其背后其实还是新技术在支撑。比如汽车共享，没有网联化，没有大数据，是难以实现的；又如定制化生产，没有智能制造的相关技术，也是不可能的。我们在投资时，先要把核心技术的发展状况和未来方向搞清楚，然后再来判断整个产业的发展趋势。

在这个过程中，我们不仅要自己进行常态化的研究，而且也会借助"外脑"提供支持。同时，我们还会把这种"外脑"支持带给合作伙伴。这也是我们的一个理念——不是只把资金注入企业，还要提供全方位的增值服务。比如，我们每年都会举行投资人大会，把我们投资企业的负责人和委托我们投资的出资人都聚到一起，共同评估业绩、展望未来。在这个大会上，我们还会邀请行业专家来进行分享交流，让我们的合作伙伴都能从中受益。在平时我们也会组织一些研讨会或沙龙,既促进相关企业之间的交流,也加深大家对于产业变革的理解。应该说,我们已经为投资的企业搭建起了一个互动和学习的平台。

赵福全: 最后一个问题,您曾经是汽车产业政策的制定者之一,现在又作为国家资本的管理者来参与产业创新的进程。请和网友们分享一下,您觉得十年之后的汽车产业将会发生哪些变化?届时我们会开什么样的汽车?享受什么样的汽车生活?

李钢: 对于这个问题,很多人首先想到的一定是自动驾驶。记得在2016年的一次行业会议上,主持人做了一个关于自动驾驶的现场调研,让与会者判断L5级自动驾驶在什么时候可以实现,结果说到2020年、2025年、2030年时,都有不少人举手;而认为2030年以后才能实现的,当时只有我和赵航(时任中国汽车技术研究中心主任)两个人。虽然科技进步的速度很快,有时候确实超乎预料,但是我认为,由于牵涉的因素太多,汽车"新四化"总体上还将是一个渐进的过程。

比如要实现高等级的自动驾驶,不是车企自己努力就可以了,还必须有外部的网联化和智能化环境提供支撑。之前我们说到智能网联汽车,更多的还是从汽车本身来进行思考,即所谓的单车智能。而现在业界逐渐意识到,汽车之外的部分必须同步发展,这需要大量的基础设施投入,如建设5G通信设施、信息化道路等。

赵福全: 是的,政府必须进行信息化基础设施的升级建设,同时,ICT等相关行业的企业也需要加入到汽车产业创新的洪流中来。这就是车路协同的发展路径。

李钢: 很多人认为,有了5G,汽车自动驾驶就可以实现了。对此,我个人持保留态度。回看之前的2G、3G和4G时代,每一次升级后的实际效果往往都比升级前的预期要差。5G会不会也是如此?我不敢肯定。更重要的是,外部的通信环境只是促进自动驾驶发展的影响因素之一。

比如汽车自身的智能依然是需要的,而且技术难度很大。之前汽车都是基于机械架构开发的,而未来汽车必须在电子架构上,实现感知、决策和执行功能,这需要全新的设计思路和技术方案,是非常具有挑战性的。相对来说，我认为决策能力更加重要。因此，整车企业一定要把决策系统掌控在自己手中。至于前面的感知系统和后面的执行系统，倒可以让供应商来做其中的一部分。

赵福全：决策系统就是未来汽车的"大脑"，无疑是车企今后打造核心竞争力的战略制高点之一。

李钢：现在汽车的各种控制功能都是分散的、嵌入式的。随着汽车智能化程度的提升，特别是汽车实现自动驾驶之后，各种控制功能越来越多，分散模式就不适用了，这些功能一定会走向集中。先是形成若干个域控制器，最终将会统一在一个决策系统即所谓的汽车"大脑"之下，实现所有感知和执行功能的一体化控制。因此，决策系统是我们非常关注的领域。

此外，我们还战略性地投资了一家打造车载操作系统的企业。车载操作系统将是未来汽车软件系统的底层架构，在其之上有决策层，也有感知层、执行层等软件，它们在统一的操作系统中相互连接在一起，也是未来重要的战略方向。

赵福全：谢谢李总！时间过得很快，我们已经交流了一个多小时。最后，我把李总分享的观点为大家梳理一下。

改革开放40年来，我们主要通过不断引进、消化和吸收外部技术，逐步建立起完整的汽车工业体系，掌握了汽车制造尤其是正向开发的能力，并开始在国际上占据一席之地。对于中国汽车产业而言，正是多年宝贵的积累，让我们有资格拥抱今天的产业巨变，有机会抢占未来汽车产业创新的战略制高点。

面向未来，中国的可持续发展必须依靠"创新驱动"。过去我们也谈创新，但是并没有达到预期的效果，主要还是因为我们可以引进国外的技术，采取跟随式发展，风险更小、速度更快。就当时的条件而言，这种选择其实也是一种必然。然而发展到今天，中国已站在了全新的历史节点上，以前的打法已经行不通了。为此，我们必须破除路径依赖，坚持自主创新，学会在"无人区"里前进。

要把创新真正落到实处，要让创新成果真正产生价值，最根本的还是要激发创新者的活力,让他们"能者多劳,多劳多得",充分获得创新回报。为此,我们必须在创新的机制上大胆改革,释放全社会的创新潜力。

当然,建立高效的创新体系是一个复杂的系统工程,除了体制机制问题之外,还有资金的问题、产业分工的问题、创新文化的问题以及整个创新生态建设的问题。实际上,创新是全方位的,只在某个环节上取得单点突破还远远不够。因此,我们必须明确创新链条上有哪些不同的参与主体,理清彼此的角色和任务,让各方各司其职、相互协作,才能真正实现创新突破。如果有任何环节存在短板,都会影响最终的创新产出。

特别是在产业巨变正在发生的今天,创新的机理有了新的内涵。各种创新要素集成在一起,不再只是发生物理组合,还有可能形成化学融合,催生出全新的创新成果。也就是说,未来的产业创新不只是单点、单方面、单领域的,更是多产业、多学科、多技术的。唯有不断提升国家和民族的综合创新实力,"创新驱动"才有可能成为现实。

而在创新的过程中,资本发挥着至关重要的作用。资本不是万能的,但是没有资本的支撑,创新将举步维艰。一方面,资本是黏结剂,可以把很多资源组合到一起;另一方面,资本也是催化剂,让组合在一起的资源发生质变,从而产生巨大的商业价值。当然,新时期资本管理的工作非常具有挑战性,并不是资金充足就可以了,投资者还要对未来产业发展大势了如指掌,对政策、市场、企业、产品、技术和商业模式有深刻的理解,否则很难选准投资对象,更无法把不同投资对象的资源有效整合,形成创新合力。

对于汽车企业来说,要想抓住万物互联前景下的历史机遇,必须充分认识到数据是未来最核心的资源,而汽车"大脑"是最关键的能力之一。因为汽车"大脑"即未来汽车的决策系统,将负责对各种数据进行分析及利用,并基于数据做出合理的判断,从而让汽车更加智能。为此,汽车企业必须努力形成相关领域的核心能力。

中国汽车产业经过改革开放 40 年来的发展和积累,目前形成了完备的产业基础、巨大的产业规模和雄厚的资金实力，并且在信息通信技术领域拥有强大的本土"外援"，正是基于创新驱动、实现转型发展的大好时机。只要我们在创新体系的打造和创新生态的建设上下足功夫，踏踏实实地做好每一个创新环节，中国汽车产业必将迎来创新发展的全新局面，中国整体创新能力的提升也将由此迈上新的台阶。未来，值得我们期待！

最后，再次感谢李总的参与！

李钢：谢谢！

08 对话钟翔平——做汽车产业转型的助力者

赵福全：凤凰网的各位网友，大家好！欢迎大家来到凤凰网汽车"赵福全研究院"高端对话栏目！我是栏目主持人，清华大学汽车产业与技术战略研究院的赵福全。今天我们非常荣幸邀请到腾讯公司副总裁钟翔平先生，请钟总和各位网友打个招呼。

钟翔平：大家好！我是钟翔平，在腾讯负责产业互联网中的汽车出行产业。很高兴在这里和大家交流！

赵福全：钟总，今年我们栏目的主题是"汽车产业创新"。当前新一轮科技革命正在驱动汽车产业发生深刻变化，而万物互联是本轮变革中最重要和最根本的技术驱动力。此前互联网技术的快速普及，使信息和知识在人与人之间实现了快速传递，在改变了人类社会的同时，也带来了很多创新机会。而今后随着物联网技术的逐步发展，在人与人之间实现互联的基础上，还将在人与机器、机器与机器之间实现互联。对此，有人称之为万物互联，有人称之为产业互联网，无论名称如何，都将更加深刻地改变人类社会，并带来更多的创新发展机遇。

腾讯就是在互联大势下发展起来的科技企业，在互联网时代，腾讯抓住了历史机遇得以快速成长；而在物联网时代，腾讯一定希望再次抓住历史机遇，实现更大的发展。作为腾讯的副总裁，钟总直接负责产业互联网中颇具分量的汽车出行产业，一定有很多亲身体会。借此机会，请先和网友们分享一下，您认为万物互联的时代会有哪些特点？

钟翔平：我是2004年加入腾讯的，在过去15年时间里，经历了PC（个人计算机）互联网向移动互联网转变的全过程。无论是PC互联网还是移动互联网，我觉得在本质上都是信息传播方式的极大进化。

由于信息传播方式的极大进化，人与人之间的交流效率获得极大提升。尤其在中国，移动互联网给全社会带来了巨大的变化，波及社会与生活的方方面面。在移动互联网的帮助下，人们的生活更加便捷、更加舒适、更加高效。也就是说，互联网的发展使人能够快速接触到更多的人、更多的内容和更多的服务，从而大大提升了人们工作及生活的便利性和可能性。

而现在我们看到，随着5G、产业互联网等技术的发展，万物互联的时代正在到来。这不仅意味着人与物之间的互联，也意味着物与物之间的互联。由此，在过去的人与人、人与内容、人与服务的连接之外，将会产生很多新的连接场景。而且这些场景不仅是线上的，也是线下的，可以直达某些产业内部，因为这些产业本身就是以具体的物，也即产品，作为实现价值的介质的。未来产业互联网将把这些介质充分连接起来，使它们之间也能进行信息的高效传播，再加上人工智能给物赋予的能力，就可以显著提升整个产业的效率。

产业互联网和人工智能是紧密相关、互为促进的，两者其实要完成三件事情：一是数字化，越来越多的信息都将以数字的方式表达，这将使信息更易于传播；二是网联化，这样就可以用非常快的速度在非常远的距离内完成信息传输；三是智能化，由于信息已经充分数字化而成为数据，并且可以通过产业联网汇聚起来，人工智能技术就可以基于海量数据实现更快的发展、形成更强的能力，从而反过来帮助联网的各种物，以更高效的方式为其找到最佳的发展路径。实际上，这和互联网改变社会的内在逻辑是一样的。

过去，我们也看到很多产业内部有大量机会，但因为数字化和网联化程度较低，很多机会根本无从把握。现在，如果我们看到某个产业蕴含着巨大的创新机遇，那我们就去推动其数字化和网联化升级，等到数字技术和联网技术应用得比较充分之后，就可以应用智能化的方式，显著提升该产业的效率。应该说，产业互联网的发展和万物互联时代的到来，将极大地帮助很多产业进入到高效发展的新轨道。

赵福全： 在互联网时代，更多的是人与人之间进行信息共享和传递；但是进入到物联网时代，不仅人与人之间是互联的，而且人与物以及物与物之间也是互联的，这些被连接的物包括具有人工智能的机器或装备之间，也可以进行信息共享和传递，从而将给人类社会的方方面面带来前所未有的巨大变化。

其实联网本身只是手段，而非目的。互联网时代，联网的目的是为了在人之间传递信息，使人可以随时了解各种情况、获得不同服务，从而享受到更加便捷的生活；而物联网时代，联网的目的是为了在物之间传递信息，使物的能力得到极大提升，进而促进相关产业更好地发展。显然，物联网与互联网相比，最大区别在于物联网需要具备相关产业的背景知识，这样才能借助联网的手段，有效地解决产业面临的问题。

作为从互联网起家的企业，腾讯为促进人与人之间的信息传递做出了巨大贡献。而在发展物联网也就是产业互联网的时候，腾讯需要将自身互联网的优势能力与相关产业的独有特点紧密结合起来，而不能完全延续互联网时代的策略。那么，您觉得产业互联网究竟有哪些新诉求和新改变？在发展产业互联网的过程中，腾讯将面临哪些新机会和新挑战？

钟翔平：说到产业互联网，首先我们是把"产业"放在前面的。也就是说，我们要以产业为先，而互联网则是加在产业上的一种手段或方法，目的是让产业变得更高效，也让产业与人更贴近。腾讯始终强调，我们要围着产业来思考问题。

事实上，产业互联网的发展源自产业和互联网的互相需要。每一个产业都有自身擅长的能力，也都有自身固有的边界。互联网发展到今天，应该说形成了连接人、内容和服务的优势能力，不过也形成了自己的边界，需要进一步扩展应用范围。而众多产业也需要引入互联网，使其在更多的工作和生活场景下发挥作用，以便更好地服务用户。这种相互需要使互联网有机会涉足于众多不同的产业，例如城市建设、医疗保健、制造工厂和汽车出行等。这些产业与人们的日常生活息息相关，互联网向这些产业延展服务，将更进一步为人类社会做出重要贡献。

赵福全：您谈到了很重要的一点，那就是产业始终是产业互联网的前提，互联网本身只是手段和支撑，如果不能帮助产业更高效、更健康地发展是没有任何意义的。因此，互联网企业对于要跨界进入的产业，必须有充分的了解和深刻的认识。反过来讲，如果没有互联网的手段和支撑，产业也就失去了解决固有问题、实现转型升级的腾飞之翼。

回到今天汽车产业创新的话题。当前面临产业重构的前景，汽车产业迫切需要形成包括互联、智能在内的各种新能力，这是汽车企业原本不具备的，并且汽车企业也不可能在这些新领域做得过多，否则可能就变成 IT 企业了。而这些新能力，包括数据、连接和信息传递等，恰恰是腾讯这样的互联网企业所擅长的。问题在于腾讯是否已经足够理解汽车产业，从而能够以这些能力有效地促进汽车产业的创新发展。在这个过程中，您觉得汽车产业互联网的核心能力应该怎样定义？如何真正实现"产业+互联"的有效融合，从而取得 1+1>2 甚至 1+1>3 的效果？

钟翔平：汽车和互联网这两个产业其实都已经发展了很长时间，经过长期积累都形成了各自领域内深厚的技术诀窍（Knowhow）。而现在汽车出行和信息通信两大产业相互交融，为汽车产业互联网的发展提供了绝佳的机遇。在这个过程中，互联网不仅将有效提升汽车出行效率，而且还将全面改善汽车出行服务。

相对而言，后者可能对汽车出行产业影响更大。因为面对新时期的激烈竞争，如果汽车企业不能提供"以人为中心"的各种优质服务，是无法满足用户日益提高的个性化需求的。而汽车产业要真正做好服务，还需要一些关键能力。

第一，需要认识和理解用户的能力。当前用户群体已经发生了很大变化，85 后、90 后正在成为汽车产品潜在的主要用户群体，这一代人是互联网时代的原住民，具有和此前用户群体完全不同的特征。腾讯专门做过大量的用户研究，发现新一代用户群体已经完全习惯于互联网体验，因此我们必须参照互联网的特征来打造未来汽车产品。

第二，需要与用户互联互动的能力。在认识和理解用户的基础上，构建与用户充分连接、有效互动的能力也极为重要。这不是简单的互联互动，而是要让用户在互联互动中体验到便捷、智能和个性化。在这方面，腾讯也可以有效帮助汽车企业打造人车交互的优质解决方案，例如通过公众号、小程序等使企业不仅在车内环境下，而且在车外场景中，都能与用户保持对话。很多时候，对话本身就是一种服务，适宜的对话能让人感受到关心和体贴，这是一种很好的互动方式。

第三，需要将技术转化为服务的能力。目前在越来越多的应用场景下，汽车产品都需要更加先进的技术来改善用车体验，包括自动驾驶、车联网技术等。而这些技术中有很多是互联网企业在本领域里曾经深入研究过的，现在恰好可以转化到汽车领域来应用。与此同时，腾讯会把自己原来服务于个人消费者即 C 端用户的核心能力，提供给汽车企业这类 B 端客户，以帮助它们提升将技术转化为服务的能力。

由此分析，我们认为汽车产业按照既有模式发展将会遇到越来越大的挑战。因为汽车企业既有的组织形式、经营方法以及核心技术，或许并不能很好地支撑"以人为中心"的服务。即使汽车企业必须坚持安全第一、质量为王和成本控制等核心诉求，也仍然要学会如何更快、更好、更全面地为用户服务。在这些方面，互联网企业可以为汽车企业提供帮助。

实际上，在上述能力的背后，跨领域、跨环节、跨硬件的云端基础设施及能力至关重要，这正是腾讯将为汽车产业互联网重点推出的内容。也就是说，腾讯要把自身核心的云计算能力、存储能力、分析能力以及信息安全能力都整合起来，服务于汽车产业的合作伙伴。也只有统一化、集成化的云端能力，才能有效指挥复杂汽车产品全过程、高效率的工作，为用户提供"以人为中心"的服务。

赵福全：从互联网向产业联网，无论服务对象，还是服务内容，也包括技术内涵，都将发生巨大变化。不过按照钟总的理解，最核心的理念并没有变化，仍然是"以人为中心"。原来人与人之间的互联网，在传递信息和提供服务时自然是围绕着人；而未来互联网进入产业之后，直接改变的是产业，但最终从产业获得更好服务的还是人。

正因如此，互联网企业获得了跨界进入其他产业发展的宝贵机会。以汽车为例，一方面，传统汽车企业经过长期的发展，其基本运营模式已经固化，甚至是僵化，要想进行重大调整非常困难。但是面对新一轮科技革命的挑战，又必须向"以人为中心"的方向转型。在此情况下，像腾讯这样的互联网企业带来的新理念、新策略和新方法，将对车企从根本上转变运营模式提供重要助力。

另一方面，汽车造出来后还是要服务于人的，而万物互联时代用户的很多服务需求，只靠传统车企的现有能力并不能完全满足。这其中有认识和理解用户的问题，在这方面与海量用户直接互动的腾讯经验丰富；也有相关技术的问题，比如数据的采集、传输、处理与分析技术，基于网联化的自动驾驶技术等，都是传统车企相对薄弱或有所欠缺的，而互联网科技公司恰恰在这些技术领域有多年的积累。

当然，虽然传统车企面向未来发展存在部分能力缺失，但是互联网科技公司也不会造车。因此，两类企业必须有效协作，这将是产业创新的最大驱动力。不过双方要想真正合作好却并不容易，毕竟一方以提供硬件为主，另一方以提供软件为主，两类企业在产业基本特征、产品功能属性和企业理念文化等方面都完全不同。面向产业互联网，两类企业如何充分借助对方的资源和优势，加快自身的发展和产业的进步，将是至关重要的问题。

目前两类企业之间愿意展开合作、互相拥抱，这已经成为业界的共识。因为大家都认识到，今后封闭发展的企业只有死路一条。特别对于车企而言，未来将是软件定义汽车的时代，必须加快补齐相关的能力。那么，汽车企业内部应该抓紧培育哪些能力，才能更好地拥抱互联网？互联网企业又要做出哪些改变，才能更好地服务汽车产业？对此，您肯定思考过很多，也实践了很多。请您谈谈，您认为两类企业最后将如何进行产业分工协作？这其中肯定也存在某种博弈，比如，会不会有某家车企先是与腾讯合作，等到形成了所需的能力后，又弃腾讯而去呢？

钟翔平：目前两个产业的合作意愿确实非常强烈，大家都意识到必须加快转型，必须拥抱数字化、拥抱产业互联网、拥抱人工智能。实际上在合作的过程中，我们感受到汽车企业正在改变一系列既有的模式和做法，这一点也让腾讯深受触动，我们感到汽车产业积极探索、谋求改变的决心是很强的。而这对双方更好地开展合作有很大的帮助。

比如，有些车企开始着力加强数字化能力以及软件编程能力。这些能力的提升，我认为是有助于双方合作的。因为车企由此可以更好地理解自己需要什么、欠缺什么，以及互联网科技公司能够为其提供什么。他们看得越清楚，就越能认识到我们的价值，双方的合作也就会越顺畅。

又如，当前汽车企业在产品开发流程方面也在进行调整。过去面向硬件为主的产品，质量控制阀的节点都放在很靠前的位置，往往量产一年甚至一年半以上，就要把相关系统和总成都固化下来。但是现在软件在车上的比重越来越高，很多软件的更新周期很快，甚至从开发到应用也就几个月的时间，按照车企原来的流程根本无法采用这些软件。为了适应软件高速迭代、优化体验的特性，一些整车企业调整了产品开发流程，并且也开始引入 OTA 升级，以支持软件的快速更新。显然，汽车产业正在为拥抱新时代而做出改变，而这些改变有利于腾讯等互联网科技公司与车企更好地开展合作。

反过来讲，对于互联网科技公司来说，进军汽车这样复杂的大产业同样面临着很多挑战。正如赵教授刚才提到的，腾讯过去一直是一家扎根于消费互联网的企业，我们在这个领域的流程、方法和能力上有很深的积淀。但是现在要面对的是产业互联网，这对我们的组织能力进化是非常大的挑战。

也就是说，我们必须把面对 C 端个人用户时高速高效迭代服务的能力，有效进化成面对 B 端企业客户时高速高效迭代服务的能力，即将消费互联网的工作模式转变为产业互联网的工作方式。为此，腾讯也做了很多改变。2018 年 9 月 30 日，我们完成了内部的架构重组和战略升级，进一步明确了拥抱产业互联网的目标，并针对产业互联网的特征调整了组织形式。

赵福全：您能不能具体描述一下这种转变，腾讯原来在消费互联网是如何做的？现在为了抢占产业互联网的高地，又要如何去做？进行了哪些调整？另外，产业互联网涉及多个产业，像汽车、医疗等都是很大且完全不同的产业，腾讯要怎样全面拥抱不同的产业呢？

钟翔平：我举个例子，目前很多车企应该已经感受到腾讯的这个变化了。在 2018 年之前，车企与腾讯合作时，需要对接我们内部的很多部门，诸如音乐部门、内容部门、社交部门等，其中社交部门下面可能又要去找 QQ 或者微信等不同的业务组。如果还有云端服务或信息安全业务方面的合作，车企可能要对接腾讯内部 5 个、7 个甚至更多的部门。

后来我们自己意识到产业互联网不能这样做，于是对组织形式进行了重大调整。腾讯将汽车产业的相关业务都放在了一个部门，作为对接汽车企业的接口。当然，这个部门只是窗口，其背后有很多部门在提供支撑，并不是说腾讯今后只有这一个部门在做汽车产业方面的服务了。

例如，微信部门负责打造微信的车载版，但是微信车载版是通过汽车部门根据客户需求来定制的；同样音乐内容由负责音乐的部门输出，但音乐内容也是由汽车部门定制的。也就是说，所有与汽车相关的特性仍然得到多个部门在背后的有力支撑，但是在前端面向车企的只有一个部门。这种接口部门的调整实现了与企业客户更好地对接，又没有影响业务的专业性，本身就是腾讯"以客户为导向拥抱产业互联网"理念的具体体现。

赵福全："以客户为导向"，这是互联网企业的核心价值观。面对企业客户的时候，基于相同的指导思想，腾讯决定改变原有的打法。因为消费互联网针对的是分散的个人用户，按照业务线的模式应对更加高效；但是进入产业互联网，特别是面对汽车这样的大产业时，业务线模式就不再适用了，必须进行相应的调整。可以说，在腾讯改变汽车产业的同时，汽车产业也在改变腾讯。

钟翔平：正是这样。过去我们以 C 端个人用户为导向时，部门分工比较细；现在我们以 B 端企业客户为导向时，发现这样的组织形式存在问题，便很快进行了修正。今后，我们还会继续自我优化，并且在这个过程中，我们也会把互联网思想带到产业中。其实这也是互联网企业的特点之一，我们并不是不犯错，但我们要求自己必须尽可能快地改正错误，从而不断改变自己、完善自己。

在产业互联网中，我们也会如此。随时审视自己在一个阶段做得对不对，然后在下一个阶段进行调整和修正。同时，我们希望能够以这种方式让客户看到腾讯服务汽车产业的决心和态度，我们愿意坦诚面对自己的不足并加以改进，以便更好地为我们的客户服务。

赵福全：那么在能力上是不是也需要有所改变？例如，消费互联网和产业互联网都涉及数据、互联和计算，但是我想，二者之间还是有巨大差异的。您觉得，面向汽车产业互联网时，腾讯需要形成什么新能力，或者说要在原有能力的基础上做哪些转变和升级？

钟翔平：我们首先会分析目标产业究竟需要什么，在进入汽车产业时，我们就做过一个总体评估。我们认为未来汽车产业中的人、车、店、厂和环境以及相互之间的关系都会发生变化，比如车和环境将互通信息，人和车之间的互动性将不断增强，汽车的资产属性将转变为服务属性等。当前，这些变化正在逐渐成为现实。

面对这些变化，腾讯就需要基于原有能力来形成相应的新能力，以帮助我们的合作伙伴在变局中保住既有优势，并争取新的优势。例如，人和车的关系发生变化后，需要加强人与车的互动。那么，腾讯要做的就是把过去积累的与人互动的优质能力，以更符合车内场景的方式体现出来。

这其中是有很多变化的，车载版微信就是其中之一。在车内场景下，如何让驾驶员手不离开方向盘、眼睛不离开路面，就能完成必要的微信通信？如果必要的通信不能完成，驾驶员可能就会产生焦虑，想要拿出手机去看微信，从而给驾驶过程带来安全隐患。而我们目前完成的车载版微信，可以很好地解决这个问题。

又如，车与环境的关系发生变化，即汽车需要去感知环境，环境也需要将相关信息告知汽车，这样才能有效地支撑自动驾驶。而在自动驾驶的发展过程中有一个关键环节，腾讯也可以发挥重要作用。过去，我们在游戏领域曾对仿真发动机进行深度定制和开发，掌握了相关技术。现在，我们把这项技术引入到自动驾驶的仿真测试环节中，可以帮助自动驾驶车辆在仿真环境下高效地完成大量的场景测试。

为此，我们从现实世界中抽取出了大量的数据，包括中国各种路况和各种驾驶行为的数据，将其导入到我们的仿真模型中，在云端并行高效运算，一天就可以完成百万级的里程测试，而且都是现实生活中的实际场景。这将极大地帮助自动驾驶技术快速进化，也使车和环境得以更有效地融合。

此外，在汽车由资产属性向服务属性转变的层面上，腾讯需要帮助车企提供更多的服务，包括我们在移动互联网领域有长期积累的位置服务、汽车出行过程中需要的一系列关键能力，以及帮助合作伙伴构建从用户端到云端的运营解决方案等。

对于车企来说，未来一定还会需要更多更强的新能力；对于腾讯而言，随着我们在产业互联网的积累不断加深，我们一定可以更快更好地帮助车企获取所需的关键能力。正如刚刚赵教授所说的，这也是腾讯进行原有能力转变和升级以适应产业互联网需求的过程。

赵福全：记得谷歌前总裁施密特曾经说过，"互联网将会消失"。实际上，他的意思并不是说互联网将不再存在，而是强调互联网将融入物联网中，届时人类生产生活的方方面面都将处在互联之中。人类社会进入万物互联的时代，并不是不需要互联了，而是要进行更多的互联。互联将成为未来人类社会的常态化存在。

在这种发展大势下，实体产业需要联网，而互联网产业也需要拥抱实体产业，这样双方才能寻找到更多的机会。基于这样的大背景，双方要选择的不是要不要合作，而是要怎样合作，即互联网公司选择什么产业作为自己的切入点，实体产业选择什么样的互联网公司来支撑自身的发展。

而听了刚才钟总的分享，我们可以感受到，汽车产业与互联网产业必须互相拥抱，而且也正发自内心地努力相互拥抱。为此，双方都在审视自己的优势和不足，并切实进行相应的调整。比如钟总谈到，在过去几年与车企的合作中，发现车企已经发生了很大变化。

第一，车企已经认识到互联的前提条件是数字化。因为没有数字化就没有数据，而没有了数据，互联本身也就失去了意义，好比没有电流的导线，形同虚设。为此，车企正在积极拥抱数字化，招揽了大量的软件工程师。不过在钟总看来这并不是威胁，相反，车企在数字化方面形成一定的技术基础和文化基因，恰恰有利于后续与腾讯这样的企业更加顺畅地开展合作。

第二，车企在产品开发流程上也在进行重大转变。原来完全以硬件为主，现在开始考虑软件的介入，包括软件何时加入、如何检测、如何升级以及怎样与硬件有效分工等。车企在流程上面向软件所做的各种改进，非常有利于腾讯这类互联网公司进军汽车产业。比如钟总谈到的OTA升级，即所谓空中下载升级，这实际上将使车企更加需要软件和服务的提供商。因此，传统汽车产业悄然发生的变化，并不会抢夺互联网公司的蛋糕，反而会为互联网公司与汽车企业的合作创造更有利的条件。

而在互联网公司这一端，腾讯内部也在进行转变。多年来，互联网公司习惯了"以人为本"的互联网，现在为了拥抱产业互联网，必须结合产业的实际需求进行相应的调整。就像钟总刚刚谈到的，因为原来的消费互联网是B2C（企业到用户）模式，所以完全按照业务来划分部门；而现在产业互联网是B2B（企业到企业）模式，尤其面对汽车这样的大产业时，必须有清晰的前台、中台和后台。可能中台和后台部门并不需要很大的调整，但是对接企业客户的前台一定要打包、集中并强化。

为此，腾讯进行了内部组织架构的优化，将与汽车相关的业务整合到同一个前台，以更方便地服务于客户。实际上，像腾讯这样的大公司，先在内部做好相关产品、技术以及商业模式的组合，再提供给企业客户至关重要，这不仅仅是方便客户对接的问题，而且汽车企业也越来越需要打包式的综合解决方案。另一方面，尽管中台和后台不直接与客户接触，但面向产业互联网所需的能力也要与互联网时代有所不同，包括数据、互联和计算等各个方面。而腾讯正沿着这个方向积极努力，包括把原来做游戏业务时积累的技术，用于支撑自动驾驶的仿真测试，这是很好的尝试。

钟翔平：确实如此，腾讯正在为更好地服务汽车产业而不断自我完善和优化。除了前台之外，或许中台和后台的变化，外界不太容易看得到，但实际上我们也在努力去做。以前也与赵教授交流过，腾讯对汽车产业是非常重视的，我们认为汽车产业未来有着极为广阔的发展前景，因为人类文明的进步在很大程度上就体现在出行方式的不断进化上。

赵福全：这就衍生出一个新的问题。互联网时代是人与人之间进行互动，而到了物联网时代，以汽车为例，实际上是人与车之间进行互动。人与人互动和人与车互动，一定会有完全不同的体验。对这两种体验，您觉得会有哪些本质上的差异？为此，互联网公司和整车企业各自需要进行哪些调整或改变，才能让人与车互动的效果像以前人与人互动的效果一样好，甚至更好呢？

钟翔平：我想这个问题可以从人车互动的本质诉求上去寻找答案。首先，此前腾讯是从社交角度出发去加强连接的，因此我们在互联网时代做的工作，都是为了构建人与人、人与内容、人与服务之间的联系。现在面向产业互联网，确实将是人与车进行互动了，但是让人与车进行互动到底是为了什么呢？

我认为肯定不是为了互动而互动，而是要让人在与车的互动中感受到更多的人性化和便捷性。绝不能只是冷冰冰地把人和车连接起来，一定要让人可以用尽可能简单、方便的方式与车进行互动。而如何实现更人性、更高效的人车互动，需要相应的技术方案来提供支撑。为此我们必须强化语音交互，使汽车可以更人性化地理解用户表达的意思。这需要把众多领域的知识都汇集起来，这样汽车才能很快识别出用户是想问天气情况，还是想与另一个人聊天，又或者是想控制汽车。准确了解人的意图，这是人车互动需要解决的第一个难题。

接下来，准确理解了人的诉求之后，汽车又要如何去满足呢？我们认为，这其中有很大的空间值得深入挖掘。记得我们刚接触汽车产业时，大家都在谈车联网，强调汽车应该具备联网的功能。其实我觉得这是一个很大的认知缺陷，甚至是误区。因为并不是有了车联网就能满足人的需要了，车联网本身只是手段，关键是汽车联网之后能干些什么？腾讯强调的"生态车联网"指的就是这个问题。说到底，用户希望通过车联网，能够在车内场景中获得他所需要的内容和服务。汽车联网是为了接入外部服务生态，而腾讯就致力于开拓这个领域的业务，为汽车企业或出行服务公司提供相应的支持。我们将把移动互联网领域的小程序运营模式带到汽车里，让更多的开发者都能以非常简便的方式向汽车里平移内容和服务。

过去，汽车产业的一大痛点就是基本没有外部开发者，或者说开发者进入汽车产业的门槛非常高，这就导致汽车服务的数量不够，热情也不高。腾讯希望能够极大地降低这个门槛，特别要让一些已经看得到并经过甄别的服务，能够在汽车场景下尽快得到应用，包括各种便利的生活服务，比如自动停车和加油的服务，到达办公室时就能喝上一杯热咖啡，开车去接机时随时知道应该何时出发等。这些服务的背后都需要很好地连接相关场景，而腾讯在移动互联网领域积累的技术和经验，正好可以迁移过来发挥作用。

更进一步来讲，将来车企想要强化自身的品牌影响力，不论是服务化的品牌还是资产化的品牌，都必须具有自身的特色。而每个品牌的特色在很大程度上就取决于能够让用户连接到哪些服务。为此，每家车企都需要基于自身品牌构建自己的小程序，以便更紧密地与用户互动，传递品牌的核心价值。所有这一切，也就是车联网背后的整个服务生态，腾讯都会帮助车企去构建。

我们认为，这些工作是汽车产业未来长期发展进程中极为重要的事情，只有让用户享受到更多更好的服务，才能让用户真正感受到自己确实是汽车企业服务的中心。

赵福全： 人与人之间的互动是互联网时代的核心，不过真正关键的是互动背后的内容。到了物联网时代，人和各种机器之间的互动成为核心，这就带来了很大的不同。为此，必须首先确保人和机器之间能够真正有效地互动。人与人之间的互动相对简单，因为彼此很容易理解，但人和机器之间的互动就不一样了。机器不同于人，要让它人性化、高效率地理解人的意思，这是一个巨大的挑战，需要先进的技术手段提供支撑。

但另一方面，与互联网时代相同的是，即使到了物联网时代，互动本身仍然不是最终目的，而只是手段，真正关键的还是互动背后的内容。因此，企业必须深度挖掘人与机器互动的目的，看看如何才能满足用户的各种需求。从这个角度出发，把外部丰富的服务生态构建成企业赢得用户青睐的百宝箱，将是产业互联网最重要的目标之一。

不过这就带来了另一个问题，腾讯同时服务于众多企业，如果都是通过同样的方式，最后会不会导致严重的品牌同质化和产品同质化？因为腾讯拥有的服务生态，应用在汽车低端品牌和高端品牌上都是一样的。而您刚才讲，这些服务将成为未来汽车品牌内涵和特色的支撑，那么车企和腾讯合作时要如何确保实现差异化呢？

钟翔平：对这个问题，我有两点看法。第一，服务能力的提升将使汽车产业的整体水平向前迈进一大步。过去可能只有高端品牌才能让消费者感受到很好的服务体验，而未来所有品牌的服务体验都会显著改善。做一个可能不太恰当的比喻，就像酒店产业有三星、四星和五星不同档次的酒店，分别对应着相应的硬件条件和软件服务；而现在产业互联网会让所有档次酒店的软件服务能力都前进一大步，也就是说，三星酒店在原有的硬件条件下也可以配套四星甚至五星的服务了，当然五星酒店的服务会比之前更好。这对于产业整体以及广大消费者来说，无疑是有利的。

第二，将来每个汽车品牌的不同定位是最重要的，究竟是奢侈品牌、商务品牌，还是经济品牌、通勤品牌，这个定位决定了企业要选择强化的服务内容。如果是商务品牌，那就要思考如何为用户深度定制，围绕着商务场景去构建相关服务，甚至在一些特别的商务场景中，要把用户整体的出行计划和商务安排进行很好的匹配。例如在何时提醒用户去哪里，完成什么行程，这些都可以事先打通，从而提供更有针对性的商务服务。如果某个品牌定位在通勤，那最应该强调的是如何在最短的时间内帮助用户完成上下班出行。

也就是说，每一个品牌要想做出自身特色，都可以围绕着自身的定位去强化相应的服务，而不是像过去那样只能通过产品外观或配置的差异来彰显品牌特色。实际上，这反而会加强汽车企业打造品牌差异化的能力。如果说过去产品的外观和配置是汽车品牌差异的基准线，那么未来这条基准线将会大幅上移，因为加入了联网服务能力这一重要环节。最终哪种服务体验会被用户深度感知到，是由这家企业希望打造的品牌定位决定的。

赵福全：在与很多车企老总交流时，我明显感觉到，低端品牌企业对于"如何提升品牌"的焦虑，远不如高端品牌企业对于"如何保持品牌优势"的焦虑大。为什么会这样呢？我想就是因为您刚才说的第一点，由于未来是以软件为主来决定品牌内涵了，这无形中拉近了不同品牌之间的距离。原来汽车的品牌特征是靠硬件体现的，4.8升的发动机就是比2.5升的发动机动力更强劲，车内装饰用真皮材料就是比不用档次更高。但是未来硬件只是必要条件，甚至对于一些用户来说已经变得无所谓了，所有品牌的价值都将主要由用户体验到的服务来体现。

刚才您的第二点谈到了不同定位的品牌可以选择强化不同的服务，但是对于定位近似的品牌呢？比如针对某个应用场景，用户使用汽车时需要连接什么服务，希望得到什么体验，不应该是相同的吗？这些内容可能都是来自于腾讯的外部生态，而腾讯针对相应场景做出定制化的"服务包"之后，等于把不同品牌的服务水平拉到了同样的水准。这样一来，高端品牌和低端品牌的产品在相同场景下使用时，其服务和体验不就同质化了吗？对腾讯来说，为各家车企提供一套相同的定制"服务包"，成本肯定是最低的。当然可能也可以针对不同的品牌特意做出一定的差别来，但是这在投入上是不划算的，而且一旦腾讯的竞争对手把"高端"服务"平民化"了，腾讯就会有失去竞争力的危险。

钟翔平：虽然将来各家车企具备的服务基础是相同的，但是各个品牌在构建服务时，实际设计出来的方案还是会千差万别的。这一点可能不好理解，我举个现有的实际例子说明。现在滴滴出行服务有礼橙专车、优享、快车和出租车等不同模式，其背后最核心的调度能力其实都是一样的。但是用户在选择服务时的心理是不同的，从而就会按照不同的需求选择某种出行模式，或者按照不同的价位预期从基础车型到豪华车型中选择某一类产品，而运营端提供的服务也有所不同。这种体验显然是有差异的，这样就形成了差异化。

未来汽车品牌也会是这样，高端品牌也好、低端品牌也罢，不同的定位就会有不同的服务理念来面对用户，而这个服务理念将全程贯穿于整个服务的过程中，并最终让用户感受到差别。即便各种出行产品的基准服务水平都在提升，但是不同用户对于服务的感受还是会有差别的。同时，出行服务方在用户权益上也会有差异性的政策，比如在什么情况下要绝对确保用户按时到达，并以额外的保险来保障，甚至对日程变化造成的损失也可以提供保险。

赵福全：目前专车等出行服务的主要差别还是体现在硬件上，即所用车型的档次不同。当然在服务上也有细微差别，比如为某一类专车用户提供的服务更高端一些，下雨天司机为用户打伞，甚至用户离开时送一把雨伞等。但是我认为，这些服务差异与互联网企业参与汽车产业的关系不大，更多的是一种商业模式上的创新，现有汽车企业及出行企业就能做到。我们更关注的是，腾讯通过产业互联网所提供的外部服务生态，以及这种服务在提供给不同的企业时有没有显著的区别？如果不同车企的几款车型本来在硬件上就基本没有差别，而其软件和服务都是采用腾讯的，那么在未来的竞争中，难道不会出现同质化吗？

钟翔平：刚才谈到，车企正在软件方面加大投入，腾讯认为这是好事，有助于双方更顺畅地合作。实际上，这其中还有另外一层重要意义。腾讯等互联网科技公司可以为汽车企业提供一个基础性的平台，而车企在得到这个基础平台的支持之后，需要自己进行思考和定义以做出自己的特色。这个时候，车企在软件方面形成的能力就会发挥关键作用。

当然，我们也会为车企提供一些咨询建议，或者帮助他们一起进行设计，特别是阐明究竟如何才能做好服务。对腾讯而言，高中低端品牌的不同车企，我们都愿意提供相应的服务。如果车企需要，我们可以帮助其思考如何定义品牌的内涵，如何升级品牌的理念，以及这种内涵和理念需要如何支撑，但是最终还是要由车企基于自身定位来进行决策。对腾讯而言，我们可以提供的服务生态非常开放，也非常丰富，可以说是千差万别。但是在这个服务生态里选择什么，这是汽车企业自己决定的。

赵福全：我认为这就说到了非常核心的一点。万物互联之后，在服务一个产业的时候，腾讯提供的基础平台和服务生态肯定是一样的，不会因为某家企业而专门去打造一个平台或生态。而在同样的平台和生态下，车企要做出品牌的差异化，就必须进行二次开发和深度挖掘。在这个过程中，腾讯也可以参与，但是一定要由车企自己主导、自己决策。

对车企来说，这种深度挖掘可能比以前的挑战更大。以前车企是从选配置、选零部件、选材料，也就是选择硬件入手，来挖掘品牌特性并通过产品价格实现差异化的，对于这些选择车企可谓驾轻就熟。但是今后硬件只是必要条件，软件及其连接的服务才是充分条件。因此在万物互联的时代，车企面临的严峻挑战之一，就是在新形势下如何继续掌握定义品牌内涵的能力，以及如何通过与生态提供者合作支撑自己的品牌定义。就像现在大家都有智能手机，都能通过智能手机接入外部生态，但因为每个人手机里的 App 不同，所以每部手机都是不同的，呈现出千差万别的个性化。

钟翔平：腾讯强调不断提升为车企提供服务的能力，就是要让车企更容易进行自己的定制化。小程序的开发模式也好，云服务框架也好，并不只是交给车企的一个产品，而是为车企提供了一个平台，使其能够基于腾讯的平台和生态做出自己的不同方案。

赵福全：今后，能力弱的车企可能是腾讯提供什么就用什么，但真正强大的车企则会与腾讯互动，借助腾讯的平台进行定制化开发，以形成具有自身特色的差异化，满足不同用户的个性化需求。从这个角度来讲，未来汽车产品要做出差异化和个性化，可能比原来更难了，但也可能更容易了。更难是因为企业必须掌握基于软件定义汽车的能力，更容易是因为软件远比硬件丰富，企业有更多的内容可以展现差异化和个性化。因此，难与易的关键在于企业自身是否具备了相应的能力。

到目前为止，我们讨论的都是汽车产业。事实上，产业联网包罗万象，包括钢铁产业、医疗产业以及农业等，都是腾讯可以涉足的领域。我有这样一个观点，未来很可能不再有第一、第二和第三产业的严格区分了，而只有 A 产业、B 产业、C 产业了。因为所有的产业都将同时包含服务，未来像汽车这样的第二产业有服务，像农业这样的第一产业也会有服务，并且产品和服务会深度交融在一起，因此也就无法再把服务业作为第三产业单独划分出来了。不过，即使像腾讯这样的大企业也不可能同时服务所有的产业，毕竟企业的资源总是有限的，而企业战略决策其实就是取舍的过程。那么在产业互联网的时代，腾讯要如何选择主打产业？又如何选择要放弃的产业呢？

钟翔平：您这个问题非常关键，确实需要我们不断深入思考。我个人参与了腾讯产业互联网业务发展的全过程，在此谈一下我的两点感受。

第一，要努力寻找产业互联网中的共性部分。当前不同的产业都在拥抱数字化、拥抱互联网，而互联网也需要走进不同的产业中去，为此我们就要思考产业互联网中最基础的共性部分究竟是什么？腾讯认为，答案应该是云端服务能力。因为没有一个强大、高速、安全、并行计算的云，所谓数字化就是构建在虚幻的基础上。比如，如果云端的安全能力不足，用户数据经常泄露或者被攻击，那这样的数字化是没有意义的。

产业互联网首先要避免带给产业破坏性更大的风险，然后还要确保能够给产业提供切实有效的支持，可以说，这是所有互联网科技公司共同面临的巨大挑战。腾讯认为，必须构建更安全且计算能力更强的高性能云，这将是众多产业的共性需求。腾讯在这方面投入非常大，不管是计算能力，还是安全能力，我们都不遗余力，努力让不同行业都能享受到水平不断提升的数字化基础设施。

第二，必须想清楚众多产业中以什么产业为先，或者以什么产业为主。腾讯认为自己相对更强的优势，在于和 C 端用户的连接，即所谓的 B2C 的模式。这意味着腾讯在与用户连接和互动方面能力更强，能够更好地服务于 C 端用户。而在做产业互联网时，终端用户同时来自于不同产业，因此我们就要和其他产业加强合作，共同服务终端用户。

在这个过程中，腾讯既可以帮助相关产业的合作伙伴更快更好地服务用户，也可以改善对腾讯既有用户的服务。在这两点上能够收效更大的产业，就是腾讯应该优先投入的主要产业。诸如汽车、医疗、教育以及民生、政务服务等领域，都是很好的切入点。因为这些产业都需要直接面对大量 C 端用户，并与用户互动。腾讯只要把服务用户的云平台建设起来，就可以很好地为这些产业提供共性服务，甚至将来可以把不同产业的用户打通。

目前除了汽车产业之外，腾讯还涉足了其他众多产业。比如在医疗产业，帮助人们将医疗社保卡打通，让每一个患者及家庭与医疗机构的联系更方便；在旅游产业，拉近每一个旅游者与景点的距离，让旅游服务更人性化和系统化，例如我们推出了"手机云南"，可以提供云南省全域旅游服务；在政务领域，让人们不需要再到不同的地方去办理业务，而是用一部手机就可以享受便捷的政务处理，无论是办理各种证件，还是办理各种手续，都可以在手机上完成，比如我们在广东省推出的"粤省事"就是如此。

赵福全：听了您的分享，我感到腾讯对于发展产业互联网有着清晰的思路，制定了框架性的战略原则来选择合适的产业突破口。实际上这种选择并不容易，毕竟可以进入的产业非常多，而且不少产业都有很大的发展空间。而腾讯的决策依据，一是看产业互联网最需要什么共性技术，那就是您谈到的云，因为云将为产业互联网提供基本的存储能力、计算能力和安全保障能力。尽管不同的产业需要不同的具体技术和服务支撑，但是云作为基础的共性技术一定是相同的。二是看自身的最大优势是什么。腾讯发展到今天，依靠的是服务C端用户的强大能力，未来在产业互联网时代也要充分利用并不断强化这个核心能力。也就是说，腾讯要通过抓住服务C端用户的机会来参与产业互联网的发展，对此您也谈到了很多实际应用的案例，如医疗、旅游、政务等。

接下来我想问一个很重要的问题。与之前的互联网相比，产业互联网最大的不同在于，其内涵不仅包括B2C（企业对用户），也包括B2M（企业对机器），还包括M2M（机器对机器），而B2C与B2M、M2M存在着本质的不同。如果在产业互联网时代，腾讯仍然主要强化B2C的能力，而不在B2M或者M2M方面形成新的优势，那么最终腾讯会不会成为整个产业互联网生态中相对低端的接口，无法掌握更加核心的部分呢？或者说，在B2C方面的优势会不会反而影响腾讯在B2M和M2M方面的发展？

钟翔平：正如前面所说，面向产业互联网，腾讯选择优先进入能为更多用户提供服务的产业是经过深思熟虑的，我们绝不能把最重要的核心能力丢掉。腾讯公司刚刚发布的全新使命愿景也是"用户为本、科技向善",因为我们认为,只有把用户作为最重要的基础,然后构建更强的科技能力才有意义。实际上,科技能力的对外影响有好有坏,而腾讯强调向善选择,就是要不断强化自身的科技能力,为用户提供更好的产品和服务。

在进入具体产业时,腾讯肯定要结合产业实际需求构建新的产品和服务,这和互联网时代确实有所不同。过去我们只要关注2C,完成一个产品的定义、交付和服务就好了;但现在我们的产品还会涉及2B,这就需要我们把产品的解决方案置于产业中不断锤炼和优化。不过,最终这个解决方案能否被产业接受,还是需要让C端用户来评价。因此对腾讯而言,与过去相比其实改变的只是2C的路径而已。而无论是过去直接2C的方式,还是今后先2B再2C的方式,只要最终赢得C端用户的认同,腾讯就会立于不败之地。

当然,既然先要2B才能2C,中间环节就变得非常重要。如果2B的环节没有打通或者做得不好,那么C端用户对腾讯的服务就会感受不到或者不满意。因此在产业互联网中,腾讯要努力与各个产业的合作伙伴紧密合作,去构建适应相关产业实际情况的内部组织形式,并且针对不同行业、不同区域、不同渠道,都要有不同的对策。同时在产品方案上也要不断加强,要让我们的产业合作伙伴通过与腾讯的合作真正受益,从而接受我们关注C端用户、持续迭代优化的理念和方案。

赵福全:钟总从另一个角度回答了我这个问题,您强调不能因为是产业互联网了,就把2B环节的重要性过分放大,实际上让C端用户满意始终是企业经营和技术开发的落脚点,这一点无疑是正确的。不过与此同时,我认为产业互联网和传统互联网最大的差别在于,企业与企业、企业与机器以及机器与机器之间都要实现交互,虽然这些交互的价值最终还是要在用户端得到体现,但在抵达用户端之前,这个过程本身就会产生很多商机。例如车与车之间的信息交互,是未来汽车出行产业的重要支撑之一;汽车制造过程中机器与机器的协同控制,是智能制造体系的核心技术。事实上B2B、B2M、M2M能否做好,也直接关系到最终

B2C能为用户提供什么产品和服务。对于这部分重要内容,腾讯有意涉足吗?

钟翔平:腾讯也在做这方面的事情,不过是有选择地去做。因为我们认为,这些业务还是以硬件为主,腾讯不适合深度参与。硬件领域有大量深度、核心的既有诀窍,并不是随随便便就能跨界掌握的。我们尊重各个产业的技术诀窍,不会直接进入到硬件的研发和生产体系中,这也是腾讯心存敬畏地与产业伙伴进行合作的原因。

同时在软件业务上,我们主要聚焦在如何帮助硬件实现高效连接,而不是囊括所有软件。我们很清楚,软件也是分层级的,比如操作系统是最基础的一层,与硬件的直接联系非常强,因此腾讯认为操作系统可能更应该由产品硬件的提供方来掌控。

赵福全:这是很重要的战略判断,腾讯认为车载操作系统未来应以车企为主,软件为主的系统,企业即使想做也很难主导,参与即可。也就是说,腾讯的定位是参与汽车出行服务生态的打造,但是不会谋求成为车载操作系统的主导者和控制者。如同智能手机上的安卓系统,腾讯也会在其上开发应用、提供服务、参与构建生态,但不会去控制安卓系统。

钟翔平:是的,腾讯可以帮助车企建设贴近硬件的软件系统,但是我们认为控制权应该在车企手里,因为这类软件与控制硬件直接相关,而且车企要对控制汽车本身负责。

赵福全:当产业进入生态化阶段时,"蛋糕"确实非常巨大,没有任何一家或者一类企业能够拥有整个生态,大家都只是生态中的一部分,都需要参与生态建设,并在生态中找到适合自己的定位。

当然对于企业来讲,肯定希望能在生态中占据业务更核心、利润更丰厚的一部分,不过这是需要能力支撑的。企业必须对自身的能力有清醒的认识,要清楚自己的优势究竟在哪里,瓶颈到底是什么,以及如何才能形成有效壁垒保持竞争优势。这里所说的壁垒并不是自我封闭,而是要在开放生态中具备难以替代的独特能力。我认为,这一点非常重要。

而听了钟总的分享,我们了解到,腾讯的自我认知和战略判断非常清晰。由于已有业务都是 2C 的，而且无论进入哪个产业，最终的服务对象还是 C 端用户，所以，腾讯进入产业互联网时要紧紧抓住 2C 业务。为此，腾讯一方面选择与 C 端用户结合更紧密的产业优先进入；另一方面，虽然万物互联前景下物与物之间的交互会产生巨大商机，但是腾讯认为偏硬件的业务并不适合自己，在产业互联网中还是要选择偏软件且更接近用户的业务。

现在大家讨论比较多的一个话题是"软件定义汽车"。钟总，您怎样理解软件定义汽车？以前硬件定义汽车的时候，内涵是清晰的，比如某款车型的尺寸、发动机排量、底盘形式等，这些硬件差别就定义了不同的汽车产品。未来当软件定义汽车的时候，您认为会由哪些因素决定汽车产品的内涵？刚才说到，腾讯主要就是做软件业务，那您觉得软件如何定义汽车呢？

钟翔平： 我们很少从"软件定义汽车"的角度进行思考，而是强调"服务化转型"需要哪些软件。因为一方面，缺少了这些软件，就很难给用户提供更好的服务；另一方面，我们认为，汽车产业未来的发展趋势是从资产化转向服务化。从本质上讲，人们需要的并不是"拥有一辆车"，而是"以良好的体验完成从 A 点到 B 点的出行"，这是当前汽车产业正在发生的根本性变化之一。而为了让人们获得更好的出行体验，就需要更多的软件提供更多的服务。这两方面都需要很强的软件能力提供支撑，腾讯就是要抓住这个机遇。

腾讯并没有考虑未来哪些软件可以定义以及如何定义汽车产品或者汽车品牌，这些事情应该是我们的车企合作伙伴要想清楚的。而我们会帮助合作伙伴获得其最需要的软件能力。腾讯一直强调我们是数字化的助手以及数字化的实施者，道理就在于此。

事实上，不同的汽车品牌各有自己的定位，如果要做资产型的品牌，就应以资产为中心加强服务化；如果要做服务型的品牌，就应以用好资产为中心来提升服务感受。这两种导向都需要很多的软件能力，腾讯会成为站在车企背后提供各种软件解决方案或者软件工具箱的助力者，帮助车企更快更好地完成硬软件的有效融合。

赵福全：腾讯是从不同的角度来理解软件的重要性的，我觉得，这和软件定义汽车并不矛盾。之前汽车产品的差异是由硬件的功能和性能决定的，例如车上有没有空调、天窗、DVD等，这就是功能；而同样排量的发动机，某个品牌的动力性或经济性更好，这就是性能。未来借助软件对硬件的优化，还可以把相关功能和性能进一步提升，不过这种情况下决定产品差异的主要还是硬件，因此并不是软件定义汽车的本质。

我认为，真正的软件定义汽车，是指软件不仅将控制汽车硬件，而且还将超越硬件本身，直接决定汽车的很多功能和性能。因为未来产品的智能化服务将越来越丰富，用户的消费体验也将越来越重要。而很多产品功能或者性能的升级，尤其是智能化的实现，都来自于软件，同时传递给用户的最终体验和感受，肯定也是由软件主导的。这充分体现了软件对于未来汽车产品属性的决定性作用，即未来汽车产品及品牌的内涵将由软件来定义。

在这种情况下，汽车产品很可能将出现平台型的操作系统，很多的硬件和软件都在其上进行组合和匹配。刚才您谈到，腾讯不会主导车载操作系统，认为操作系统应该由汽车企业来定义。腾讯愿意参与这个过程，并为车企提供支持。但是这样会不会有风险？为什么拥有操作系统的车企一定要选择腾讯提供支持，而不会选择另外一家科技公司合作呢？

钟翔平：腾讯在软件的子系统层和应用层上会努力形成自己的优势，在确保能与各种车载操作系统有效兼容的基础上，达成三个目的。一是帮助车企全面提升能力，包括提升操作系统本身的价值，因为没有软件匹配的操作系统是毫无意义的；二是帮助车企把汽车硬件的能力发挥到极致；三是帮助车企进入更开放、更丰富的服务生态。腾讯将围绕这三个方面持续投入更多的资源，形成更强的能力，这样我们自然不会担心车企不与腾讯合作。

回到软件定义汽车的话题，这确实意味着汽车产业将会发生很大的转变。过去很长时间里，汽车产业积累的技术诀窍和经验都是如何基于硬件打造汽车，而现在真的到了应该跳出来重新审视汽车产业的时候了。我认为，未来汽车产业的核心任务不再只是打造一款好车，或者说用户最关心的不再是汽车产品本身了。用户可能更关心的是还没有买车或用车之前，就可以与企业连接和互动，表达自己的诉求；以及买车或者用车之后，如何继续与企业保持连接和互动，传递自己对改进汽车产品及出行服务的更多期待。

过去我们总是认为，只要关注造车环节，让用户拥有汽车时可以有很好的感受就可以了。但是换个角度考虑，如果将来我们能让汽车品牌或者企业与用户真正成为朋友，让彼此进入紧密互动、相互理解、长久相伴的状态，不是会更好吗？当然，要达到这种状态并不容易，需要做很多额外的工作，还需要改变不少既有的体系。比如现在车企和用户之间隔着经销商这个中间环节，尽管经销商曾经是加强车企与用户联系的关键环节，但是未来是否还需要经销商呢？类似问题都很值得汽车产业认真反思。

说到底，这还是一个人车关系的问题。即汽车真正形成了与用户互动的能力之后，这种能力能否重塑人与汽车之间的关系，并由此产生更大的价值。这是需要我们反复思考并为之不断努力的。我想，关键在于用户在使用某个品牌的汽车产品时，能否感受到品牌的体贴？以及在很多不同的用车场景、服务场景中，能否让用户感受到品牌的特色和服务的差异？比如用户在乘车上下班或者乘车出游的时候，能否享受到不同的专属服务？

毫无疑问，这个过程将会衍生出非常多的软件及服务。而我认为，这些软件及服务能力的展开是有逻辑的，其主线就是"以人为中心"的服务化。在这个主线下软件如何定义产品，其实在方向上是清晰的。例如如何重新构建销售和服务环节，如何建立企业和用户之间的联系，如何将用户和车辆数据有效积淀到企业的云里，这些具体问题都需要相应的软件提供支撑。而最终目标是让用户能够享受到更多更好的出行服务，为此企业需要了解用户，需要识别场景，需要提供有针对性的特色服务，并按照这些诉求努力打造自己的软件能力。

如果把各种不同的应用场景基于软件统一起来，能够同时显示在手机上、汽车上以及企业的服务界面上，企业就可以把各种相关的服务统合而成一个整体，基于同样的品牌定位和服务标准，为用户提供全方位的服务。由此，用户体验就会极大提升，用户对于这个汽车品牌的忠诚度和依赖度也会得到极大的提高。

赵福全： 这正是汽车产业即将发生的颠覆性变革，不过从概念认知，到产生需求，再到真正落地，还需要一个过程。为此，传统车企应该充分认识到这是未来的战略机遇和重大挑战，必须向腾讯这样的互联网企业积极学习，不断输入新的理念。毕竟汽车产业已经有一百多年的发展历史了，汽车企业早已习惯了把汽车造好然后再销售给用户，却并不习惯互联网行业习以为常的与用户交流互动。

当然，汽车作为由上万个零部件组成的复杂产品，技术含量高，资金投入大，使用范围广，确实很难完全按照用户的需求进行定制。而过去用户也没有太多选择，即使并不完全认同车企提供的产品，也只能从中选择一款比较折中的。这就造成了供和需之间相互不够认同，供应方总觉得自己的产品已经很好了，而需求方却认为很多钱没有花在自己真正想要的功能和服务上。

但是这种情况在万物互联的时代将会发生根本性的改变，物联网技术以及相应的商业模式将给用户提供更多选择，因此，车企必须重新思考如何最大限度地满足用户需求。当前有些企业已经在做一些尝试，例如从用户预订汽车开始，就随时通报汽车当前处于什么阶段，是在设计或者生产中的哪个环节；又如让用户选择某种造型风格或者某个零部件的材质等。不过目前来看，这些服务总体上还是以信息通知为主，用户能够参与发表意见的情况只占很小的一部分。

这种局限很大程度上仍然是由汽车产品的复杂性决定的，一旦产品落地，汽车的硬件性能就定型了，当前汽车还没有办法像手机那样通过软件系统灵活升级，也还不具备手机那样丰富的 App 应用生态。从这个角度上讲，汽车产业还有太多的工作要做，这也为腾讯这类互联网科技公司提供了广阔的发展空间。

腾讯在汽车产业互联网方面的战略是很清晰的，尽管 2B 和 2M 也有巨大的市场，但是腾讯基于自身优势决定紧紧抓住 2C 领域。在 2C 领域又有软硬件两个方面，而腾讯将聚焦于软件，甚至无意主导直接连接硬件的车载操作系统。也就是说，腾讯把自己定位为汽车产业互联网的科技助手和软件提供商，努力打造汽车出行服务的百宝箱，让合作伙伴根据需要自行选取。在这个过程中，实现腾讯服务于广大个人用户、众多相关企业乃至整个汽车出行产业的目标。

其实像腾讯这样的大企业，面临产业重构的空前机遇，总会有太多的诱惑。比如为什么不能自己来做出行服务？但是腾讯经过深思熟虑做出了自己的战略判断，而且从聚焦优势、有所取舍的角度出发，我想这个战略在大方向上是值得肯定的。

接下来一个问题。面对万物互联带来的机遇，腾讯的选择是做软件、做服务、做科技助手，这样腾讯就不可避免要和做硬件的企业合作。尽管未来是软件定义汽车，但并不是说硬件就可有可无了，实际上硬件仍然是必要条件，只有把优质硬件和优质软件有效组合在一起，才能构成一个有竞争力的智能汽车系统。那么在合作的过程中，腾讯与硬件企业将是什么关系？会更多与整车企业还是与零部件企业合作呢？

钟翔平：汽车产业在长期发展中形成了非常有效的工作方式，即整车企业获得供应商提供的大量零部件，然后进行有效组合，以高效率、高质量、高安全、低成本的方式按时交付产品。由此可知，汽车产业的核心中枢还是在整车企业，整车企业清楚地知道需要打造什么产品，并且根据自己的品牌定位进行不同的选择，驱动着整个产业高效有序地运行。

腾讯充分尊重汽车产业的这种既有模式，将整车企业视为选择腾讯产品和服务的最重要源头，由车企基于自身品牌和车型的定位来做出判断和决策。这种决策既包括硬件的选择，也包括软件的选择。只不过相对而言，过去车企更多的是选择硬件，今后车企对软件的选择会越来越重要。

现在我们已经感受到一些车企在发生变化，它们希望把软件的选择纳入第一层级，让软件和硬件提供商都成为一级供应商，也就是所谓的Tier1；同时，还产生了0.5级供应商即Tier0.5的概念，也就是提供硬软件组合的供应商。这和赵教授刚刚讲到的趋势是相符的，说明车企也都看到了软件定义汽车的重要性，因此越来越重视软件的部分。既然软件能力将成为未来汽车产品的核心竞争力、汽车品牌内涵的重要支撑以及打动用户的关键卖点，车企就必须抓紧形成有效识别和选择软件的能力。

正因如此，越来越多的车企希望能够直接选择软件。而无论车企目前是否形成了直接选择软件的能力，腾讯都愿意走到第一线去，和车企形成"双打模式"，为它们提供更多更好的软件选择。在这个过程中，我们当然也会和一些提供硬件的供应商展开合作，帮助它们做好软硬件的组合，让它们能够更好更快地完成车企要求的解决方案，也使腾讯的应用内容和服务生态能够有效载入到汽车产品中。这也是腾讯进入汽车产业的核心目标所在。

赵福全： 也就是说，腾讯同时与整车和零部件车企合作。在这个过程中，整车企业是把腾讯视为软件能力很强的供应商；而零部件企业原来有硬件，现在需要软件，可能还希望腾讯支持它们完成软硬件组合的一些工作。我想，这其中的关系恐怕并不相同，对于零部件企业来说，腾讯其实等于是它们的竞争对手。那么，腾讯与零部件企业合作会不会是在扶植竞争对手呢？等到这些零部件企业形成了自己的软件能力之后，就会舍弃腾讯而去；而整车企业可能也更愿意选择这些硬软件能力兼备的企业作为供应商。会有这种风险吗？

钟翔平： 实际上，腾讯对这些不太在意。我们认为目前最重要的是，以更快的速度帮助汽车产业与用户更好地连接起来。如果在这个阶段，没能让很多用户完成连接、接入到服务生态中，未来就有可能会出现碎片化和割裂化。一旦出现这种情况，就会对汽车产业的长期发展造成严重的影响和伤害。因为构建生态需要规模，规模越大才能使生态的繁荣程度越高。正因如此，腾讯并不计较是直接与车企合作，还是通过供应商与车企合作。在这两条路径上，我们都在加大投入，因为唯有如此，才能更快地形成规模化。

赵福全： 谈到软件定义汽车，还有一个不能回避的问题，就是手机和车机的关系。目前大家日常生活中使用的都是手机，很多人已经形成了机不离手的习惯,随时都会用手机与外界互动,比如微信通信、移动支付等。而今后智能汽车里一定会有车机,车机里肯定会加入和汽车相关的一系列内容和服务。这就产生一个争议点,究竟手机和车机应该如何分工?有人就质疑,用户买了一款豪华车,第一件事就是在车内放上手机支架,包括导航也还是会用手机,这显然是对汽车连接和服务能力的否定。那么您认为,手机和车机再往前发展,未来的趋势会是怎样呢?

钟翔平: 关于这个问题,腾讯在构建车联网方案时一直在深度思考。我们的基本看法有两点。第一,手机和车机并不是竞争关系。手机就像是人体器官的延伸,其计算能力、存储能力和摄像能力等都比较强,相当于增强了人的能力,更重要的是手机使用方便,用户愿意把与自己紧密度高的很多内容和服务放在手机里。这是人性的基本原理,因为把手机视为了人体的一部分,所以依赖性和信任感极高,不少人现在一离开手机就会焦虑。

再看车机的情况。在 L4 级自动驾驶汽车没有到来之前,人在驾驶汽车时还需要投入很多注意力,因此驾驶员与车的关系很紧密,或者说在汽车行驶过程中不应该允许手机过多地干扰驾驶员。像深圳等地目前已经立法,明确规定驾驶车辆时频繁或持续操作手机等电子设备属于违法行为,毕竟保障人的生命安全是第一位的。

在此情况下,我们就应该在驾驶员不能或不便使用手机的状态下,让车机起到弥补作用。从这个意义上讲,手机和车机不是相互竞争和替代的关系,而应该是彼此协同和补充的关系。一方面要让驾驶有安全保障;另一方面又要避免让人产生脱离互联网的焦虑感,这就是车机的价值所在。

要做好车机,一是要解决好用户最核心的强需求,例如驾驶员想与外界沟通的时候,如果不让其沟通,驾驶员就会感到很焦虑;二是要解决好用户当时亟待处理的需求,遇到这类需求,即使正在驾车,驾驶员也往往会去处理,从而带来安全隐患。这两类问题是我们要在车机上优先解决的。

另外,虽然手机和汽车都是移动的物体,但还是有明显的差异。汽车本身具有更强大的传感器，能比手机更精准地知道用户在哪里，行驶在哪条路上，处于什么天气中。所有这些与出行有关的具体场景，车机会比手机更适合去连接并提供服务。

第二，车机和手机应该并行发展。手机不可能被车机取代，但车机的核心能力也很难被手机替代。汽车本身就是出行工具，对于在各种出行场景中解决出行问题、提供出行服务，车机具有先天优势。无论停车、加油、洗车等与汽车直接相关的场景，还是自驾出游等活动中贴心的体验和交互，车机都可以使这些场景与人结合得更紧密，提供更人性化的周到服务，并借此加深人和汽车品牌之间的关系。

当然，车机在与手机并行发展的时候，应特别注意人离不开网络的核心需求到底是什么，要让人可以在车上安全地使用网络，以满足这些需求。在此基础上，提供贴近应用场景的智能化设计与服务才有意义。

赵福全：我认同您的这两个观点。不过这其中还有一个很大的问题，现在大部分用户普遍认为手机已经做得很好了，而车机却让人失望。比如汽车虽然实现了联网，但是地图却没有做到实时在线更新；又如手机里拥有丰富的生态，车机里没有什么生态，又不能很好地接入手机生态。更进一步说，即使驾驶员在开车过程中可以用车机上网、发微信，但那也是在借用手机的生态，而在车机上并没有什么生态来支撑与出行过程相关的很多体验。您觉得什么时候车机能与手机基本上达到同一层次？或者说两者能够真正实现互补，在各自擅长的场景下发挥作用？请您预判一下，五年之后，大家对车机的这些抱怨还会存在吗？手机和车机在功能上又会有哪些明显的差别？

钟翔平：我认为并不需要一个统一的标准来比较车机和手机，因为两者处在完全不同的场景中，只要在各自所在的场景做好服务就可以了。五年之后，我想现在大家对车机的抱怨应该都可以被很好地解决了。因为人们在车内最需要的内容及服务，完全可以通过车机以更人性化的方式交互并获得，这比在驾驶时不安全地使用手机，体验会好得多。过去车内其实只做到了联网，但不久之后，我相信各种内容和服务就将通过在线进入到车内。目前腾讯在这方面已经取得了一定进展，而五年的时间足以让车机发生更明显的变化，使其能够与用户实时交互，并连接大量的内容和服务。

赵福全：您认为手机和车机有不同的分工，两者的目的完全不同，根本不存在谁取代谁的问题。具体来说，两者在人的生活中应该发挥不同的作用，车机是在车内场景下服务于人的，使车更好地在人的掌控中；手机则是人们随身携带的智能移动终端，现在已经成为人的外在"器官"。当然，可以考虑把车机也做成人的另一个外在"器官"，但是这其中存在方便性以及成本的问题。其实手机上的很多功能，在车机上并不需要。此前之所以大家对车机有很多抱怨，也是因为在车机技术的发展初期，不少企业试图把手机的功能直接嫁接到车机上。但实际上，车机根本不需要手机那么多应用，而是应该把车内场景下最需要的特定应用做出来，而且要用比手机更好的方式与车内用户交互。

钟翔平：长远来看，手机和车机不仅不是竞争关系，而且会形成协调互补的伙伴关系。一个人的生活场景是多样的，不在车上的时候就使用手机，同时手机也会保持和车辆及出行服务的连接；在车上的时候就不必再用手机了，用车机交互会更方便，并且车机可以提供与控制车辆和出行服务相关的更多功能。此外，无论是与手机还是与车机互动，都应该确保个性化体验的一致性，这一点非常关键。就是说要通过更先进的云技术和统一账号的方法，保证车机或手机以同样的标准服务于同一个人。

赵福全：最后一个问题，请钟总展望一下五年以及十年之后，汽车的智能化网联化将会发展到什么程度？到那个时候，腾讯将在汽车产业中发挥怎样的作用？

钟翔平：五年之后，我们现在为之努力的目标，很多都会变为现实。因为汽车产品的开发周期较长，所以迭代优化需要更多时间，现在很多技术已经接近成熟，不过尚待时间检验。而有了五年的时间，我相信无论是车联网，还是自动驾驶，也包括更多内容和服务生态的导入以及贴近于人的实时互动，都会取得重大进展。当然，这些目标的达成还需要腾讯以及众多产业合作伙伴的共同努力。

如果把目光放到十年甚至更远的未来，我认为车和路的关系会更加紧密，车路协同将助力交通体系整体效率的极大提升。目前已经有很多5G、V2X技术的推进试点，不过这些技术的全面普及应用应该需要十年或者更长的时间。届时智能城市和智能交通将发展到更高的水平，使车辆和环境处于默契匹配的良好状态。

同时，在自动驾驶方面，我一直认为实现完全开放环境中L4级以上的自动驾驶还需要10~15年的时间，对此可能每个人都有自己的判断。不过有一点我们可以肯定，那就是随着智能化程度的不断提升，今后汽车将越来越能够化解人的焦虑感和紧张感，让人们可以享受到更加轻松便捷的出行过程，这是一定可以做到的。

对于腾讯而言，我们已经想清楚了必须要做产业互联网，并把汽车出行视为最重要的切入产业之一，因此无论面对多少挑战，我们都会一直坚定地做下去。我希望，未来汽车及出行企业都能把腾讯看作一个值得信任的伙伴，双方通力协作，实现最大化的双赢。

赵福全：在今天的交流中，钟总分享了很多真知灼见。的确，万物互联的时代正在到来，整个人类社会都将因此发生巨变。如果说互联网已经带来了空前的变化，那么物联网带来的变化将远超互联网。这也为不同类型的企业提供了前所未有的机遇和挑战。

在万物互联的时代，基于产业特色拥抱互联网变得至关重要。产业+互联网，即产业互联网，将是未来最核心的商业模式之一。要发展产业互联网，只有产业没有互联网助力是不行的，但只有互联网没有对产业的深刻理解，也不可能成功。对于这一点，包括汽车在内的各个产业都不例外。汽车企业要积极拥抱互联网，要在数字化、数据化、网联化方面做足功课，并努力形成和不断提升软件能力；而互联网科技公司也要把握产业互联网提供的历史机遇，学习和尊重汽车产业的基本规律，通过与汽车企业的密切合作，使产业得到更好的发展。

在这个过程中，无论是汽车企业，还是互联网公司，都需要针对产业互联网的需求进行自我变革。汽车企业在思想理念、流程体系和能力方法上，都应该有质的改变；而互联网公司要对汽车产业充满敬畏，并逐渐形成深刻洞见，同时依托自身优势形成服务汽车产业的独特能力。

因此，跨界融合并不是谁要吃掉谁的问题，而是要为产业共同注入更强的发展动力。

目前腾讯已经进行了大量的调整和改革，以适应从消费互联网到产业互联网的转变，例如优化了组织形式，重新明确了前台、中台和后台的分工。同时，腾讯的战略目标非常清晰，就是一定要为 C 端用户做好服务。因为腾讯是以服务用户起家的，而做产业互联网的最终目的也是要服务好用户，所以 C 端始终是腾讯的战略重点，腾讯将面向用户需求的变化来打造并持续提升自己的能力。在具体实施中，腾讯的自我定位是偏向软件的产品、服务和科技提供者，为此将聚焦于云平台共性技术以及具有特色的 2C 业务。

在智能网联汽车的发展过程中，软件的比重将越来越高，最终软件将替代硬件来定义汽车。对此钟总认为，基础的车载操作系统还是应该由车企来主导，因为它们更懂汽车产品、更懂自身的品牌内涵。当然，腾讯也愿意参与操作系统的打造。同时，操作系统之上的各类软件及应用，绝不是某家企业能够独自完成的。这将是一个生态，需要众多不同类型的企业共同参与，而腾讯致力于成为其中的主要角色之一。

作为软件和服务的提供者，腾讯既和整车企业合作，也和零部件供应商合作。但是无论与谁合作，腾讯都不会把硬件作为主攻方向，而是会从软件、服务以及生态的角度，成为非常自信的参与者。而所有这些合作的根本目的，是为了尽快形成足够的连接规模，腾讯认为只有具备了规模，生态才能发挥应有的作用并真正成长起来。

展望未来，汽车产业的变化必将超乎想象。十年之后，智能网联汽车很可能将在信息化基础设施的支撑下取得重大突破，进而带动交通系统及整个城市运行效率的显著提升。与此同时，智能网联汽车将彻底改变人的用车体验和出行模式，使人类享受到更加美好的汽车出行生活。这样的前景非常值得期待！而腾讯的目标就是要成为未来汽车出行行业中值得信赖的重要伙伴，为产业生态的有效培育和健康发展贡献自己的力量。

最后，谢谢钟总的分享！

钟翔平：谢谢赵教授，谢谢各位网友。

09　对话李震宇——发展自动驾驶要"三位一体"

赵福全：凤凰网的各位网友，大家好！欢迎来到凤凰网汽车"赵福全研究院"高端对话栏目。我是栏目主持人，清华大学汽车产业与技术战略研究院的赵福全。今天我们非常荣幸地请到了百度副总裁李震宇先生，请李总和大家打个招呼！

李震宇：大家好！我是李震宇，非常高兴能够参加这次对话。

赵福全：今年我们栏目的主题是"汽车产业创新"。新一轮科技革命正在驱动汽车产业发生翻天覆地的变化，在此前景下，汽车产业的范畴不断扩展，载体作用持续增强，为不同行业的诸多"外部"势力提供了广阔的创新发展空间。

我们知道，近年来百度深度进入汽车领域，尤其是在自动驾驶、人工智能等领域投入了大量资源，就是希望能够抓住此次汽车产业变革的历史机遇，打造新时期具有百度特色的核心竞争力。在此想先和您交流一下，您认为本轮科技革命将会给汽车产业带来哪些变化？在这些变化中，百度的机遇和挑战分别在哪里？

李震宇：本轮汽车产业变革的主要趋势是电动化、网联化、智能化和共享化，即所谓汽车"新四化"，这也正是互联网企业能够跨界进入汽车产业的原因所在。对于百度而言，电动化与我们的关系不太大；我们主要需要思考汽车网联化能否与传统的互联网服务产生交融，从而碰撞出全新的产业生态模式；需要思考汽车智能化是否意味着汽车最终将成为可以移动的智能机器人，从而为人工智能技术找到全新的应用载体；需要思考汽车共享化究竟怎样才能实现更广泛的应用，从而为全新的出行服务商业模式创造可能。这些都将是百度的宝贵机遇。

尽管机遇很多很大，但在进入汽车产业的过程中，百度同样也面临许多挑战。对于汽车，百度之前了解有限，因此我们在发展与汽车相关的创新技术时，要实现与传统汽车技术的充分融合是很大的挑战。

赵福全：新一轮科技革命推动着汽车"新四化"的进程。正如李总所说，除了电动化和百度关系不大，网联化、智能化和共享化都给以互联网起家的百度带来了巨大的发展机遇。但与此同时，汽车产业的高度复杂性和独特性也给跨界的百度带来了很大的挑战。那么具体来说，您认为百度进入汽车产业面临的挑战有哪些呢？

李震宇：对于百度而言，挑战主要有两方面。一是关键技术能力，汽车产品对安全有极高的要求，自动驾驶技术将在一定应用场景下取代人来操控汽车，必须确保产品绝对安全，这就为企业突破相关关键技术带来了更大的挑战。二是系统整合能力，汽车产品的创新从来不是单一技术作用的结果，自动驾驶技术同样需要感知、决策、执行等机构及系统的高效协同，为此企业还必须形成面向全产业链的系统整合能力。

赵福全：汽车与互联网产业对技术创新的要求确实存在明显差异。那么您认为，与传统车企相比，百度在哪些技术能力上有优势？百度又要如何把自身在互联网领域积累的优势技术、骨干人才、组织经验以及快速迭代能力，都有效应用到汽车产业中？

李震宇：应该说，互联网企业在物联网、人工智能等领域处于领先位置，拥有我们的技术优势。因此，互联网企业进入汽车产业将有力推动其实现更快更好的发展，尤其是在网联化和智能化等方面。例如，在汽车座舱内人机交互涉及的人工智能视觉、语音语义识别等技术，都是互联网企业的优势领域。又如，自动驾驶技术所需要的大规模数据采集、感知分析、智能决策等技术，同样是互联网企业擅长的领域。

当然，基于长久以来的积累，汽车企业在汽车硬件、开发流程、质量保证体系等方面具有自身优势，这些都是互联网企业不具备的能力。因此，互联网企业跨界进入汽车产业时，一方面要充分发挥自身优势，如人工智能技术、互联网技术和应用服务能力等；另一方面，也要努力补齐自身短板，积极向传统整车和零部件企业学习，并与之合作。

赵福全：事实上，在本轮产业变革中，任何企业都无法拥有变革所需的所有能力，因此汽车产业既要继承、传承已有的技术和经验，确保做好汽车硬件；更要拥抱、融合掌握新技术的新力量，以真正实现汽车网联化、智能化的价值最大化。反过来讲，跨界进入汽车产业的新力量，包括像百度这样的互联网顶级企业，也必须尊重汽车产业的基本规律，认真学习汽车产业的技术和经验，否则即使掌握了很多汽车产业变革迫切需要的新技术，也难以发挥更大的作用，甚至可能无法在汽车产业立足。

必须清楚，汽车不同于其他一般的制造业，其产业链条之长、关联领域之多、影响范围之广、拉动作用之大，几乎无可比拟；而汽车产品的特殊性、复杂性和系统性也非比寻常，像大批量生产条件下安全和质量的超高标准和超高难度，互联网企业之前几乎是不可能想象得到的。因此，互联网企业必须借鉴汽车行业的知识和经验，并与自身在数据、网联、智能等领域的优势充分结合，才能真正在汽车产业扮演重要的角色。

过去几年，汽车自动驾驶技术不断发展，也引发了业界的诸多讨论。从最开始备受关注的概念，到技术有所进展、行业充满期待，再到现在产业化进程预期下降、企业回归理性。请问李总，在您看来，目前汽车自动驾驶技术究竟处于什么状态？距离真正产业化还需要多长时间？百度推进自动驾驶技术的机会和挑战又是什么？

李震宇：这个问题我们一直在思考。百度大约在2013—2014年间进入自动驾驶领域，到2017年开放阿波罗（Apollo）平台后，开始成体系、有规模地推动该领域的技术突破。在这个过程中，我们有两点初衷从未改变，一是我们始终坚信无人驾驶终有一天将会到来；二是我们一直秉持开放合作的理念，欢迎更多伙伴与我们共同推动这项技术的发展。

百度相信，无人驾驶终有一天会比有人驾驶更加安全，但在发展的过程中，会有诸多挑战，特别是我们的技术创新必须满足汽车产品的安全诉求，才能真正走向产业化。要做好这件事情，只靠百度自己是不够的，我们必须与产业伙伴密切合作。

具体而言，我们先要把自己的工作做好，全力提升技术的成熟度，例如要确保人工智能技术能够准确识别道路上的每一个障碍物，甚至能够提前做出预测，然后快速做出最佳的应对决策，以保障汽车的绝对安全。同时我们要和自己的产业伙伴紧密合作，尤其是整车企业和零部件供应商，由它们做好车端的工作。

而近两年百度又有了新的认知，我们发现政府的支持至关重要。为什么呢？因为我们进行自动驾驶技术创新的目的，不是单纯的基础科研，而是为了最终实现产业化，创造商业价值，进而造福人类。而在自动驾驶落地应用的过程中，一方面，唯有政府才能提供相关的政策法规支持，比如允许自动驾驶测试及示范。另一方面，在车路协同的发展路径下，唯有政府才能完成道路基础设施的信息化升级，从而显著降低自动驾驶的技术难度和应用成本。例如智能交通基础设施可以直接向车辆提供准确的交通信号灯等路况信息，这样车辆识别交通信息的技术难度将大幅下降，技术成本也自然会随之降低。

也就是说，发展自动驾驶技术需要科技公司、整零车企以及政府的通力协作，而且政府在其中的作用远超想象。实际上，我们自身的实践表明，唯有这种"三位一体"的模式才能更好地推进自动驾驶技术的发展与应用。

赵福全：作为智能网联汽车的核心能力，自动驾驶技术本身就是庞大复杂的系统工程。特别是高等级的自动驾驶，既需要优质硬件作为基础保证，更需要核心软件为其赋能升华，还需要信息化道路交通环境提供有力支撑。正如李总所说，唯有整零车企、科技公司和政府各司其职、各展所长，真正实现"三位一体"的协同发展，才能让自动驾驶早日落地。

虽然智能网联汽车并不由百度直接生产，但如果没有百度的创新技术赋能，整车企业要推出真正意义上的智能网联汽车可能会更加困难。那么，在各方共同努力把自动驾驶推向市场的进程中，百度究竟处于什么位置？百度在产业链上下游的合作伙伴分别是哪类企业？百度与这些合作伙伴各自发挥什么作用？

李震宇：百度在自动驾驶中的定位可以基于我们的 Apollo 计划来界

定。Apollo 计划共分四个层级，第一层是以底盘等硬件为代表的汽车执行机构；第二层是各种传感器以及计算单元；第三层是软件算法；第四层则是云端。百度的优势在于软件算法和云端能力，劣势主要在于汽车执行机构等硬件能力。

当然，早期的 Apollo 计划可能比较粗犷，各层的分工也不够清晰。不过百度想向行业传达的理念一致没有改变，那就是大家一起努力，先把自动驾驶这块蛋糕做出来，再把蛋糕不断做大，在这个过程中，每家企业基于自身的核心竞争力，找准位置、分工协作。目前作为开放平台，Apollo "开放能力、共享资源、加速创新、持续共赢"的理念正得到越来越多企业的认可，包括国内外著名整车和关键零部件企业在内，已有 177 家合作伙伴参与其中。

赵福全：在具体实践中，我想百度对于自身应该如何开放一定会有更为深刻的理解。您能不能举个例子，百度现在开放了哪些原本不想开放的部分，而这样的开放又让百度收获了什么回报？

李震宇：一开始，百度认为软件算法和云端能力是关键技术，想把这部分能力完全掌握在自己的手里。但是在推进自动驾驶技术实际落地的过程中，我们发现应用场景实在太多太复杂了，百度自己根本无法兼顾，于是我们决定将核心算法开放出去。这个决策是有悖于传统理念的，然而面对未来产业重构的全新局面，我们逐渐认识到，如果某项技术最终不能得到广泛应用，那么企业之前积累的能力和经验并不能形成真正的竞争力；反过来，通过开放来借助外部资源，将有助于企业持续构建自己的核心竞争力。

比如，我们把算法代码开放到 GitHub（开源软件代码托管平台）之后，有很多开发者以此为基础，开发并共享了自己的代码，也让我们从中学到了很多。事实上，在很多场景的解决方案中，外部开发者的创新热情和能力远超我们的预想。前段时间，甚至有俄罗斯的团队在利用百度算法平台搭建自动驾驶系统。这就是开放带来的价值，而这种价值也让我们坚信，未来百度应该更加开放。

赵福全：由于汽车产业的复杂性和变革的交融性，百度认识到，唯有合作共赢才是正确的发展之道，而依托开放平台构建产业生态则是现阶段的有效策略。对于这个大方向，我非常认同，未来不开放合作的企业一定会越来越难。

不过，开放也可能是在培养竞争对手。特别是在未来商业模式还不明朗的情况下，各方的分工协作关系远未明确。这些当前依托于百度开放平台的参与者，会不会在形成自身能力之后转身离开，甚至把从百度获得的技术诀窍带入到其他平台中去？为此，百度要如何建立保障自身竞争优势的壁垒呢？

李震宇：其实如何构建壁垒并不是百度一家企业的问题，而是全球企业共同面临的问题。对此百度的实践是，在确保参与者各司其职、分工协作的前提下，把每个层级都做成平台，如硬件平台、软件平台、云端平台等。这样各个参与者都可以依托相应层级的开放平台，通过分享自己的贡献，获得其他参与者的支持，从而在平台中受益。而不同层级的平台再统合形成一个开放的大平台，以更进一步提高平台的吸引力和黏度。百度认为，只有这样充分开放的平台才能保持长久的竞争力。

目前，百度不但基于我们的云端能力和软件算法形成了相应的平台，能够适配于不同的硬件；同时，我们也建议硬件合作伙伴主动开放接口，构建起硬件平台，与不同的软件匹配。这样就可以更好地调动各方的创新能力，有效实现合作共赢。有了这样的平台架构，特别是形成了百度自身的优势能力之后，我们并不担心合作伙伴会弃平台而去。因为每家企业都各有所长，唯有合作才能找到共同的出路。否则，在产业如此复杂的情况下，很多事情根本无法推进。

在本质上，合作是让企业有机会借助其他企业的优势来把自己的优势做得更强，而不是要把企业的短板变成长板。比如百度和车企合作，需要车企提供支撑L3、L4级自动驾驶的底盘，这会促进其提升汽车硬件能力；而有了这样的汽车硬件支撑，百度的软件能力也就可以做得更好。这正是我们开放平台的基本原则和根本出发点。

赵福全：经过过去一段时间的产业实践，目前看来，自动驾驶技术商业化的步伐远比原来设想得慢。那么您认为，未来自动驾驶将在哪些应用场景和商业模式中率先实现商业化？

李震宇：其实我们从一开始就感觉到发展自动驾驶技术会很不容易，但是在没有深度进入之前并不清楚难在哪里。现在看来，自动驾驶的各个环节都非常困难，而最难的是如何实现关键技术的整体突破。目前行业的共识是自动驾驶技术需要逐步推进，虽然L5级自动驾驶不可能一蹴而就，不过在部分限定环境和低速场景下，实际上已经基本可以实现了。后续，中国快速推进5G技术将带动V2X以及物联网的快速发展，自动驾驶整体解决方案的技术难度和成本有望大幅下降，由此中国很可能成为全球范围内最先实现自动驾驶技术大规模商业化落地的国家。

百度认为，未来自动驾驶技术最典型的应用场景将是无人驾驶出租车。此外，我们还有一个认识，那就是自动驾驶的应用场景并不限于单个车辆，而是会拓展至整个智能交通系统。届时，信息化道路交通基础设施将实时监控整个交通场景，实现云端与车辆、车辆与车辆之间的信息互通，从而对整个交通流进行优化控制。

赵福全：三年前大家觉得自动驾驶可能会很快到来，后来在实践中发现，自动驾驶的复杂程度超乎想象，有太多问题需要解决，不只需要车辆自身的技术突破，还需要交通系统提供环境支持。作为终极目标，随时随地可用的全天候自动驾驶，即L5级自动驾驶，可能还比较遥远。但在前往终极目标的道路上，我们已经取得的技术进展本身就有很大的应用价值。比如在限定区域及低速场景下，包括特定园区、封闭高速公路甚至部分封闭城区，已经基本具备应用自动驾驶技术的可行性，并将由此改善交通效率、减少交通事故和降低交通成本。这种所谓的"沿途下蛋"不仅给企业带来巨大商机，也将为社会做出巨大贡献。

过去汽车产业内各企业间的关系非常清晰：整车企业的上游是零部件供应商，下游是汽车经销商——整车企业从供应商购买零部件，然后进行集成创新，再把汽车产品通过经销商卖给消费者。未来随着产业变革进程的不断深化，全新的产业生态正在形成。届时各个企业间将会呈现怎样的关系？比如百度与整车、零部件企业之间会出现竞争吗？

李震宇：未来企业要想在竞争中获得优势，我觉得必须做好两件事，一是在变革前期企业要有"整合"的心态。因为在前期，产业分工相对清晰，整合难度会比较小，无论是整零车企，还是科技公司，抱有整合心态，进行开放合作，都会帮助彼此更好地实现共同的目标，同时也可以在整合的过程中逐渐找到属于自己的最佳位置。二是未来软件在汽车产业中的重要性会越来越高，这要求企业必须把更多精力转向软件。如果整车企业和零部件供应商不愿意在软件领域投入大量资源，那么其长期竞争力必将下降。

赵福全：正如李总所说，在产业变革的前景下，汽车硬件和软件的关系正在发生改变。过去硬件既是必要条件也是充分条件；未来硬件仍是必要条件，而软件将成为充分条件。也就是说，虽然硬件始终不可或缺，但是今后只有硬件已经远远不够了。没有软件的使能和赋能，硬件的能力将大打折扣，根本无法赢得消费者的青睐。那么在您看来，汽车硬件和软件应当如何组合才能满足未来需求？在组合的过程中，整车企业将扮演着什么角色？

李震宇：目前产业格局仍处于持续演变中，最终结果尚无法预料，不过一些发展方向正日渐明朗。其一，硬件呈现出平台化的趋势，可以支撑不同的操作系统（OS）以及其上的各种软件；其二，操作系统也将向平台化发展，具备向下兼容不同硬件的能力；其三，整车企业需要形成在整体上打通硬件和软件的新集成能力。

作为软件提供者，未来包括百度在内的科技公司将在汽车产业占据更大的比重；尽管在现阶段，汽车产业更多的还是由整车企业和关键零部件供应商这些硬件提供者主导。这是因为未来软件将驱动硬件，并决定硬件的能力。软件对硬件系统操作方式、行为方式和商业模式的定义，将使硬件系统发挥更大的作用。

赵福全：目前业界对于软件将在汽车上占据越来越大的比重，已经形成了共识。但是到了软件定义汽车的时候，整车企业还会把事关汽车功能、性能乃至用户体验和品牌属性的软件控制权交给科技公司吗？如果是科技公司主导所有软件，整车企业在汽车行业的定位和作用又是什么呢？

李震宇：整车企业仍然可以依赖自身长期积累形成的核心竞争力，比如整车集成、试验验证、设计开发等能力，这些技术能力并不会被新进入者颠覆。所谓软件定义汽车，我的理解是企业可以在软件带来的增量市场中寻求更多的机会。现在之所以出现了很多造车新势力，就是因为看到了这方面的机遇。当然，无论新旧车企想要完全依靠自己把软件部分真正做好，挑战都非常大，因此我认为车企还是要和外部力量合作才行。

对于百度而言，我们始终专注于第三和第四层关键技术的研究。比如在智能座舱领域，百度集中资源不断优化 DuerOS，这是一套基于人机对话的人工智能操作系统，其核心竞争力来自于百度在互联网行业多年积累的语音语义识别技术。我们希望 DuerOS 系统将来可以像 Linux 系统、安卓系统一样兼容不同的软硬件，让不同的整车企业都可以在该系统上打造具有自己特色的各种应用。

再比如地图，车企真的没有必要去开发自己的地图，因为地图本来就是通用的。而且即便借用别人的地图，也同样可以做出自己的特色。如果以个人计算机进行类比，不仅像 Windows 这样的操作系统，而且像 Office 这样的通用性软件，都并不需要用户自己来做。当然，一些专用性的软件，车企可能还是应该自己开发，以形成差异化的竞争力。

实际上，未来汽车产品的属性将与现在截然不同，消费者对汽车的软件需求将更加个性化和多元化。在此背景下，单个互联网企业即使实力再强，要同时为数十家整车企业提供全方位的软件服务也是非常困难的，因此还是应该有选择地培育自身最有优势的核心竞争力。从这个意义上讲，车企并不需要担心失去话语权，因为在通用性的软硬件平台上，车企依然可以开发出属于自己的核心竞争力。也就是说，未来软件的市场空间超乎想象，各类企业应该都能找到适合自己的发展空间。

赵福全：您认为汽车产业最终会出现类似 Windows 或者安卓这样统一的操作系统吗？如果会出现，这样的操作系统将从哪类企业手里诞生呢？

李震宇：现阶段汽车的各类功能软件包括操作系统还比较分散，不过未来的趋势必然是集成化。只不过具体要集成到什么程度，目前行业内还没有明确共识。就我个人而言，我认为车载操作系统和车载控制系统最终将会集成为一体，就像人的大脑一样，协调控制全身各个部位的不同动作。相对而言，操作系统的集成可能会更快些，控制系统的集成或许要慢一些。即使两者最终没有完全融合到一起，彼此之间的交互也一定会越来越多，因为唯有如此，才能以更高的性价比和更快的速度响应消费者。客观上，目前整合的进程之所以进展不快，是因为整车企业掌握着较大的话语权，它们更愿意"分而治之"，选择不同的软件供应商进行合作。

赵福全：拥有较大话语权的整车企业各自选择不同的伙伴进行合作，这意味着会有多个系统在同时推进。在这种情况下，统一的系统要怎样才能形成呢？对于百度而言，又如何确保自己最终能够成为统一的车载软件系统的提供者？

李震宇：与手机、计算机的操作系统不太一样，车载操作系统本身也有层级。比如百度的车载操作系统DuerOS，与安卓并不是同样的定位。作为车载智能语音交互系统，DuerOS既要向下兼容不同的底层操作系统，也要向上连接丰富的应用生态。由此，我们就可以构建起完整的车载功能以及服务生态。其中一部分我们做得比较好的应用，如地图，百度会自己来做；但是更多的应用将留给整车企业以及其他软件公司来做。

而在车载控制系统方面，当务之急是联合产业链中的合作伙伴，在特定应用场景下把自动驾驶的安全性和可靠性做到足够好，并在此过程中不断提升自己的能力。实际上，在控制方面，百度的优势主要在软件算法领域，我们希望合作伙伴能够提供其他领域的优势能力，如汽车底盘、传感器等，从而共同推进产业创新发展，实现多方协作共赢。

赵福全：李总的话语值得我们深思。汽车产业虽然已经有一百多年的历史，但是拥抱这次科技革命的时间并不长，围绕着数据、网联、人工智能等技术进行产业创新，应该说才刚刚起步，我们需要以颠覆性的思维来重新审视汽车产业。与此同时，汽车产品又完全不同于计算机和智能手机，不仅涉及更多的领域，而且极度强调安全。"安全第一"的原则必须始终坚持，并从整车层面一直做到每一个硬件、每一个软件以及每一次验证。

未来软件定义汽车是产业变革的必然趋势，但具体的发展路径和时间进程目前尚不清晰。我们可以判断的大方向是，最终车载操作系统将会逐步聚焦、殊途同归。不过这将是一个长期的过程，因为当前汽车产业中每一家大型整车企业都拥有很强的话语权，对于决定未来汽车产品属性的软件，它们不会甘愿放弃主导权，毕竟放弃了软件主导权，也就等于放弃了打造汽车品牌差异性内涵的主导权。由于各家整车企业凭借自身实力，都会试图自己掌控软件主导权，因此我判断，未来一段时间产业将会呈现诸侯割据的局面。

回到本轮汽车产业变革如何落地的话题，您刚刚谈到，智能网联汽车需要"三位一体"的发展模式。除了主要提供硬件的整零车企和主要提供软件的科技公司之外，政府也将在产业变革中发挥重要作用，特别是智能交通、智慧能源以及智慧城市的布局，将直接决定聪明的车能否跑在聪明的路上。下面就请您谈谈，政府的作用具体体现在哪里？目前发挥得如何？怎样才能做得更好？

李震宇：坦率地讲，过去几年里，各级政府对企业的支持超出了我们的预期。一方面，政府出台了一系列政策法规，在确保安全优先的前提下，降低了汽车产业创新的门槛。另一方面，政府高度重视自动驾驶技术应用和信息化基础设施升级，这就使汽车自动驾驶在一些特定场景下变得更容易实现。我相信，随着人工智能、5G等技术在中国的快速发展，中国将成为自动驾驶大规模产业化、商业化的最大市场，并且其落地速度将超过包括美国在内的其他国家。

赵福全：我知道，近年来百度与不少地方政府深度合作，共同推进自动驾驶落地。能不能请李总具体举例说明，百度在和地方政府互动的过程中，得到了哪些切实支持，从而为自动驾驶快速落地创造了良好的商业条件？

李震宇：近期，我们和一汽红旗合作，在长沙开展了一个自动驾驶出租车的示范项目，长沙政府给予了大力支持，在项目示范区域内进行了相关道路设施的升级。对于自动驾驶来说，提升车辆的感知能力至关重要，也是极具挑战性的难题。如果路边安置有静态传感器，就可以很容易地判断出其他车辆是静止还是在移动，移动是慢还是快。再把这个信息传递给自动驾驶车辆，就可以极大地降低自动驾驶技术的实现难度。此外，自动驾驶汽车还面临传感器盲区的问题，而道路监测传感器可以看到整个范围内的车辆，这也会降低车端技术的难度。

赵福全：新技术的发展需要经历一个过程，在尚未成熟的初期往往存在局限性，如果此时通过周边环境提供有效的应用支持，就可以大大降低创新的门槛，推动新技术早日走向成熟。当前，自动驾驶汽车使用的传感器、算法以及通信能力都有局限，或性能不足，或成本过高，如果企业等待这些技术逐一成熟，再推出有效的自动驾驶系统，无疑将会严重滞缓其产业化落地的进程。而通过将智能网联车辆导入信息化的交通系统中，就可以依托现有技术，较容易地实现既定应用场景下的自动驾驶。由此社会交通效率和行车安全将得到大幅改善，整个城市的智能治理能力也会显著提升，从而让人们享受到更加安全、快速、方便的出行服务。这样自动驾驶技术就可以提前实现商业价值，并为后续技术的持续攻关带来资金和信心。可以设想，如果政府构建了封闭式的道路交通环境，或者基于信息化交通基础设施为车辆提供支持，又或者快速导入5G技术、实现更广范围内的车路协同，必将有效减少或规避自动驾驶关键技术的应用局限，有力推动自动驾驶汽车的商业化进程。

两年前，百度在上海车展正式发布了Apollo计划；两年后，您作为百度的技术领军人，直接领导该计划不断走向深入。请问李总，与最初发布时相比，Apollo计划的愿景和内涵有没有什么不同？在过去两年的实践中，百度内部对Apollo的认知有哪些改变？又有哪些经验或者教训可以和行业分享？

李震宇：百度是一家科技公司，我们的目标是通过技术创新让复杂的世界变得更简单，这个理念不会改变。百度选择跨界进入汽车产业，是因为我们认为无人驾驶终有一天将会到来，并且无人驾驶汽车要比人驾驶的汽车更加安全、更加高效、更加便捷，这其中涉及的一些关键技术领域恰恰是百度擅长的，所以，我们觉得有义务也有必要进入汽车产业，通过广泛合作，助力自动驾驶技术在汽车产业早日落地，这个初衷在过去几年也没有任何改变。

但在具体执行过程中，随着实践的不断深入，我们确实有一些新的体会和认识。比如在开放方面，我们越来越感受到，只有充分开放才能产生合力，实现更大的价值。因此，百度比以前更加开放了。又如在寻找商业化机会方面，我们现在探索了自动驾驶技术在封闭园区低速场景下的商业化，同时也在思考无人驾驶技术如何提升人类社会整体的交通出行能力，而这些以前我们考虑得比较少。目前来看，Apollo 平台理应承担起解决当前道路交通系统瓶颈问题的重任。为此，我们将持续攀登自动驾驶的珠穆朗玛峰，即 L4、L5 级的自动驾驶技术。

赵福全：您谈到百度现在比之前更加开放，那么在持续扩大 Apollo 平台开放程度的过程中，百度真正得到了什么？这种开放究竟如何帮助百度在智能网联汽车的发展机遇中获得商业价值？

另外，Apollo 计划更多聚焦在自动驾驶领域，而百度在汽车智能化方面可做的工作并不仅限于自动驾驶，还有语音识别、地图等。那么 Apollo 计划对百度和汽车相关的其他业务有没有促进作用？比如如果不做 Apollo 计划，百度的地图技术会不会缺少推手？

李震宇：在开放的平台上，百度比之前看到的更多，积累得也更快，这本身就是很大的收获。实际上，想要赢得未来的竞争，我们必须在产业理解和认知上先人一步。如果现在某家企业还没有认识到封闭没有出路，合作才能共赢，那它就已经落后于百度了。因此，百度做出了更加开放的选择，这将提升我们在与其他企业竞争时脱颖而出的可能性。

同时，Apollo 计划并不只是自动驾驶的开放平台，而且也是车联网平台、智能交通平台，我们这样布局正是考虑到，与汽车相关的各个业务模块是彼此关联的。不管是国家还是企业，在发展自动驾驶技术时都需要将网联、智能以及交通等相关技术融合在一起，并实现充分互动。其实，百度在与车企开展不同领域的合作时，面对的是同一群客户，因此提供涵盖自动驾驶、车联网、高精地图等相关业务在内的整体性方案，更容易获得客户的认可。此外，我们也致力于解决交通治理问题，包括提升交通效率和降低交通事故率等，这又使 Apollo 平台与交通产业链发生联系，产生了互相促进的效应。

赵福全：也就是说，百度推进的 Apollo 计划，融合了更大范围、更具多样性的相关业务及合作伙伴，这有助于百度不断拓宽自己的产业生态圈，围绕未来汽车出行的潜在市场进行全面布局。而在这样的发展模式下，各种业务又会产生互相促进的集成效应和连锁反应。那么，Apollo 计划的最终愿景是什么？未来的商业模式会是怎样的？

李震宇：Apollo 计划的终极愿景是通过自动驾驶使交通出行变得更加美好。等到无人驾驶的时代全面到来之际，交通出行将和现在完全不同，大家在车里的体验也将完全不同，因为不需要开车了，大家可以在车内办公、娱乐或者休息。从这个前景出发，布局车联网是很有价值的，Apollo 计划将带动车联网技术的发展应用。

同时，无人驾驶时代的道路基础设施必然随之发生一系列变化。现在我们已经习惯了汽车奔跑在高速公路上，但实际上高速公路是汽车产生后才开始出现的，在马车时代根本没有高速公路。同样的道理，未来无人驾驶汽车也将催生出与其匹配的信息化、智能化的道路基础设施。因此，百度 Apollo 计划的发展，也将促进交通系统的升级。总之，我们将和产业内外的合作伙伴一起努力，为未来美好出行生活的早日到来贡献一份力量。

至于未来 Apollo 的商业模式，这仍然是一个可以讨论的开放问题。我们现在主要有这样几个发展思路：一是未来百度可能会开发一款具有极强综合能力的汽车大脑，可以将其搭载到不同车辆，之后车企可以根据自己的实际需要，基于百度的汽车大脑来开发属于自己的独特应用，并以此定义汽车产品属性，比如运动型、豪华型或者保姆型。在这个过程中，车企也可以依据产品属性差异的需要，选择不同的硬件与百度汽车大脑适配融合，以达到最佳效果，比如运动型车辆要求加速性能更好、制动反馈更灵敏等。二是未来百度可能会基于交通出行方式的变化发展出新的商业模式。三是未来百度可能扮演自动驾驶技术独立提供商的角色。无论哪种发展路径，百度最需要掌握的始终是自动驾驶核心技术，这将是百度打造未来核心竞争力的关键抓手。至于未来具体会选择哪种商业模式，我们还需要时间进一步思考。

赵福全：您认为不管最终采取什么商业模式，百度都必须掌握自动驾驶核心技术。那么五年之后，自动驾驶技术将会取得怎样的进展？到那个时候，百度将会掌握哪些自动驾驶领域的具体技术，而且是其他企业需要但又学不会、偷不走的？

李震宇：五年的时间跨度对汽车产业来说本来并不算长，但在产业变革期却足以产生很大的变化。在实际推进 Apollo 计划的这几年里，我深深感到产业和技术的变化是非常快的。五年之后的具体情形现在当然还不能做出系统全面的描述，不过我想有一些进展还是可以憧憬的。比如五年后车内没有足够多、足够好联网服务体验的车辆，恐怕很难被市场接受了。还有无人驾驶出租车即所谓 RoboTaxi 应该可以在部分城市的特定区域内实现应用了，规模或许还不是特别大，但会成为城市里一道靓丽的风景线。而且用户在这些区域内使用无人驾驶出租车后，可以培养他们的用车习惯，促进无人驾驶汽车更大规模的应用。

至于百度最需要掌握的核心技术，我觉得一个是智能网联汽车人机交互层面的关键能力。目前，车内手势操作控制越来越少、语音语义交互越来越多的趋势非常明显，百度将持续努力保持语音语义识别技术领域的领先地位。另一个是人工智能的计算能力，因为自动驾驶技术越往高级别发展，就越需要强大的"脑力"，这也是百度基于自身优势可以抢占的制高点。

赵福全：在智能网联汽车的发展过程中，国内和国外企业都要参与其中，国内企业要走出去，国外企业要走进来。从这个意义上讲，百度不仅是中国的百度，也是世界的百度。李总，作为智能驾驶事业群组的总经理，您认为围绕智能网联汽车和自动驾驶技术，百度将如何帮助中国企业更好地走出去，进军海外市场？同时，百度自身是不是也要走出去，占领海外市场？百度在全球汽车产业及出行生态中的布局及策略，与在国内的发展有没有什么不同？另一方面，我们知道很多外资企业也参与了 Apollo 计划，与这些企业的合作是否有助于百度的全球化发展？

李震宇：百度目前和国内外的众多企业保持紧密的合作关系，而在与中外整车企业的合作过程中，我们感觉到了比较明显的差异。国外企业更加关注政策法规、高精地图、数据出境、资质等方面的问题；而国内企业则主要关心人工智能技术及其应用的具体场景，也就是百度作为科技公司和互联网公司，究竟能给它们带来怎样的价值。

对于百度来说，我们目前的策略是，首先立足中国市场，然后再向全球不断开拓，因此占领中国市场是我们当前工作的核心。刚才提到，中国发展智能网联汽车具有相对优势，不仅互联网科技公司可以提供支持，而且政府更有能力发挥关键作用，加之中国是全球最大的汽车市场，可以吸引全球优势资源集聚，因此中国最有可能率先实现自动驾驶的商业化运行。这样的判断坚定了百度优先立足中国市场的信心。

目前，百度与一些国内整车企业，比如一汽红旗，已经开始在中国市场的特定场景下一起实践自动驾驶的落地。与此同时，Apollo 的生态里还有占比达半数以上外资企业，我们也在和这些企业开展相关领域的合作，例如百度与戴姆勒联合获得北京自动驾驶测试资质，与福特合作开展车联网系统的开发等。

我相信，当百度真正实现了深耕中国市场之后，我们将随之获得向全球进一步拓展的优势能力。这个过程与我国 4G 技术和智能手机产品的国际化进程类似，一旦中国市场完全打开之后，进入国外市场可能并没有想象得那么难。因为到那个时候，中国已经成为世界的标杆，大多数的复杂场景和超大规模的路况数据我们都已经掌握了应对方法。当然，在开拓不同国家市场的时候，我们肯定还需要针对当地的实际需求进行局部打磨和优化，提供个性化的定制服务。而到了百度全面进军全球市场之际，我们一定已经拥有了更加强大的生态圈，届时完全可以根据具体情况来确定不同市场上的合作关系，比如在中国以及其他某个国家，是由百度主导，还是由顶级整车企业或者零部件企业来主导。

赵福全：中国是全球最大的智能网联汽车市场，同时拥有最为复杂的交通环境，因此百度认为，如果能够在中国深耕细作，解决中国交通出行中存在的问题，就可以为百度未来走出中国、走向世界奠定坚实的基础，包括在商业模式、核心技术等诸多领域做好储备。同时，很多外资企业也认识到必须深耕中国市场，它们会选择与百度合作。在与这些企业合作的过程中，百度就有机会了解国外企业的技术储备、发展战略和商业模式。这样在中国市场逐步走向成熟之后，百度就可以利用这些实践经验快速切入国际市场。

另外，百度在推进 Apollo 计划的过程中，发现中外车企在中国发展自动驾驶的侧重点有所不同：外资企业更关注资质类的问题，如高精地图、数据交换等，这实际上事关国外技术的本土化应用；而国内企业更关注实际落地的问题，包括具体的技术和商业模式等。我想这种区别在很大程度上是因为，外资企业的自动驾驶技术是在其国外研发中心进行开发的，然后再把技术拿到中国来实现落地，这和之前发动机、自动变速器等关键技术的情况非常相似。

但是我认为，随着智能网联技术的发展和万物互联程度的提升，最终自动驾驶技术的本土化绝不是简单地把国外技术拿到中国来就可以顺利落地的。因为实现自动驾驶的核心是数据，而数据的来源、获取和使用方式，不仅与标准、资质有关，而且和本土的驾驶习惯、交通状况和服务生态等密切相关。那么您认为，对于自动驾驶而言，在国外开发后再拿到中国进行本土化的技术，和直接针对本土情况开发的技术相比，竞争力一样吗？

李震宇： 这个问题我也有同感。在和国外车企进行交流的时候，我一直建议，现阶段它们必须高度重视在中国进行本土化开发，这种需求比历史上任何时候都更加迫切。因为人工智能技术的核心是数据，以车载语音系统为例，语音、语义都是中国人说的中国话，在国外要如何才能收集到足够的数据？又怎么能把外语的分析模型直接拿来套用呢？因此，语音语义技术先在国外开发再拿到中国进行本土化，成功的可能性很小，或者说企业要跨越这个技术门槛需要更长时间的积累。

自动驾驶技术也同样如此，因为各地区、各城市的路况和驾驶行为都不一样。比如即使都是中国城市，交通法规和技术标准都是相同的，但北京和长沙的交通习惯和驾驶行为也存在差异，仍然需要进行自动驾驶技术的本地化开发，就更不必说不同的国家了。

当然，未来百度以及其他中国企业如果要走出国门，也会面临同样的问题。因此，必须针对目标国家特定区域和场景的实际情况，进行本地化的技术开发，并经过一定时间和规模的应用检验，才有可能真正变得可行。

赵福全：过去，汽车行业的技术研发有"二八开"的说法，即技术的80%是在本国总部及研发中心完成开发的，剩下的20%是在市场所在地进行的本土化适应性开发。中国改革开放后中国汽车产业快速发展的40年间，外资车企的很多核心技术，包括发动机、自动变速器等，都是按照这种模式进行的。先在本国完成开发，然后再按照中国的交通法规、用户习惯、油品特点和道路基础设施等情况，进行适应性开发，使车辆产品满足中国市场的要求。未来，在发展智能网联汽车的时代，这种模式恐怕必须要有本质性的调整，肯定不能再是"二八开"了，或许会是"八二开"，即本土开发必须占据较大的比例。

在我看来，外资企业在中国开发核心技术，并不一定要让中国工程师来进行开发，但是一定要在中国进行开发，完全针对中国的实际情况。我一直坚持这样一个观点，万物互联时代的智能网联汽车绝不仅仅是传感器或者算法的问题，而是有效利用用户、车辆、交通以及服务生态等大量本地化数据的问题。因此未来将不再有一款车型畅销全球的情况，相反基于当地生态及其驾驶环境的区域化汽车产品将占据主导地位。由于中国拥有全球最大且最活跃的本土市场，所以国际顶级企业必须积极投身于中国的本土化产品开发，以便更好地形成参与全球化竞争的新能力。在这个过程中，我认为传统的适应性开发模式将不再适用于汽车行业，中外车企都必须采取本土化开发的策略。

李震宇：确实如此。还有一点需要强调，那就是本土化的技术开发模式也意味着必须更加开放，而我们感觉到目前一些企业在技术开发中还不够开放。设想一家外资企业在中国本土进行开发的工作量已经远多于在总部开发的工作量，在这种情况下怎么能不与中国企业进行更多合作呢？举个例子，如果只是通过大数据训练一个模型，那外资企业在中国采集数据、再传到总部进行使用也可以；但是如果想让实车在北京的道路上进行测试，那外资企业就必须在北京进行技术开发，并且要和中国企业合作才能真正满足需求。

当然，未来随着技术和经验的积累，企业在很多城市完成了本地化技术开发后，在下一座新城市进行开发的工作量会小很多。对于外资企业来讲，可能本土化开发工作量的比例就会随之下降。但即便如此，未来一些核心技术的开发也不能寄希望于大部分在总部完成，而是必须要到市场所在地开展。

赵福全：根据您的经验，在某座城市或某个地区完成开发的自动驾驶技术，有多大比例可以直接复制到其他城市重复使用？我个人认为，即使底层算法是一样的，但不是按照当地特征、标准和需求重新开发，也无法实现通用。在这种情况下，您觉得是否有可能使用全球的大量数据来训练出一个通用性的模型，可以较好地适用于不同的应用场景？这种思路具备可行性吗？

李震宇：此前，我们大多是针对不同地域的实际场景同步展开开发的，因此不同地区采用的算法之间可能存在较大差异，除了驾驶行为的差异之外，主要是因为不同地区的感知系统必须有所不同。举例而言，在中国的道路上不可能看到袋鼠，也就不可能获得对应的数据，袋鼠的数据必须到有袋鼠的地方才能获得。但是未来随着所做的地域越来越多，确实可以实现一定程度的借鉴。比如已经在某个地方见过袋鼠了，再到另一个有袋鼠的地方就能识别出来了。因此还是存在一般的规律可以挖掘，也可以通过在更多地方的积累使模型和算法具备较强的拓展性，当然前提是开发所需要的基础数据必须足够多。我认为在未来相当长的一段时间内，各地区的模型将处于交织状态，即相互之间可能存在也应该实现一定程度的数据共享，但是一些差异性的壁垒将始终存在、无法避免。

赵福全：您之前多次提到，汽车与手机、计算机等产品的最大区别在于，前者对安全性的要求更高。那么，在车辆实现自动驾驶成为智能网联产品之后，汽车安全的内涵和原来相比有哪些不同？除了传统的被动安全和主动安全外，我们还需要考虑哪些新型安全？汽车继续发展所面临的安全挑战又会是什么呢？

李震宇：过去两年百度内部针对自动驾驶讨论最多的就是安全，这和传统的汽车安全不同，和传统的互联网安全也不同。我们充分认识到，在汽车行业安全就是前面的"1"，其他功能和属性则是这个"1"后面的"0"，如果没有了前面这个"1"，那么即使其他方面做得再好也还是等于"0"。比如同样是信息安全，互联网业务受到网络攻击，只是影响用户体验和企业经济效益；而汽车一旦受到网络攻击，将直接影响车内乘员的人身安全，这是人命关天的大事。

基于这个认知，百度内部改变了自己的价值观。原来百度的价值观是用户第一，现在则是安全第一、用户为上。也就是说，当车辆安全和用户体验出现冲突的情景下，我们绝对要选择安全；如果用户自己要选择不够安全的功能，我们也会坚定拒绝。

同时，百度跨界进入汽车行业也将互联网领域的安全概念即所谓信息安全带入了进来。当前人类社会已经步入移动互联时代，但我们发现，由于以前的汽车并不具备联网功能，因此汽车产业的信息安全还比较薄弱，基本上仍处在非常初级的水平，这与未来产业的发展方向是不匹配的。百度进入汽车产业的使命之一，就是要帮助汽车行业把信息安全做得更好，因为我们有面对代码篡改、网络攻击等信息安全挑战的经验和能力，这也意味着我们能为汽车产业带来安全方面的新价值。也就是说，我们不仅从汽车产业学习到对于安全必须心存敬畏，而且我们也将为汽车产业的信息安全贡献自己的力量。

赵福全：信息安全方面的工作都是百度自己在做吗？还是说百度也和一些更专业的信息安全公司进行合作？像自动驾驶的信息安全这样大的一个领域，百度恐怕很难覆盖所有的方面吧？那么您认为，围绕自动驾驶的信息安全，百度最有优势的切入点是在哪里？

李震宇：百度在信息安全领域有比较深厚的积累，因为我们日常需要防护自己的网站和系统，而且每天使用百度进行搜索的用户规模相当大，这就要求我们必须具备较强的信息安全能力。事实上，百度确实也是一家在信息安全方面做得很好的互联网公司。

而专业的信息安全公司，对百度来说更像是产业链上游的供应商，为我们提供一些基础的技术保障。因为信息安全本来就是分为很多层级的，不同的企业负责做好相应层级的工作。比如汽车产品，既要与传感器等零部件供应商协同，以确保关键零部件及总成的信息安全；也要与行业组织协同，共同制定整体的信息安全标准及规范。近期，我们和行业机构合作研究的汽车信息安全标准与规范也即将发布。

在自动驾驶领域，百度一共设立了四道防火墙，其中最大的一道防火墙建立在车辆与外部网络之间。这既是因为原本车辆就有内部局域网，而对联入外部网络的关注度相对较低；也是因为百度自身更擅长汽车和外界环境的交互，即和互联网、物联网的交互。比如自动驾驶系统需要和交通信号灯进行信息交互，如果红绿灯的信息传输出现错误或者被篡改，后果不堪设想。因此，我们需要优先做好车辆与外部网络连接的信息安全。而针对车辆内部的局域网，我们可以直接借鉴以前在互联网行业积累的经验。

由于每次网络攻击都是层层渗透的，因此某个节点如果存在一点问题，可能恰好未经检测而会被忽略。因此，我们需要主动和汽车产业链上下游的整车企业、零部件供应商进行有针对性的沟通，交流事关信息安全的技术诀窍。目前，Apollo已经发布了一系列检测工具，如果大家尝试使用就会发现，在车辆运行的全过程中，信息安全漏洞比比皆是。

赵福全：万物互联使数据可以有效采集，而人工智能源于数据的有效使用。无论是构建"千人千面"的外部服务生态，还是提供"千车千面"的个性化移动出行服务，都离不开海量数据的采集、传输和使用。而数据本身具有一定隐私性，这实际上对数据的安全性提出了更高的要求。比如车辆在自动驾驶过程中需要时时刻刻进行大量的数据交互，如果过分强调隐私保护，就不能很好地进行数据共享；如果要进行数据共享，企业就必须确保在采集、传输和使用全过程中的数据保密和安全。在您看来，企业应该怎样平衡好数据隐私和数据共享之间的关系，以更好地推动产业进步？

李震宇： 百度主要通过三种机制来平衡这两者之间的关系。第一，建立有效的数据管理机制。在这个机制下，我们将在符合国家法规和行业规定的前提下，建立具有百度特点的内部治理制度，真正做到数据管理的有据可依。第二，借助技术突破尝试解决隐私问题。百度始终是一家高科技公司，我们将尝试开发及改良技术来实现数据的加密化和去隐私化。第三，通过加强宣贯来提升参与者的安全意识。因为在技术开发的过程中，参与其中的工程师、产品经理等业务人员都能接触到隐私数据，因此必须提高他们的法律意识，知道怎样做才是合法合规地采集、传输、储存和利用数据。目前，这三种机制已经在百度内部发挥了积极的作用，我们自己比较认同其实践效果。

赵福全： 下面一个问题，在使用数据的过程中，百度如何判断这是好数据还是坏数据？比如使用无效的垃圾数据甚至是假数据来训练算法模型，肯定会带来很严重的后果。为了避免这种情况，百度是怎样对数据进行筛选、清洗和过滤的呢？

李震宇： 正像您说的，数据至关重要，因为深度学习在本质上是基于数据驱动，而非基于规则驱动的。所以如果输入的是垃圾数据，那产出的一定是垃圾结果。比如说，我们基于数据训练自动驾驶模型的时候，输入不同驾驶员的驾驶行为数据，就会产生不一样的自动驾驶行为。因此，我们选择从首汽约车等平台上采集和选取一些驾驶行为良好的数据，然后再输入到模型中进行训练。在这个过程中，由于数据量非常巨大，我们也只能在宏观层面把握这些数据的质量，而在微观层面有时并不一定能分析得十分清楚。

赵福全： 如果数据样本量非常大，只要能够确保绝大多数数据都是好数据，即确保有好的数据源，那么个别的坏数据就会被稀释掉，对整个模型训练结果的影响也就微乎其微了。但是如果数据样本量比较小，模型训练结果还是存在出现很大偏差的风险吧？

李震宇： 确实如此。因此，企业实际面临的更大问题是如何获取到所谓的"黄金数据"。比如，我们可能比较容易获得大量满足 99.99% 或

99.999%，即所谓"4个9或5个9"标准的好数据，而越往后含金量就会越高。

具体到Apollo平台，当我们以开放的心态欢迎更多伙伴来参与时，这些伙伴就会为平台贡献更多的数据，但是这些数据的质量差异也会很大。可能有些是好数据，也可能有些并不是好数据，不过这是企业为了获得开放带来的收益而不得不付出的代价。

赵福全：智能化与网联化不只是汽车产业、也是整个人类社会未来的发展趋势，从互联网到物联网升级带来的美好前景尤其值得所有从业者为之努力。接下来请您尽情畅想一下，十年以后，基于自动驾驶和智能座舱构建的智能网联汽车究竟会是什么样子？

李震宇：十年后，智能网联汽车肯定和现在的汽车大不一样，其差别就像智能手机和功能手机一样大。由此，我们现在所能想到的场景、需要使用的功能都会发生很大的变化。比如我们可以坐在车里看电影、叫外卖。当然，还会有许多场景是我们现在想象不到的，包括基于车载信息终端实现的办公、娱乐和生活服务等。

同时我相信，很多人十年后不一定愿意购买私家车了，而是会选择使用无人驾驶的共享汽车。到了无人驾驶汽车大行其道的时候，驾驶汽车可能会变得像现在骑马一样。过去骑马是一项出行的技能，而现在骑马是一种奢侈的运动。虽然十年之后，人驾驶汽车应该还不会到这种地步，但是这样的场景未来一定会实现。

赵福全：愿景是美好的，不过业界同仁可能更关心达成愿景的时间表。就以十年为限，您认为届时自动驾驶将发展到什么程度？您估计L4级以上的自动驾驶汽车会达到多大比例？无人驾驶出租车会在五道口、王府井这样复杂的交通环境下实现吗？此外，随着人工智能的进步，未来无人驾驶汽车如果在任何危险场景下都能有效保护人的安全，这是否意味着中国乃至全世界的交通文明都会出现飞跃？

李震宇：我个人认为，十年后无人驾驶汽车应该已经在汽车出行中占据了一定的比例。目前我们的交通场景包含乘坐地铁、公交、出租车等，未来乘坐无人驾驶汽车出行将会成为一种新的交通场景。

如果参照出租车的情况，我估计十年后无人驾驶出租车的比例能够占到十分之一左右。比如现在北京有近七万辆的出租车，十年后就会有约七千辆无人驾驶出租车。我想数量上肯定能达到几千辆。而且正如您所说的，随着不同的交通方式与参与主体之间彼此互相适应，后续无人驾驶的发展进程还将更快，并最终带来整个人类交通系统的根本性改变。

赵福全： 那么十年之后，您判断智能座舱将会发展到什么程度？需要思考的是，虽然智能座舱会让人在未来汽车上享受到更多更方便的服务，但到那个时候，整个社会的网联化智能化程度也会空前提高。受此影响，人会不会变得更"宅"了，导致乘车需求大为减少？

李震宇： 汽车座舱现在已经开始被重新定义了；而未来在汽车充分实现智能化、网联化的前景下，智能座舱与自动驾驶相结合，将使其内涵出现更具颠覆性的变化。十年之后，我们购车或者坐车时就不一定仅仅是为了出行，也可能是为了获得可以工作、娱乐和休息的移动空间，并将其与出行有效地结合起来。在这种情况下，我们与智能座舱之间会有更多的互动，而智能座舱也会满足我们更多的需求。比如届时车内空间封闭性更好，音响效果更佳，并且可以很方便地调出所需的歌曲，我们为什么还要去KTV唱歌呢？

至于说到人越来越"宅"的问题，这确实会在一定程度上减少出行需求。不过与此同时，智能网联汽车将使人的移动空间变得更大，并让更多人都能享受到汽车出行带给生活的便捷和快乐。现在很多人由于不会开车，其日常生活半径非常小；但是未来不会以及不能开车的人，包括老人、孩子和残疾人等，都能够随时使用无人驾驶汽车出行，由此更多人的生活半径其实会变得更大。

赵福全： 最后，就汽车产业或者说移动出行产业总体而言，十年之后，您觉得百度的核心业务会有哪些？商业模式又会是什么样的？

李震宇： 首先非常幸运的是，百度的使命恰好与汽车产业未来的发展方向紧密相关。百度的使命是用科技让复杂的世界更简单，而驾驶汽车本身是非常复杂的事情，未来正需要自动驾驶技术使这件事情变得简单。毫无疑问，无人驾驶汽车的时代终会到来，而百度要为这一天的早日到来做出重要贡献，这让我们对目前所做的工作充满热情。

等到十年之后，我相信百度的一系列核心技术，包括人机交互、智能座舱、自动驾驶以及汽车大脑等，都将成为行业的引领者。而在重新定义汽车产品以及重新定义交通体系的过程中，百度也将成为重要的参与者。

上述这些听起来好像和现在并没有太大不同，但当汽车产业真正发生巨变之后，能够成为其中重要的引领者和参与者，百度的能力肯定要比现在强大得多，这绝不是量的积累，而将是质的改变。

赵福全：时间过得很快，已经和李总交流了一个半小时。当前新一轮科技革命正在驱动汽车产业发生全面重构，使原本就高度复杂的汽车产业变得愈发复杂，产业边界不断扩展，机会无处不在。正因如此，今年我们栏目谈"汽车产业创新"的时候，不仅邀请了整零车企，也邀请了百度、阿里、腾讯这些互联网公司来进行交流，这本身就是产业变革的重要体现。因为当前汽车产业不仅需要不断完善原有的要素，而且需要诸多领域新力量的加盟，更需要新旧力量携手把汽车产业这块蛋糕做大、做好。

展望未来，汽车将成为万物互联的集大成者和各种先进技术应用的载体。因此，在汽车产业创新发展的过程中，需要持续加强软件的能力，并使其与硬件完美融合；需要整个交通体系的智能化升级，为智能汽车提供有力支撑；还需要智慧城市建设的科学规划与合理布局，使汽车与城市内的其他硬件、软件实现充分互联。而这些需求恰恰为百度等互联网企业跨界进入汽车产业，带来了空前的历史机遇。

两年前，百度发布 Apollo 计划时曾在汽车行业内引起很大反响。Apollo 代表着百度的梦想，也标志着百度已经积极投身于本轮汽车产业的颠覆性变革中，并将努力发挥其举足轻重的作用。经过两年多的快速发展，Apollo 计划的初衷没有改变，并且结合具体实践有了更深刻的内涵和认知。其中很重要的一点是，百度充分认识到必须以更加开放的心态来接纳更多的合作伙伴，因为只有通过开放才能获得更多的资源，从而更好地推动开放平台的不断发展和壮大。

实际上，本轮汽车产业变革远不是某几个硬件或者软件升级的问题，也不是某几项新技术突破的问题，而是改变原有产业结构、形成全新产业生态的问题。因此，在把握产业变革机遇的过程中，需要不同主体进行有效分工协作，共同发挥合力。既要把车造得更好，也要让车更智能，还要确保车辆运行在更加智能的大环境里。为此我之前专门提出了"1+1+1"的发展模型，指出整零车企、信息通信及其他高科技公司、各级政府这三方力量缺一不可，必须各司其职，才能真正推动智能网联汽车的快速发展。特别需要强调的是，政府的作用不可替代，因为只有政府方能提供智能网联汽车的法规标准体系、测试示范支持以及相关基础设施升级。而百度在实践中也得到了同样的认识，正如李总刚刚讲到的，百度要和整零车企以及政府紧密结合、通力合作。在此背景下，整车企业、零部件供应商、科技公司等都需要基于自身核心优势，重新确定自己在未来产业生态中的最佳定位。

目前的情况是，汽车产业未来发展的终极目标已经明确，但是在某个时间节点究竟会发生多大变化还是未知数。因此，每家企业应该着力培育的核心能力和参与竞争协作的商业模式，还存在着很大的不确定性，必须在实践中不断摸索前行。这对于所有参与到汽车产业变革中的各类企业而言，既是巨大的挑战，也是巨大的机遇。无论如何，我们都应该坚信，汽车智能化、网联化是产业发展的大势所趋，未来的汽车一定会更聪明、更贴心、更完美，从而更好地为人类提供无忧、高效和快乐的出行服务。

面对未来汽车及出行产业变革的前景，百度已经找准了自己的定位和着力点，即提供全面支撑自动驾驶的汽车大脑，这将是百度全力以赴必须掌握的关键技术，也将是百度未来抢占战略制高点、构建企业核心竞争力的最大支撑之一。

今天，我们正处在一个最好的时代，因为产业有太多的发展机遇；但同时，我们也处在一个最坏的时代，因为产业也面临着太多的严峻挑战。特别是自身资源有限的情况下，企业如何在不断扩展的汽车产业形成有特色的核心竞争力，这是必须认真思考并解决的难题。显然，企业必须充分开放、广泛合作，借助其他企业的优势，才能有效弥补自身的短板。反之，封闭发展的企业将在未来的竞争中逐渐丧失竞争力。为此，Apollo 平台未来将会更加开放，通过广纳合作伙伴、利用各方资源来提升百度自身的核心能力，推动汽车产业朝着无人驾驶的变革方向不断加快前进。

最后，感谢李总参与我们的栏目。希望在李总的带领下，百度智能驾驶事业群组今后能够实现更好的发展，并为汽车产业创新做出更大的贡献。

李震宇：谢谢赵院长。

10 对话徐大全——产业的"战国时代"

赵福全：凤凰网的各位网友，大家好！欢迎来到凤凰网汽车"赵福全研究院"高端对话栏目。我是栏目主持人，清华大学汽车产业与技术战略研究院的赵福全。今天我们非常荣幸地请到了博世中国执行副总裁徐大全博士。徐总，请和各位网友打个招呼！

徐大全：大家好！"赵福全研究院"栏目非常不错，今天非常荣幸能够参与其中。

赵福全：今年我们栏目的主题是汽车产业创新。新一轮科技革命正在驱动汽车产业发生翻天覆地的变化，有人称之为产业革命，有人称之为产业重构，仁者见仁，智者见智。但无论如何，一个不争的事实是，本轮汽车产业的变化之大将是空前的——产业的边界越来越模糊，范围越来越广阔。特别是一些原有的汽车核心技术现在逐渐变得不再那么重要，而一些此前汽车产业不曾涉猎的新技术却变得越来越重要。

徐总，您是汽车产业的老兵，从业近三十年，曾在日本、美国留学和工作，具有多家汽车公司的就职经历，尤其是现在担任世界顶级零部件企业中国区的执行副总裁。在此想和您交流一下，您是怎样理解本轮汽车产业变革的？您觉得本轮产业变革的特点是什么？机会和挑战又在哪里？

徐大全：确实如您所说，这一次变革对汽车产业的影响非常深刻。回顾一百多年的汽车历史，我认为这一次变革的影响堪比当年福特将"流水线"引入汽车产业。那次产业革命彻底改变了原来作坊式的造车模式，形成了整零高度分工的产业链条，使汽车真正进入了人们的生活，汽车由此逐渐替代马车，成为人类重要的日常出行工具。而本轮汽车变革带来的影响丝毫不亚于甚至超过"流水线"革命的影响。我想从两个层面谈谈个人的看法。

一是电动化。电动化给汽车供应商带来了很多影响,例如,传统燃油汽车中最关键的零部件是发动机和变速器。围绕着发动机和变速器,生产相关零部件及系统的供应商企业数以千计,博世也是其中之一。当前博世的全球销售额中大概有一半来自于发动机控制等相关业务,数目非常巨大。如果未来的某一个时间节点,电动汽车完全取代了燃油汽车,我们在这方面的"饭碗"就失去了。因此,电动化对博世这样的传统汽车零部件供应商来说影响巨大。当然,电动化也会催生一批新型零部件企业,例如电池、电机和电控系统的生产制造商,未来可能还会产生与氢能源相关的零部件生产制造商,从而带来很多新的机会。

电动化对于整车企业也有很大影响。汽车不再搭载发动机,一方面产品将在某种意义上失去个性化特色。另一方面,造车将变得相对简单,门槛大幅下降,这也是美国特斯拉以及中国蔚来、威马、小鹏等一批新造车企业涌现出来的根本原因。而这些新车企将和传统车企展开竞争。

二是移动互联和自动驾驶技术。实际上,这两大类技术的背后是人工智能技术。这些技术的发展进步,将会催生出智能出行,即汽车出行服务行业。过去一百多年,人们习惯于整车企业造车、个人买车,然后自己驾驶汽车完成从 A 点到 B 点的移动。而未来这种汽车使用方式将发生革命性的变革,汽车将自动驾驶完成从 A 点到 B 点的移动,人们很可能无需购买汽车产品本身,只需购买汽车出行服务。

对于汽车企业而言,原本整车和零部件的开发与制造,就是一块很大的"蛋糕",而现在又出现了"出行服务"这块很可能更大的"蛋糕"。也就是说,汽车技术的进步将引发人类出行模式的变革,进而形成全新的产业。问题在于企业能不能保住旧"蛋糕",拿到新"蛋糕"?

正因如此,每家企业,尤其是像我们这样的传统零部件供应商,都必须认真思考,未来企业的定位究竟在哪里?如何才能继续生存和不断发展下去?这也是本轮产业变革的深远影响所在。

赵福全:徐总把这次变革与 20 世纪初福特"流水线"模式给产业带来的革命性变革,列在了同等高度。您认为这次变革的影响是巨大而深远的，甚至将会改变整个人类社会，而不仅仅是改变汽车产业本身。

徐大全：是的，上一次变革让人类从马车时代进入到汽车时代，而这次变革将实现从个人购车、驾车出行到未来共享出行模式的转变。

赵福全：汽车动力电动化不是简单的技术转换，而是以其他能源替代传统汽车使用的化石燃料，以支撑产业的可持续发展，让汽车继续造福人类。在变革的过程中，既有机会，更有挑战。那么，作为一直掌控着发动机控制核心技术的传统零部件企业，博世准备如何应对本轮变革带来的挑战呢？

徐大全：实际上，大概四五年前，博世内部就已经开始讨论这个问题了。博世集团董事会主席邓纳尔先生早在几年前就提出，博世未来的发展方向是电动化、自动化、互联化，最近我们又加入了"个性化"。"个性化"更多关注的是智慧出行方面的服务。

对于所有传统企业而言，产业变革的挑战都是巨大的。即使在某些领域已经做得很强的企业，也不得不思索，未来自己的既有优势是否能够维持？又该如何获得新的优势？

博世是一家具有130多年历史的公司，面对这种挑战，我们认为必须要在新的领域内加大投入，要研发很多新领域的相关技术。在电动化方面，我们在做电机、电桥等的研发，最近又开始开发氢燃料电池相关技术，为下一代电动汽车进行技术储备。在网联和智能方面，我们投入更多的是自动驾驶技术。尽管现在看来实现完全自动驾驶不是轻而易举的事情，其时间节点很可能会有所延后，但是博世在自动驾驶方面始终坚持巨额的持续投入。老实说，自动驾驶领域充满未知和挑战，即使投入十年时间、几百亿资金，也无法确定何时能取得回报，但我们还是要投入，因为这代表着产业的未来。

另一方面，我们还要做服务方面的探索。基于博世对未来汽车的理解，我们正在一些传统优势领域，强化数据分析等一些与数据相关的服务。过去几年，博世为应对挑战提出了很多新的战略发展方向，现在正处于不断投入的阶段。

赵福全：本轮产业变革将带来历史性的机遇和挑战，电动化、智能化、网联化以及"制造+服务""出行成为服务"等，要求未来汽车产业不仅要把车造好，也要把车用好，从而为人类的出行提供更好的支撑。而博世作为因传统汽车诞生而生的百年老店，没有故步自封于原有的技术优势，而是在积极地应对挑战，做了大量的前瞻性投入和技术储备。正如徐总刚刚谈到的，虽然很多投入可能十年内都不一定能够看到效果，但是为了不错失发展机遇，还是不得不投入。这就是所谓的战略眼光！

下面再请徐总谈谈，在应对未来产业巨变的过程中，博世可能面临的最大挑战是什么？毫无疑问，传统零部件企业在进行大量前瞻投入的同时，必须兼顾传统动力总成、底盘等技术的发展，才能确保生存，即便像博世这种实力雄厚的企业，恐怕也会遇到来自资金和技术方面的挑战。此外，一定还会遇到人才以及公司理念方面的挑战吧？

徐大全：第一，在应对产业变革的过程中，企业的理念转型确实非常关键。我们现在谈到的新技术，包括纯电动、氢能源、自动驾驶等，以及商业模式和产业生态方面的变化，企业都必须从骨子里相信这些就是未来。唯有如此，才有可能不断进行大量投入。如果企业局限于现有产品的利润，在决策上始终偏向眼前能挣钱的传统业务，那未来的转型注定会失败。最典型的例子就是柯达公司，因为胶卷业务太赚钱了，所以对于自己发明的数码相机，一直没有给予足够的重视。当然，理念转型做起来并不容易，尤其对公司管理层来说，必须经历痛苦的思想转变过程。

与此同时，过分超前的转型也会有问题，企业生存的基础将被动摇。对此，博世采用的策略是，一方面坚持面向未来的前瞻投入，另一方面坚持把现有的业务继续做好。虽然这几年电动汽车发展迅速，但是发动机在未来很长一段时间内还会继续占据大部分的市场份额，因此我们还需要继续加强该领域的研发，努力把发动机技术做到极致。

第二，最终企业的成败还是取决于人才。为了发展电动化、移动互联、自动驾驶和人工智能等变革性技术，企业必须进行相应的人才结构调整。因此，博世近期招揽了很多来自IT行业的高管和员工。这些人才对于博世公司的转型非常重要。

第三，当我们把资金投放到新技术领域中时，还会遇到一个重要问题，完全依靠公司内部力量进行研发是不是最佳的选择？我认为不是这样。目前，很多有实力的 IT 公司，还有各个领域的很多创业公司，都积极投入到汽车新技术领域的研发中来，传统企业与这些企业进行合作正变得至关重要。过去几年间，博世在中国与 BATH（百度、阿里巴巴、腾讯和华为）等公司都有过接触，也相互合作进行了很多探索。因为我们认识到，未来全新的产业格局将不是某家企业处于绝对领先地位，而是各具不同优势的若干企业之间实现充分协作。类似博世目前在电喷领域的领先地位，未来是不会出现的。这也是本轮产业变革带来的根本性变化之一。所以，我们一直在积极探索如何合作共赢。

赵福全：徐总说得非常好，把很多重要的问题都讲出来了。让我们梳理一下，在产业变革之际，最先感受到变化的传统零部件供应商，要如何应对挑战、抓住机会？

首先，您谈到了理念。其实大家都知道变革正在到来，但是眼前的利益也不能完全放弃。企业如果过分关注眼前利益，对未来的投入就会不够；而如果对未来投入得过多，又会影响眼前的业务。即便像博世这样资金实力雄厚的百年老店，也同样面临取舍。并不是看好未来，就应该大刀阔斧、不惜一切代价地投入；也不是说，只关注现在就能一直保持优势。这实际上并不只是博世的问题，而是所有传统零部件以及整车企业都必须面对的问题，即如何平衡好眼前和未来的投入。

其次，您谈到了人才。没有优秀的人才，特别是没有相应领域的专业人才，是解决不了未来汽车产业变革中的技术创新问题的。

最后，您还谈到了很重要的一点——在这次产业变革中，任何一家企业都不可能单独解决所有的问题，大家一定要合作。因为有很多新技术和新能力是传统整车和零部件企业并不具备的，比如博世再强大，但也有大数据、云计算、人工智能等并不熟悉的技术领域；反过来，这些领域的优势企业也会有汽车技术等方面的短板。因此，各方力量一定要紧密合作。当然，具体应该如何合作，又是一个需要解决的现实难题。

其实，博世不是上市公司，不必顾虑短期的财务营收报表。相对来说,更可以适当放弃眼前利益,加快储备未来发展。当然,前提是必须对未来看得见、看得清、看得准。

徐大全:这方面博世可能确实相对灵活。不过即便如此,也必须首先保证公司的健康运营。说到底,只有基于现有业务产生的利润和现金流,公司才能生存下去,也才能有资金来支持新技术的研发。尽管我们不是上市公司,没有股票市场的压力,但是我们内部也有一定的利润率要求。实际上,博世在过去几十年间,平均每年的研发投入都接近总收入的9%~10%,这是非常巨大的投入。为了支撑这样的投入,我们必须要把现有业务做好。否则,就没有资金来支持面向未来的研发了,这一点是整个公司的共识。

而在做好现有业务的基础上,我们必须持续进行前瞻性的研发投入,以确保未来的发展,这也是公司的共识。博世是一家基金会控股的公司,在维持基金会正常运作之外,我们的资金很多都用于新技术研发或者直接并购一些公司。因为未来的很多新技术往往不是在企业内部产生的,有很多外部的优质企业包括一些崭露头角的初创公司,都有很好的技术,为此我们也会采用兼并收购的方式以获得它们的技术。最终目的是要确保在我们认定的未来核心技术领域,博世能够赢得战略先机。

赵福全:在产业重构的前景下,只是把发动机、变速器、底盘和车身做好并组装好已经远远不够了,因为未来汽车产业的涉及面非常广。对于大企业来说,如果不用大量资金来投入或者并购一些新创公司,很可能无法满足未来产业发展的需求。即使有很多领域现在还看不准、看不清,但是也要投入,因为等到看得准、看得清的时候,就来不及了。

我认为,这将对传统车企的既有研发模式构成某种挑战。以往制造业都是自己赚钱,然后再投入,自己做研发。这种模式在过去没有问题,像丰田、大众、通用等企业都是这样一路走过来的;但是未来这种模式可能就不够了。因为新一轮科技革命催生出太多的小公司,它们各自拥有不同领域的很多特色技术,这些技术都是车企需要的,而车企又不可能样样都自己研发,所以必须进行有针对性的投资或并购。不过这样一来,车企需要投入大量的资金,只靠自己赚的钱可能就不够了,必须考虑借助社会资本。

徐大全：确实如此。现在有很多新技术，如自动驾驶领域的不少技术，未来能不能成为主流，能不能带来很大的盈利，都是不明确的，但又不能置之不理，这就给企业带来了很大的负担。在这种情况下，博世采取的应对方式，一是剥离一些旧业务，主要针对我们内部评估未来发展前景有限的业务，过去几年里博世先后剥离了几个事业部，有些就直接卖掉了；二是在新技术领域与一些公司开展战略合作，如在电池等领域；三是参股有潜力的新创公司，甚至收购其中的一些，比如博世已经购入了一些氢燃料电池、电堆公司的股份。总之，我们采取了多种模式以确保对未来新技术的掌控。

不过，从资本运作的角度看，我觉得我们可能还需要更开放一些。如您所说，现在很多技术的未来前景都是不明确的。在这种情况下，是只用自己的钱来投入，还是和别人共担风险、共享成果？或许后者才是变革期更为合理高效的选择。在这方面，企业理念的转变是非常重要的。

赵福全：这可能既和公司文化有关，也和民族文化有关。博世是德国公司，一直以来德国都不是强调资本运作的国家，而是崇尚工匠精神，追求把每件事情都做到精益求精。过去一百多年，人类社会的进步就是靠把每件产品做精、做细、做透，也因此造就了今天德国和日本很多强大的制造业企业。但是再往前发展，打造优质产品本身只是必要条件，而非充分条件了。在万物互联的未来，人类社会的进步在很大程度上取决于资源组合的有效性和充分性，这其中资本是很重要的力量。对企业来说，如何用好资本这条纽带，正变得越来越重要。因为资本是黏结剂，可以把很多不同领域打通；同时资本又是催化剂，让企业借助各种资源加快发展、实现升华。

我认为，过去的发展模式是正确的，但是再往前走就不够了，应该改变一些理念。抢占未来的战略制高点，既需要技术创新的领先，也需要资本运作创新的领先，两者有效组合的能力可能才是新时期企业最核心的竞争力。

徐大全：我完全理解您的观点。其实，看看软银公司近几年投资的布局和规模,就会有很直观的感受。某种程度上,软银已经成为一家伟大的公司。在其发展过程中,很多业务都只是通过投资或者收购其他公司来介入的,但是最终结果却是把这些不同的业务和公司整合在一起,产生了更大的价值,这是非常成功的案例。博世内部也经常探讨,像软银这样的公司为什么能够成功,我们要研究它们所采取的策略。

博世作为一家德国企业,我们的优势是善于依靠自己的工程师来研发产品和技术,然后一步一步推广应用。不过面对当下产业的巨大变革,我们也在重新思考公司未来的发展模式。正如我们刚才谈到的,未来汽车产业的重心将不再是生产一个零部件、制造一辆汽车,而是在出行服务领域,这既包括移动出行服务本身,也包括相关的全生态服务。出行服务将是一个完全不同的新产业,要想在这个领域占有一席之地,企业的打法肯定要和以前有所不同才行。

赵福全:相对来说,过去产业的维度比较低,层次比较少,或者说比较简单,企业只要把材料、工艺和机械相关的技术做到位就可以了。但是企业面向未来布局的时候,情况就不同了。并不是说材料、工艺、机械等技术不重要了,而是说只有这些技术不够了。当前汽车产业越发呈现出多维度、多层次、多行业、多领域、多环节、多学科的不同要素相互交织的特点,这恰恰是诞生新一代伟大企业的历史契机。

正因如此,企业必须与其他参与方合作,必须借助外部资源,而外部资源中很重要的一部分就是资本。资本可以让其他企业与你分担风险;资本可以让你投入更多的种子公司,让它们充分试错,最后检验出真正优秀的科技创新成果;资本还可以助力你涉足技术以外的其他要素。实际上,未来出行大生态一定是资源组合的产物,其中就会包括平台型公司,可能自己不造一辆车,也不拥有一个停车场,但却能整合利用全社会的资源,为整个社会出行提供支撑。我想,包括博世在内,有实力的传统整零车企巨头们,都应该在未来的转型过程中尝试资源组合模式的创新,而不是只盯着技术创新。

从这个意义上讲,就像刚刚徐总提到的,像软银这样的投资公司也可以成为伟大的公司。虽然自身可能不进行任何技术上的创新,其至也不进行商业模式上的创新，但是能够为从事各种创新的公司和创业者们提供足够的资本支持，让大家都能静下心来，放手去做对社会有价值的事情。通过支撑其他公司的创新，最终投资公司将间接地为社会做出重要贡献。

因此，未来我们不仅需要伟大的企业家，同样也需要伟大的银行家、伟大的金融家以及伟大的投资家。当然，后者不是只有钱就够了，他们还要有格局，有战略眼光，有使命感，有责任心，更要有支撑别人创新、最终回馈社会的境界——虽然资本肯定要考虑投入产出比，但对于代表未来方向的领域，即使还不能完全看清楚，也要敢于大胆支持，因为即便失败了，这种经验教训的积累也是对社会的巨大贡献。

回到刚才的问题，面对产业乃至社会巨变的前景，传统企业既要把现有业务做好，更要针对未来趋势加大投入，在这个过程中不能只靠自己盈利来滚动投入，也要借助外部资源包括资本的力量来加快发展。由此就衍生出下一个问题，在这种情况下，企业自己应该拥有或者掌控哪些资源，又有哪些资源应该借助外部力量呢？

比如未来博世要与很多企业合作，包括百度、阿里、腾讯、华为等。在合作的过程中，对于博世来说最核心的要素是什么？能不能确保受控？未来汽车企业会不会由于和信息通信行业的巨头合作，导致产品同质化，甚至最终被这些巨头吞并？从这个角度讲，您如何看待跨界合作与产业分工？说到底，合作的目的还是为了谋求自身利益的最大化。

徐大全： 毫无疑问，未来我们合作的范围一定会更加广泛。考虑到未来出行模式的改变，过去这几年里，博世已经把汽车板块的客户群拓展了很多。以前我们基本上只和奔驰、宝马、大众等整车企业合作；三年前，我们重新探讨博世未来可以服务于哪些客户时，Uber、滴滴等出行服务商也进入到我们的视野。也就是说，未来我们服务的对象要扩展很多，而在服务这些"新"客户的同时，我们自己也将完成从"以车为主"到"以人为主"的理念转变，并对相应的商务模式进行合理的调整。

从自身角度出发，面对未来出行服务这样一个重大领域，我们也在思考博世会有什么优势？怎样才能找到更多更好的合作伙伴？我们认为，在汽车领域耕耘了这么多年，博世对汽车产品以及车内构架的了解还是很深的，基于我们这方面的优势，再结合相关合作伙伴在移动互联技术和生态等方面的优势，将会产生很多彼此共赢的商机。当然和其他企业一样，目前博世在合作发展方面也还在继续探索中。究竟哪些技术必须自己保留，哪些技术要靠外部获取，界限在哪里？与谁合作？怎样合作？到底会产生哪些新商机，可以提供哪些新服务？所有这些问题，我们正在努力寻求答案。

赵福全：您多次说到了服务，能不能和网友描述一下，在您心目中，未来和汽车相关的服务到底是什么样的？例如，滴滴、Uber 等公司是在用户不拥有车的情况下为其提供出行服务，在出行的过程中，用户对车有需求，对出行有需求，对在车上能做的事情也有需求。而在和出行公司合作的过程中，传统整车企业能够提供的服务体现在哪里？像博世这样的传统供应商又能提供什么服务呢？

徐大全：这是一个非常有挑战性的问题，其实也是博世近几年一直在不断思考和探索的一个重要问题。作为零部件供应商，过去我们都是服务于整车企业的，它们想要造什么车，把规格标准定好，我们就按照其要求来提供产品，包括零部件以及相应的控制软件等。这是博世最擅长的工作，我们做得非常好。

然而今天我们谈到的服务，更多地是指"软"服务，尤其是与数据相关的服务，比如基于造车的技术诀窍（Knowhow），获取并分析车内数据，以此提供相关的服务。这部分服务一方面可以继续提供给整车企业，相当于供应商和整车企业一起转变为 B2C 模式，为汽车用户提供服务；另一方面，也可以提供给出行生态的合作伙伴，一起把出行服务做得更好。设想一下，未来如果实现了自动驾驶，车辆控制系统来操控汽车，在这个过程中会产生大量的数据，对这些数据进行监控本身就是一个服务方向，同时，对这些数据进行分析又是另一个服务方向。

博世的优势在于，我们对汽车从系统到零部件层级都有非常深刻的理解，这是我们多年积累获得的宝贵财富。基于此，我们不大可能成为像滴滴、Uber 这类的出行服务商。我们希望成为的是智慧交通和智慧出行的赋能者，从技术的角度、从车辆的角度，为出行服务进行技术赋能。对这一点，博世有很清晰的自我定位。

围绕这个定位，博世定义了未来 3S 的发展方向：

第一个 S 是传感器（Sensor），汽车上有很多传感器，尤其是未来实现自动驾驶以后，汽车上的传感器会更多。大家可能不知道，博世也是全球微机电系统（MEMS）传感器最大的供应商，现在全球每四台智能手机就有一台使用了博世的 MEMS 传感器。

第二个 S 是软件（Software），在这方面赵院长一定比我理解得更深刻。未来的汽车将会以软件为主，其中代码的数量将随着自动驾驶的到来而急剧上升。目前博世在全球有将近 6 万名研发人员，其中一半都是软件工程师，他们中的大多数在从事嵌入式软件的开发工作。未来汽车实现了自动驾驶之后，虽然一定会有整体的控制系统，但还是会需要很多嵌入式软件。同时，物联网以及云端也需要相关的软件。因此，必须要有强大的软件工程师团队提供支撑。

第三个 S 是服务（Service），刚才谈到了可以基于博世既有优势向外延展的服务，我们可以把这些服务提供给整车企业，也可以提供给出行服务商。

赵福全： 您刚才谈到，未来博世也要为出行服务商提供以车辆数据为核心的服务，而不会自己去建一个移动出行服务的运营平台。尽管这样的平台在为用户提供出行服务的过程中，肯定会积累大量的数据，对这些数据进行挖掘并有效利用，可能会产生更大的价值。不过博世立足于自身的优势，准备面向出行、基于车辆数据来提供技术赋能服务。

另一方面，到目前为止，博世一直在为整车企业提供零部件硬件以及控制软件，而未来整车企业也会进行转型。那么，在继续服务整车企业的过程中，博世的定位和角色会有什么不同？原来"以硬件为主、软件为辅"的服务内容会有哪些改变？

徐大全： 肯定会有所改变。现在我们更多思考的是，未来在整个出行模式发生改变的情况下，社会需要的究竟是什么样的汽车？这样的汽车要如何打造？需要哪些技术支撑？我们围绕着这些方面在做相应的布局。

赵福全：请您具体谈谈，未来到底需要什么样的汽车？在打造未来需要的汽车时，整车企业会有哪些改变？而这种改变要求博世必须形成的新能力是什么？

徐大全：简单分享一下博世现在重点关注的一些方向。在未来汽车共享出行的前景下，我们首先要实现互联并把外部生态导入车内。这种导入不能只是从云端下载下来，而是应该嵌入到车里。由此引发的变化，第一是充分互联，第二是对汽车安全的要求不断提升，尤其是在陆续实现更高等级自动驾驶的过程中，相对应的安全等级要求会变得越来越高。因此，未来汽车安全是我们关注很多的一个领域。这其中既包括车辆功能层面的安全，也包括车联网和数据层面的安全。如何确保车内控制系统更加安全，有很多工作需要重新定义和开展。

再从服务角度看，车辆产生大量数据以后，这些数据要怎样实现价值，这也是我们关注的重点领域之一。我们需要提供车辆数据远程监控以及刷写修改的技术服务，这样出行服务商们就能快速准确地了解到平台上每一辆车的运行状况，并随时进行优化调整，从而大幅提高车辆的使用效率和服务能力。

此外，目前中国正在大力推进5G落地应用，移动通信技术发展得非常快。未来汽车将在5G环境下运行，从车端出发，我们必须思考如何更好地开发与之匹配的V2X等技术，以充分发挥5G的优势。在这个领域，同样有很多事情要做。

赵福全：本轮产业变革在方方面面带来了全新变化，对于包括博世在内的传统零部件强企来说，最大的挑战在于，原来自己最强的领域似乎一夜之间变得不再那么重要，而新的领域又不是自己所擅长的。尽管如此，徐总认为，传统零部件企业依然拥有很大的转型机遇和发展空间，关键是要积极探索新领域。比如，围绕未来的出行服务，博世决心基于自身优势，强化对数据的深度分析和价值挖掘，为出行服务商、也为整车企业提供技术赋能服务，以适应"软件定义汽车"的新局面。

说到这里，我有一个问题。目前汽车产业迎来了不少新进入的力量，既包括实力强大的ICT巨头,如国内的百度、阿里巴巴、腾讯、华为,国外的Google等公司,也包括很多规模小但技术强的初创公司。那么,在新领域的竞争中,传统零部件企业凭什么能够胜出呢?

徐大全:老实说,这些新入力量确实都有自己的强项,例如腾讯、阿里巴巴有各自的支付平台和生态服务,而且这些服务已经产生了海量的数据,蕴含着巨大的价值;华为在通信硬件方面有很强的实力。博世要做的其实不是和这些公司的强项竞争,而是要发掘出我们自己的强项。

正如前面提到的,我们认为,博世对于汽车全方位的理解、对于未来汽车功能以及安全的认识,应该说都有很大优势。举个例子,对于充分网联、自动驾驶的汽车,应该如何做好关键零部件的冗余设计,如何确保车辆运行过程中能够更加安全,在这些方面我们有自己独特的技术诀窍。因为博世涉猎的零部件种类比较广泛,拥有很多关键系统、总成和零部件的技术积累,一百多年来,我们的知识和能力都沉淀在里面。我想,这样的优势也不是新入力量能够媲美的。

因此,现在要思考的并不是谁胜谁负的问题,而是如何把自身的强项和其他公司的强项有效结合起来,共同探索出合作共赢的有效模式。

赵福全:这可能是很多传统零部件企业在转型过程中期待的一种发展模式,即规避自己的弱项,发挥自己的强项,同时用别人的强项给自己做加法。但是,这里面还是涉及一个主导权的问题。比如,那些ICT企业愿意给传统零部件企业做加法吗?或者说,为什么不是传统零部件企业给这些ICT企业做加法呢?

此外,整车企业的选择也很关键。现在一些世界顶级车企已经认识到未来将是"软件定义汽车"的时代,它们希望自己做核心的系统和软件,或是让一些ICT公司来辅助自己做软件,而传统的零部件公司只要继续提供硬件就够了。一旦这种情况成为主流,整车企业将直接与软件供应商形成更紧密的合作关系,这会给传统零部件企业带来空前的压力。博世有没有思考过如何应对这样的挑战?

徐大全:未来汽车产业格局的变化无疑会非常巨大,在转型过程中,其实各类企业都面临着严峻的挑战。因此,如何真正找准自己的定位,认清自己的长处，就变得非常重要。也唯有如此，企业才有资格和能力与其他企业展开合作。

在此我想谈两点认识。第一，尽管有所降低，但其实造车的门槛依然很高，并不是随便一家IT公司进入到汽车产业，就能很快把车造出来，更不用说把车造好了。您在汽车界打拼了几十年，对此是非常清楚的。即使未来软件的比重越来越大，但只靠IT公司的技术仍然是造不出汽车的。因为汽车是高度复杂并在移动中体现价值的工业品，无论是实现各项功能，还是保障日益提高的安全等级，都需要有足够技术实力的企业提供最佳的解决方案。在这一点上，我们是没有太多担心的。将来实现了自动驾驶，智能汽车更需要在各种工况和场景下保证绝对安全，仅仅这一点，就不是哪家IT公司能够轻松做好的。

第二，从当前合作的实际情况看，我们愿意与IT公司进行合作，同时我们发现IT公司也愿意与博世合作。例如，博世与中国移动签署了战略合作协议，正在探讨双方在哪些相关产品和领域上开展深度合作；与阿里巴巴签署了战略合作协议；与百度也签署了战略合作协议。这些公司也都希望能和博世这样对汽车拥有全面理解和雄厚技术实力的企业建立合作关系。

我个人的感受是，以往我们只是和整车企业合作，而当汽车产业出现了新的技术领域之后，近几年来，我们就不只是和整车企业合作，而是把大部分时间花在了和想要进入汽车领域的IT公司商谈合作上了。所以说，这种合作是双向的，不是我们一厢情愿，其他公司也愿意找博世合作。

赵福全： 当前的情况是，博世对于汽车有着非常全面深刻的理解，而且拥有很多汽车核心技术的诀窍，这是IT公司需要而不具备的。反过来讲，博世也需要这些IT公司在操作系统、软件等方面的核心技术。因此，大家愿意相互合作，各取所需，取长补短。

不过如果我们想得再远一些，到五年或者十年之后，您能否预测一下，最终将会由谁来主导和定义汽车产品的核心属性？的确，IT公司可能永远掌握不了做汽车硬件的能力，但会不会有一天，硬件变得非常基础，充分标准化，就像一支笔一样，按照既定的规格造出来即可，之后这支笔能写出什么字，以及字迹是否漂亮，将完全由软件来决定，也就是真正实现了所谓"软件定义汽车"，而不只是"软件控制汽车"。其实现在就是"软件控制汽车"，这方面是博世的强项，但是"软件定义汽车"就有本质的不同了。

当然，即使到了汽车的功能和性能，尤其是智能化的个性体验，完全由软件决定的时候，也照样需要优质的硬件，而且硬件也照样需要不断进步，以有效支撑软件。但是，硬软件的地位还是会发生根本性的改变。到那个时候，面对那些以软件为强项、居于主导地位的公司，博世会不会成为只能为这些公司提供基本硬件的企业。或者说我的问题是，博世到底会成为用笔的企业，还是会成为造笔的企业呢？

徐大全：我同意您刚才说的一点，无论未来汽车产业如何变化，硬件始终是不可或缺的必要条件。因为汽车本身就是硬件，所以我们必须坚持先把硬件做好。但是软件的作用，尤其是从个性化角度出发，一定会变得越来越重要。由此，软件在汽车上所占的价值比重将会越来越高，相对而言，将来硬件可能真的就是"白菜价"了，大部分利润都在软件里面，这确实是未来的发展方向。

但是就车载软件来说，一定是有很多层次的。比如现在一辆汽车里有很多控制器，每个控制器里都有嵌入式软件，博世在这方面做得很不错。而未来车内控制器一定会进行深度整合，先是形成几个域控制器，最后的终极状况很可能是一个车载电脑控制车上所有的系统和部件。

而运行在这个车载电脑上的软件，其结构将是分层的。其中有底层的通信层软件，可能基于汽车开放系统架构（AUTOSAR）、车辆运行环境（VRTE）这类基本软件框架建立；在此之上是功能层软件，例如控制车身电子稳定系统（ESP）、控制电机、识别高清地图及融合传感器信号等的软件；再往上还会有很多应用层的软件。

我认为，在每一个层面上，未来都不太可能出现一家公司独揽所有的软件。正因如此，我觉得未来车载 OS 应该也不会是一家独大，不会像个人计算机上的微软视窗系统，或者智能手机上的苹果和安卓系统那样，高度集中于一两种主流系统。毕竟未来汽车的操作系统将更为复杂，很可能会有几种分量都比较重的不同操作系统。

目前，车载操作系统不是博世开发的重点，但是博世与很多车载操作系统公司都在合作。而刚才谈到的各个层面的软件，这其中很多都是与汽车感知、控制、执行等功能息息相关的，仍然需要汽车技术诀窍，并不是说一家很大的软件公司，就能把这些车内控制软件都做出来。就软件而言，将来软件公司与传统供应商之间会有所分工。正因如此，到了"软件定义汽车"的时代，传统汽车供应商也并不是没有机会。至于哪部分软件是博世应该集中全力去做的，我们正在实践中不断细化。

赵福全： 梳理一下徐总刚才谈的。这次产业转型涉及的范畴之大是空前的，没有哪家公司能够包罗万象、囊括所有。硬件出身的传统汽车供应商，要逐步向软件领域拓展，基于自身硬件技术的特色和优势，不断理解并涉足相关的软件。而软件出身的IT公司，也需要逐步了解汽车硬件，以便更好地开发自身的软件。最终，由于产业大、领域多、层次细，这两类公司都能找到自己的生存空间，而且也都需要与对方进行分工协作，因此不会形成一方独大的局面。

最终到了"软件定义汽车"的时候，可能汽车行业会形成几种类似安卓或者苹果这样的主流操作系统。同时，在每一种车载操作系统下面，都有不同层面的诸多软件。这些软件的水平对于车辆硬件的控制、数据的挖掘、性能的提升，影响巨大。因此，汽车软件有太多的工作要做，远不是某家IT公司能够包办，也不是某家传统供应商能够独揽。而博世会找出汽车软件中最能体现自身特色、最有含金量的部分，为占据未来竞争的制高点而不懈努力。

到目前为止，对于汽车软件，应该说大家都还在探索之中，还没有哪家企业能在某个领域占据主导地位。这好像与以前汽车产业的情况不一样，比如博世的发动机管理系统（EMS）可以占据世界汽车市场很高的份额，而现在在新技术领域，类似的集中趋势还看不到。

徐大全： 我们可以回顾一下历史，比如电喷系统，今天实力较强的只有博世、电装、德尔福等几家公司，但这其实是几十年产业发展的结果。最开始研发电喷系统的时候，也有很多公司在做，随着时间的推移，竞争格局逐渐发生改变。因为汽车零部件是薄利多销的行业，需要具备一定的规模才有望胜出，所以是持续竞争的历史造就了今天这种高度集中的现实。

而围绕着本轮产业变革带来的一系列新领域，包括自动驾驶、移动互联、出行服务以及相关的软件研发，实际上竞争才刚刚开始，产业正在进入群雄割据的"战国时代"。各路诸侯或彼此攻伐，或合纵连横，都在努力争取最终的胜利。不过，究竟未来哪种技术会成为主流，哪家企业会最终胜出，以及会在什么时间节点上胜出，这一切目前都还完全未知。或许经过十年甚至几十年的沉淀之后，产业会进入格局相对明晰的"三国时代"，形成几家有实力的大企业，各自占据一方版图，虽然互相之间也有争夺，但总体态势比较平稳。不过在此之前，汽车产业一定要经历一个优胜劣汰的发展过程。

那么，到了那个时候，汽车产业将会是怎样一幅图景呢？我有这样的构想：现在是整车企业处于产业顶端，下面有 Tier1、Tier2、Tier3 这样一个序列完整、层级清晰的供应体系。而未来在出行服务大行其道之后，处于产业顶端的很可能将是出行服务商，全球或许会有几家大的出行服务商，其运营平台操控着几乎所有的车辆，同时有众多不同的合作伙伴在平台上各司其职、分工协作。这其中包括整车制造商以及各种生态服务商，如移动通信服务商、支付系统服务商以及类似高精地图这种专业技术领域的服务商等。因此，从产业结构上看，将不再是纵向垂直向下很深的链条，而是横向水平延展很宽的生态。当然，最终的格局到底会是怎样，又有哪些企业能够成为有竞争力的出行服务商，现在还无法预测。

赵福全：您觉得出行服务商最终会自己造车吗？现在已有出行服务企业开始计划造车，或者通过收购车企实现车辆自研自产自用的目的。您认同这种商业模式吗？

徐大全：回顾历史，过去是出租车公司在提供出行服务。全球有几家很大的出租车公司，它们都不造车。车都由整车企业制造，然后出租车公司选择不同的车来提供出行服务,在过去几十年一直都是这种模式。

进入互联网时代后,人们可以在软件平台上随时叫车,于是出行服务的运行平台变得非常重要。不过就车辆的来源而言,我不觉得一定需要改变原有的模式。当然,出行服务商也可以自己造车,目前有些出行服务商就已经在考虑造车了,它们与整车企业合作,希望能够定制最需要的车型,比如某种等级的自动驾驶汽车。但是我认为,出行服务商最重要的还是要把自己的关键业务即出行服务做好,至于用谁造的车,也许并不是那么重要。

赵福全:是的,出行服务也就是用车,和造车是两个不同的业务,用车是为了满足用户对于出行服务的需求,而造车则是为了满足各种出行场景对移动工具的需求。因此,造好车和用好车完全是两回事,需要不同的能力。具体到某一个细分领域,或许可以把用车和造车合二为一,但是恐怕这不会成为主流的模式。如果出行服务商认为自己造车就能降低用车成本,这种想法是错误的,因为造车本身投入更大,需要很大的规模才能分摊成本。

徐大全:我也不是说出行服务商自己造车一定是错误的,因为出行服务本身还处于一个摸索的阶段。例如,现在一些整车企业也开始直接为用户提供出行服务,以进一步了解出行服务所需要的汽车应该是什么样的。

实际上,产业未来的不确定性,导致几乎所有的企业都在焦虑。在中国现在有一定知名度的出行服务商可以数出二十多家,其中很多都有整车企业背景。因为,整车企业都认识到将来造车的利润率可能会很低,而出行服务将是一块更大的"蛋糕",所以大家都想介入进来,这是可以理解的。但是未来经过大浪淘沙最终尘埃落定之后,出行服务领域将会形成什么样的格局?这才是值得深入探讨的关键问题。

赵福全:您刚才谈到,博世要为出行公司提供服务,基于对车辆数据的深层次加工及再利用,挖掘其中的商业价值。那么,博世对于这些出行公司的发展前景,是怎样判断的?我知道,您现在还担任博世全球出行业务事业部的总经理,您会选择什么样的出行公司进行合作?

徐大全：我们现在没有刻意地去选择客户，因为还不知道哪家公司将来会胜出。因此，只要我们认为有商机，自己有能力提供客户所需的服务，而且工程预算在可承受的范围内，我们都愿意合作。在未来前景不明朗的情况下，最好的策略就是多方合作，尽可能多做生意。

赵福全：虽然不知道最终谁会胜出，但是一定会有不少"一看就很难胜出"的公司吧？您对合作伙伴的判断标准是什么？比如说，您觉得拥有哪些能力的出行服务提供者未来更有可能胜出？是单纯的出行服务商，还是提供出行服务的整车企业？

徐大全：对博世来说，整车企业和出行服务商都是我们的客户。我们希望客户都能有很好的发展，并且愿意和更多的企业进行更多的合作。

当然，从商业回报的角度出发，我们也会有所判断，判断的标准说起来也很简单。第一，公司未来的愿景是什么，它们想要实现的目标能不能打动我们；第二，公司的研发能力是不是很强；第三，公司的经济实力如何，能不能支撑到实现梦想的那一天。比如，我们现在也在和多家新造车企业合作，对这些公司，我们也是按照上述标准判断过的。

赵福全：实际上，企业做出行服务时，不仅要有研发能力，也要有合理选择并有效运行商业模式的能力。例如依靠什么样的服务模式，用什么样的汽车，把什么样的客户都汇聚到一起，才能扩大出行平台与用户之间互联互通的范围，最终实现高效率、低成本、高质量的出行。此外，出行服务还要有一定的规模。因此，小企业会非常艰难。

徐大全：是的，未来出行领域的竞争将非常残酷。目前在中国做出行的几十家企业中，滴滴的市场份额是最大的，在现阶段相对来说比较成功。当然，很多目前规模还比较小的出行公司，也不能说毫无希望。从博世的角度出发，我们希望能够打造一系列平台化的解决方案，既可以提供给大公司，也可以提供给小公司使用。我们并不想押宝将来谁胜谁败，而是想打造一个共性的解决方案，让大家都能使用。就像ESP一样，可以同时提供给很多整车企业。这样最终谁胜谁败对博世来说也就不重要了。

赵福全：博世要打造一个共性的平台化解决方案，让很多企业都可以使用。那么,能和网友分享一下,博世与滴滴合作的情况吗?对双方来说,所谓"各取所需、强强联合"体现在哪里?

徐大全:博世与滴滴的合作项目已经对外宣布了,我们将共同开发"云端电池"项目,未来滴滴的电动汽车车队可以通过博世的云端技术来管控电池。尽管博世并不是一家电池供应商,但是我们曾经花费很多时间研发动力电池,也有过失败的合资企业经历,还收购过固态电池公司。在电池技术方面,我们实际上也积累了很多经验。

基于这些经验,我们开发了"云端电池"管理技术。这个云端会实时监控每一辆电动汽车上的电池状态。一方面,接入云端的每一块车载动力电池,其终身的性能表现及相关数据,云端都会记录下来;另一方面,为了实现对电池性能的最佳控制,我们将通过云端来管控电池的充电和放电,实现循环次数和耐久性的最大化。

同时,电池一旦进入了云端后,就会获得一个身份编号,任何时候查看该编号对应的文件,就可以知道电池的状况,这就为后续的售后服务以及电池回收再利用提供了非常有价值的数据。

赵福全:提到电池,很多业内人士就会想到发动机。一直以来,博世掌握着燃油汽车最核心的技术之一——发动机电控技术;但是,当产业逐步告别发动机,渐渐向电动化发展的时候,很多整车企业都是从电池供应商那里购买单体电池或成组,然后自己集成电池包,同时自己也做电池的管理系统。这样一来,像博世这类传统供应商企业还会掌握类似发动机电控技术这样的强项吗?比如说,未来整车企业巨头们会把电池管理部分交给博世来做吗?

徐大全:我个人感觉可能性不大,恐怕很难再回到以前类似发动机电控领域的格局了。但是我们希望能够在电池管理方向提供一定的解决方案,并得到市场应用。尽管我们不做单体电池和成组,也不做电池包业务,但是在电池管控上,还是可以基于自身的技术积累提供有竞争力的解决方案。

赵福全:过去是发动机技术一统天下的时代,未来则是动力多元化的时代,发动机将逐步走下独一无二的王座。而像博世这类掌握着发动机控制核心技术的供应商巨头们，今后恐怕再难保持过去那样的强势地位了。

徐大全：是的，要取得从前的强势地位非常困难。因此，博世希望在新领域有所作为，以补偿我们在发动机领域逐渐失去的业务。这是当前我们正在不懈努力的方向。

赵福全：下面想和徐总探讨的问题是，您觉得未来整车和零部件企业之间的关系会有怎样的变化？应该说，作为实力最强的汽车供应商之一，博世的判断和行动在很大程度上代表着传统Tier1未来的发展方向。此前汽车产业里有整车企业，有Tier1、Tier2等各级零部件企业；而现在又出现了Tier0.5的概念。为什么会出现Tier0.5这样的供应商？这对传统Tier1、Tier2在汽车产业链中的位置和分工会有什么影响？整车和零部件企业之间的关系是否需要再定义？

徐大全：这是一个很难的问题，涉及汽车供应商未来的定位究竟在哪里。实际上，当前各家供应商的压力都非常大。2018年有一家全球知名的轮毂制造商，请我去介绍汽车互联方向的最新发展。像轮毂公司都在考虑互联了，可见产业变革带来的压力之大。历史造就了今天的博世，让我们成为一家Tier1。过去汽车产业的分工模式是，Tier1整合各种系统和总成，提供给整车企业组装成汽车产品，但是这种模式未来很可能会被打破。

未来就汽车硬件供应而言，我觉得还会存在Tier1、Tier2这样的体系，只要硬件存在，这个体系就会存在。但是，未来越来越多的价值将体现在软件上，例如前面提到的车载操作系统以及不同层级的软件。从汽车软件供应的角度来看，就会出现Tier0.5。

由此，产业分工的格局也会发生变化。比如，谁来完成Tier0.5的工作？很可能在并行的很多Tier1中，会有某一家企业把软硬件进行集成，再提供给车企，从而变成了所谓的Tier0.5；也可能是车企自己直接来做软硬件集成。无论怎样，汽车供应体系将变得更加扁平化，不再像现在这样Tier1、Tier2逐级向下延展。Tier0.5必须有效整合很多平行的资源，然后才能搭载到整车上。

我认为，未来汽车产业将从纵向合作向横向合作发展，而且不同企业之间横向的紧密合作将变得越来越重要。比如 A 企业的软件和 B 企业的软件，如何有效地集成到一个操作系统中。也就是说，汽车供应链将趋于扁平化，这将是产业格局未来的演进方向。

赵福全：我认为，将来的 Tier0.5 很可能就是现在的 Tier1 再加上一定的软件能力。同时未来 Tier1 和 Tier2 的层级界限将越来越不分明，很多供应商都有机会在提供硬件的基础上，集成其他硬件以及相应的软件，提供给整车企业，由此成为 Tier0.5。

当然，一些强大的整车企业可能不会让供应商做软硬件集成，而是自己来做。因为软件如果不与硬件一起集成，就无法达到预期的效果；而一旦都交了出去，整车企业也就很难掌控最核心的技术诀窍了。反过来讲，软件与硬件一起集成，涉及的协调、验证以及管理的复杂度超乎想象，尤其是车辆智能化、网联化之后，工作量将呈几何级数增长。因此，一些相对较弱的整车企业，或者规模较大、部分产品无法兼顾的整车企业，可能还得依靠 Tier0.5 来把软件和硬件整合到一起。

徐大全：我同意赵院长的这个说法。软件与硬件结合的基础，还是要掌握一定的硬件技术诀窍，尤其是在车上进行搭载验证的时候，了解硬件属性非常重要。因此，我觉得未来传统供应商仍然有生存的空间。

现在还有一个值得思考的问题。我们知道代工是当前手机主要的生产模式，比如苹果手机的制造组装就是由富士康完成的。设想三四十年以后，所有汽车都成为自动驾驶的智能汽车，这样汽车就变成了一种单纯的移动工具，失去了现在所具有的代表身份、地位和个性的意义，也没有驾驶乐趣可以体验。在这样的情况下，这种自动驾驶移动工具的生产商会不会发生变化？具体来说，设计开发的公司会不会与制造组装的公司分离开，形成后者为前者代工的模式？如果分离开的话，供应商又将处于什么地位？

赵福全：这个问题现在很难回答，也有很多争论。汽车本来并不是一种单纯的移动工具，还充满了驾驶乐趣，并能够彰显个性和身份。但是我认为，汽车的本质还是移动工具，而非其他属性。一个人乘坐汽车，更多的就是要实现从 A 点到 B 点的移动,而不是为了在车上享受驾驶乐趣。要追求驾驶乐趣,可以有其他途径。即使有一天路上的汽车完全实现了自动驾驶,人驾驶的汽车不再允许上路了,也可以开辟专门的场地,让有兴趣的人在里面开车体验驾驶的乐趣,这两者并不矛盾。总体来说,汽车必然会逐渐实现自动驾驶,从而充分解放乘车出行的人。

在这个过程中,打造个性化的或者充满驾驶乐趣的汽车,将逐渐变得不再是汽车制造商的需求。刚才我们也谈到了出行公司要不要自己造车的问题,其实无论答案如何,为出行公司制造的车肯定不会以个性化或者驾驶乐趣为开发目标。这确实为汽车设计与制造的分离带来了更大的可能性。就像现在的手机公司只做产品设计、操作系统及部分服务内容,制造由其他企业负责,但是手机品牌是属于设计者而非制造者的。这就是苹果公司目前的模式,一方面聚焦在利润更加丰厚的设计和服务环节,另一方面,通过对硬件的定义,特别是软件的个性化和多元化,实现产品的"千人千面",赢得消费者的认可,并形成自身的品牌特色。尽管汽车和手机有很大的不同,但是未来汽车确实有可能会向手机的模式一点一点接近。

说到底,这实际上是一个品牌再定义的问题。不只整车制造商,零部件供应商也同样如此。就像刚刚我们谈到的,博世已经充分意识到本轮产业变革带来的挑战是巨大的,因为过去一百多年中形成的强项、积累的诀窍,很大一部分都将变得不再重要,所以,未来博世品牌的内涵和特色就需要重新再定义,而再定义就需要新能力的支撑。

品牌是什么?我认为,品牌就是由企业能力支撑的在消费者和客户心目中形成的固有形象。在产业变革期,如果企业不能形成支撑未来需求的新能力,品牌就将难以为继。而形成新能力的挑战之大超乎想象,因为企业必须兼顾生存和发展,如果当前主流的业务和未来的发展方向相悖,企业就需要转移投入的重点。但是这种转移根本没有清晰的路径可循,而且转移的速度是快了还是慢了,恐怕谁都说不准。然而,正是转移投入方向的力度和速度,将会决定企业的未来。在新能力上投入得过多过快,企业很可能就会成为"先烈";而投入得过少过慢,企业终究会被市场淘汰。

解决这些难题需要企业有清晰前瞻的转型战略。而支撑转型战略有效落地的最重要因素就是人才。无论是培育新能力、寻找新合作伙伴，还是探索新商业模式，最终都要靠人来实施。我认为，像博世这样规模的企业，无论是待遇还是声誉方面，吸引人才应该都不是问题。不过，面向未来的转型需求，博世可能还是会感觉到人才稀缺。那么，现在博世最缺什么样的人才？把这种人才吸引到博世来有难度吗？

徐大全：博世现在迫切需要各个领域的大量人才，特别是懂IT技术的、懂软件的、懂人工智能的人才。在引进人才方面，我们也做了很大的努力。例如，博世两年前成立了人工智能研发团队，现在已经有几百人的规模，未来一两年内计划发展到两千人，以支撑博世所有产品的智能化开发。

在吸引人才方面，我们确实也遇到了一些困难，主要是公司实行传统的管理模式，没有股权激励，同时工资和奖金也基本是与公司业绩同步，不会出现大起大伏。当然，这种稳定性本身也是一种吸引力。不过，要吸引期待快速致富或者创业思想较强的年轻人，可能就会有一些难度。为此，我们正在改善人力资源管理模式。过去两三年间，博世人力资源部门尝试了一些项目，就是立足于吸引IT行业的人才，尤其是年轻人，并且让他们能够在公司持久工作。据此制订了很多不同的激励方式，包括多种激励打包的模式等，我们都在积极尝试。

赵福全：您对尝试的效果满意吗？如果不满意，您认为问题在哪里？为什么博世吸引那些优秀的具有创业思想的年轻人，相对来说会比较难呢？

徐大全：我个人觉得，一些想创业的顶级人才，恐怕不会首选到博世来工作。博世的文化和理念可能与这些人并不完全相符。但是，还是有很多优秀的人才，他们希望有一个稳定的工作环境，能够和一家大企业共同成长，并在企业的大平台上发挥自己的能力。这样的人才在博世还是有很多的。同时，我们也在尝试进行一些改变，比如打造鼓励员工创业的环境。今后可能一些新的创意出现后，我们会鼓励员工创业实施，公司在背后给予支持。

赵福全：传统企业的困难在于，既要考虑既有员工的福利待遇，又要考虑未来所需新人才的招揽。从这个意义上讲，架构清晰、相对稳定的人力资源管理体系和制度，既是传统大企业的优势，也是其转型的瓶颈。而新创企业因为是从零开始的，反而没有这些问题。

企业之前做得很成功，才会有转型的基础和机会；但是为了转型，恰恰需要改变原来的成功之处，甚至要完全抛弃。说到底，转型意味着"革"自己的命，这是非常困难的。正因如此，当社会及产业发生巨变之际，往往正是轻装上阵的后来者最容易脱颖而出的时候，因为它们没有历史包袱。而对之前成功的企业来说，曾经的强项和优势可能正是未来发展的历史负担，甚至成为其难以突破的瓶颈。

徐大全：的确如此。我们拥有一套完整、系统的管理体系，要打破这套体系是很难的。因为这套体系，包括组织架构和人力资源管理模式等，都是在过去多年的实践中不断完善而形成的，不仅支撑了企业之前的成功发展，而且对于维持企业现在的稳定也非常重要。但是当产业变革出现以后，我们反而因此面临挑战，如何既有继承、又有创新地改变原有体系，吸引并维持优秀的人才队伍，激发他们的工作动力，就成为至关重要的课题。

赵福全：这不仅是博世，也是"博世们"共同面临的难题。传统企业在产业变革的历史机遇和挑战面前，必须下决心"革"自己的命，否则就会像"温水煮青蛙"，现在不及时行动，等到非行动不可的时候就已经来不及了，最后只能被历史淘汰。前面提到柯达公司的案例就是如此，其实柯达也不是完全没有看到数码相机带来的机遇，但由于机制僵化、勇气不足，最终才走向了败局。

回到人才的话题，还有一点需要注意——新一代年轻人对于工作环境和个人发展的诉求，已经和从前大不一样了。过去，大家往往更关注工资和奖金，因为每个月都等着用钱；而现在，年轻人普遍衣食无忧，一些家庭条件好的甚至本来不需要"为钱"出来工作，因此可能期权和股权更受他们关注。因为他们更追求对企业的拥有感，以及在企业发展过程中的成就感。为此，企业应该形成一些新机制，如内部建立孵化器，允许甚至鼓励员工创业。假如企业没有提供内部创业的机会，那么一些人才就会到别的地方去发展，这对企业是不利的。

此外，对于跨国公司而言，还要充分考虑人力资源的地域性差异。如果简单认为美国人、德国人或者日本人就是这样的，中国人应该也是这样的，恐怕很难适应中国快速发展的步伐。

下面一个问题。作为中国人，您在德国公司工作了多年，亲身经历了德国文化的洗礼，看到了德国车企和中国车企未来发展战略和战术的不同，也领略了德国政府和中国政府在支持产业转型过程中政策的差异，那么，您觉得两个国家及各自的企业之间有哪些差别，又有哪些地方应该互相借鉴？

徐大全：对于德国来说，汽车行业是一个非常传统的行业，走过了一百多年的历程，一步一步发展到今天。加入德国公司以来，我个人感受最深的就是工程师的严谨态度，包括在技术上、在质量管控上的一丝不苟，这是非常值得中国车企学习的地方。

反过来看，最近几年，尤其是移动互联技术飞速发展的今天，在中国新生事物的普及非常迅速。像网上购物、网上约车、网上支付等，仿佛一夜之间就成了人们生活中的一部分，这说明中国有发展网联相关服务的良好环境。与德国相比，中国在这些方面的发展得更快，在某种程度上已经居于全球引领地位。

在博世公司，很多德国人看到了近十几年来中国汽车行业的蓬勃发展，特别是中国车企对市场变化的快速响应、对互联网技术的积极引入、对自动驾驶的高度热情以及中国政府对产业发展的有力推动。这使他们越来越认识到中国市场的重要性和独特性，并且对中国的发展速度由衷赞赏。

因此，当博世面对产业变革，考虑在移动互联和智慧出行方向进行布局的时候，我们高度重视中国，把中国视为一个极其重要的领先市场。比如，博世智能网联事业部成立以后，在德国以外推进业务的首选国家就是中国。我们迅速在中国组建了团队，希望能够借助中国的良好环境寻求更好的解决方案，将来这个解决方案很有可能会被移植到德国以及其他国家。

对德国企业来说，在新时期它们需要更加开放。尤其是要充分认识到，中国对未来汽车产业和出行模式的重大影响，重视在中国发生的变化，积极看待这些变化，并且努力适应这些变化，进而取得更好的发展。

对中国企业而言，经过近十几年的快速发展，我们在造车方面应该说已经做得很不错了。但是，整个供应链体系的管理能力还需要进一步提升，只有努力解决掉每一个浪费环节，才能最终实现效益的最大化。在这方面，中国企业需要学习借鉴德国和日本企业。像丰田公司为什么一直做得这么好，就是因为其精益生产做得非常到位。只有把整个供应链中的水分和浪费都去掉，汽车的成本才能真正降下来。总体来看，中国车企的优点是决策快、行动快，尤其是在互联技术引入车内等方面，已经走在了前面。不过在全供应链的精益生产和精益管理方面，还需要更大的努力。

赵福全：您刚才讲到，未来汽车产业变革的主战场将在中国。因为面对本轮产业变革，尤其是在电动化、智能化、网联化和共享化即所谓汽车"新四化"方面，中国无疑是最积极的，市场接纳度最高，政府投入也最大。未来在中国的每一个重大变化，都会影响全球汽车产业的走向，企业必须及时了解并做出相应的应对决策。在这种情况下，总部远在万里之外的跨国公司，能把握好中国的这个主战场吗？作为博世中国公司，你们当然可以随时向德国总部汇报中国的情况，但毕竟最高决策权不在你们手里。与此同时，德国与中国在文化、政策、消费习惯以及合作伙伴等方面的不同，会不会构成决策的障碍？

徐大全：我觉得这倒不一定。以博世为例，实际上，我们在智能互联方面已经达成了重视中国、优先中国的战略共识。因此，博世中国可以放手去尝试一些本土化的解决方案，待方案成熟到一定程度之后，我们甚至会反哺到德国。在这方面，我们有足够的自由度。当然，产业变革是一个渐进的过程，不可能一步到位，我们也不能操之过急。

同时，博世的企业文化是非常和谐的，当我们研究一个解决方案或者确定一个新方向的时候,中国和德国两边有非常紧密的互动和交流,然后再共同做出决策。可能这样做会造成决策的时间相对长一些,但是总部和中国在高层、中层和基层等各个层面充分达成共识,对于后续方案的推进会非常有利。否则,反而可能"欲速而不达"。

赵福全:汽车工业对德国来说是传统的支柱产业,德国的汽车文化与工匠精神已经高度成熟,并且与德国精益求精、严谨认真的民族特性相得益彰。而汽车工业在中国虽然也是支柱产业,但由于起步较晚,我们的汽车文化特别是工程师文化,尚在形成之中。德国汽车企业在产品技术和质量方面努力做到极致,甚至把产品当成艺术品来打造,这种精神正是中国汽车企业最应该学习的。

反过来,中国对于创新技术和模式的快速响应和接纳,特别是在移动互联、出行方式等方面的积极探索,也值得德国借鉴。未来基于庞大的市场规模、领先的互联网基因以及强有力的政府推动,中国无疑将成为主导汽车产业转型升级的主战场。这不是简单的制造业升级,而是"制造+服务"的一体化升级,也就是说,未来的汽车既要造好,又要用好,从而形成全新的出行服务生态。而这样的前景最有可能在中国率先实现。

值得肯定的是,博世深刻认识到了中国市场的战略地位。正如徐总刚才所言,博世会不断强化在中国的创新实践,并通过与总部的有效互动,形成全球化的解决方案,即先扎根生长在中国,后移植推广到世界。这个过程对跨国公司来说,既有中国本土化战略充分落地的现实挑战,但同时也是全球资源优化重组的难得契机。

最后一个问题,请您畅想一下,十年之后,汽车产业将会是什么图景?到那个时候,博世又会成为一家什么样的跨国公司?

徐大全:我认为,未来十年将是各种新技术持续探索和不断发展的十年,电动化也好,自动驾驶也好,移动互联也好,都将在尝试中逐渐深化。尽管变革的具体进程无法准确预测,但未来智能汽车产品以及智慧出行服务无疑将彻底改变人类社会,并成为我们日常生活中重要的组成部分。就像今天的智能手机,古人讲"机不可失",今天有人开玩笑地解释为"手机不可丢失",智能手机对我们来说确实已经变得不可或缺了。而智能汽车将给人类带来同样巨大的影响,因为人类的出行模式将变得和之前完全不同。毫无疑问,未来的十年将是变革发生进程中的关键十年,也将是诸侯混战、竞争激烈的精彩十年。

等到产业变革尘埃落定之后,我认为,将来在全球汽车产业链的顶端,可能会出现几家大型出行服务商,覆盖各个国家和地区。因为到那个时候,人类的出行已经立体化,多种出行方式无缝连接,而出行平台将成为运营调配的主导力量。在出行服务商之下,会有整车制造商、零部件供应商和生态服务商等,这些企业将形成一个全新的生态圈,共同支撑起良好的出行服务。这个过程恐怕不只需要十年,还要更长的时间才能实现,但我个人觉得这就是产业未来的发展方向。

从博世的角度来说,只要有汽车,就会有硬件,因此我们将继续承担汽车硬件优质提供者的角色。不过与此同时,在软件和服务的解决方案方面,我们也希望能找到自己的立足点。这其中最关键的一个目标就是,成为全球领先的自动驾驶技术总体方案的集成者或提供者。为了实现这样的目标,博世不会单打独斗,而是要和各种不同的合作伙伴分工协作,为真正实现 L4/L5 级自动驾驶的汽车而共同努力。这就是博世未来的发展愿景。

赵福全:谢谢徐总!时间过得很快,一个多小时转瞬即逝。徐总不仅和大家分享了他对于汽车产业未来发展的判断,而且基于自己在世界顶级零部件企业工作多年的经验,结合博世近年来针对产业变革的思考,分享了今后企业应该如何抢占全球汽车产业的战略制高点。实际上,这不只是博世一家企业的问题,也是所有传统整车及零部件企业在产业变革期都要面对的问题。

按照徐总的理解,这次产业变革绝不只是简单的技术进步或产业进步,而将是整个社会的进步,其意义可以和 20 世纪初福特公司推出 T 型车"流水线"的生产模式相提并论。上次变革让汽车真正走进了千家万户,人类社会由马车时代进入到汽车时代。而这次变革将再次改变人类的出行方式,使人类社会进入一个安全、高效、便捷、环保出行的新时代。

实际上，这次变革的广度和深度超乎想象，远比告别马车时代要困难得多。因为涉及的参与主体更多，相关联的核心技术也更多，而且经过了一百多年的发展，汽车产业已经形成了高度发达、相对固化的架构体系。现在我们在原有的产业基础上，一方面要向电动化方向进行转移，另一方面又要实现网联化、智能化的全新发展，其复杂程度可想而知。

在这个过程中，传统汽车企业主要基于汽车硬件的既有优势将不断削弱，尽管很多技术依然重要，但将来只是必要条件，而非充分条件。同时，物联网、大数据、云计算、人工智能等新技术，又不是传统汽车企业的强项。这就给传统汽车企业，尤其是零部件供应商带来了巨大的挑战。为此，企业必须在技术投入方向、商业运行模式、人才管理体系以及公司理念文化上进行全方位的转变，才能有效应对产业变革的严峻挑战。

还有一点需要强调，新时期企业必须充分利用外部资源和资本力量，实现风险共担、利益共享，而不能只是单打独斗、靠自身积累缓慢发展，否则很难跟上产业变革的步伐。其实在万物互联的前景下，所有企业都应该建立"外部资源为我所用"的新思维方式。

今天通过和徐总交流，我感受到博世应对上述挑战的思路是清晰的。当然要想真正落地并不容易，必须平衡好眼前的生存和未来的发展，这就涉及对自身的资源、合作伙伴的资源以及产业未来发展速度的准确评估。虽然最终智能汽车和智慧出行的社会一定会到来，但究竟是五年、十年，还是十五年、二十年后到来？企业的应对策略肯定是不同的。

因此，企业只能在纠结中努力前行，在苦恼中冷静投入。既要保证眼前的利益，毕竟企业还要赚钱才能生存下去；又要确保未来的发展，否则终将被产业淘汰。这其中对于博世这类传统巨头来说，最大的难点在于，自己过去的巨大成功反而可能成为未来转型中的沉没成本。应该何时以及怎样抛弃过去、拥抱未来，并没有标准答案可循。但无论如何，企业只能下定决心、坚定迈步前行。

对于产业而言，既要造好车，又要用好车。因此，原来的技术仍然要加强，同时也必须面向万物互联、人工智能和出行服务加大投入。与此同时，国家和地方的产业政策、法规标准、基础设施以及区域文化，都将在产业变革中产生至关重要的影响。

值得庆幸的是，中国将是未来汽车产业变革的主战场，这就为在华企业提供了千载难逢的战略机遇。我想，所有企业都应该努力把握住这次历史契机，振作精神，积极探索，在不断审视未来并进行相应储备的同时，扎扎实实做好眼前的每一件工作。我相信，这样的企业最终一定能够在未来的汽车出行大生态中占据一席之地。

最后，谢谢徐总，也祝博世今后做得更好！

徐大全：谢谢赵院长！

第二部分
论道车界

一、产业创新总论

01 宏观经济环境变化

中国经济已转换到中速增长期

中国经济经历了三十多年的高速增长,从 2010 年一季度开始逐步减速,到目前为止已经有 10 年的时间。对于这种变化,业界有一些不同的说法。有人认为是周期性的波动,也有人认为主要是受到外部的冲击,但是总体来说是增长阶段的转换,即中国经济由过去 10% 左右的高速增长期到目前的中速增长期的转换。

为什么会发生增长阶段的转换?主要有三方面原因:

第一,一些重要产品的需求已经达到峰值。中国经济过去的高增长,主要依靠高投资拉动,高投资主要集中在三大需求上:房地产投资、基建投资和出口投资,而这三大需求相继出现了历史峰值。工业化和城镇化发展是一个几十年甚至上百年的持续过程,目前来看,中国主要产品需求量的峰值,相应的也就是增长速度最高的那个峰值点,已经达到了。

第二,现有技术的潜力逐渐减小。我国过去的高速增长主要是利用人类社会已经发明的科学技术,这些技术中的大部分现在都已经应用了,后续必须从新的科学技术中寻找发展动力。

第三,中国劳动力的数量和结构发生了很大变化。从 2012 年开始,中国 15~59 岁的劳动年龄人口总量开始下降。最近一两年,下降速度仍在加快。从统计数据上看,2018 年比 2017 年减少了 470 万人。而且从 2018 年开始,就业人数总量也开始下降。

正是由于上述一系列原因,中国经济必然要由高速增长转向中速增长。这样一种增速转换,当年的日本、韩国也都经历过。这样的变化是正常的、符合规律的。当然,我们要适应这个过程也不容易,很多人还是很怀念高增长的那个时代,总想着中国能不能再回到高增长的阶段。但是,我们还是要理解并顺应经济发展的客观规律。

进入中速增长期,这是大势所趋。从经济增长阶段转换的过程来看,从2010年一季度开始减速,到2016年三季度初步触底。最近两年,基本上处在中速增长平台的平稳期,再往前走,中速增长的速率还会有所下移。预计中国2019—2020年还能保持6%以上的增长速度,2020年以后就会在5%~6%,或者5%左右徘徊,这都是正常的。

经济增长新动能的五大来源

如果中国保持5%~6%的增长速度,那么原有的增长动能,像基建、房地产、出口等,驱动力就不像过去那样大了,因为需求的历史峰值已经过去。当然,这些领域可能对中国的存量经济作用还比较大,但是对增量经济的贡献已经不大了。这些领域的增量不像以前那样大,意味着整个增长的格局将发生变化,因此中国经济下一步的发展一定要有新的增长动能。新的增长动能究竟是什么?经过研究发现,新动能主要有五大来源:

第一个增长来源,我们还有很多低效率的领域,可以继续提升效率,或者说是进一步挖掘潜力。在这么多年的高速增长之后,中国实际上还有不少低效率的洼地。

第二个增长来源,是中国低收入阶层的收入增长和人力资本的增值。现在,中国一线和二线城市大约有3.6亿人,这些人的生活状况已经与发达国家相当接近,或者说已经达到了发达国家的水平。但是在一二线城市之外,中国还有10亿人口,他们完全是另外一种状况。我们日常会碰到很多经常乘坐飞机的"空中飞人",但有统计数据表明,中国还有10亿人口从来没坐过飞机。另外,还有5亿人没用过马桶。现在很多老百姓都在追求更好的马桶,比如到日本去买智能马桶,可见人的需求提升是很快的。但是要记得,中国还有 5 亿人没用过马桶,这恰恰是我们的增长潜力所在。其实汽车也是如此,虽然很多人已经拥有过不只一辆汽车了,但是更多的人还在渴望着享受汽车生活。

如何让这部分低收入阶层快速提升收入,是增强中国消费能力和经济增长动力的关键点之一。从根本上讲,提升消费能力最重要的就是要提升收入水平,当然也可以通过再分配来助推,但主要还是要提升劳动者本身的能力,让他们创造并获得更多的财富,也就是实现所谓的人力资本增值。

第三个增长来源,是消费结构和产业结构的转型升级。最近两年有一种说法,说城市里面消费降级了,不少人开始吃方便面了,贵一点的东西买不起了。这种情况可能也存在,但是不普遍。实际情况是一二线城市的 3.6 亿人,这么多年来一直在买各种各样的消费品,该买的都买得差不多了,因此这部分人在传统消费品上的购买需求开始逐步下降,表现为消费增长速度放缓。但是这部分人又产生了新的需求,主要是服务性的消费需求,例如医疗、教育、文化、娱乐、体育、养老、旅游等,这些方面的需求上升得很快。最近有一个统计数据,中国一二线城市居民的消费总量中,服务性消费已经占到了一半左右,而且还在快速增长。从这个意义上讲,我们根本没有消费降级,只是消费结构在发生转变而已。

还要注意一个概念,与汽车行业也密切相关。我们一直强调制造业非常重要,但也有人说从发展趋势看,服务业的重要性越来越高。看起来好像两者之间有点矛盾,甚至彼此冲突,其实制造与服务是相辅相成的,在某种意义上甚至是一回事。因为服务业中有很大一部分是生产性服务,包括研发、设计、信息、金融、物流、商务等的服务,这些服务恰恰是在推动制造业转型升级。实际上,中国的服务业特别是生产性服务业发展好了,中国的制造业才有可能成功转型升级。因此,不要把服务业和制造业的发展对立起来。现在的趋势是制造业服务化,或者说服务业制造化,这反映了两者之间的关联。

总体而言,在消费方面,服务性消费的比重将不断提升,尤其是生产性服务业的重要性日益凸显。"知识密集型服务业"将是我们下一步发展的重点。近些年来，中国的服务业发展很快，餐馆、酒店越来越多。但是生活性服务业与生产性服务业完全是两个领域，对知识、技术、创新以及管理的要求都不一样。过去一直有观点认为，服务业的生产率比较低，当经济转型到以服务业为主的阶段，全要素生产率一定是下降的，增长也会因此减速。其实服务业的生产率并不一定低，知识密集型服务业的生产效率是相当高的。

第四个增长来源，是前沿性创新。改革开放40年来，中国也一直在创新，但在大多数时间里，至少前三十多年，我们做的主要是适应性创新或者数量型创新。此前人类历史上发生过几次技术革命，我们一直远远地落在发达国家后面。而这一次技术革命，情况有了很大的变化，在互联网、大数据、云计算、人工智能及数字化等前沿技术上，中国与发达国家的差距并不大，有些领域是并驾齐驱，一些领域甚至是局部领先。也就是说，我们已经开始接近全球科学技术发展的最前沿。华为公司总裁任正非讲过一句话，说华为已经进入了无人区，实际上，中国科技事业整体上也开始进入无人区了。

对于前沿性创新，中国还有几个独特的重要优势：一是人口多、市场大，这样新技术更容易形成盈利的商业模式，而商业模式反过来会带动技术创新；二是中国的产业配套能力很强。有一个案例，美国一家创新企业需要某种零部件，在硅谷怎么也找不到，后来到深圳华强北商业区一下就找到了。这些都是中国的优势，关键看我们如何把优势用好。总体来说，在本轮数字技术发展以及数字技术对整个工业体系、流通体系和消费体系的改造进程中，中国很有可能会走到前面。

第五个增长来源，是绿色发展。在此需要强调三个理念。首先，绿色发展包括但并不限于平常所讲的污染治理和环境保护，还包括绿色消费、绿色生产、绿色流通、绿色创新、绿色金融等。比如绿色消费，以后我们从早到晚、从头到脚的每一件消费品，都要问是不是绿色的，是不是环保的，汽车更要如此。又如绿色生产，过去我们是先生产，然后再去治理污染，现在要求生产过程必须是绿色的，直接不产生污染。再如绿色创新，这两年比较受关注的创新几乎都是绿色的，如果不符合绿色理念，根本就不敢拿出来，拿出来也不会有竞争力，社会不会认可和接受。最后是绿色金融，近几年绿色融资发展得很快，虽然起步晚，但中国绿色信贷的规模已经是全球最大了。什么是绿色融资？投资的产品必须符合绿色发展的标准，如果吸引投资的标的物不是绿色的，就不能称为绿色融资了。十年以后，如果某项融资不是绿色的，就根本拿不到投资了。就是说，未来的投资必须都是绿色投资。

经济新增长来源的三个特点

五大新的增长来源可以支撑中国在中速增长期实现稳定、持续、有韧性的经济发展。这五大增长来源具有三个特点：

其一，对体制、机制以及政策的要求明显提高。我国基础性成本高，要降低成本，就必须要改革。要让城乡之间的生产要素流动起来，也必须要改革。

其二，支柱产业效应将不再明显。过去一讲到增长，大家就会想到支柱产业，像基建、房地产和汽车都属于国民经济的支柱产业。这些产业是极大的增长来源，能够带动某个地区甚至整个国民经济的发展。但是五大新的增长来源，基本上都没有这种效应。虽然也会带动经济增长，形成若干热点，但不会在某一点形成那么大的带动力，而是以普惠的方式来发挥作用。

其三，这些新增长点都需要长期的培育和努力。不可能像过去那样立竿见影，只要建个开发区，引进个汽车厂，修一条高速公路或者高铁，有时候只需要几个月的工夫，整个地区的发展就大不一样了。今后这种事情基本上很难发生了。新的增长点需要我们认认真真、坚持不懈地努力，很可能好几年过去了，表面看起来也没什么变化，但积累到一定程度就会产生质变。因此，我们一定要有耐心，要有韧劲。

由于以上三个特点，中国五大新的增长来源对机制体制以及思维方式都提出了很大的挑战。如果不切实进行转变，这些增长点很可能是看得见却抓不着的。

绿色发展，有减法更有加法和乘法

绿色发展已经是大势所趋，对此我们要有正确的理解。第一，绿色发展将形成全新的绿色生产体系。第二，绿色发展不是对传统工业化发展方式的简单修补，而是与之并行的新发展方式，在一段时间内两者相互竞争，最后绿色发展将会占据优势。第三，过去我们总是把绿色发展和经济增长对立起来，比如有人直接讲，绿色发展会影响经济增长，或者有人讲，我们应该如何处理好两者之间的关系？这其中暗含的意思是，环保的绿色发展一定会对增长有影响。

这个观念应该调整。绿色发展确实需要治理污染，要做一些减法。但同时也是在做加法，像绿色生产、绿色消费等都是加法。特别是绿色消费，现在大家已经越来越愿意为绿色付费了，这是一个很大的转变，全社会的绿色需求已经出现。说到底，绿色产业如果没有人愿意付费，是很难发展起来的。更进一步，如果说绿色生产、绿色消费是在做加法，那么绿色创新、绿色融资就是在做乘法。总体来看，绿色发展做减法的比重在不断减少，做加法和乘法的比重在日益增大。因此，绿色发展将成为消费和创新的驱动力，成为经济增长的新动能。

中国汽车产业还有很大发展潜力

汽车行业已经取得了很大的成就。目前，中国汽车的产销量稳居世界第一，而且接下来还有很大的发展潜力。这个潜力来自两个方面：

第一，假定本轮科技革命没有发生，我们只在旧有的延长线上看。最新数据显示，中国千人汽车保有量才 160 辆，美国大概是 800 辆，日本约 600 辆，我们还有很大的差距。中国中低收入阶层还有 10 亿人，消费潜能非常大。即使达不到美国、日本的水平，就是千人汽车保有量为 400 辆或者 500 辆，中国汽车产业的发展空间也相当大。当然，中国汽车产业的发展也是有规律、分阶段的。2018 年，汽车产销量 28 年以来第一次出现了负增长，有些人就开始悲观了。其实不用悲观，增速变化完全符合产业发展的客观规律。中国汽车产业的产销量，从 2001 年到 2010 年，年均增长率超过20%，属于高速增长；从2010年到2018年，年均增长速度降为5%左右，属于中速增长；接下来有可能会逐步过渡到中低速增长的阶段，这与经济发展总体趋势一致，是完全符合规律的。也就是说，我们的步子会逐渐慢下来，但长期来看继续前进的态势不会改变。作为发展中国家和后发追赶型的国家，中国和发达国家还有一定距离，缩短这种客观差距本身就是我们的发展潜力。因此，追赶是中国汽车产业的第一个增长动力。

第二，目前发生了新一轮科技革命。新能源、自动驾驶、智能网联以及共享汽车，也包括新的商业模式，都涌现出来了，都给我们带来了新的发展机会。新机会的空间以及刚才讲到的追赶空间，两者合为一体，作用叠加，就为中国提供了宝贵的战略机遇。也就是说，如果没有这场科技革命，我们只能在数量上追赶发达国家；而现在由于有了这场科技革命，我们就不仅可以在数量上追赶，更有机会在质量上追赶甚至超越发达国家。实际上，中国市场规模巨大，技术也已经不像过去那样落后，面临新机会时，我们是有可能走到前面的。无论是叫作弯道超车还是变道超车，这些名词本身的内涵和准确性可以讨论，但毋庸置疑的是，中国确实迎来了重要的发展机遇期。

院长心声　　　　　　　　　　　　　　　　　　　　　　　　VOICE

打造新能力实现新旧动能转换

中国经济已经进入了"新常态"，中速增长是我们必须接受的现实；但是中国仍然有巨大的发展机遇，不仅曾经走过的路、做过的事还有潜力可供挖掘，更重要的是我们还有很多新的机会；在新旧动能转换的过程中，我们必须进行体制机制改革，必须形成新思维，培育新能力，找到新打法，否则很难把握新机会。

如果没有新一轮科技革命，就从产业本身的发展来讲，中国还有10亿人的经济收入比较低，他们同样有汽车梦，有高质量出行的需求，这本身就是巨大的发展动能。新一轮科技革命又带来了新的发展动能，两者相互叠加，并不是简单的 $1+1=2$，而是会发生化学反应，会带来质变。面对历史性的发展机遇，汽车无疑都是重中之重。汽车产业既是国民经济的支柱产业，又是涉及其他众多产业和领域的复杂产业，更是未来中国制造业转型升级的载体性和拉动性产业。中国想把握住本轮科技革命带来的战略机遇，一定要紧紧抓住汽车产业这个龙头，一定要把汽车产业的载体作用发挥到最大。

国家和企业转型都需要并且正在寻找新动能，而在动能切换的过程中，中国的机会很多很大，只是打法肯定和之前大不一样，需要我们具备新能力。为此，我们必须积极探索、大胆尝试，必须有效协同、融合发展，还必须比以前更有耐心、考虑得更长远，唯有如此才有可能抓住新机会。在这个过程中，我们先要改变理念，否则很难形成新能力，而没有能力就抓不住机会，抓不住机会就等于没有机会。

"无人区"发展恰逢新科技革命战略机遇

当前，我们在很多方面已经走在了世界前列，或者由于自身规模超级庞大等特点，无法再参照或跟随别国的发展路径，也就是进入了所谓的"无人区"。在这种情况下，抓住战略性新动能就变得至关重要。

同时，我们必须要在"无人区"继续前行之际，恰巧赶上了新一轮科技革命的历史机遇，互联网将升级为物联网，在万物互联之后，大数据、云计算、增材制造等新科技都将给我们带来空前的新机会。国家相继提出的"互联网+""人工智能+"、数字经济、共享经济等，都将成为未来经济发展和产业转型的战略机遇和制高点。

02 产业创新的新机遇和新挑战

产业互联网将助力相关产业高效发展

无论是 PC 互联网还是移动互联网，在本质上都是信息传播方式的极大进化。由于信息传播方式的极大进化，人与人之间的交流效率也获得了极大提升。尤其在中国，移动互联网给全社会带来了巨大的变化，波及社会与生活的方方面面。在移动互联网的帮助下，人们的生活更加便捷、更加舒适、更加高效。也就是说，互联网的发展使人能够快速接触到更多的人、更多的内容和更多的服务，从而大大提升了人们工作及生活的便利性和可能性。

而现在我们看到，随着5G、产业互联网等技术的发展，万物互联的时代正在到来。这不仅意味着人与物之间的互联，也意味着物与物之间的互联。由此，在过去的人与人、人与内容、人与服务的连接之外，将会产生很多新的连接场景。这些场景不仅是线上的，也是线下的，可以直达某些产业内部，因为这些产业本身就是以具体的物，也即产品作为实现价值的介质的。未来产业互联网将把这些介质充分连接起来，使它们之间也能进行信息的高效传播，再加上人工智能给物赋予的能力，就可以显著提升整个产业的效率。

产业互联网和人工智能是紧密相关、互为促进的，两者其实要完成三件事：一是数字化，越来越多的信息都将以数字的方式表达，这将使信息更易于传播；二是网联化，这样就可以用非常快的速度在非常远的距离内完成信息传输；三是智能化，由于信息已经充分数字化而成为数据，并且可以通过产业联网汇聚起来，人工智能技术就可以基于海量数据实现更快的发展、形成更强的能力，从而反过来帮助联网的各种物，以更高效的方式为其找到最佳的发展路径。实际上，这和互联网改变社会的内在逻辑是一样的。

过去，我们看到很多产业内部有大量机会，但因为数字化和网联化程度较低，很多机会根本无从把握。现在，如果我们看到某个产业蕴含着巨大的创新机遇，就去推动其数字化和网联化升级，等到数字技术和联网技术应用得比较充分之后，就可以应用智能化的方式，显著提升该产业的效率。应该说，产业互联网的发展和万物互联时代的到来，将极大地帮助很多产业进入到高效发展的新轨道。

说到产业互联网，首先是把"产业"放在前面的。也就是说，要以产业为先，而互联网则是加在产业上的一种手段或方法，目的是让产业变得更高效，也让产业与人更贴近。因此，我们要围着产业来思考问题。

事实上，产业互联网的发展源自产业和互联网的互相需要。每一个产业都有自身擅长的能力，也都有自身固有的边界。互联网发展到今天，应该说形成了连接人、内容和服务的优势能力，不过也形成了自己的边界，需要进一步扩展应用范围。而众多产业也需要引入互联网，使其在更多的工作和生活场景下发挥作用，以便更好地服务用户。这种相互需要使互联网有机会涉足于众多不同的产业，例如城市建设、医疗保健、制造工厂和汽车出行等。这些产业与人们的日常生活息息相关，互联网向这些产业延展服务，将更进一步为人类社会做出重要贡献。

汽车产业孕育创新发展的空前机遇

十年以后，人均汽车保有量可能会比现在有所增长，但也可能并不会增长得太多，因为有研究认为，共享汽车充分普及推广后，可以用数量少得多的汽车来满足同样的出行需求。从车辆能耗角度看，节能与新能源汽车会带来明显的改善效果。从智能网联角度看，汽车自动驾驶和智能交通管理会使出行拥堵的情况得到很大改观，人们在车上的时间也可以得到更充分的利用，汽车不仅是出行工具，也将成为工作和生活的移动空间。从绿色出行角度看，绿色汽车能够满足人们多方面的需求。

但是，我们现在没办法把十年以后的事情完全想清楚，一定会有很多东西远超我们今天的想象。这也正是汽车行业的魅力所在，如果凡事都是在延长线上发展，这个产业哪里还会有如此大的吸引力？很多的未知正是需要我们去探索、去创新的空间。国家要做的就是要把创新的活力充分释放出来，这样将来一定会出现比我们想象得更好的汽车产品、汽车企业和汽车社会。

新一轮科技革命是技术体系的全面改变

在过去五年里，大家听到过很多新技术，几乎每年都有一两个新技术成为热点，说是会改变世界，结果发现似乎也没有改变什么。从云计算、大数据，到 AR/VR（增强现实/虚拟现实技术）、人工智能，再到物联网，我们讲了很多技术，好像会发生什么，但是实际上又没有发生。其实这恰是本轮的科技革命和以往的技术革命明显不同的地方，因为这次科技革命是整个技术体系的全面改变，而不是单项或几项关键技术的重大突破。

本轮科技革命是一次技术体系的深刻变化，因此其意义可能比蒸汽机更加广泛和深远。相对而言，本轮科技革命与第二次工业革命或者第二次技术革命，即"电气革命"更贴近一些，因为当时也产生了一整套的全新体系，不仅是电能本身，也包括电动机、电灯、电话等一系列使用电能的新发明，以及电能远距离传输技术等，由此电能才得以大规模应用。

科技革命三个核心要素的本质及重要性

在本轮科技革命引发的体系变化中，有三个非常核心的要素。这三个核心要素其实都是大家耳熟能详的"热词"，但是被不同的人，在不同的场合，以不同的方式表述过之后，结果反而使其重要性变得模糊了。

第一个核心要素是互联网。今天互联网这个词好像不"时髦"了，一个重要原因就是出现了移动互联网和物联网的概念。但其实移动互联网和物联网仍然是互联网，只不过定语不同罢了。就像我们今天不用刻意强调是110伏电压还是220伏电压，或者是高压传输电还是低压传输电一样，这些说法的差别没那么重要，都可以统称为电。移动互联网和物联网虽然有了新变化，加了定语上去，但是互联网始终是其本质，这一点并没有改变。无论现在还是未来，互联网都是技术体系中一个非常核心的要素。

第二个核心要素是数据。最新的概念是大数据。大数据虽然让大家重新认识到数据的重要性，但同时也在一定程度上模糊了数据本身的作用。数据是这个时代最重要的资源之一，可以对很多方面产生深刻影响。但数据的价值现在被模糊化了。以汽车行业为例，我们看到的大部分情况是用数据来助力汽车营销，而不是真正用数据来改变汽车，这其实是舍本求末。在未来的技术体系中，数据是非常重要的要素和资源。在这里没有说大数据，因为大数据只是利用数据的一种方法，就像怎样使用钢材有很多种方法一样，而真正核心的还是数据本身。

第三个核心要素是计算。也有很多概念产生，使大家反而忽略了计算本身。从云计算到雾计算，再到边缘计算，我们听到了各种各样的提法，但讲来讲去还是计算。其实这些不同的提法，只不过是不同的人在从自己的角度阐述计算的不同方式而已。

互联网、数据和计算是三个核心要素。未来这三个核心要素彼此之间、与其他技术之间以及与众多产业之间紧密结合、相互作用，就会引发非常巨大的变化。

汽车是体现科技革命核心要素的最佳载体

互联网、数据、计算是本轮科技革命引发体系变化的三个核心要素，而汽车是体现这三个要素的最佳载体。

第一是互联网。互联网将给汽车产业带来一件非常重要的事情，就是形成未来汽车能够依靠的全新的基础设施环境。所谓"聪明"的车必须跑在"聪明"的路上，至于是先有路，还是先有车，这个问题是说不清楚的。不过目前来看，路对车的重要性被大大低估了，今天很少有人会想到道路对汽车发展的功劳，大家选车、开车的时候根本不会想到路，这其实是因为路已经修得非常好了。

到目前为止，虽然很多人可能也没有意识到，但其实大家买车的第一个前提就是因为有路，而不是其他。随着互联网的不断发展，或许再过五十年，大家买车的第一个前提将是因为有互联网。以后的车既跑在路上，又跑在互联网上。汽车本身到底会发生什么变化，真的说不清，但肯定是与全面互联网化的道路基础设施相适应的。

第二是计算。大家可能都听过这个故事：微软公司创始人比尔·盖茨曾经揶揄汽车产业。他说，如果汽车像计算机那样发展的话，汽车早就变得非常便宜，而且可以用很少的燃料跑很远的距离。而汽车企业则反唇相讥说，如果汽车像计算机那样发展的话，我们的汽车每天都得重启甚至重装系统。这个故事其实说明了一个问题，汽车在过去的确和计算能力没有直接关系。我们完全可以把计算机抽象成一个有计算能力的装置，而把汽车抽象成一个没有计算能力的装置，后者的所有功能都是通过机电系统完成的,并不需要计算能力。

但是今天,从娱乐系统功能升级开始,汽车一点一点地具有了计算能力。因此,未来汽车最核心的价值将由计算能力来驱动,这是非常重要的。比如目前车企都在开发自动驾驶系统,另外车上安装的软件越来越多,只不过大家还没有从计算能力的角度来考虑这些变化罢了。简单地说,未来的汽车将成为一个巨大的计算平台,而不只是一个运动的机械平台。

汽车需要有计算能力,其根本原因不在于娱乐系统,也不在于自动驾驶,而是因为汽车本身就是一个巨大的数据生成源。而有数据就需要处理,处理数据就需要有计算能力。实际上,互联、数据和计算是一个铁三角的关系。发展到这个时代,谁的迭代更快,谁就能在竞争中胜出。就好比大家都还在用乡间土路时,谁率先把路升级成碎石硬路,谁就能享有碎石硬路带来的好处,进而也就更有希望把路再升级成柏油路。

第三是数据。不要把互联网汽车理解成能在里面点外卖的汽车,互联网汽车的真正价值远远不限于此。消费者可能对一些实际的功能更感兴趣,而数据才是关键,包括车辆的数据,也包括交通状况的数据。这些数据价值和消费者也密切相关。有了这些数据,消费者就可以得到更好的汽车,获得更好的移动性。未来,数据将成为汽车不可分割的一部分。

数据量大到一定程度,就会发挥巨大作用,让每辆车都从中受益。例如一辆车开进某条小路,发现里面的路不好走,如果数据实时收集和共享了,下一辆车就可以提前知道路况。其实今天的汽车也是经过很多年的发展,才变成现在这种比较方便的状态。

因此,网络必将成为未来汽车依赖的基础设施,但是现在我们所说的联网只是汽车依赖网络的一个很浅层的需求。大家听过"信息高速公路"的概念,今后人们买车的理由可能主要是因为网络,因为有了网络,汽车就能做很多现在做不了的事情。计算也一样,汽车计算能力是从娱乐系统升级开始的,但娱乐系统只是非常浅层次的计算。总之,互联网、数据和计算,这三个核心要素加在一起,一定会让汽车发生很多巨大的变化。

中国汽车产业未来发展的开创性与驱动力

现在中国的情况和当年修路致富时还不太一样。中国在改革开放之后大力兴建道路等基础设施，使汽车产业乃至整个经济得到了快速发展，其实是有国外的经验可以借鉴的，因此我们的政府比较容易判断应该怎样做。而今天是要建设承载未来汽车的"路"，全世界都还没有，于是事情就变得非常困难，需要原始创新和大胆实践。创新的主体应该是企业，或者由政府和企业共同来进行这类创新，否则政府也很难确保方向正确。

除了信息技术的发展进步之外，汽车行业本身也有着其内在的驱动力。最典型的就是电动汽车，汽车动力技术的转换其实与互联网并没有什么关系，主要源自能源消耗和环境污染问题。但是结合了互联网之后，电动汽车的发展就有了新的局面。也就是说，很多产业可以在新一轮科技革命中找到助力，都是有前提的。像汽车产业，如果自身没有变革的动力，很多事情就不会发生，并不是加上了互联网就一定会有变化。

院长心声　　　　　　　　　　　　　　　　　　　　　　　　VOICE

汽车产业全面重构，孕育创新机遇与挑战

新一轮科技革命将给汽车行业带来全方位的变化，不仅是汽车制造本身的变化，也不仅是产品和技术的升级，还将改变汽车的使用模式。共享汽车就是共享经济中最重要的应用领域之一。

从原来的传统互联网时代，到现在的移动互联网时代，再到今后的物联网时代，大数据、云计算、人工智能等技术带来的变化将越来越大。中国汽车产业机会很大，不过从具体行动的角度来看，我们也面临巨大的挑战，因为这是一次全面的重构。汽车要造好，又要引入互联、智能的技术，这是两个完全不同的产业，此外还需要改变基础设施以提供支撑。举个简单的例子，充电基础设施的问题，这其实是能源从油切换为电的大问题，任何一个产业都无法单独解决，必须由国家出面，协同多个产业共同努力。

在此前景下，汽车产业的范畴不断扩展，载体作用持续增强，为信息通信等诸多"外部"势力提供了广阔的创新发展空间。除了电动化和互联网企业关系不大，网联化、智能化和共享化都给互联网企业带来了巨大的发展机遇，但与此同时，汽车产业的高度复杂性和独特性也给跨界发展带来了很大的挑战。

万物互联将深刻改变产业以及社会

当前新一轮科技革命正在驱动汽车产业发生深刻变化，而万物互联是本轮变革中最重要和最根本的技术驱动力。此前，互联网技术的快速普及，使信息和知识在人与人之间实现了快速传递，在改变了人类社会的同时，也带来了很多创新机会。而今后，随着物联网技术的逐步发展，在人与人之间实现互联的基础上，还将在人与机器、机器与机器之间实现互联。对此，有人称之为万物互联，有人称之为产业互联网，无论名称如何，都将更加深刻地改变人类社会，并带来更多的创新发展机遇。

其实联网本身只是手段，而非目的。互联网时代，联网的目的是为了在人之间传递信息，使人可以随时了解各种情况、获得不同服务，从而享受到更加便捷的生活；而物联网时代，联网的目的是为了在物之间传递信息，使物的能力得到极大提升，进而促进相关产业更好地发展。显然，物联网与互联网相比，最大区别在于物联网需要具备相关产业的背景知识，这样才能借助联网的手段，有效地解决产业面临的问题。

其中很重要的一点，那就是产业始终是产业互联网的前提，互联网本身只是手段和支撑，如果不能帮助产业更高效、更健康地发展是没有任何意义的。因此，互联网科技企业对于要跨界进入的产业，必须有充分的了解和深刻的认识。反过来讲，如果没有互联网的手段和支撑，产业也就失去了解决固有问题、实现转型升级的腾飞之翼。

互联、计算和数据将使未来汽车完全不同

未来汽车一定会进入充分网联的新时代，因此网络可以被视为未来汽车所必需的基础设施，即所谓的信息高速公路。也就是说，未来汽车既需要一条看得见、摸得着的实体路，也需要一条看不见、摸不着的虚拟"路"。后者甚至可能要比前者更重要，它将支撑未来汽车发生颠覆性的变化。

同时,未来的汽车需要一个巨大的计算平台,不仅是因为自动驾驶和信息交互,而是汽车本身产生了大量的数据,需要有相应的计算能力。反过来,有了足够的计算能力,才能处理更多的数据,最终汽车的能力就可以更强。因此,数据和计算也是一组相辅相成的要素。

有了这样高度信息化的"路",就可以把汽车的数据彻底打通,海量数据流通起来,就会催生出超级计算平台。三者叠加,将使汽车变得完全不同。

事实是我们现在已经进入无可参照的"无人区",前方的"路"必须由自己来开拓。当前,面向未来汽车产业的发展,可能企业和政府都知道我们应该先修"路",但是到底从哪里入手、要如何修、修成什么样子,这些问题都没有现成的答案,都还需要进行摸索。不过反过来讲,这也正是中国有望实现领跑的战略机遇。

03 产业创新的方向与重点

中国开始在汽车产业变革的最前沿进行创新

我国汽车产业的发展历程是循序渐进的,这符合客观历史规律,对此我们必须有正确的认识。从 20 世纪 80 年代开始,中国汽车产业进入快速发展期。但那个时候我们对汽车的理解非常有限,还处于认识汽车的阶段。到 20 世纪 90 年代,我们开始研究如何制造汽车;进入到 21 世纪,我们才真正有资格思考如何设计汽车。从那时开始,讨论中国汽车创新才真正具有意义。

现在有些经济学家批评中国汽车产业一直不鼓励创新。实际上,如果对汽车尚无基本的认识和能力,是谈不上创新的。这就像一个人要把小学、初中、高中都念完了,才能上大学一样,不可能直接从幼儿园升到大学。在汽车创新这个问题上,根据目前的状态批评以前的政策其实并不公平。

在2009年全球陷入金融危机之际，中国出台了《汽车产业调整和振兴规划》，在世界上第一次推出了国家层面的新能源汽车战略纲领，开始尝试在汽车创新方面开辟具有自身特色的发展道路。今天我们提到的汽车"新四化"，实际上也是中国汽车创新不断深化和扩展的体现。因为时至今日，我们已经有条件在全球汽车产业变革的最前沿进行创新了。

"新四化"可以概括为动力电动化、整车智能化、运行网联化和出行共享化。中国最先启动了电动化进程，取得了先发的有利位置；现在又在全力推进智能化和网联化；基于这些技术的发展，共享化的出行服务也会逐步走向成熟。目前，很多企业都在进行"新四化"方面的积极尝试和布局。不过，"新四化"并非孤立，而是相互交织、彼此影响的，因此绝不是某家或某类企业单兵作战就能解决所有的问题，更不可能会一蹴而就。"新四化"将是一个长期的发展过程。

技术发展需要积累，企业创新必须坚持

我们正处于一个必然要经历的积累阶段。实际上，任何一种新技术的发展都要经历类似的阶段，这段时间是黎明前的黑暗，企业要做的就是坚持。技术发展必然要有这段储备期，或者说孕育期，一些价值本来也不可能立竿见影。因为选择随时都在进行，开始的时候判断这件事应该做，中途也可能会半途而废，所以做不做是一种选择，坚持不坚持也是一种选择。这是一次全面深刻的产业变革，企业要有足够的耐心，在这个阶段必须坚持。

同时有耐心不代表不做，而是要不断储备，甚至要牺牲一些眼前的局部利益。真正能够这样做的企业，既是为了自己，也是为了产业，绝对是高瞻远瞩的企业。当然，创新具有不确定性，即便坚持了，中间也可能会失败。但是如果不坚持，最后的胜者一定不会是你。

创新是一个环环相扣的生态体系

关于创新，有两句话经常被说起，一是"产学研"或者"官产学研"相结合；二是企业是创新的主体。虽然已经说了很久，但在实际工作中

做得并不太好。究其原因,创新是一个体系,或者说是一个生态,而不是简单的一个点,因此只考虑某个方面怎样做好创新是远远不够的。

从创新链条出发,教授、研究人员和工程师这三个知识群体的角色和任务是不同的。所谓"术业有专攻",各方都把自己擅长的工作做好,然后再有效连接起来,才能构成一个完整的创新生态。也就是说,在这场创新的接力赛中,每一棒都必须跑好才行。

创新链条上的环节打通,必须按照市场经济的规律来进行,也就是说,各个主体都要在创新合作中充分获利。例如,一家发动机领域的国际知名工程公司,每年都拿出大笔科研经费提供给各大院校,让教授们指导研究生进行前瞻技术的研究。在这个过程中,课题经费以及科研成果就是教授及其团队的回报。

之后该公司的研究人员会把各大院校在不同领域内取得的最新成果综合起来,设计成一款各方面性能大幅提升的新发动机。这款先进的发动机将以高价出售给多家整车企业,从而确保了该工程公司的收益。

最后,整车企业把这款发动机产业化,搭载在新一代的车型上,获得了性能更好的汽车产品。而车企的回报来自于数以万计的新车销售额。由此就形成了一个完整的创新链条,而链条上的每个创新环节都产生相应的价值,并通过市场将这种价值转化为各参与方的实际收益。

不同创新主体之间必须有效分工协作

关于创新有两句话,虽然目前的效果还不够理想,但是这两句话本身并没有错。问题在于我们能不能把这两句话落到实处,真正建立起完整的创新体系。

第一句话,"产学研"相结合。实际应该是"学研产"相结合,这样的顺序更合理。对这种结合,大家的理解不能只停留在表面上,而应深挖其内涵并积极付诸实践,即"学研产"三方要弥补短板、各司其职、环环相扣、协同创新。

第二句话,企业是创新的主体。不能狭隘地理解成所有创新都要靠产品制造企业来实施。实际上,高等院校、工程公司以及制造企业要各司其职，并不是说制造企业要把创新链条上的所有工作全部负责到底。

创新本身也是有顺序的，先有基础理论的突破，才能开发出更先进的产品，最后还必须进行产业化，以实现商业价值。在此过程中，不同的创新主体必须有清晰的分工，并且每一个环节都不能滞后。

目前中国创新的主要瓶颈，一个是机制问题，另一个就是在创新链条中存在比较明显的短板。实际上，我国高等院校的原始创新成果并不少，但是最终落地的却并不多。在近期的科技体制改革中，有200多家国有科研院所或机构改制成了企业，也包括中国汽车技术研究中心这样的单位。这个调整方向是正确的，因为企业机制更能支撑这些单位做好创新成果的转化。而在产业化环节，我国已经建立了完备的制造体系，相关企业数量众多，应该说已经具备了一定基础。不过，进一步提升的空间依然很大，尤其是在一些基础和前沿的领域。

互联网企业在汽车"新四化"中的机遇与挑战

本轮汽车产业变革的主要趋势是电动化、网联化、智能化和共享化，即所谓汽车"新四化"，这也正是互联网企业能够跨界进入汽车产业的原因所在。对于互联网企业而言，与电动化关系不太大；主要需要思考汽车网联化能否与传统的互联网服务产生交融，从而碰撞出全新的产业生态模式；需要思考汽车智能化是否意味着汽车最终将成为可以移动的智能机器人，从而为人工智能技术找到全新的应用载体；需要思考汽车共享化究竟怎样才能实现更广泛的应用，从而为全新的出行服务商业模式创造可能。这些都将是宝贵机遇。

尽管机遇很多很大，但在进入汽车产业的过程中同样也面临许多挑战。对于汽车，互联网企业之前的了解有限，因此在发展与汽车相关的创新技术时，要实现与传统汽车技术的充分融合是很大的挑战。这种挑战主要有两方面：一是关键技术能力，汽车产品对安全有极高的要求，自动驾驶技术将在一定应用场景下取代人来操控汽车，必须确保产品绝对安全，这就为企业突破相关关键技术带来了更大的挑战。二是系统整合能力，汽车产品的创新从来不是单一技术作用的结果，自动驾驶技术同样需要感知、决策、执行等机构及系统的高效协同，为此，企业还必须形成面向全产业链的系统整合能力。

汽车与互联网企业具有不同的优势

汽车与互联网产业对技术创新的要求确实存在明显差异。应该说，互联网企业在物联网、人工智能等领域处于领先位置，拥有技术优势。因此，互联网企业进入汽车产业将有力推动其实现更快更好的发展，尤其是在网联化和智能化等方面。例如在汽车座舱内，人机交互涉及的人工智能视觉、语音语义识别等技术，都是互联网企业的优势领域。又如，自动驾驶技术所需要的大规模数据采集、感知分析、智能决策等技术，同样是互联网企业擅长的领域。

当然，基于长久以来的积累，汽车企业在汽车硬件、开发流程、质量保证体系等方面具有自身优势，这些都是互联网企业不具备的能力。因此，互联网企业跨界进入汽车产业时，一方面要充分发挥自身优势，如人工智能技术、互联网技术和应用服务能力等；另一方面，也要努力补齐自身短板，积极向传统整车和零部件企业学习并与之合作。

汽车"大脑"是未来的战略制高点

虽然科技进步的速度很快，有时候确实超乎预料，但是，由于牵涉的因素太多，汽车"新四化"总体上还将是一个渐进的过程。例如要实现高等级的自动驾驶，不是车企努力就可以了，还必须有外部的网联化和智能化环境提供支撑。之前我们谈到智能网联汽车，更多的还是从汽车本身来进行思考，即所谓的单车智能。而现在业界逐渐意识到，汽车之外的部分必须同步发展，这需要大量的基础设施投入，如建设5G通信设施、信息化道路等。

很多人认为，有了5G，汽车自动驾驶就可以实现了。实际上，外部的通信环境只是促进自动驾驶发展的影响因素之一。汽车自身的智能依然是需要的，而且技术难度很大。之前汽车都是基于机械架构开发的，而未来汽车必须在电子架构上，实现感知、决策和执行功能，这需要全新的设计思路和技术方案,是非常具有挑战性的。相对来说,决策能力更加重要。因此,整车企业一定要把决策系统掌控在自己手中。至于前面的感知系统和后面的执行系统,倒可以让供应商来做其中的一部分。决策系统就是未来汽车的"大脑",因此无疑是车企今后打造核心竞争力的战略制高点之一。

现在汽车的各种控制功能都是分散的、嵌入式的。随着汽车智能化程度的提升,特别是汽车实现自动驾驶之后,各种控制功能越来越多,分散模式就不适用了,这些功能一定会走向集中。先是形成若干个域控制器,最终将会统一在一个决策系统即所谓的汽车"大脑"之下,实现所有感知和执行功能的一体化控制。

此外,车载操作系统将是未来汽车软件系统的底层架构,在其之上有决策层,也有感知层、执行层等软件,它们在统一的操作系统中相互连接在一起。因此,车载操作系统也是未来重要的战略方向。

唯有云端计算才能满足未来汽车需要

汽车相关数据肯定要在云端计算,之所以这样说是有原因的。

第一,未来汽车自身的计算能力一定会增加,这是毫无疑问的,但是汽车的计算能力是以能耗为代价的,因此不可能什么都放到车上计算。很多做自动驾驶的技术人员测算过,为了满足高级别自动驾驶的计算需求,电动汽车的绝大部分电能都必须供给计算使用,这样一来,电动汽车连基本的续驶里程都无法保证,更不可能做其他事情了。

当然,通过优化设计和硬件升级,能耗会逐渐下降,但完全依赖于车载的计算系统,还是不行的。如果基本的能耗都承担不起,还谈什么智能呢?从这个角度看,要在车上进行的计算必须精打细算,这不仅是成本问题,更是现实的能耗问题。

第二,整个交通系统的优化运行也必须用云计算,否则不可能实现最高效率。设想一下,如果是边缘计算,制动的车后面可能有1000辆车,每辆车都靠点对点通信,怎么可能做得到。几千米就有这么多车,整个交通系统里面的车就更多了。两辆车之间进行V2V当然可以实现,但是到 100 辆、1000 辆车的时候，就不可能实现了。

要解决复杂系统的全局优化问题，云计算无疑是最佳选择。目前关于这方面的争论很多，其实，很多时候是因为大家讨论的问题并不一样，才有如此多的争议。如果只是解决某个具体问题，可能多种方案都是可行的，又或者有不同的最优方案。但是，如果从能耗的角度，以及交通系统复杂度的角度考虑，只有云计算才能胜任。

公有云和私有云之争的核心在于兼容性

如果云是必然选择，这还不只是连接大量车辆的问题，城市大脑要把城市里面所有的基础设施都连接起来，这也是所谓 IoT 即万物互联时代对云的要求。实际上，云平台的体系架构应该是一样的，如果不一样，那就像燃油汽车和电动汽车的差别，从而成为两种不同的产品。云分为公共云和专有云两种，也有人称之为公有云和私有云，两种云的体系结构是相同的，只是所有者和部署方法不同。

有些企业在做这两类不同的云的时候，采取了不同的体系结构，这其实有很大的问题。如果不管拥有者是谁，怎样部署，云的底层体系结构是一样的，就很容易进行迁移。之前争论所谓公有云和私有云，其实并不是所有权的问题，而是兼容性的问题。

实际上，云技术最重要的竞争壁垒就在于可以做到公共云和专有云的体系结构相同。目前，绝大部分企业都是公共云做一套，私有云另外做一套，后续想把二者整合成为一套体系非常困难。这些公司也不是没有认识到兼容性问题，但是这里面的技术难度很高。就像今天大家都知道电池很重要，但也不是每家企业都能把电池做好。即使都知道云平台结构统一的重要性，最后也未必能做得到，这就是技术壁垒。

汽车将成为新一代移动互联智能终端

在智能制造时代，汽车很可能将是各种先进技术高度集成的最大平台。以移动通信领域为例，目前的关注点正逐步由智能手机转向智能汽车。很多专家都认为，继手机之后，汽车将成为下一个移动互联终端。

人们现在对智能手机的期待和畅想，预计未来都会在智能汽车上得以实现。

不只如此，汽车作为新一代的移动互联终端，由于空间和成本承载力更大，一定可以实现比手机更为强大的功能。我们可以畅想，未来人们坐在汽车里面，不仅可以享受交通工具带来的出行便利，而且可以有效连接近乎整个世界。从这个意义上讲，人们对汽车的想象可以是无限的，而汽车给人们带来的惊喜也将是无限的。

无人驾驶将重新定义汽车产品、交通场景和生活方式

十年之后，智能网联汽车肯定和现在的汽车大不一样，其差别就像智能手机和功能手机一样大。由此，我们现在所能想到的场景、需要使用的功能都会发生很大的变化。比如我们可以坐在车里看电影、叫外卖。当然，还会有许多场景是我们现在想象不到的，包括基于车载信息终端实现的办公、娱乐和生活服务等。

同时十年后，很多人不一定愿意购买私家车了，而是会选择使用无人驾驶的共享汽车。到了无人驾驶汽车大行其道的时候，驾驶汽车可能会变得像现在骑马一样。过去骑马是一项出行的技能，而现在骑马是一种奢侈的运动。虽然十年之后，人驾驶汽车应该还不会到这种地步，但是这样的场景未来一定会实现。

十年后，无人驾驶汽车应该已经在汽车出行中占据了一定的比例。目前，交通场景包含乘坐地铁、公交、出租车等，未来乘坐无人驾驶汽车出行将会成为一种新的交通场景。如果参照出租车的情况，十年后无人驾驶出租车的比例能够占到十分之一左右。比如现在北京有近七万辆的出租车，十年后就会有约七千辆无人驾驶出租车。随着不同的交通方式与参与主体之间彼此互相适应，无人驾驶的发展进程还将更快，并最终带来整个人类交通系统的根本性改变。

汽车座舱现在已经开始被重新定义，而未来在汽车充分实现智能化与网联化的前景下，智能座舱与自动驾驶相结合，将使其内涵出现更具颠覆性的变化。十年之后，我们购车或者坐车时就不一定仅仅是为了出行，也可能是为了获得可以工作、娱乐和休息的移动空间，并将其与出行有效地结合起来。在这种情况下，我们与智能座舱之间会有更多的互动，而智能座舱也会满足我们更多的需求。比如届时车内空间封闭性更好，音响效果更佳，并且可以很方便地调出所需的歌曲，我们为什么还要去KTV唱歌呢？

现代人变得越来越"宅"，这确实会在一定程度上减少出行需求。不过与此同时，智能网联汽车将使人的移动空间变得更大，并让更多人都能享受到汽车出行带给生活的便捷和快乐。现在很多人由于不会开车，其日常生活半径非常小；但是未来不会以及不能开车的人，包括老人、孩子和残疾人等，都能够随时使用无人驾驶汽车出行，由此更多人的生活半径其实会变得更大。

未来汽车产业将形成全新的出行生态圈

未来十年将是各种新技术持续探索和不断发展的十年，电动化也好，自动驾驶也好，移动互联也好，都将在尝试中逐渐深化。尽管变革的具体进程无法准确预测，但未来智能汽车产品以及智慧出行服务无疑将彻底改变人类社会，并成为我们日常生活中重要的组成部分。就像今天的智能手机对我们来说已经变得不可或缺了，而智能汽车将给人类带来同样巨大的影响，因为人类的出行模式将变得和之前完全不同。毫无疑问，未来的十年将是变革发生进程中的关键十年，也将是诸侯混战、竞争激烈的精彩十年。

等到产业变革尘埃落定之后，将来在全球汽车产业链的顶端，可能会出现几家大型出行服务商，覆盖各个国家和地区。因为到那个时候，人类的出行已经立体化了，多种出行方式无缝连接，而出行平台将成为运营调配的主导力量。在出行服务商之下，会有整车制造商、零部件供应商和生态服务商等，这些企业将形成一个全新的生态圈，共同支撑起良好的出行服务。这个过程恐怕不只需要十年，还要更长的时间才能实现，但这就是产业未来的发展方向。

院长心声　　　　　　　　　　　　　　　　　　　　VOICE

中国汽车产业站在"新四化"的最前沿

关于汽车"新四化",从科技角度来看,是因为技术进步推动产业发展到了当前这个变革的阶段;而从中国自身角度来看,我们为什么能够站在"新四化"的最前沿,有能力参与本轮产业变革,归根结底是因为改革开放 40 年来中国汽车产业取得了巨大进步。我们从完全不了解汽车,到掌握了如何制造汽车,再到形成了正向设计开发汽车的能力,今天又迎来了"新四化"的历史机遇,终于可以和国际上的优秀车企正面较量了。这一次,我们是站在同一条起跑线上开始竞争,这是作为后发者的中国获得的最大机会。显然,如果没有过去 40 年的积累,没有对汽车认识的深化、造车水平的提升、正向开发能力的形成,即使汽车产业变革到来,我们照样不会有参与的机会。

汽车产业必须探索跨界创新方法

汽车产业具有重要的载体、龙头和抓手作用,因此受到高度重视。很早之前,汽车就被称为家、办公室之外的"第三空间"以及电视、电脑、手机之外的"第四张屏",早已不再是简单的代步工具了。尽管汽车产业变革的具体进程无法准确预测,但未来智能汽车产品以及智慧出行服务无疑将彻底改变人类社会,并成为我们日常生活中重要的组成部分。而随着产业变革进程的不断深化,全新的产业生态正在形成。

在新一轮科技革命的影响下,产业的边界正变得越来越模糊,因此我们必须要探索跨界创新的新方法。过去汽车产业内各企业间的关系非常清晰,整车企业的上游是零部件供应商,下游是汽车经销商。整车企业从供应商购买零部件,然后进行集成创新,再把汽车产品通过经销商卖给消费者,整体上比较封闭。新能源汽车快速发展带来的,不仅是汽车动力系统的改变,也不仅是加油站向充电站的改变,而是整个能源供给与使用体系的改变。因为油和电的提供主体完全不一样,供给模式也不一样。油是需要运输的,加油站肯定是选在繁忙的路段特别是交叉点上建设,这样效率更高;电在城市生活中几乎无处不在,因此充电站可以进入小区，进入办公楼，甚至进入工厂里面，从而形成完全不同的新格局。而智能网联汽车的影响就更大更广了。

从产业大趋势上讲，不仅汽车产业，整个制造业都在发生深刻变革。当然，汽车产业涉及面更广，拉动力更强。实际上，整个制造业都在向"制造＋服务"转型，未来制造业和服务业的增长并不是矛盾的。两者一定会合二为一，以制造支撑服务，以服务拉动制造，或者说为了服务而制造，也为了制造而服务。

未来中国经济增长和产业发展的动能转换，只靠造出好产品是不够的，只靠好服务也是不够的，必须把两者有效地结合起来，在优秀产品的基础上提供优秀的服务。特别是像汽车这样高度复杂、关联广泛的大产业，更要强调面向"制造＋服务"的多产业协同。从这个意义上讲，未来汽车产业创新必须要靠相关各方的分工合作，政府以及不同产业、不同企业之间要协同发展，大家一起做好汽车产业创新，进而带动整个制造业的转型升级。

汽车产业创新需要"1＋1＋1"商业模式

在本轮产业变革中，任何企业都无法拥有变革所需的所有能力，因此汽车产业既要继承、传承已有的技术和经验，确保做好汽车硬件；更要拥抱、融合掌握新技术的新力量，以真正实现汽车网联化、智能化的价值最大化。反过来讲，跨界进入汽车产业的新力量，包括互联网顶级企业，也必须尊重汽车产业的基本规律，认真学习汽车产业的技术和经验，否则即使掌握了很多汽车产业变革迫切需要的新技术，也难以发挥更大的作用，甚至可能无法在汽车产业立足。

必须清楚，汽车不同于其他一般的制造业，其产业链条之长、关联领域之多、影响范围之广、拉动作用之大，几乎无可比拟；而汽车产品的特殊性、复杂性和系统性也非比寻常，像大批量生产条件下安全和质量的超高标准和超高难度，互联网企业之前几乎是不可能想象得到的。因此，互联网企业必须借鉴汽车行业的知识和经验，并与自身在数据、网联、智能等领域的优势充分结合，才能真正在汽车产业扮演重要的角色。

对车企来说也是一样，不可能买下一家互联网企业就能解决问题。这样看来，两类企业唯一的选择就是合作。本轮汽车产业变革不是简单的技术进步，也不是完全颠覆的革命，而是一场全面深刻的重构。重构意味着一定会有翻天覆地的变化，会引入很多新的要素，同时又不是彻底的推倒重来，而是要有所保留和继承。也就是说，传统车企一些原有的能力以及与"外部"互联和智能的能力，必须有机结合起来。如果掌握着硬件的传统车企和掌握着软件的ICT企业不能有效组合，重构就不可能实现。

除了这两种能力之外，基础设施也必不可少，比如"互联网道路"，一定是由政府来主导修建；还有所谓的V2X（车辆连接万物，即车联网），这个X中的绝大部分都是政府掌握的。因此，我提出了"1+1+1"的商业模型，其中第一个"1"是指传统整零车企；第二个"1"是指ICT及高科技企业；第三个"1"则是指政府及其掌握的公共资源。这三方力量缺一不可，唯有有效集成，才能实现产业重构的宏伟目标。

显然，其中任何一方都无法包揽一切。如果让传统车企做ICT企业的事情，根本无从下手。反过来，如果让ICT企业造车，努力掌握四大工艺，研究如何打造汽车品牌，这也有问题。最后即使这两类企业能够紧密合作，如果没有政府的支撑，无论能源结构的转型、信息高速公路的建设、各种基础设施的联网以及标准法规的制定，都是做不到的。

未来一定会产生打通整个汽车产业互联网的平台公司。而能够推动多方力量优化组合、催生产业平台公司的重要力量，就是资本。如果未来有一件事情同时需要两家公司的能力，那就到了资本出面整合的时候了。

"官产学研"四位一体协同创新至关重要

"按方抓药"的时代已经过去，未来要想真正满足中国这个庞大市场的需求，提供更有竞争力的产品，唯有通过创新才能做到。在整个创新体系中，政府、企业、高校和科研院所的有效分工和紧密协作，即所谓"官产学研"四位一体至关重要。国家、企业、高校、科研院所乃至社会，各自都应该做好自己的工作。

同时，在创新的过程中每一个环节都不可或缺，否则就会形成短板效应，影响整个创新体系的产出。唯有把创新链条上的每一个环节都做好，然后再充分打通，才能有效形成创新合力。知识产生实际价值的过程，也就是创新的过程。即从基础科研到产品开发，再到量产销售，最后产生商业价值，获得经济回报。

当前汽车产业不仅需要不断完善原有的要素，而且需要诸多领域新力量的加盟，更需要新旧力量携手把汽车产业这块蛋糕做大、做好。未来，汽车将成为万物互联的集大成者和各种先进技术应用的载体。因此，在汽车产业创新发展的过程中，需要持续加强软件的能力，并使其与硬件完美融合；需要整个交通体系的智能化升级，为智能汽车提供有力支撑；还需要智慧城市建设的科学规划与合理布局，使汽车与城市内的其他硬件、软件实现充分互联。而这些需求恰恰为互联网企业跨界进入汽车产业，带来了空前的历史机遇。

实际上，本轮汽车产业变革远不是某几个硬件或者软件升级的问题，也不是某几项新技术突破的问题，而是改变原有产业结构、形成全新产业生态的问题。因此，在把握产业变革机遇的过程中，需要不同主体进行有效分工协作，共同发挥合力。既要把车造得更好，也要让车更智能，还要确保车辆运行在更加智能的大环境里。

建立高效创新体系是一项复杂的系统工程

要把创新真正落到实处，要让创新成果真正产生价值，最根本的还是要激发创新者的活力，让他们"能者多劳，多劳多得"，充分获得创新回报。为此，我们必须在创新的机制上大胆改革，释放全社会的创新潜力。

当然，建立高效的创新体系是一个复杂的系统工程，除了体制机制问题之外，还有资金的问题、产业分工的问题、创新文化的问题以及整个创新生态建设的问题。实际上，创新是全方位的，只在某个环节上取得单点突破还远远不够。因此，我们必须明确创新链条上有哪些不同的参与主体，理清彼此的角色和任务，让各方各司其职、相互协作，才能真正实现创新突破。如果有任何环节存在短板，都会影响最终的创新产出。

特别是在产业巨变正在发生的今天，创新的机理有了新的内涵。各种创新要素集成在一起，不再只是发生物理组合，还有可能形成化学融合，催生出全新的创新成果。也就是说，未来的产业创新不只是单点、单方面、单领域的，更是多产业、多学科、多技术的。唯有不断提升国家和民族的综合创新实力，"创新驱动"才有可能成为现实。

中国汽车产业经过改革开放40年来的发展和积累，目前形成了完备的产业基础、巨大的产业规模和雄厚的资金实力，并且在信息通信技术领域拥有强大的本土"外援"，正是基于创新驱动、实现转型发展的大好时机。只要在创新体系的打造和创新生态的建设上下足功夫，踏踏实实做好每一个创新环节，中国汽车产业必将迎来创新发展的全新局面，中国整体创新能力的提升也将由此迈上新的台阶。

04 汽车创新的本质

汽车的本质是解决移动性问题

今天的技术挑战，主要不是实现技术的挑战，而是理解技术的挑战。就像对人工智能的理解一样，我们对人驾驶汽车的理解还很肤浅，因为我们对人本身的理解还很肤浅。汽车做到无人驾驶恐怕还不够，虽然这样的汽车是可以让消费者接受的，但未来汽车应该还可以有其他很多变化。

第一个维度要从车的内部考虑，比如把方向盘去掉，汽车的形态会是什么样？

第二个维度要从车的外部考虑，即在未来环境下汽车将有哪些变化。今天我们讲人机协同，实际上汽车很早以前就实现了人机协同，让人开车本身就是一件非常了不起的事情，涉及高度复杂的人机协同。而未来我们还想用机器把驾驶员换掉，这样情况将变得更加复杂，因为真正需要处理的是开车时的环境，而不是开车本身。

第三个维度，从更接近汽车本质的体验出发，未来的汽车形态应该有哪些变化，这些变化能不能改变我们对汽车的根本看法。说到底，汽车的本质就是实现快速便捷的自由移动。今天汽车拥堵的问题非常严重，汽车的移动速度变得和自行车一样，这是对汽车本质的最大背离。对于汽车的设计开发者来说，能不能解决堵车的问题？现在大家说的是，把车里的娱乐系统做得更好一些，让人在堵车的时候不烦躁，这是本末倒置。

未来的汽车必须向着回归本质的方向发生质的变化，这才是最有意义的。从目前的自动驾驶来看，只有自动泊车是和汽车的本质有一些相关的，不过自动泊车省下的只是停车的时间，也还没有真正增加人的移动性。

移动性是最重要的一点，应该把人在车上的时间作为描述移动性的一个基本指标，未来能不能把人们花在车上的时间减少一半？如果汽车设计不考虑这个目标，而是笼统地讲要靠道路或者别的方面来解决拥堵问题，这是和汽车的本质相悖的。

汽车的移动性优于地铁和公交

从汽车的角度出发，我们可以把问题限定在城市内从 A 点到 B 点的移动。先不考虑两个城市之间的远距离移动，那肯定是飞机和高铁来解决问题。我们也先不考虑多种交通工具的组合，或者说假定从 A 点到 B 点就使用一种交通工具。在这种情况下，汽车厂商应该是让汽车胜过地铁、胜过公交，让大家都选择汽车来出行。也就是说，车的移动性要优于地铁和公交，而且还要让人们买得起这种高移动性的车。在新一轮科技革命的驱动下，未来的汽车是可以实现这个目标的。

实际上，汽车是其他任何交通工具都替代不了的，因为它是目前为止唯一能够做到"门对门"移动的交通工具，这是汽车最大的竞争力所在，其他优点都是在此基础上的锦上添花。比如地铁，几乎没有人可以乘地铁从出发地直达目的地，其中有换乘问题，即使把"门对门"的范围扩大到几百米，绝大多数情况下也是做不到的。这些出行中的不方便，到最后也会体现在效率上。

乘汽车出行本来应该比地铁更快。举个例子，在杭州每逢节假日期间，人们从高铁南站出来进入地铁站要花一个半小时，估计北京也是一样。2019年，杭州在五一期间开通了公交数字专线，引导人们离开高铁站时不要进地铁站，而是进公共汽车站。即便如此，仍然有换乘效率的问题。在这方面，汽车本应是更合适的解决方案。

汽车企业最应该解决的是堵车问题

汽车数据必须在云端进行存储和处理，但是也不能为了云而云。企业一定要说清楚，我建这个云要做什么。对此，车企应该面向最大的用户需求、最大的社会价值、最大的经济价值来解决最核心的问题，这个问题就是提升汽车的移动性。汽车企业要回答，汽车的进步能不能促进堵车问题的解决？如果不能，汽车可以订外卖、可以听音乐，可以做很多事情，就都失去了意义，因为与解决堵车问题的社会价值相比，这些功能其实都可以忽略不计。

大家知道，堵车造成的经济损失非常大。在这方面，车企有很多工作可以做。例如，在高峰期的城市道路上，一辆汽车内的驾驶员踩了一下制动踏板，可能就会影响后面几千米的汽车通行。如果我们通过云计算，把这次制动的影响减小到100米之内，其社会价值就会超过今天我们可以想象的其他任何场景。这才是车企最应该解决的核心问题。

目前，大家对汽车的认识正在逐步加深，汽车本身的进步，城市基础设施的发展，包括5G、城市大脑等的建设，可能都会比我们预想得更快。因此，十年以后汽车的移动效率一定可以大幅提升。

汽车无人驾驶尚未完全定义清楚

汽车无人驾驶究竟想做什么事？是把驾驶本身无人化，还是要把人在车上的所有动作都无人化？这是两个完全不同的目标。毕竟人在车里，并不是只做驾驶一件事。即使是驾驶员，也不会只做驾驶一件事。驾驶员还要对一些危险状况进行预判，对周边环境进行感知，甚至路况还会影响到他的情绪,因此,他绝不只是在做驾驶本身的动作。我们对无人驾驶汽车到底如何与环境相互结合,还没有完全思考清楚。

驾驶行为没有被完全定义好,这也是自动驾驶越做越难的原因之一。因为在做到一定程度的时候,可能会突然发现人在驾驶过程中还会做别的事情,而我们之前并没有考虑。说到底,我们对人究竟是如何驾驶汽车的,还没有完全搞清楚。

因此,我们应该跳出驾驶员的视角来理解驾驶员的行为。例如无人机编队飞行,其实和飞机上有没有驾驶员没有关系。对于无人机来说,由于没有人驾驶了,飞机的复杂度就可以大大下降。那么我们可以同样问问汽车,如果没有人驾驶了,汽车的复杂度有没有下降?从系统的角度看,这个问题其实还没有认真讨论过。实际上,还不只是自动驾驶的问题,而是在没有驾驶员的时候,汽车应该是怎样的。或者说,这不是如何替代驾驶员的问题,而是在不需要驾驶员的时候,我们应该如何设计汽车的问题。

从最基本的需求出发去解决最基本的问题

今天最需要重点解决的是常识问题。这个观点非常重要,我们最应该解决常识问题,或者说我们应该"勿忘初心",从最基本的需求出发,形成最基本的能力,以解决人们日常生活中最基本的问题,这样就会带来巨大的改变。

很多产业的情况都是类似的,因此也可以彼此借鉴。汽车产业很少谈起编队行驶的事情。实际上,现在大家关注的无人机产业,无论是完全自主飞行的无人机,还是有人进行监控的无人机,编队飞行都是很重要的一个研究领域,特别是在技术上要实现几千架无人机的编队飞行是非常困难的。但是大家一直在为之努力,因为机器之间实现有效的相互协同,将会带来巨大的收益。

今天,汽车一方面为人类提供了出行便利,另一方面也带来了很多负面的问题。未来每一辆汽车都将成为自主驾驶的机器,而这些汽车机器有效协同起来,就能解决现存的很多问题。而和无人机产业相比,汽车行业好像只关注单车的无人驾驶。

汽车是经过漫长的历史沿革一步一步发展进化过来的，因此不少人想不到或者说接受不了太过"跳跃"的变化，发展思路可能有一定的局限。未来汽车是按照延长线思维还是按照跨越式思维发展呢？可能现在谁也不知道哪个思维更好。汽车产业在发展过程中可以更多地借鉴一下其他产业。飞机和汽车相比确实不太一样，比如无人驾驶飞机这个名词翻成英文都很困难，如果用 auto pilot 这个词，飞机很早就是 auto pilot 了，只不过有时候还需要飞行员干预一下而已。单架飞机的无人驾驶对人类来说不是太大的挑战，因为飞行过程中并不需要太多的应变操作，只有遇到非常规的情况时，才需要人为干预，平时大部分时间飞行员都不用做任何操作，所以，在跨洲际的长途飞行时，很大的担心是飞行员不要无聊得睡着了。但是，汽车无人驾驶究竟要如何实现，至今还没有说清楚。

改善移动性既需要单车智能也需要车队智能

过去人们提升汽车的移动效率，主要是靠提高车速来实现的，包括修建高等级的道路。现在路网已经基本建成，进一步扩展的空间不大，而汽车的数量越来越多，结果造成拥堵问题日益严重。

那么，应该怎么办？比如无人机可以编队飞行，如果北京市区路面上的上百万辆汽车都是编队行驶的，会不会比现在更快地从 A 点抵达 B 点？会不会有效提高汽车的出行效率？现在大家并没有从这个角度考虑问题。其实未来移动性的改善，可能主要不是靠提高单个车辆的速度，而是要提升整个车队的效率。

据说目前无人机编队飞行已经可以做到 3 万架的规模，这是非常惊人的。如果飞机能做到 3 万架的规模，理论上汽车也可以做到。像大海里的鱼群，它们就是编队巡游，数量众多，密度很高，速度极快，可是既不会碰撞，也不会滞缓，完全像一个整体一样在顺畅移动。这其中的诀窍，人类还没有完全搞清楚，但这也是可以研究的方向之一。

但是，为什么汽车企业不能从一次制动的影响开始研究？如果我们连这样简单的问题都没有认真考虑过，又怎么可能解决更复杂的问题呢？一个驾驶员的一次制动，没有造成任何交通事故，但是可能导致很长距离的堵车，而堵车正是我们需要着力解决的核心问题。不过这个问题听起来简单，解决起来却并不容易。如果汽车没有联网，更没有在线，在前车制动的一瞬间，后面的其他车辆根本无法知道，更不可能及时应对了。

智能肯定和联网有关系，但也不是说没有联网，我们就不能做智能了。今天在汽车智能上有一个很大的误区，就是过分强调汽车是智能的载体，而没有讲汽车本身的智能。实际上，这就是个体智能与集体智能的问题。如果单车的智能不做好，是没有办法通过连接集聚形成集体智能的。

未来汽车必须被有效组织起来

要增加汽车的移动性，汽车应该被组织起来。这里说的是组织，而不是被控制，组织和控制是两个不同的概念。人也有组织，但是我们不需要被控制。在现在的状况下，自动驾驶汽车很难进入城市交通体系。那么，未来自动驾驶汽车要怎样才能进入呢？汽车必须被组织起来，否则自动驾驶汽车没法进入城市交通。

具体应该是城市的管理者来组织汽车。过去城市管理者与汽车的关系非常简单，他们只负责发放牌照，只要汽车不违规就可以上路行驶；而未来可能就不是这样。我们对比一下，在电能应用的过程中，人类对电能的组织效率远远超过在交通体系中对车辆的组织效率。现在对于城市管理者来说，汽车就像一只只无头苍蝇，管理者并不知道今天在路上的每辆车，到底从哪里来，要到哪里去，进入了所谓"失联"状态。

不仅城市管理者，整车企业也和车辆失去了联系。一直以来，整车企业把车卖出去之后，几乎就和车辆"失联"了。这是非常糟糕的一件事。虽然表面上也有车主登记信息，但其实没什么作用。汽车为什么需要把互联网当成基础设施？首先就是要解决"失联"问题。如果车企都不知道自己造出来的车是如何运行的，又何谈改进设计和优化服务呢？

而从城市管理者的角度来说，汽车的"失联"直接导致了交通效率的降低。为什么会出现堵车现象？堵车其实就是交通效率的低下，在汽车数量增加到一定程度后，被暴露出来了。堵车并不是简单的因为车多，根本原因还是管理水平不足。比如我们日常管理 10 个人可能就乱了，可是部队可以管理 1 万人，依然井井有条。现在我们的城市管理 100 辆车可能就乱了，实际上是可以做到管理好 1 万辆车的。要管好的前提，就是必须改变车辆的"失联"状态，这样就能以汽车为起点，把整个交通有效地组织起来。

互联网将改变汽车的结构和形态

汽车行业的人们可能认为，汽车现在的样子是天生的，是很自然的。互联网人不懂汽车，但作为旁观者或许反而容易产生不同的看法。互联网人认为，汽车绝不是天生这个样子。例如汽油与汽车结合在一起，今天看来很平常，但是最早出现的汽车是以蒸汽机驱动的，用煤做燃料，只不过后来有了发动机，整个汽车的结构才逐渐变得更适应发动机了。因此，我们不能简单地认为汽车就应该使用汽油。实际上，我们正处在这样一个时代：很多今天习以为常的事情，可能以后都会变得大不一样；而很多今天闻所未闻的事情，可能以后都会变得习以为常。这是我们先要建立的一个基本认识。

互联网将改变整个社会，当然也会改变汽车的形态。历史上汽车的外形发生过很多变化。比如在三四十年以前，汽车是比较方正的，而现在汽车造型更强调流线型，比过去更加圆润。一直以来，汽车虽然在外观上变化很大，不过在本质上还没有太大的变化。但是今天，情况恐怕要有所不同了，我们需要反思，未来的汽车到底会是什么样子？站在发展的角度看，这绝不是一两句话就能说清楚的。

汽车和互联网产业需要深度整合

目前，几家互联网巨头都已经涉足汽车产业。从顶层设计的层面来讲，各家互联网企业没有太大的差别，大家都看到了几个核心要素的重要性。而今天我们可以看到，第一，技术更成熟了；第二，技术正在系统化，之前主要还只是单个技术或者某个方面的技术体系，现在逐渐变成了一个大的技术系统。

从这个角度看，技术是有很大进步的，但是今天汽车的本质问题依然没有解决。这需要汽车和互联网企业进行一次彻底的整合，进而引领产业的变革方向。在这个过程中，主角可能是一家汽车企业，或者一家互联网企业，也可能是一个大财团，最终整合的深度将远远超出大家的想象。

在这里，汽车企业指的是做整车的企业，而不是进入汽车产业的互联网巨头。虽然互联网企业也会考虑汽车的发展问题，也会努力把互联网、数据和计算三个核心要素整合到汽车里，但是整车企业有其独特的技术能力，很多工作是不可能靠供应商完成的。实际上 BAT（百度、阿里、腾讯）现在就是汽车供应商，除非将来它们变成造车企业，并且真正形成造车的能力。最终只有具备了自己该具备的能力，企业才能胜出。

在这个过程中，领导者的重要性将得到充分体现。这个发挥引领作用的领导者，可能是政府，可能是某家了不起的企业，也可能是战略家，总之需要有远见的引路人。然而目前我们在这方面的认识和投入都远远不足，还不及对充电桩的认识及投入程度。这是很悲哀的事情，要知道我们要做的是一件可以改变整个人类社会的事情，其重要价值远非充电桩可比。如果我们能像建设充电桩那样，投入精力建设汽车互联系统，今天就可以见到很多效果了。

汽车智能化将提供更加轻松便捷的出行

五年之后，我们现在为之努力的目标，很多都会变为现实。汽车产品的开发周期较长，迭代优化需要更多时间，现在很多技术已经接近成熟，不过尚待时间检验。而有了五年的时间，无论是车联网，还是自动驾驶，也包括更多内容和服务生态的导入以及贴近于人的实时互动，都会取得重大进展。当然，这些目标的达成还需要众多企业的共同努力。

如果把目光放到十年甚至更远的未来，车和路的关系会更加紧密，车路协同将助力交通体系整体效率的极大提升。目前已经有很多 5G、V2X 技术的推进试点，不过这些技术的全面普及应用应该需要十年或者更长的时间。届时智能城市和智能交通将发展到更高的水平，使车辆和环境处于默契匹配的良好状态。

同时，在自动驾驶方面，实现完全开放环境中 L4 级以上的自动驾驶还需要 10~15 年的时间，对此可能每个人都有自己的判断。不过有一点我们可以肯定，那就是随着智能化程度的不断提升，今后汽车将越来越能够化解人的焦虑感和紧张感，让人们可以享受到更加轻松便捷的出行过程，这是一定可以做到的。

院长心声　　　　　　　　　　　　　　　　　　　　VOICE

人对移动效率的追求是最根本的

汽车为什么被发明出来？就是为了实现从 A 点到 B 点的移动。移动就有效率的问题，也就是移动距离和移动时间之比。如果移动的时间长、距离短，效率就低；如果移动的时间短、距离长，效率就高。而且移动是人类的"刚需"，只要有人就一定有移动的需求，尽管互联网时代，大家可以通过各种在线方式联络，但还是会有见面沟通的需要。而人在移动过程中虽然肯定会有多种感受和需求，但是对移动效率的追求始终是最根本的。

移动性既是指从 A 点到 B 点的效率，更是指整个交通系统的总效率。未来的交通必将是多种出行工具在合适的时间和地点应用的有效组合，最终实现整体移动效率最优。举个简单的例子，从北京去上海，有的人出门先坐公交或者出租车，下了车后坐地铁到达高铁站，然后坐动车前往上海，期间还需要短途的慢行移动衔接，比如步行或骑自行车。这个过程涉及汽车、地铁、高铁以及短途交通工具等多种出行手段。显然，高效的交通系统绝不是汽车自己就能解决所有问题的。从北京到上海当然也可以开车去，但是时间就太长了。

在一个城市里，例如在北京，很多人为了减少堵车时间，常常选择地铁出行，出行效率确实高了，但是舒适性和便利性都降低了。实际上，无论是地铁还是公交车，都只是一种交通工具。对个人出行而言，我不关注换乘了多少种交通工具，关注的是整个出行用了多少时间和成本，以及出行过程中的舒适性和便利性。如果从 A 点到 B 点，中间换三次地铁或者公交车，即使能够更快更便宜地到达目的地，恐怕感觉也不会好。这就是为什么很多人出门就愿意坐汽车，宁可堵在路上也不愿意去坐地铁的原因。因为坐地铁远不如坐汽车舒服，而且往往还要走不短的路程才行。

所谓移动性既要看出行效率，也要看出行便利性，此外还有舒适性的问题。如果下了飞机，先乘地铁，再换公交，然后再骑自行车到达目的地，还不如直接坐出租车，即使慢一些，但在车上可以看看手机或者休息一下，体验会好很多。多种交通工具组合，恐怕很难完全解决换乘不便的问题。从这个角度讲，汽车确实是其他交通工具无法替代的。

车路云如何有效协同是系统性难题

互联是未来汽车的基础，是必要条件。互联之后就可以有效传递大量数据，带来巨大价值。而处理这些数据就需要计算，这种计算能力是单车无法完全承载的，必须依靠云端。因此，互联、数据和计算其实是一个有机的整体，都是发展智能汽车最核心的问题。未来智能的汽车一定是跑在智能的环境里，并且将和各种基础设施和服务单元形成万物互联的新生态。显然，这个大生态同样要以互联、数据和计算作为基础。

那么，智能的车、智能的路和智能的云，怎样才能实现有效协同？这实际上是一个系统性的难题，云端必须具备对大量数据进行实时存储和快速计算的能力，这需要 5G 这样的高速通信手段提供支撑。数据传得快，计算跟不上不行；计算做得快，数据传得慢也不行。同时，汽车本身也要有相应的能力。

一辆车要尽可能"聪明"，但是只有一辆车"聪明"还不够，必须是一群车都"聪明"，才能构成群体的"聪明"。如果没有群体的"聪明"，单车再怎么"聪明"也只是孤军奋战，达不到最佳的效果。未来一定是集团军作战，才能形成一个高效率的大交通体系，让每个人都从中受益。从这个意义上讲，企业的眼界不能太狭隘了。如果每家企业都只看自己，最终整个产业的发展进步就会受到影响。反过来讲，那些眼光长远、布局前瞻的企业，就会发展得更快。或许正因如此，在产业重构的历史关键时期，一些传统巨擘企业有可能会轰然倒下，一些新创企业也可能会乘势崛起。

回归汽车本质，思考未来发展

当前，汽车产业的创新发展急需破解众多难题，而汽车人更应该回归到汽车的本质来思考其未来的发展。

比如自动驾驶，首先，从驾驶员的角度，要想清楚驾驶员都在车上做什么事情，其中哪些需要用机器取代驾驶员来完成，为什么要取代，以及要具备什么能力才能取代。其次，从车的角度，机器取代驾驶员之后操纵的还是车，那么车本身应该有哪些相应的改变。再次，从行驶环境的角度，汽车智能之后，如果周边的环境不够智能也不行，就像今天的一些路口，如果行人或自行车随意穿行，自动驾驶等级再高的汽车也难以应对。最后，从大交通系统的角度，还涉及整个车队的管理，汽车与其他交通工具的组合，以及各种交通工具与基础设施之间的交互等问题。

要把上述要素都充分落地并有效组合起来，需要一个长期的过程，这就是为什么大家感觉新一轮科技革命似乎机会无处不在，但真要行动又觉得无从下手的原因。对于我们所处的时代，我之前总结了三点：听起来很好，看起来很乱，干起来很难。

在这个过程中，我们需要很多手段，需要很多能力，包括汽车硬件的完善，汽车软件的进化，也包括通信能力的升级，政府力量的推动。最后，我们很可能还需要纵观全局的城市大脑，通过云计算处理海量数据，实现城市中每一辆车与每一个场景的实时互动和优化匹配，从而让汽车更好地服务人类，也让人类社会享受更加美好的生活。

二、产业管理

01 发展回顾

中国汽车产业的发展历程值得反思

中国汽车产业经过多年来的持续发展,目前总量已居世界第一,但是发展道路并不平坦。我们过去的汽车产业政策是需要反思的。一直以来,这其中都存在一个问题。主管部门的一些同志往往认为,既然美国、欧洲、日本就三四家车企,全世界就几大巨头,中国汽车行业不论怎样发展,最后最多也就剩下五六家大企业,那何不从开始的时候就控制企业的数量,以免重复建设。既然企业没必要很多,那就直接限定为五六家,然后让这些企业尽快做大就行了。他们觉得如果让很多企业进来,产业会很乱,会浪费很多资源,又没有什么好处。

过去的准入政策就是按照这种思路设计的。但这些同志没有意识到,虽然最后可能就剩下五六家甚至两三家企业,不过在开始的时候我们没办法知道会是哪几家企业。看看发达国家汽车产业的发展历史,能给我们很大的启发。美国最初的时候也是有几百家汽车企业,最后剩下三大车企,是经过激烈的市场竞争和兼并重组之后才逐步形成的。

这个过程是大浪淘沙、优胜劣汰的过程,也是培育和提升企业竞争力的过程,更是市场经济发挥调节和选择作用的过程。如果从一开始就规定若干家企业处于龙头地位,那么竞争力又从何而来呢?实际上,这反映出过去我们有些同志对市场经济的理解太肤浅,还是按照计划经济的思路来制定政策:既然最后可能就剩下三四家企业,就直接规定出来好了，完全没有考虑规定的这些企业会不会有竞争力。

历史上，不只是汽车行业，其他行业也经历了这样的过程，因为都是从计划经济走过来的，一开始都是先搞定点生产。例如冰箱行业，有关部门曾经搞过 40 多家定点企业，现在中国冰箱产业已经很强了，但靠的并不是当初的定点企业，我们连那些企业的名字都想不起来了。如今做得好的企业，当年都还没出生呢。汽车行业的情况也是如此。

因此，并不是中国人不行，也不是中国企业不行，关键还是没有让能干的人、能干的企业去做。2018 年虽然汽车行业出现了负增长，但部分自主品牌车企的表现还是不错的。现在发展得比较好的几家自主品牌车企，看看它们的历史，有多少是一帆风顺拿到资质的？说起来，很多企业拿到"准生证"的过程，都是一段不愿回忆的痛苦历史。我们一方面不愿意给民营企业进入汽车产业的机会，另一方面却对外资企业打开了大门，这是值得深刻反思的。

让市场来检验企业创新的成败

回顾历史，究竟有竞争力的产品、有竞争力的企业，是从哪里产生出来的？答案应该是公平竞争的市场环境。如果过去我们从一开始的时候，就采取真正培育公平竞争市场环境的政策，特别是按照市场经济的思路放开准入，中国的汽车产业应该会比现在更有竞争力。

当然，有些事情确实需要国家来做，比如环保的标准、节能的标准、安全的标准，这些国家都应该管，并且要管好。但是什么样的企业有资格参与竞争，有必要管吗？为什么不能允许企业先把产品生产出来，然后检查是否符合标准，如果符合就允许上市，不符合就不允许上市呢？

其实，哪家企业的产品符合标准，哪家企业的产品更好，开始的时候谁都不知道，只有通过市场来检验，因此应该给企业尝试的机会。一定要明白，创新具有高度不确定性，即使最后拿出了好产品，那也是事后所知，刚开始做的时候，并不知道谁就能做出来，谁就能做得好。政府不应该管哪家企业可以做，哪家企业不可以做。只要企业履行了注册的基本程序，满足了一些必不可少的社会性管理标准，对汽车行业来讲，就是环保标准、节能标准、安全标准等少数技术指标，就应该准许其进入市场。

有人说，汽车企业的生产运营要花很多钱，会造成很大的浪费。企业是在花自己的钱，自然清楚自己的风险和责任。如果说投资者对自己的钱不心疼，反而是政府主管部门更心疼，这种说法是站不住脚的。

现实情况是，一些有资质的企业，自己经营不下去了，居然还可以转卖生产资质。如果没有能力了，应该吊销其资质，为什么还允许转卖？这样资质不是变成典型的寻租产品了吗？有些企业为了进入汽车行业，不得不转了很大的圈子去购买资质。像这样的审批，对提高汽车行业的竞争力能起到作用吗？对于解决环保问题、节能问题、安全问题能起到作用吗？最后结果只是助长了寻租而已。

从"引进驱动"到"创新驱动"是历史必然

当前，国家为什么提出"创新驱动"的理念，实际上与"创新驱动"相对的，是另一种驱动模式，即所谓"引进驱动"。

改革开放开启了我国经济发展的新时代，而 2019 年已经是改革开放的第 41 年了。41 年前，中国经济水平很低，资金、技术、人才都极度缺乏，因此只能采取直接引进国外先进技术的方式来加快经济发展。在这方面，汽车产业也不例外，我们通过合资引进了所需的技术，开启了汽车产业发展的新征程。时至今日，中国已成为全球最大的汽车产销国，形成了完备高效的产业链条，并且有力促进了国民经济的发展和国民生活的改善。

但是应该看到，这种"引进驱动"模式存在先天局限，并且随着时间的推移，这种局限越来越明显。当年我们之所以能够成功引进产业和技术，根本原因在于西方发达国家进入后工业化阶段后，由于能源、环境以及劳动力成本等压力，开始向外转移制造业。显然在这个过程中，发达国家不可能把最新、最先进的技术"转移"给我们。与此同时，我们还付出了能耗和污染的巨大代价。

而发展到今天，中国的情况已经大不相同了。早在 2010 年，中国社会科学院工业经济研究所的一份研究报告就显示,我国中西部地区总体上已处于工业化中期,东部地区已处于工业化后期,而京沪发达地区已经进入到后工业化时期。

这意味着中国的积累已经达到了很高的程度,再往前走,和发达国家一样,需要的是最新、最先进的技术。而这样的技术不会有哪个国家愿意提供,这就是为什么近年来我们很少再听到"技术转让"这个词的原因。我们现在已经进入了"无人区"。后续中国经济的转型升级和持续发展,再不能靠"引进驱动",而只能靠"创新驱动"了。

之前我们走的是"有脚印的路"。这样做的好处是没有太多风险,因为前面已经有人走过这条路。但是踩着别人的脚印前进,我们永远都不可能成为领跑者。所以,中国早晚要踏上没有足迹的"无人区",成为领先的开路者。然而没人走过的道路上可能有地雷,也可能有陷阱,走起来并不容易。即使像摩托罗拉、诺基亚这样的大公司,一旦选错发展路线,也会陷入困境甚至破产重组。

从辩证唯物主义的观点看,新的技术肯定不够成熟,存在路径风险。而旧的技术虽然落后,但是非常成熟,既无风险,又相对简单,买过来之后只要照着做就可以了。问题是中国发展到今天,已经不可能再靠"引进驱动"继续跟随发展了。国家现在提出要"创新驱动",因为我们别无他法,后面的路只能靠我们自己走。

新时期自主创新必须摆脱路径依赖

人类社会的发展进程可以划分为农业社会、工业社会和后工业社会。在工业社会的初期和中期,后发国家往往可以通过引进技术实现快速发展。但是从工业社会后期迈入后工业社会,情况就完全不同了。因为后工业化时期,服务业的比重大幅上升,国家也好,企业也好,都需要不断创新,才能保持自己的优势地位。这实际上是一个非常困难的关口,很多拉美和东南亚国家就是因为没能突破这个关口,而陷入了所谓的"中等收入陷阱"。

为什么会有中等收入陷阱呢?这就好比自己的车厢之前一直挂在别

人的火车头上，被拉着前进，但是到了半山腰后，人家把火车头和车厢之间的挂钩脱掉了，车厢自然就失去了动力，无法爬上山顶，甚至可能跌回到山脚下。

实际上，在创新发展动力上，发达国家也在与中国进行"脱钩"了。不过，中国的情况有所不同，此前我们已经悄悄造出了自己的火车头，尽管这个火车头的驱动力还需要进一步加强，但至少我们保持了推力，不会让车厢跌回去，而且还在继续向上爬坡。

那么，我们的驱动力究竟来自哪里呢？这个驱动力就是创新。坦率地说，在过去几十年的跟随式发展中，我们也有很多原本非常不错的企业逐渐丧失了创新的能力。这其中固然有创新风险大、不确定性强，一些企业不敢轻易下决心投入的原因；但更主要的还是因为，很多企业只要引进技术就可以获得丰厚的利润，由此形成了路径依赖，根本没有创新的动力。

院长心声 VOICE

可持续发展必须依靠"创新驱动"

改革开放40年来，中国主要通过不断引进、消化和吸收外部技术，逐步建立起完整的汽车工业体系，掌握了汽车制造尤其是正向开发的能力，并开始在国际上占据一席之地。对于中国汽车产业而言，正是多年宝贵的积累，让我们有资格拥抱今天的产业巨变，有机会抢占未来汽车产业创新的战略制高点。

面向未来，中国的可持续发展必须依靠"创新驱动"。过去我们也谈创新，但是并没有达到预期的效果，主要还是因为可以引进国外的技术，采取跟随式发展，风险更小、速度更快。就当时的条件而言，这种选择其实也是一种必然。然而发展到今天，中国已站在了全新的历史节点上，以前的打法已经行不通了。为此，我们必须破除路径依赖，坚持自主创新，学会在"无人区"里前进。

当前汽车产业更需要全方位的产业创新

当前，电动化、智能化、网联化、共享化即所谓的"新四化"正在给汽车产业带来翻天覆地的变化，在此过程中，我们不仅需要单一的产品创新、技术创新、管理创新，更需要全方位、系统的产业创新。用一句话来概括，创新已成为当今汽车产业发展的主旋律。

时代在发展，中国在进步。之前的那个年代，中国需要技术引进，通过跟随式发展来解决"从无到有"的问题。而今天，中国各方面的实力突飞猛进，很多产业逐渐和发达国家同步，一些领域甚至已经进入到引领全球的"无人区"。因此面对未来，我们必须进行全新的探索，努力解决"从有到优"的问题。

之前中国跟在发达国家后边前进，应该说走过了一条平稳、快速的发展道路。但是走到今天，这种简单引进的发展模式已经行不通了。一方面，最先进的技术根本买不到；另一方面，一些领域我们进入"无人区"后也没有更先进的技术可买。当此之际，我们唯有进行原始创新，才能真正破局，实现进一步发展，这也是国家提出"创新驱动"的原因所在。

创新不仅有风险，而且需要大量投入，特别是开始阶段，投入产出比往往很低。相比之下，从外部直接引进技术，短期收益无疑更高。但从长远来看，引进技术不可持续，没有自主创新能力的企业终究是没有未来的。因此，创新首先要解决理念问题，要在战略层面上认识到必须坚持创新、培育创新能力，即使是在可以引进技术的时候。

未来十年是"创新驱动"战略的关键期

毫无疑问，创新是一个国家和民族可持续发展的基础和原动力。过去几十年，由于方方面面的原因，中国一直处于跟随发展的状态，创新的重要性没有真正凸显出来。当然，这也是当时的历史条件下中国的必然选择。

当前，中国已经进入到全新的发展阶段。对于创新而言，已经不是做与不做的问题，而是如何做好的问题，否则我们今后的发展将不可持续。面对未来，中国必须建立起高效的创新体系，打通整个创新链条，实现各个创新主体的合理分工并形成合力，特别要从体制机制的源头入手，真正形成有利于创新的考核机制、激励机制和人才培养机制，以保证从原理创新到产业化创新的全面突破。而未来十年将是"创新驱动"战略真正落地生根的关键十年，我们必须全力以赴、攻坚克难。

02 产业政策

政府应清晰界定产业管理边界

总结经验和教训，对下一步的产业发展是有借鉴意义的。简单地说，就是政府对该管的事情一定要管好，对不该管的事情一定不要去管。比如，发展新能源汽车需要配套的基础设施，这理应由政府来规划和推动。政府把基础和支撑性的工作做好了，剩下的事情就应该全面放开，让企业自己去做，让市场来进行选择。

像技术路线，政府就不应该去规定，这方面的教训太多了。汽车动力技术就是这样，这么多年来多次发生变化。很早的时候，美国认为燃料电池很有前途，我们马上跟进了一段时间，结果发现技术上还有很大的距离，短期内根本无法产业化。后来有一段时间热议柴油汽车，认为节能和环保水平不错。之后是混合动力汽车以及插电式混动汽车。然后又变成了纯电动汽车。最近又说日本氢燃料电池技术很不错，热度开始上升。这中间经历了太多的反复和浪费。

其实，政府最好别规定发展什么技术。最聪明的办法就是制定出环保、节能的标准，符合这个标准的，都支持；不符合的，都不支持。就是以中立的标准作为评价依据。技术路线选择本来就是企业自己的事情，有些企业选择对了，就会取得优势；有些企业选择错了，那就承担损失，直至退出市场。这就是市场竞争，要让市场来解决谁对谁错的问题。实际上，有些事情政府本来就做不了，即使政府有关人员非常聪明，非常有远见，也不可能解决未来创新过程中的不确定性问题。

此外，政府如果决策错了，整个产业的发展就会受到影响。而企业有很多家，如果有些企业决策错了，可能会因为缺少竞争力而被淘汰，但是从整个社会层面上看，损失相对比较小。更重要的是，那些决策正确的企业就会获得机会，推动产业继续发展。

现在有很多争论，例如，BAT应不应该做汽车？传统车企要不要自己做网联化和智能化？国家应该充分放开，让大家公平竞争。因为现在谁都不知道未来究竟什么样的创新能够成功，什么样的企业能够做成什么事情。只有发展到一定阶段，各方才能清楚地识别出自己的机会，做出明确的选择。有一点我们可以非常确信，即中国人和中国企业的创造力往往会超出想象。当前，中国在多个领域都出现了很多很好的技术、产品和企业，我们没有理由怀疑中国把握汽车产业战略机遇的能力。

合理的机制是激发企业创新活力的关键

中国到了新的发展阶段，在各个方面都必须要创新。为此，一方面国家旗帜鲜明地提出了"创新驱动"的发展理念；另一方面，我们还需要采取一系列实际措施，确保"创新驱动"能够真正落地。从这个意义讲，国企面向创新需求的机制体制改革至关重要。而就目前的情况来看，我们在这方面做得还很不够。

我们研究发现，国企在研发投入方面仍然不够积极，因为考核的指标往往是利润，而研发投入在本质上就是要把企业的一部分利润花掉。如果只考核利润，企业就会减少甚至不做研发，以保证利润指标的达成。当然，如果企业一直不在研发上投入，没有技术储备，未来就会发展乏力，最终会影响长期的利润收益。但这样的后果并不是短期内就能体现出来的，而且会由后来者"买单"。

合理的方式应该是把研发投入与利润放在一起来评价。这样国企即使把利润全部投入到研发上，也可以完成考核指标，企业才会有动力去做研发。有了足够的研发投入，企业才能实现更好的发展。

说到底，关键还是机制问题。大家常说民营企业比国有企业更有活力。实际上，不管哪一种所有制的企业，如果没有适当的机制都不会有活力，更不会持久。例如，一些民企属于典型的家族企业，这样的企业也应该进行机制改革，不能只是企业家及其家族独有，也要让管理团队和骨干员工持股，这样做其实对企业有利。因为如果没有合理的机制保障，企业后续是很难有良好发展的。

在创新过程中，机制极其关键。例如，有一家外资医药公司，由于中国市场竞争日益激烈，这家医药公司受到了冲击，其在华的研发中心一直业务不振，所以公司董事长就打算将其裁撤掉。但是这个科研团队却不想离开中国。后来商量出解决办法：该公司把中国研发中心保留下来，同时将中心的股权一部分卖给投资公司，一部分转给科研团队，相当于三方合资重组了这个研发中心。结果一年之后，那位董事长来到中国开会时，惊奇地发现这个中心的研发进展非常快，原来好几年都做不出来的成果，现在一年内就已经研发出来了。

研发人员自己说，原来是一天8个小时按部就班地工作。现在因为机制变了，他们自己也拥有了股权，所以干劲十足，无论是投入的时间还是工作的效率，都远远超过从前，因此取得更多研发成果一点也不奇怪。可见，不仅是国企，民企也好，外企也罢，如果没有很好的机制，同样是不行的。

新能源汽车产业政策不宜变化过快

当前，我国有两个机会相互叠加在一起。一个是追赶性的机会，另一个是新一轮科技革命带来的机会。而且对于后者，我们凭借市场容量大的优势，基于规模经济效应，完全可能率先形成成功的商业模式，再通过商业模式的成功，拉动技术创新的进步。在这方面，新能源汽车的发展过程已经有所体现。

目前，中国新能源汽车发展很快，已经占到了全球产量的一半，而且这样的态势预计可以保持下去。展望后续的发展，政府应该做好自己该做的事情，而不要去规定新能源汽车的技术路线。到底是纯电动汽车，是增程式汽车，还是氢燃料电池汽车，应该让市场来选择。当然，在新技术的市场培育阶段，国家给予一定的补贴是正常的，国外也有类似的做法，这有利于产品快速进入市场，提升规模，降低成本。但是补贴政策需要认真设计，要充分考虑产业规律。特别是不论补贴进入，还是退坡，都要给生产者留出足够的时间，政策不能变得太快。比如补贴退坡是可以的，但至少应该提前一两年就告知企业退坡的标准，这样企业才能有一个相对稳定的预期，不至于来不及应对，也才有利于平稳地达成既定的政策目标。

发展智能网联汽车需要企业与政府紧密合作

发展智能网联汽车的难度确实比较大，因为需要很多不同的主体相互协同，需要政府、企业以及其他利益相关者有效协调和沟通。中国在这方面也有一个优势，那就是国家很大，很多地方政府的领导人想法是不一样的。有些地方可能相对保守，不想走在前面，想先看看别人推行的效果怎么样，然后再跟进。而有些地方对发展智能网联汽车的态度很积极，而且这些地方具体的发展策略往往又不尽相同。

因此，建议企业首先要选好地方做试点，一定是领导人有积极性的，条件也相对具备的。试点肯定有不成功的，可能是技术问题，也可能是政策问题，这是创新不确定性的体现，是很正常的现象。一开始的时候，国家一定要允许尝试，允许多样化。试错的过程其实就是创新的过程。等到做过一轮以后，把错的去除掉，剩下的就是对的。只有通过试错才能找到正确的路径，在这个过程中，我们就可以逐步摸索出一些比较可行的做法，包括制度、政策、标准等应该如何提供支撑。最终确认效果不错后，再逐步向全国推广。

过去几年里，各级政府对企业的支持超出了预期。一方面，政府出台了一系列政策法规，在确保安全优先的前提下，降低了汽车产业创新的门槛。另一方面，政府高度重视自动驾驶技术应用和信息化基础设施升级，这就使汽车自动驾驶在一些特定场景下变得更容易实现。随着人工智能、5G等技术在中国的快速发展，相信中国将成为自动驾驶大规模产业化、商业化的最大市场，并且其落地速度将超过包括美国在内的其他国家。

例如对于自动驾驶来说，提升车辆的感知能力至关重要，也是极具挑战性的难题。如果路边安置有静态传感器，就可以很容易地判断出其他车辆是静止还是在移动，移动是慢还是快。再把这个信息传递给自动驾驶车辆，就可以极大地降低自动驾驶技术的实现难度。此外，自动驾驶汽车还面临传感器盲区的问题,而道路监测传感器可以看到整个范围内的车辆,这也会降低车端技术的难度。

政企各司其职,共同做好创新

汽车行业之前有一句话,叫作"汽车进入家庭",这其实意味着汽车社会的到来。因为汽车带来的是整个社会的变化,而且未来有更多新元素加入以后,汽车对整个社会的影响将加倍扩展。在新技术、新模式广泛应用后,未来的汽车产品以及汽车社会或许会和我们原来想象的完全不同。汽车产业的边界也和现在完全不同,特别是汽车服务涉及的范围将更宽更广。这些变化将深刻地影响社会的方方面面。

在这个过程中,政府和企业应该扮演好各自的角色,要切实把创新做好、做实。这样最终一定会演化出我们现在还想象不到,但一定非常精彩、非常丰富的汽车产业创新,最终满足人民群众日益增长的美好生活需要,实现大家心中的中国梦。

院长心声　　　　　　　　　　　　　　　　　　　　　VOICE

"引领式创新"才能确保未来可持续发展

时至今日,整个世界格局正在发生重大变化。中国在改革开放40年取得翻天覆地发展成绩的同时,也面临后续新一轮发展进程中的各种问题和困难,包括环境污染的问题、劳动力成本上升的问题以及创新能力不足的问题。因此,无论是国家、地方,还是产业、企业,都在探索如何转型升级。这种转型升级既是主观上的愿望,更是客观上的需求,因为如果不能成功转型升级,就不能确保未来的可持续发展。在本轮转型升级的过程中,国家明确提出要从"量"的发展向"质"的发展转变,要从"跟随式创新"向"引领式创新"转变,要从旧动能向新动能转变。

国家应营造有利于创新的市场环境

政府应给予市场更大的开放度和自由度,让各方都能有参与公平竞争的机会,通过优胜劣汰,实现产业做强。最终基于汽车产业创新,完成整个制造业的新旧动能转换,为中国实现可持续发展、人民圆梦美好生活，做出行业应有的贡献。

同时，我们应该从以前的事情中总结经验和教训。也就是说，过去付了的学费，不能白费。比如技术支撑产品，产品最终由市场选择，因此就应该让企业自己决定技术路线，并为自己的判断买单。如果政府提前规定好技术路线，但是最终该技术支撑的产品并不受消费者认可，却让企业来承受损失，这是没有道理的。

国家应该营造公平竞争、鼓励创新的市场环境。企业做得了的事情，政府不要管得太多，不要早早就和企业说这个应该做，那个不应该做。要鼓励新力量进入汽车领域，要让企业自己决定技术路线，自己选择商业模式。反过来讲，企业做不了的事情，政府也绝不能缺位，必须把责任负起来，这在产业全面变革的新时期是极为重要的，也是中国体制优势的体现。

建立有效机制是企业创新活力的根源和保障

建立真正有效的企业机制，让全体员工特别是核心团队都有奋斗的动力，才是企业产生持久创新活力的根源和保障。在这方面，让管理层持有股权或期权是很好的方式。当然，让管理层持股之后，也会出现一些新问题，比如管理层可能因此担心股价波动，过多关注短期利益，这其实也不利于创新。因此，机制设计必须把长期利益和短期利益结合起来，进行综合考虑。

机制的最大作用就是保障公平合理的创新回报。任何创新主体，如果得不到应有的创新回报，都不会有持久的创新动力。反过来讲，如果在机制上切实保障创新主体享有创新产生的收益，就会充分释放出他们的创造力。

我们强调"创新驱动"，最核心的一点就是要解决创新机制的问题。在这方面只谈情怀是不够的，必须让创新主体真正享有创新成果带来的经济利益，因为无论团队还是个人，都需要投入大量时间、精力和智慧，才有可能取得创新成果，社会必须认可和尊重他们的付出，并回报他们的付出。

政府在汽车产业重构期的作用不可替代

在本轮汽车产业全面重构的进程中，特别需要强调的是，政府的作用不可替代，因为只有政府方能提供智能网联汽车的法规标准体系、测试示范支持以及相关基础设施升级。为此，互联网企业也需要和整零车企以及政府紧密结合、通力合作。在此背景下，整车企业、零部件供应商、科技公司等都需要基于自身核心优势，重新确定自己在未来产业生态中的最佳定位。

目前的情况是汽车产业未来发展的终极目标已经明确，但是在某个时间节点究竟会发生多大变化还是未知数。因此，每家企业应该着力培育的核心能力和参与竞争协作的商业模式，还存在着很大的不确定性，必须在实践中不断摸索前行。这对于所有参与汽车产业变革的各类企业而言，既是巨大的挑战，也是巨大的机遇。

总体来看，智能网联汽车需要"三位一体"的发展模式。除了主要提供硬件的整零车企和主要提供软件的科技公司之外，政府也将在产业变革中发挥重要作用，特别是智能交通、智慧能源以及智慧城市的布局，将直接决定聪明的车能否跑在聪明的路上。

新技术的发展需要经历一个过程，在尚未成熟的初期往往存在局限性，如果此时通过周边环境提供有效的应用支持，就可以大大降低创新的门槛，推动新技术早日走向成熟。当前自动驾驶汽车使用的传感器、算法以及通信能力都有局限，或性能不足，或成本过高，如果企业等待这些技术逐一成熟，再推出有效的自动驾驶系统，无疑将会严重滞缓其产业化落地的进程。

而通过将智能网联车辆导入信息化的交通系统中，就可以依托现有技术，较容易地实现既定应用场景下的自动驾驶。由此，社会交通效率和行车安全将得到大幅改善，整个城市的智能治理能力也会显著提升，从而让人们享受到更加安全、快速、方便的出行服务。这样自动驾驶技术就可以提前实现商业价值，并为后续技术的持续攻关带来资金和信心。

可以设想，如果政府构建了封闭式的道路交通环境，或者基于信息化交通基础设施为车辆提供支持，又或者快速导入5G技术、实现更广范围内的车路协同，必将有效减少或规避自动驾驶关键技术的应用局限，有力推动自动驾驶汽车的商业化进程。

三、企业战略

01 总体创新战略

"舍"是战略选择的第一要务

很多时候企业是因为没有想清楚才进行了多项的巨额投入，如果真正理解了智能化的需求和想要实现的功能，就会发现必须进行的投入是有限的。最重要的是如何把自己以及其他合作伙伴在多个不同方向上的投入有效整合起来，要做到这一点难度非常高。

说到底，所有企业面临的核心问题都是取与舍，因为任何公司都不可能具有全部所需的能力，而相比于行业巨头，初创公司肯定有更多的事情是自己做不了的。因此，初创公司负责人必须判断哪些要做，哪些不要做，哪些是能够得到的，哪些是只能舍弃的。所谓战略，无外乎就是想做什么、该做什么、能做什么，最终决定做什么、不做什么。很多时候，确定不做什么才是战略选择的第一要务。在战略的取舍选择上，往往决策"取"容易，决策"舍"却很难。

一家企业要做的事情，就像风暴眼一样，由里向外分为很多的圈层。越往外面的部分越应该开放，可以交给合作伙伴；而越往里面的部分越核心，必须由自己完成。对于整车企业来说，首先要做好定位，在此基础上，把产品研发、供应链管理和制造过程这几条主线的核心部分做好。

而供应商与整车企业不一样。对于供应商来说，是把一个标准的产品，提供给很多整车合作伙伴使用，对于每个合作伙伴都要做兼容性、适配性的开发和集成，可能做这些工作的人员合起来就占到公司技术团队的一半以上。换句话说,整车企业真正从事技术开发的研发人员占比往往是小于50%的,越是平台型的公司,越是如此。

并购解决不了创新能力的问题

财力雄厚的互联网巨头企业,买下一家整车企业就可以解决自己造车的问题吗?实际上,购买解决不了能力的问题,或者说只能解决基本的生产能力问题,不能解决更重要的创新能力问题。

举一个例子,曾经微软的市值很高,随便一个小产品的营收就超过迪士尼公司。于是微软内部就有人提议,要不要把迪士尼买下来?后来有人说,微软的确可以把迪士尼买下来,可是迪士尼现在是赚钱的,买回来我们能确保继续赚钱吗?迪士尼与微软是在两个完全不同的领域,那个行业究竟怎样运作我们根本不清楚。因此最后放弃了这个想法。

当然,收购方也可以努力培育出新领域的核心竞争力,但是这种培育是需要花钱的,而且还需要足够的时间,绝对不是简单的一次资本运作就能获得的。虽然资本非常重要,技术创新也需要资本的支持,但是不同领域的能力需求是完全不同的,而技术创新才是第一位。

走出最接近直线的曲线就是成功

任何成功的企业家,在其创业初期也很难预见到10~15年以后的情形。特别是对第一次创业的人来说,不付出一些学费几乎是不可能的。但是不可否认,每个人因为站在不同的高度,看到的风景确实是不一样的。一个好的创业者,或者一个好的企业家,他必须具有持续自我修正、不断自我成长的能力。随着时机的改变、科技的进步和场景的变迁,他的认识要越来越高,判断要越来越准,这才是最重要的。因此,前面的工作也并不是浪费,而是一个必须经历的有益过程。

例如阿里巴巴,在企业最开始的17年里进行了15次战略调整。当然,大方向始终未变,但是如何从起点走向终点,中间需要经过哪些步骤,开始的时候是不知道的。如果其中哪一步走错了,可能企业就生存不下来了。但是也不可能有哪家企业能够走出一条通向目标的直线,在摸索中勿忘初心，走出一条最接近直线的曲线，这就是成功。

品牌以产品品质和先进技术为支撑

品牌提升绝非一日之功。不过这是传统燃油汽车的情况，电动汽车会有所不同。这是一个全新的领域，会给企业打造新品牌带来新机会。当然，即使是在新领域，品牌也不是企业想怎样定位都可以的。

制造业的品牌，是以产品品质为支撑的，一定要先做好产品，然后才能建立起品牌。尤其对于一个新品牌，更是如此，必须让自己的产品在方方面面都达到很高的标准。例如产品安全性，汽车产品不管价位多少，都事关消费者的生命安全。要建立一个让消费者信赖的品牌，安全性能最为重要。为了确保产品一经推出就能树立良好的品牌口碑，新品牌车企必须拥有先进的核心技术，推出优质的产品，让消费者感受到符合其中高端品牌定位的产品性能。

平台开放是一种能力，目的是实现更大的封闭

互联网有两个逻辑：第一，开放是一种能力，不是谁都能做到的；第二，开放是为了更大的封闭。当这两个逻辑放在一起时，类似安卓操作系统的开放，开发工作就会变得非常复杂。因为开放的时候对于基础技术以及规则、标准等的要求，都会大幅提高。

如果一个系统只适用于一两种硬件，或者只适用于一家企业的时候，研发时要思考的因素就比较简单，满足了要求就能做出来、做得好。如果一个系统要开放给很多合作伙伴共同使用的时候，要考虑的就是整个行业当前的需求和未来的变化了，也就是说必须考虑每一家企业的不同需求，还必须把软件架构的分层设计做得更多更细，更必须以系统的底层架构，让每一家企业都能做适配和调试性开发，这其中的难度可想而知。其实很多时候我们说某家企业的产品不够好，是因为没有考虑到这家企业有多大的用户量，没有考虑到这家企业需要为多少合作伙伴提供服务。在这个过程中，每一家企业都很难充分实现差异化。本地化、集中式的开发才能确保产品趋于极致。

那么，为什么像 BAT 之类的很多大型科技企业还会思考开放？是因为它们想追求更大的封闭。例如，今天我把自家的大门打开，欢迎大家都到我的院子里来，享用这里的水果和蔬菜，等大家都以我家的蔬菜和水果作为食物基础，再各自去做自己事情的时候，我就等于把自家的篱笆墙向外扩展了，把这些水果和蔬菜的享用者都包括了进来。这也就意味着更大范围的封闭。

汽车企业走开放平台之路挑战巨大

从互联网的角度看，其实是开放和封闭两种发展方式并存的。比如苹果公司就是封闭系统的典型代表之一，包括硬件、软件、销售、服务、OTA 以及生态管理等，苹果都是自己做，这是非常"重"的发展方式。而安卓就是开放系统的代表。对于开放式的技术平台，中国有没有公司最后能够做成功？起码到目前为止还没有。不管是在市场上基本处于垄断地位的优势企业，还是各种各样企业的联合体，都没有真正做到。当然，说到这里我们先要明确何为成功的技术平台，必须在中国乃至全球拥有相当的影响力和用户群，才能称为成功。

汽车上新出现的操作系统、自动驾驶、车联网、大数据以及相关的一些新硬件，有没有可能集成在一起形成一种开放的能力？这些新的软硬件都是原来传统汽车企业不曾去做的，如果有新车企打造出来，能否以此为基础形成开放的技术平台？像谷歌和特斯拉都做了很多新的硬件和软件，它们肯定也设想过开放出来，以形成更大的封闭，但事实上这是非常困难的。

这其中可以说有两个流派。一个就是阿里巴巴，很多年前就做了阿里云，基于一个共性结构，为不同的客户提供各种定制化的服务，但这样做是有前提条件的。越是复杂的体系，想要实现简单的开放，就越是难以实现。汽车正是最复杂的民用产品，硬件上零件数以万计，软件上代码超过一亿行，规模上产品年销数十万甚至上百万台，没有其他任何产品能够同时具备这三个条件了。

另外一个是安卓，通过提供一个开放的平台，让不同的客户在上面开发自己的产品。安卓系统本身无疑是成功的,但是我们换个角度思考,安卓对于谷歌来说,到底算不算是成功的开发?恐怕答案就不一定了。因为谷歌最核心的诉求是搜索,安卓并没有帮助谷歌把搜索做得更大,这实际上是如何更好地聚焦主营业务的战略问题。

说到底,企业还是应该聚焦于最主要的事情,这样才能形成独特的竞争力。随着时间的推移,相信中国最终会出现一两家新车企,能够把新硬件、新软件、新零售以及新运营做好并且组合好,从而成功地走向全球。

对于很多创业者来说,首先要解决活下来的问题,这无可厚非。不过仅仅如此,是不足以使企业变得更强的。如果最终只能勉强活下来,是没有机会做强的。如果想做的是一家全球性的成功企业,想做的是完全与众不同的产品,必须有不一样的企业逻辑和前瞻思考,要布局十年、二十年,才有可能从一颗种子开始,慢慢萌芽长大,变成一家强大的企业。

未来汽车产业变革的主战场在中国

面对本轮产业变革,尤其是在汽车"新四化"方面,中国无疑是最积极的,市场接纳度最高,政府投入最大。未来在中国的每一个重大变化,都会影响全球汽车产业的走向,企业必须及时了解并做出相应的应对决策。在这种情况下,对于总部远在万里之外的跨国公司,能否把握好中国这个主战场是很大的挑战。

对于跨国公司来说,必须在智能互联等方面达成重视中国、优先中国的战略共识。让其中国分公司可以放手去尝试一些本土化的解决方案,待方案成熟到一定程度之后,甚至会反哺到母国总部。在这方面,跨国公司的中国公司一定要有足够的自由度。同时,当研究一个解决方案或者确定一个新方向的时候,中国和总部两边一定要有非常紧密的互动和交流,然后再共同做出决策。可能这样做会造成决策的时间相对长一些,但是总部和中国在高层、中层和基层等各个层面充分达成共识,对于后续方案的推进会非常有利。否则,反而可能"欲速而不达"。当然产业变革是一个渐进的过程，不可能一步到位，因此也不能操之过急。

中国市场是拓展全球市场的最好储备

目前，国外企业更加关注政策法规、高精地图、数据出境、资质等方面的问题；而国内企业则主要关心人工智能技术及其应用的具体场景，也就是科技公司和互联网公司究竟能给它们带来怎样的价值。

对于中国互联网科技企业来说，有些企业目前的策略是首先立足中国市场，然后再向全球不断开拓，因此占领中国市场是当前工作的核心。中国发展智能网联汽车具有相对优势，不仅互联网科技公司可以提供支持，而且政府更有能力发挥关键作用，加之中国是全球最大的汽车市场，可以吸引全球优势资源集聚，因此中国最有可能率先实现自动驾驶的商业化运行。这样的判断坚定了中国互联网科技企业优先立足中国市场的信心。

当中国互联网科技企业真正实现了深耕中国市场之后，将随之获得向全球进一步拓展的优势能力。这个过程与我国 4G 技术和智能手机产品的国际化进程类似，一旦中国市场完全打开之后，进入国外市场可能并没有想象得那么难。因为到那个时候，中国已经成为世界的标杆，大多数的复杂场景和超大规模的路况数据，我们都已经掌握了应对方法。当然，在开拓不同国家市场的时候，肯定还需要针对当地的实际需求进行局部打磨和优化，提供个性化的定制服务。而到了中国互联网企业全面进军全球市场之际，一定已经拥有了更加强大的生态圈，届时完全可以根据具体情况来确定不同市场上的合作关系。

院长心声 VOICE

下定决心主动转型才有可能获得成功

机会永远都有，关键看谁能够抓住。面对产业空前变局，有的企业是支撑不下去了才被动转型，而有些企业则是迎着机会主动转型。我认为主动转型其实更不容易下决心，因为企业要在情况还不错的时候否定自己，彻底革命，这就要求企业家必须具有清醒的认识和准确的判断，更要始终保持拼搏的精神和创业的斗志。我想，这也正是企业家的伟大之处。说到底，下定决心转型本身是大前提，否则企业一定不可能转型成功。

当然只有决心是不够的，决心只是必要条件，企业成功转型还需要其他很多关键要素的支撑。例如，必须要有先进的核心技术，要有优秀的生产能力，还要有创新的商业模式，所有这些因素合在一起才能支撑起高端的新产品和新品牌。为此，企业需要进行大量投入，我认为，这不完全是钱的问题，更是眼光和勇气的问题，因为并不是有钱的企业都会愿意并且敢于为了转型进行战略性的前瞻投入。

今天，我们正处在一个最坏的时代，因为产业有太多的严峻挑战。特别是自身资源有限的情况下，企业如何在不断扩展的汽车产业形成有特色的核心竞争力，这是必须认真思考并解决的难题；但同时我们也处在一个最好的时代，因为产业也有太多的发展机遇。显然，企业必须充分开放、广泛合作，借助其他企业的优势，才能有效弥补自身的短板。反之，封闭发展的企业将在未来的竞争中逐渐丧失竞争力。为此，未来平台将会更加开放，通过广纳合作伙伴、利用各方资源来提升平台企业自身的核心能力，推动汽车产业朝着无人驾驶的变革方向不断加速前进。

品牌再定义需要形成新能力

品牌内涵通过产品体现，而产品依靠技术来支撑。打造品牌是一个长期的过程，企业必须不断在产品和技术上发力，久而久之，大众就会了解到企业的基因，继而对品牌产生清晰的认识，而有相应需求的消费者就会与企业产生共鸣。

设想三四十年以后，所有汽车都成为自动驾驶的智能汽车，这样汽车就变成了一种单纯的移动工具，失去了现在所具有的代表身份、地位和个性的意义，也没有驾驶乐趣可以体验。在这样的情况下，这种自动驾驶移动工具的生产商会不会发生变化？具体来说，设计开发的公司会不会与制造组装的公司分离开，形成后者为前者代工的模式？代工是当前手机主要的生产模式，比如苹果手机的制造组装就是由富士康完成的。如果汽车的设计开发与制造组装分离开的话，零部件供应商又将处于什么地位？

这个问题现在很难回答，也有很多争论。汽车本来并不是一种单纯的移动工具，还充满了驾驶乐趣，并能够彰显个性和身份。但是，汽车的本质还是移动工具，而非其他属性。一个人乘坐汽车，更多的就是要实现从 A 点到 B 点的移动，而不是为了在车上享受驾驶乐趣。要追求驾驶乐趣，可以有其他途径。即使有一天路上的汽车完全实现了自动驾驶，人驾驶的汽车不再允许上路了，也可以开辟专门的场地，让有兴趣的人在里面开车体验驾驶的乐趣，这两者并不矛盾。总体来说，汽车必然会逐渐实现自动驾驶，从而充分解放乘车出行的人。

在这个过程中，打造个性化的或者充满驾驶乐趣的汽车，将逐渐不再是汽车制造商的需求。至于出行公司要不要自己造车的问题，其实无论答案如何，为出行公司制造的车肯定不会以个性化或者驾驶乐趣为开发目标。这确实为汽车设计与制造的分离带来了更大的可能性。就像现在的手机公司只做产品设计、操作系统及部分服务内容，制造则由其他企业负责，但是手机品牌是属于设计者而非制造者的。这就是苹果公司目前的模式，一方面聚焦在利润更加丰厚的设计和服务环节，另一方面，通过对硬件的定义，特别是软件的个性化和多元化，实现产品的"千人千面"，赢得消费者的认可，并形成自身的品牌特色。尽管汽车和手机有很大的不同，但是未来汽车确实有可能会向手机的模式一点一点接近。

说到底，这实际上是一个品牌再定义的问题。不只整车制造商，零部件供应商也同样如此。本轮产业变革带来的挑战是巨大的，因为过去一百多年中形成的强项、积累的诀窍，很大一部分都将变得不再重要。因此，未来品牌的内涵和特色就需要重新再定义，而再定义就需要新能力的支撑。

品牌是什么？我认为，品牌就是由企业能力支撑的在消费者和客户心目中形成的固有形象。在产业变革期，如果企业不能形成支撑未来需求的新能力，品牌就将难以为继。而形成新能力的挑战之大超乎想象，因为企业必须兼顾生存和发展，如果当前主流的业务和未来的发展方向相悖，企业就需要转移投入的重点。但是这种转移根本没有清晰的路径可循，而且转移的速度是快了还是慢了，恐怕谁都说不准。然而，正是转移投入方向的力度和速度，将会决定企业的未来。在新能力上投入得过多过快，企业很可能就会成为"先烈"；而投入得过少过慢，企业终究会被市场淘汰。

本轮全面重构最终将催生产业平台公司

智能网联究竟能不能通过封闭式发展来实现？封闭有两个好处，一是更容易形成自己的特色，二是可以集中优势兵力满足自己的需求，而不必服务很多客户，对此我是认同的。但是，在万物互联的时代，很多技术如果不开放最后反而会使自己被边缘化，甚至可能就此被市场淘汰。

同时，开放的大平台肯定是有竞争力的，但是对于开放的技术平台，目前还看不到产生的可能，或者说任何企业要做这类平台都是非常困难的。尤其是在高度复杂又追求特色的汽车产业，新创企业沿着做开放平台的路径走，挑战会非常巨大。

汽车产业有不少实力雄厚的大型车企，它们都拥有雄厚的资金、人才和技术储备，也都具有巨大的品牌号召力。但恰恰因为如此，任何一家车企想要一统江湖，迅速实现世界大同，阻力都会非常大。未来很可能会先诞生几个具有一定特色、彼此之间又相互独立的平台，每个平台上都有若干实力强大的车企和其他一系列相关企业，从而形成几个既造车、也用车的平台公司或联盟。在这之后，这些平台可能会逐步走向融合，最终形成一个世界大同的大平台，我相信这一天是会到来的，但这注定是一个漫长的过程，可能要在20年之后。

如果20年之后汽车产业真的实现大同了，到那个时候，哪家企业会成为统治世界的大平台公司呢？所谓"人无远虑必有近忧"，企业必须有前瞻的思考。但另一方面，企业真要布局未来也是很纠结的，因为投入得多才有可能做得出来，然而一旦产业发展路径发生了变化，投入越大，损失就越大。

值得庆幸的是，中国将是未来汽车产业变革的主战场，这就为在华企业提供了千载难逢的战略机遇。所有企业都应该努力把握住这次历史契机，振作精神，积极探索，在不断审视未来并进行相应储备的同时，扎扎实实做好眼前的每一件工作。我相信，这样的企业最终一定能够在未来的汽车出行大生态中占据一席之地。

智能化是产业未来，三方融合是发展关键

把智能网联视为未来竞争战略制高点的企业有很多，但是企业的理解和认识可能完全不同。虽然都觉得重要，但是相信程度不同。真正相信"智能化就是未来"的企业，就会投入，而且遇到困难的时候也不会退缩。同样因为相信，所以智能化功能的核心必须自己掌控。同时，要把一款产品做好，既要设计好，也要制造好，还要让客户使用好。这又涉及企业的运营能力。

智能化功能的实现既需要硬件也需要软件，软件背后涉及的是数据、信息安全乃至整个生态的大系统，对此车企不可能掌握太多。比如百度、阿里、腾讯以及华为，这些公司从事软件开发的人员全都数以万计。同时，还有不少新进入汽车产业的参与者并不造车，而是聚焦在某些高科技领域内，比如开发平台技术、算法以及传感器等，这些公司也各有所长。此外，智能网联汽车的发展还与很多企业没有办法主导的因素相关，比如信息化基础设施和平台的建设，法规和标准的完善等，像自动驾驶车辆能否合法上路就不是车企能够决定的。在这个过程中，车企不仅需要把 ICT 企业的能力用足，还需要政府力量的支持。三方力量必须有效融合，才能实现智能网联汽车的良好发展。

02 汽车产品改变

未来汽车产业的核心是"以人为中心"的服务化

过去很长时间里，汽车产业积累的技术诀窍和经验都是如何基于硬件打造汽车，而现在真的到了应该跳出来重新审视汽车产业的时候了。未来汽车产业的核心任务不再只是打造一款好车，或者说用户最关心的不再是汽车产品本身了。用户可能更关心的是还没有买车或用车之前，就可以与企业连接和互动，表达自己的诉求；以及买车或者用车之后，如何继续与企业保持连接和互动,传递自己对改进汽车产品及出行服务的更多期待。

过去我们总是认为,只要关注造车环节,让用户拥有汽车时可以有很好的感受就可以了。但是换个角度考虑,如果将来我们能让汽车品牌或者企业与用户真正成为朋友,让彼此进入紧密互动、相互理解、长久相伴的状态,不是会更好吗?当然,要达到这种状态并不容易,需要做很多额外的工作,还需要改变不少既有的体系。比如现在车企和用户之间隔着经销商这个中间环节,尽管经销商曾经是加强车企与用户联系的关键环节,但是未来是否还需要经销商呢?类似问题都很值得汽车产业认真反思。

说到底,这还是一个人车关系的问题。即汽车真正形成了和用户互动的能力之后,这种能力能否重塑人与汽车之间的关系,并由此产生更大的价值。这是需要我们反复思考并为之不断努力的。关键在于用户在使用某个品牌的汽车产品时,能否感受到品牌的体贴?以及在很多不同的用车场景、服务场景中,能否让用户感受到品牌的特色和服务的差异?比如用户在乘车上下班或者乘车出游的时候,能否享受到不同的专属服务?

毫无疑问,这个过程将会衍生出非常多的软件及服务。而这些软件及服务能力的展开是有逻辑的,其主线就是"以人为中心"的服务化。在这个主线下软件如何定义产品,其实在方向上是清晰的。例如如何重新构建销售和服务环节,如何建立企业和用户之间的联系,如何将用户和车辆数据有效积淀到企业的云里,这些具体问题都需要相应的软件提供支撑。而最终目标是让用户能够享受到更多更好的出行服务,为此企业需要了解用户,需要识别场景,需要提供有针对性的特色服务,并按照这些诉求努力打造自己的软件能力。

如果把各种不同的应用场景基于软件统一起来,能够同时显示在手机上、汽车上以及企业的服务界面上,企业就可以把各种相关的服务统合成一个整体,基于同样的品牌定位和服务标准,为用户提供全方位的服务。由此,用户体验就会获得极大的提升,用户对于这个汽车品牌的忠诚度和依赖度也会得到极大的提高。

软件定义汽车需要强大软件能力的支撑

汽车企业是从"软件定义汽车"的角度进行思考，而互联网企业则是强调"服务化转型"需要哪些软件。因为一方面，缺少了这些软件，就很难给用户提供更好的服务；另一方面，汽车产业未来的发展趋势是从资产化转向服务化。从本质上讲，人们需要的并不是"拥有一辆车"，而是"以良好的体验完成从 A 点到 B 点的出行"，这是当前汽车产业正在发生的根本性变化之一。而为了让人们获得更好的出行体验，就需要更多的软件提供更多的服务。这两方面都需要很强的软件能力提供支撑，互联网企业就是要抓住这个机遇。

因此，未来哪些软件可以定义以及如何定义汽车产品或者汽车品牌，这些事情应该是车企要想清楚的。而互联网企业会帮助车企获得其最需要的软件能力。事实上，不同的汽车品牌各有自己的定位，如果要做资产型的品牌，就应以资产为中心加强服务化；如果要做服务型的品牌，就应以用好资产为中心来提升服务感受。这两种导向都需要很多的软件能力，互联网科技企业会成为站在车企背后的助力者，提供各种软件解决方案或者软件工具箱，帮助车企更快更好地完成硬软件的有效融合。

软件比重提升将重塑不同企业的合作关系

未来企业要想在竞争中获得优势，必须做好两件事：一是在变革前期企业要有"整合"的心态。因为在前期，产业分工相对清晰，整合难度会比较小，无论是整零车企，还是科技公司，抱有整合心态，进行开放合作，都会帮助彼此更好地实现共同的目标，同时也可以在整合的过程中逐渐找到属于自己的最佳位置。二是未来软件在汽车产业中的重要性会越来越高，这要求企业必须把更多精力转向软件。如果整车企业和零部件供应商不愿意在软件领域投入大量资源，那么其长期竞争力必将下降。

目前产业格局仍处于持续演变中，最终结果尚无法预料，不过一些发展方向正日渐明朗。其一，硬件呈现出平台化的趋势，可以支撑不同的 OS 以及其上的各种软件；其二，OS 也将向平台化发展，具备向下兼容不同硬件的能力；其三，整车企业需要形成在整体上打通硬件和软件的新集成能力。

作为软件提供者，未来互联网科技公司将在汽车产业占据更大的比重；尽管在现阶段，汽车产业更多的还是由整车企业和关键零部件供应商这些硬件提供者主导。这是因为未来软件将驱动硬件，并决定硬件的能力。软件对硬件系统操作方式、行为方式和商业模式的定义，将使硬件系统发挥更大的作用。

整车企业仍然可以依赖自身长期积累形成的核心竞争力，比如整车集成、试验验证、设计开发等能力，这些技术能力并不会被新进入者颠覆。所谓软件定义汽车，是企业可以在软件带来的增量市场中寻求更多的机会。现在之所以出现了很多造车新势力，就是因为看到了这方面的机遇。无论新旧车企，想要完全依靠自己把软件部分真正做好，挑战都非常大，因此车企还是要和外部力量合作才行。

而不少互联网科技企业始终专注于软件算法和云端层面关键技术的研究。比如在智能座舱领域，将来可以打造出像 Linux 系统、安卓系统一样兼容不同软硬件的系统，让不同的整车企业都可以在该系统上打造具有自己特色的各种应用。再比如地图，车企没有必要去开发自己的地图，因为地图本来就是通用的。而且即便借用别人的地图，也同样可以做出自己的特色。如果以个人计算机进行类比，不仅像 Windows 这样的操作系统，而且像 Office 这样的通用性软件，都并不需要用户自己来做。当然，一些专用性的软件，车企可能还是应该自己开发，以形成差异化的竞争力。

实际上，未来汽车产品的属性将与现在截然不同，消费者对汽车的软件需求将更加个性化和多元化。在此背景下，单个互联网企业即使实力再强，要同时为数十家整车企业提供全方位的软件服务也是非常困难的，因此还是应该有选择地培育自身最有优势的核心竞争力。从这个意义上讲，车企并不需要担心失去话语权，因为在通用性的软硬件平台上，车企依然可以开发出属于自己的核心竞争力。也就是说，未来软件的市场空间超乎想象，各类企业应该都能找到适合自己的发展空间。

未来汽车软件不太可能一家独大

无论未来汽车产业如何变化，硬件始终是不可或缺的必要条件。因为汽车本身就是硬件，所以我们必须坚持先把硬件做好。但是软件的作用，尤其是从个性化角度出发，一定会变得越来越重要。由此，软件在汽车上所占的价值比重将会越来越高，相对而言，将来硬件可能真的就是"白菜价"了，大部分利润都在软件里面，这确实是未来的发展方向。

但是就车载软件来说，一定是有很多层次的。比如现在一辆汽车里有很多控制器，每个控制器里都有嵌入式软件。而未来车内控制器一定会进行深度整合，先是形成几个域控制器，最后的终极状况很可能是一个车载电脑控制车上所有的系统和部件。

而运行在这个车载电脑上的软件，其结构将是分层的。其中有底层的通信层软件，可能基于AUTOSAR（汽车开放系统架构）、VRTE（车辆运行环境）这类基本软件框架建立；在此之上是功能层软件，例如控制车身电子稳定系统、控制电机、识别高清地图及融合传感器信号等的软件；再往上还会有很多应用层的软件。

在每一个层面上，未来都不太可能出现一家公司独揽所有的软件。正因如此，未来车载OS应该也不会是一家独大，不会像个人计算机上的微软视窗系统，或者智能手机上的苹果和安卓系统那样，高度集中于一两种主流系统。毕竟未来汽车的操作系统将更为复杂，很可能会有几种分量都比较重的不同操作系统。

以上各个层面的软件，其中很多都是和汽车感知、控制、执行等功能息息相关的，仍然需要汽车技术诀窍，并不是说一家很大的软件公司，就能把这些车内控制软件都做出来。就软件而言，将来软件公司与传统供应商之间会有所分工。正因如此，到了"软件定义汽车"的时代，传统汽车供应商也并不是没有机会。至于哪部分软件是传统供应商应该集中全力去做的，还需要在实践中不断细化。

汽车操作系统未来必然走向集成化

现阶段汽车的各类功能软件包括操作系统还比较分散，不过未来的趋势必然是集成化。只不过具体要集成到什么程度，目前行业内还没有明确共识。可能车载操作系统和车载控制系统最终将会集成为一体，就像人的大脑一样，协调控制全身各个部位的不同动作。相对而言，操作系统的集成可能会更快些，控制系统的集成或许要慢一些。即使两者最终没有完全融合到一起，彼此之间的交互也一定会越来越多，因为唯有如此，才能以更高的性价比和更快的速度响应消费者。客观上，目前整合的进程之所以进展不快，是因为整车企业掌握着较大的话语权，它们更愿意"分而治之"，选择不同的软件供应商进行合作。

与手机、计算机的操作系统不太一样，车载操作系统本身也有层级。比如百度的车载操作系统 DuerOS，和安卓并不是同样的定位。作为车载智能语音交互系统，DuerOS 既要向下兼容不同的底层操作系统，也要向上连接丰富的应用生态。由此，可以构建起完整的车载功能以及服务生态。其中一部分应用，如地图，百度选择自己来做；但是更多的应用将留给整车企业以及其他软件公司来做。

而在车载控制系统方面，当务之急是联合产业链中的合作伙伴，在特定应用场景下把自动驾驶的安全性和可靠性做到足够好，并在此过程中不断提升自己的能力。实际上，在控制方面，互联网科技企业的优势主要在软件算法领域，而汽车企业等能够提供其他优势能力，如汽车底盘、传感器等，从而共同推进产业创新发展，实现多方协作共赢。

院长心声　　　　　　　　　　　　　　　　　　　　　VOICE

未来汽车产品及品牌的内涵将由软件定义

在产业变革的前景下，汽车硬件和软件的关系正在发生改变。过去，硬件既是必要条件，也是充分条件；未来，硬件仍是必要条件，而软件将成为充分条件。也就是说，虽然硬件始终不可或缺，但是今后只有硬件已经远远不够了。没有软件的使能和赋能，硬件的能力将大打折扣，根本无法赢得消费者的青睐。目前业界对于软件将在汽车上占据越来越大的比重,已经形成了共识。

之前汽车产品的差异是由硬件的功能和性能决定的,例如车上有没有空调、天窗、DVD等,这就是功能;而同样排量的发动机,某个品牌的动力性或经济性更好,这就是性能。未来借助软件对硬件的优化,还可以把相关功能和性能进一步提升,不过这种情况下决定产品差异的主要还是硬件,因此并不是软件定义汽车的本质。

我认为,真正的软件定义汽车,是指软件不仅将控制汽车硬件,而且还将超越硬件本身,直接决定汽车的很多功能和性能。因为未来产品的智能化服务将越来越丰富,用户的消费体验也将越来越重要。而很多产品功能或者性能的升级,尤其是智能化的实现,都来自于软件,同时传递给用户的最终体验和感受,肯定也是由软件主导的。这充分体现了软件对于未来汽车产品属性的决定性作用,即未来汽车产品及品牌的内涵将由软件来定义。

硬软件在汽车中的地位将发生根本性改变

未来,汽车会成为一种带有机械功能的电子产品。而所有的电子产品都是先从硬件开始,然后做软件,再形成系统。在统一的系统架构下,优质的软件与优质的硬件紧密结合、相互支撑,才能提供优质的服务,进而连接形成生态。

因此,汽车智能化只有软件是不够的,硬件也很重要。例如硬件随着环境的改变而出现变化,就会对整个系统的功能产生很大影响。以往大家可能认为智能化主要是软件实现的功能,而做软件的工程师往往也不关心硬件。实际上硬件仍然是必要条件,只有把优质硬件和优质软件有效组合在一起,才能构成一个有竞争力的智能汽车系统。硬件和软件就像躯体和灵魂的关系,没有软件的硬件是"行尸走肉",没有硬件的软件是"孤魂野鬼"。

可是如果我们想得再远一些,到五年或者十年之后,最终将会由谁来主导和定义汽车产品的核心属性?的确,IT公司可能永远掌握不了做汽车硬件的能力,但会不会有一天,硬件变得非常基础,充分标准化,就像一支笔一样，按照既定的规格造出来即可，之后这支笔能写出什么字，以及字迹是否漂亮，将完全由软件来决定，也就是真正实现了所谓"软件定义汽车"，而不只是"软件控制汽车"。其实现在就是"软件控制汽车"，这方面是传统零部件供应商的强项，但是"软件定义汽车"就有本质的不同了。

当然，即使到了汽车的功能和性能，尤其是智能化的个性体验，完全由软件决定的时候，也照样需要优质的硬件，而且硬件也照样需要不断进步，以有效支撑软件。但是，硬软件的地位还是会发生根本性的改变。到那个时候，面对那些以软件为强项、居于主导地位的公司，传统零部件供应商应避免成为只提供基本硬件的企业。

软件定义汽车知易行难

软件定义汽车，这句话说起来容易，做起来其实很难。因为智能汽车本身是一个高度复杂的大系统，而能够定义这个系统的软件究竟是什么？是自动驾驶、车联网、智能座舱，还是车载操作系统、端管云之间的连接？实际上，这些要素缺一不可。

在智能网联汽车的发展过程中，软件的比重将越来越高，最终软件将替代硬件来定义汽车。不过基础的车载操作系统还是应该由车企来主导，因为它们更懂汽车产品、更懂自身的品牌内涵。当然，互联网科技企业也愿意参与操作系统的打造。同时，操作系统之上的各类软件及应用，绝不是某家企业能够独自完成的。这将是一个生态，需要众多不同类型的企业共同参与。

未来软件定义汽车是产业变革的必然趋势，但具体的发展路径和时间进程目前尚不清晰。我们可以判断的大方向是，最终车载操作系统将会逐步聚焦、殊途同归。不过这将是一个长期的过程，因为当前汽车产业中每一家大型整车企业都拥有很强的话语权，对于决定未来汽车产品属性的软件，它们不会甘愿放弃主导权，毕竟放弃了软件主导权，也就等于放弃了打造汽车品牌差异性内涵的主导权。由于各家整车企业凭借自身实力，都会试图自己掌控软件主导权，因此，未来一段时间产业将会呈现诸侯割据的局面。

同时，我们既需要以颠覆性的思维来重新审视汽车产业，又必须充分认识到，汽车产品完全不同于计算机和智能手机。不仅涉及更多的领域，而且极度强调安全。"安全第一"的原则必须始终坚持，并从整车层面一直做到每一个硬件、每一个软件以及每一次验证。

软硬件整体思维是实现最佳效果的关键

未来汽车产业必将发生翻天覆地的变化，汽车将由带有电子功能的机械产品，向带有机械功能的电子产品的方向发展。在这个过程中，汽车电子、车联网、大数据、云计算等核心技术的发展最终都体现在汽车的智能化上。

在产业全面重构的新时期，软硬结合给汽车产业带来了新机会，也带来了新挑战。车企不仅要把硬件做好，也要把软件做好，更要把硬件和软件的组合做好。在这个过程中，由于开发硬件和软件各有不同的客观规律，所以必须用适合硬件的方式去打造硬件，用适合软件的方式去打造软件。但仅仅这样还远远不够，因为为了硬件而开发软件，或者为了软件而开发硬件，都无法达到最佳效果，未来的汽车产业一定是硬件和软件有效融合、互相拉动。为此，企业必须以"硬件＋软件"的整体性思维，重新思考如何打造出最佳的硬软件组合。也就是说，既要充分尊重硬件的基本规律，又要大胆接纳软件的创新思维，唯有如此，企业才能抓住产业变革的战略机遇。

03 新创车企发展

"新四化"拉近了新旧车企的起跑线

关于汽车"新四化"，有不同的说法，目前业内比较有共识的是电动化、智能化、网联化和共享化。总体来看，汽车"新四化"是相互关联、互为支撑的，例如电动化为智能化提供了很好的基础，网联化又为共享化创造了便利的条件。如果这四化只有一化发生，对汽车行业会有一定影响，但不会产生太大的冲击。现在是四化一起发生，就会产生颠覆性的改变。

首先是电动化，一方面降低了造车的门槛，另一方面又拉近了新选手和老选手的起跑线。当然，不能说二者目前已经在同一起跑线上了。传统车企在电动化方面的技术积累不是今天才开始的，它们早有储备，只是用不用的问题。也就是说，传统车企之前虽然没有起跑，但它们的起跑线是在新创车企前面的。电动化只不过使这些新创车企的起跑线距离它们近了一些而已。

智能化也是同样的情况。不过，在这方面可能两类企业的起跑线差距更小，距离更近。传统车企过去对这些技术也没有太多关注，因为之前大家普遍认为，做智能不应该是汽车企业的工作。

再到网联化和共享化，新旧车企之间的差距就更小了。应该说，"新四化"的这几方面内容，越是往后，新旧车企的起跑线就离得越近。而传统车企由于体量大、转身难，刚跑起来的时候往往速度不快，这就给了新创车企一定的机会。

以赛跑来类比，并不是说新创车企的起跑线在传统车企前面，而是说两者之间的距离很近。实际上，对于一些互联网背景的新创车企来说，可能某些方面的起跑线还在传统车企前面。此外，大部分传统车企都是锻炼多年的老运动员，从体格上看，肯定也比新运动员好。如果说传统车企已经是国际顶级选手了，那么新创车企目前可能还只是一名业余选手。

不过重要的是，新创车企是真的想往前跑，而传统车企不一定想跑；而且新创车企跑起来没有任何负担，而传统车企跑起来身上还背着包袱。也就是说，两者的竞技状态完全不同，第一，传统车企不是义无反顾地往前跑；第二，传统车企也没有完全聚焦在一条跑道上。对于新创车企，比如一些互联网背景更强的企业，可能情况有所不同。这些企业在造车方面，起跑线要远远落在传统车企后面，而在互联网方面，可能却是在前面的。

发挥长板优势的同时必须有效弥补短板

所有企业在经营过程中都会遇到各种困难，问题的关键在于导致一些困难出现的内在原因是什么，可不可以规避？虽然每家企业都有自身的优势，或者说长板，但是最终的竞赛成绩并不取决于企业的长板，而是取决于企业的短板。长板很长不是问题，这说明优势明显，但是短板太短肯定不行，因为劣势过大必然会拖后腿。现在来看，一些较早进入新能源汽车领域的企业，可能未必有效弥补了自己的短板。

当然，并非所有的新创车企都是真正按照"新四化"的方向在发展，如果没有按照这个方向发展，那就不会形成长板，也谈不上弥补短板了。而如果新创车企确实坚定不移地朝着"新四化"的方向前进，那就要分析是不是短板太短导致它们陷入了困境。比如，A公司可能在互联网方面有优势，但在造车基本能力方面存在明显不足；或者B公司可能在服务客户方面是长板，但在运营管理层面短板明显。这样企业的最终表现都会受到很大的影响。因此，新创车企必须充分认识到，他们经营的仍然是一家汽车企业，要做的是在汽车产品的基础之上寻求变革、注入新元素，而不是去开辟一个全新的行业。对新创车企来说，汽车产业的基本规律必须尊重，汽车产业所需的基础能力必须具备。这就要求新创车企从创业之初，就要有实现长短板平衡的战略认识，并始终为之努力。

所谓的长板和短板，并不是企业自己认为的，而是要由消费者来认定。从消费者的角度看，汽车市场整体销量为什么下降？很多人讲，是因为经济原因造成消费者购买力下降。实际上，汽车销量的下降是结构性问题，或者说是供给侧的问题。

当前市场上出现了一种趋势——购车人群老龄化，这是不合逻辑的。因为年轻一代，也就是独生子女的一代，本应成为汽车增量市场的主要消费人群，他们已经陆续成年，且家庭经济条件远好于父辈。然而现实情况是年纪较大的消费人群在更换旧车，年轻一代的消费人群却没有购置新车。这导致汽车市场只有存量置换部分，而增量部分却增长乏力，整体销量自然就会下降了。

那么，为什么本应购置新车的消费人群不愿意出手呢？并不是他们的购买力不足，更不是他们不需要汽车，主要还是因为现有的产品和服务与他们的期待不符。新一代消费者对汽车产品的要求不仅是代步，也不像之前消费者那样以汽车作为身份、地位的象征。除了代步功能外，他们更在意的是"有趣"。也就是说，汽车一定要符合他们的生活方式，产品要互联、要智能、要"酷"，服务要透明、要便捷、要"简单"。反观现在的绝大多数汽车产品和服务都并非如此，因此新一代消费者的购车意愿就下降了。

做汽车硬件的难度远高于做软件

做硬件和做软件有着巨大的差别，做硬件要比软件难得多，因此需要格外谨慎。

第一，硬件是短板理论，而软件是长板理论。有很多规模不大的互联网公司估值却很高，因为做软件只要有亮点、能够吸引用户就可以，不需要考虑商业化或其他体系支持匹配的问题。例如，过去四年里全球有两家互联网创业公司，团队不超过200人，就以超过100亿美元的价格卖掉了。这在硬件企业中是不可想象的事情，因为硬件的逻辑完全不是这样。表层来看，硬件企业要做的也无非是把产品卖出去，但实际上这涉及底层的很多问题，包括如何识别出客户体验的痛点，更包括如何解决客户的这个痛点。在这个过程中，并不是说看到了一个硬件的机会，然后投钱去做就能成功。即使看到了客户痛点，但是解决这个痛点的硬件要如何设计研发出来，如何制造出来，又如何销售出去？而且还要确保低成本的研发和制造、大规模的销售和服务。要做成硬件就必须把这些短板全都补齐，否则根本不可能成功；而做软件只需要抓住一个突出的长板就足够了。

第二，互联网公司基本没有从客户到用户的转换问题。实际上，客户和用户是不同的，购买产品之前只是客户，购买之后才是用户。对于追求流量的互联网公司来说，客户和用户的区分是模糊的；但对于做硬件的企业来说就不是这样了。比如，互联网人可以审视汽车产品发现很多痛点，但是如果不了解汽车的研发、制造、销售以及品牌建设、质量控制、成本管理，也没有仔细考虑过组织架构、供应链管理以及销售体系能否支撑规模化运营，那么这样的发现是毫无意义的。又如，可能很多互联网人觉得通过电商来销售汽车就可以了，实际上很可能根本卖不出去，或者最开始的时候依靠朋友圈能够拉动一些销量，后面就难以为继了。

第三，互联网行业的利润率要远高于制造业。做互联网创业，通常最开始的时候是不赚钱的，不过一旦开始盈利，利润率就会很高，毛利率达到80%、净利率在30%~50%之间是很正常的。但是在制造业，毛利率如果做到20%、净利润率做到5%~10%，那就非常好了。这中间的差距非常大。

一些互联网的老总们认为，互联网公司的经营管理和财务运营做得非常灵活，相比之下汽车公司有很大不足。但是，互联网公司的软件产品是可以快速迭代的，今天发现问题，明天修改，后天就可以上线。三天时间，一组研发人员就完成了优化升级。而在汽车行业，想改一个汽车门把手的设计，都要9个月的时间，500万元的开模费用，涉及多级供应商，还要做大量验证工作。因此，汽车一定是在前面考虑得越充分、越清楚越好，等到后面再来调整是很痛苦的，甚至是不可能的。

比如，如果后期决定改变一个零部件的设计方案，可能会发现针对原来的零部件，三级供应商已经买了原材料，二级供应商已经在工厂里批量生产了，而一级供应商生产出来的零部件已经在运往整车工厂的途中了，这些都有费用的支出。真要更改零部件，整车企业就需要赔偿这些费用。而且即使整车企业愿意赔偿也不一定可以更改，因为这些供应商在组织和能力上很可能跟不上这种快速的变化，根本无法按时拿出新的零部件。因此，经营汽车公司和经营互联网公司的逻辑是完全不同的，或者说前者必须比后者考虑得更全面、更系统、更前瞻。这对来自互联网产业的汽车创业者来说，是一个很大的挑战。

努力成为"硬件+软件+运营"的新车企

硬件与软件行业存在不同之处,但在某种程度上,硬件行业也可以借鉴软件行业的规律。对于软件产品,只要一次开发完成,之后的复制基本上就是零成本,规模化效应非常明显。对于硬件产品,研发、采购、物流、生产等环节都要做好,门槛和代价确实比软件高得多,包括人才、技术、资本和时间的投入都非常大。因此,企业必须首先实现产品的顺畅生产和体系的良好运转。问题在于,传统车企只是基于前面100%的基础工作,努力实现110%或者120%的销量和收入,这样的规模效应是十分有限的。

在新时期车企应该转换思路,在做好硬件的前提下,努力去做新的、附加值更高的硬软件组合体,从而有效分摊前面基础性的高投入,实现更高的规模效应。在这方面,企业理应进行更多创新,必须思考如何在原有的硬件基础上,打造硬软件的有效组合,在一定程度上实现成本的"由重变轻"、利润率的"由低变高"。由此,企业的经营状况就会完全不同。

包括汽车企业在内,不少中国硬件产品的制造商,已经在硬件上有了足够的积累,形成了一定的技术能力。下一个阶段,完全可以在原有的基础上,追求更大的梦想,为成为"硬件+软件+运营"的新公司而努力,并尝试创新的商业模式。沿着这个方向前进,就可以越来越接近互联网产业的思维逻辑。

传统车企也应借鉴新创车企的优点

尽管产业的客观规律必须尊重,但是对于汽车企业来说,也有很多事情是可以调整和改进的。例如,汽车行业有很多标准要求非常高,有一些是基于安全性的考虑,但也有一些并没有实际价值。举个例子,车企为什么一定要做那么多辆试制车?实际上,如果把一些不必要的要求降低到合理的程度,可能就能为企业节约5%~15%的费用。

再举一个例子,对于特斯拉很多人看到的都是问题,但是我们更应该思考特斯拉有哪些做得好的地方。其中有一点很重要，特斯拉基本上都是做好了 A 车型，再去做 B 车型。但我们的整车企业，规模还不是很大，每年往往就会有 20 款甚至更多款的不同车型在同时研发，而且不只是小改、中改的车型，也有不少大改甚至全新开发的车型。企业为此花费了大量的研发及测试费用，并在模具上投入巨大。此外，尽管也形成了一定的市场规模，但由于分散到不同的产品上，企业获得的积累和沉淀相对而言要少很多。传统车企中相当一部分资金都用在了无法获得积累的地方，这可以说是一种浪费。反观特斯拉，只有几款产品，每一款都全力做成精品，特别是聚焦于底层的共性技术，比如车载系统、芯片以及三电（电池、电机、电控）平台等。这样不仅节省了大量的开发、验证和模具费用，并且强化了经验的积累。这是一套与传统车企完全不同的思维逻辑和运行体系。

新创企业必须重新思考汽车产业诸多问题

对于互联网出身的创业者来说，必须努力学习"技工贸运"中的"工"和"贸"。因为原来互联网企业只需关注"技"和"运"，无需考虑"工"和"贸"，而做汽车的时候，很多问题我们都需要重新思考。未来的汽车产业是一张全新的大地图，传统车企之前的地图固然不全，但具有互联网基因的新车企也只看到了一部分，可能连一半都不到，对此我们要有清醒的认识。不过换个角度想，这也恰恰是机会所在。我们可以在全新的大地图里，创新思考很多做事的方式。在这个过程中，我们必须不断使用第一性原则来分析问题，而不能简单地采用类比法。比如互联网企业是怎样做的，汽车企业也这样做；或者 A 车企是怎样做的，B 车企也跟着这样做。这种打法最终肯定是行不通的，因为情况完全不同。我觉得，类比法可以开阔我们的思路，但从根本上讲还是要回归到事物的本质，用第一性原则来做出判断。

与此同时，我们必须认识到，汽车的用户也在发生变化。由功能手机到智能手机的转变过程，与当前传统汽车到下一代智能汽车的转变过程有一个相同点，那就是用户关注点将变得完全不同。记得 2006—2010

年间，大多数手机的宣传话术都是所谓"超长待机"，即一次充电可以用多少个小时，就像今天宣传电动汽车都在讲续驶里程有多少千米一样。而到了 2010 年以后，基本上就没有手机厂商再谈待机使用时间了。为什么呢？因为用户的需求发生了巨大变化，用户已经不再关注手机充电一次能用多久的问题，而是把关注点转移到手机的功能上了。汽车的情况很可能也是这样。

因此，只是根据当前的情形来预测未来的状况是错误的。谁也不敢说，自己能够准确地看到明天甚至后天的情景，通向未来之路只能通过不断探索才能找到。而现在我们要做的是打好基础，形成足够的能力和规模，建立能够敏捷反应的体系和机制，然后勇敢地去探索和尝试。

新创车企要活下去必须闯过三关

两三年之前，很多人对新创车企质疑的是 PPT 造车，今天已经没有人提这一点了。因为多家新创车企已经把产品实实在在地交到了消费者手上。当然前面的路还很长，新创车企要生存下去必须闯过三关。

第一关是产品交付。新创车企首先要在全国超过 100 个城市交付超过 10000 辆汽车，这对企业的整个运营体系、组织能力和销售渠道是一个基础考验。有几家新创车企目前正在通过这一关，应该可以过关。

第二关是规模销售。销售 10000 辆汽车其实不算什么，要让企业正常运转起来，工厂每天至少要生产 200 辆车，这样每月 20 多个工作日，就能达到 4000～5000 辆的月产量。这个规模才能保证企业的研发、采购、制造、物流和销售体系正常运转起来。这会是新创车企面临的重要一关。

第三关是经营优化。简单说，销售一辆车到底能有多少利润？这些利润都从哪里来？企业如何通过产品设计开发、供应商管理、成本控制以及运营服务等各方面的改进，进一步扩大利润？实际上，新创车企在闯第一和第二关的时候，就会碰到经营优化的问题，而第三关的真正考验是在企业实现了规模销售之后。

能否通过这三关，对于新创车企是非常关键的，闯关成功也就解决了生存的问题。

努力解决创新过程中产生的新问题

这两年新创车企上市产品出现的问题可以分成两大类：一是传统部分没做好；二是创新部分没做好，包括由于电动化、智能化、网联化带来的一系列新问题，例如里程焦虑、充电便利性、电池安全、电磁干扰、电磁辐射以及车辆网络安全等。这些都是伴随着"新四化"产生的新问题，在某种程度上也是创新的代价。但不能说为了实现汽车"新四化"，这些问题就不解决了，这肯定是不行的，消费者也不会接受。因此，我们既要以创新来解决行业原本存在的痛点，又要解决在创新过程中带来的新问题。

针对这些新问题，汽车人一直在努力。当然，解决新问题的征途是没有尽头的，所有这些方面都需要我们持续努力。特别是在智能化方面，虽然已经取得了一些进展，但是距离未来真正的汽车智能化，还有很长的路要走。实际上，对整个行业而言，未来的汽车智能化也需要一个逐步探索、迭代递进的过程。

新创车企需要消费者、行业和政府的支持

首先，新创企业面对的最大社会公众群体就是消费者，消费者是企业的衣食父母，他们的选择直接决定企业的成败。不过对于消费者，企业单纯讲情怀是没有意义的。当然不是说消费者没有情怀，也不是说企业不能基于共同的情怀与消费者产生共鸣，而是必须先满足消费者的基本需求，这种需求一定是实实在在的产品和服务，因为消费者掏钱就是要买企业的产品和服务，而不是要买企业的情怀，所以，企业不应该对消费者提期望，而是应该全力满足消费者对企业的期望，即把产品和服务真正做好。做到了这一点，消费者自然会用钱包来选择你、支持你。

其次，行业离企业的距离最近，希望行业能够更多地理解新创车企。从全局看新创企业是在为行业做事，已经是汽车行业重要的组成部分，特别是在深刻变革的时间节点上，行业迫切需要新的活力，需要新的实践者去做一些开拓性的尝试，不管他们最终能否成功。人类历史一再证

明，如果没有闯在前面的探索者，就不会有未来最终的成功者，而且一些成功者就是从探索者中产生的。因此，请大家一视同仁地看待新旧车企，我们都是行业的一份子，都在为行业的创新发展而奋斗。

最后，政府是行业以及企业的最大管理者。一方面，如果没有政府的支持，新创企业可能走不到今天。政府才是真正意义上的天使投资者，助推"大众创业、万众创新"，助推汽车行业向"新四化"转型发展，也助推初创企业从无到有地快速成长。另一方面，希望政府能够创造更加宽松的创新创业环境，进一步放开产业准入，给初创企业更多创新尝试的机会。同时，对投放市场的产品设定高标准和高门槛，严格进行监督检查，真正做到"宽进严出"。最终要让那些浑水摸鱼、钻政策空子、谋取短期盈利的企业越来越少，让致力于长期发展、推动行业不断进步的企业获得更好的政策空间。

汽车产业最后的胜者一定是集大成者

从研发的角度，新造车企业在新制造体系、电池安全、电池工艺、自动驾驶、视觉识别和语音交互等重点领域做了很多工作。未来 10～20 年之后，世界一定会进入高度智能化的时代，从智能时代的汽车产品需求出发，上述技术都是必需的。实际上，人工智能技术未来将变得越来越重要。在这方面的较量中，最后的胜者一定是能够有效组合硬件、软件、新零售以及新运营的集大成者。而在可以承载软件、新零售和新运营的硬件里面，汽车无疑是最有可能也最有价值的，因为汽车硬件的价格承载力足够大，物理空间也足够大。如果以打造出完全不一样的汽车，或者说类似机器人的汽车为目标，对于做哪些技术，不做哪些技术，企业要有所取舍。

从销售的角度，新造车企业致力于打造新的零售体系。像汽车这么贵的产品卖出去，是可以做很多事情的，这和企业的品牌建设也息息相关。那么，什么才是好的汽车品牌？一是消费者不仅要知道这个品牌，并且要对品牌有好感；二是消费者要认可该品牌的产品力，包括产品的颜值、价格、质量、性能、功能等，特别是智能化功能，都是产品力的一部分；三是支撑品牌的企业服务体系和能力。此外，还要和竞争者相比较。

院长心声　　　　　　　　　　　　　　　　　　　　　　VOICE

"新四化"为产业创新提供了历史机遇

"新四化"既有区别又有关联，既涉及技术又关系到商业模式，这样复杂深刻的产业变革为创新创业提供了千载难逢的历史机遇。相比于传统车企，新创车企可以更聚焦在"新四化"方向上投入更多的资源，这是新创车企的最大优势和机会所在。

尽管产业正在发生空前剧变，不过造好车仍是必要条件；而做好"新四化"，则是充分条件，两者缺一不可。在这个过程中，企业既要把自己的长板发挥到极致，又要把自身的短板尽快补齐。为此，新创车企在打造团队时不仅要延揽传统车企的优秀人才，而且还要聚拢资本运作、海外扩展、商业模式打造以及互联网、人工智能技术等方面的优秀人才，并致力于将这些人才有效组合、凝聚合力。

当然，每家企业的长板和短板是不同的，例如一些互联网基因的新创车企可能在"新四化"的某些领域内拥有优势，但是在造车方面就存在欠缺。因此，不同的企业首先要认清自身的长板和短板，然后努力弥补短板，在此基础上再把长板做得更长。对此企业既要有战略上的认识，更要有战术上的行动，真正想到做到，才有可能胜出。

在拥抱汽车"新四化"的征程中，无论传统车企，还是新创车企，都有最终获胜的机会。关键看谁有更深刻的认识，以及更有效的实践。也就是说，既要"走在正确的道路上"，又要"正确地走在道路上"，两者缺一不可。传统车企有机会，因为它们掌握着造好车的技术诀窍，并且也在朝着"新四化"迈进；而新创车企也有机会，因为它们也有自己的独特优势，没有历史包袱就是最大的优势之一。特别是那些产业发展需要而传统车企并不掌握的新能力，正需要新势力将其引入进来并发展起来。

新创车企必须带入新思想和新打法

对于新创车企的发展，挑战巨大，不过机遇更大。关键在于，企业领军人必须有清晰的战略、准确的取舍。因为企业战略选择的对错，最终只有靠结果来证明，所以必须通过有效的战术落地，确保达成所制定的战略目标。为此，企业既要有正确的战略选择，更要有正确的战术实施，即所谓正确地做正确的事。

汽车在实体经济里可能是最复杂的产业之一，一方面，一款产品涉及上万个零部件，需要几百家企业参与，开发时间至少在两三年以上，投入经费则是几十亿元的级别。因此，新创车企必须心存敬畏，充分尊重产业规律。但另一方面，汽车产业正在发生前所未有的全面重构，这也是跨界车企能够诞生的根本原因，新创车企如果被传统"经验"束缚，不能带入新思想、新打法，也是没有前途的。

也就是说，企业不能为了创新而创新，而是要在尊重行业客观规律的前提下去做合理的创新。无论今后汽车产业如何发展，汽车产品如何智能化，都不能违背行业的基本规律。比如必须绝对确保汽车安全，必须打造好汽车的硬件基础，在此基础上，新创车企发挥创新优势才有意义，才有可能走得更快和更远。但与此同时，产业正在发生重大变革，新创车企也才有机会参与造车。因此，新创车企不能完全按照传统车企经历过的路径来发展，而是必须有所创新，为产业发展注入传统车企不太具备的新能力。

新创车企为产业创新做出了巨大贡献

新创车企唯有秉持新理念、实践新打法、推出新产品、提供新服务，才有后来居上的机会。如果样样都和现有的汽车产品及服务类似，就不可能满足消费者的新需求，那样创业造车也失去了意义。三年前，很多新创车企正是通过描绘自己的新理念，来说服投资者注入资本，并吸引志同道合者一起开始造车的。在这个过程中，行业也曾有过所谓"PPT造车"的担忧。而三年后，一批新创车企的产品开始陆续进入市场，而且一些车型初步得到了市场的认可。应该说，新创车企已经正式成为汽车产业的参赛选手。

实际上，在通向"新四化"的道路上，目前传统车企也在不断加快前进，努力挖掘各种商机。如果没有新创车企，传统车企的转型步伐恐怕要比现在慢得多。从这个意义上讲，新创车企已经为产业创新做出了巨大的贡献。且不论新创车企最终可能创造出的实际产值，仅就目前阶段而言，它们在转变汽车产业发展理念和推动汽车产业整体转型方面的贡献，就会被历史铭记。

无须过分看重新旧车企划分

汽车产业涌现出一批造车新势力，也经常有一些新旧车企比较之类的讨论。其实从产业角度讲，我们大可不必把"新旧"的划分看得那么重。一方面，新旧只是一个相对的概念，只要之前没有造车、现在开始造车的企业都可以称为造车新势力。就像20多年前刚进入汽车行业的自主品牌车企一样，当时它们也是新势力。任何企业总要经历一个由"新"到"旧"的发展历程。

另一方面，最近才加入赛道的造车新势力，尽管诞生在产业变革的历史机遇期，必须具有创新元素，但是作为车企首先还是要把车造好。因此，从企业角度讲，"新旧"还需要有效结合，一些新创车企有很多来自传统车企的骨干，也招揽了大批互联网、人工智能领域的优秀人才，从而实现了团队的良好组合。当然无论如何，新创车企还是要抓住汽车"新四化"的机会，否则也就没有必要选择在此时造车了。

变革的行动来自于对变革的认识

事实上，传统车企并不是对于"新四化"完全没有认知，只不过要真正采取行动确实并不容易。说到底，这还是一个认知程度的问题，对变革的认识深度决定了企业决策的坚定性，进而影响投入资源的力度以及最终取得的成果。变革的能力来自于变革的行动，而变革的行动来自于对变革的认识。反之，如果没有认识，有能力也不会行动，那就等同于没有能力。

面对产业变革，每家企业由于能力和背景不同，都有各自不同的优势。无论如何，要想真正把握住未来产业变革的机遇，首先必须把车造好，然后还必须加入新基因和新元素，两者缺一不可。造好车是传统车企多年积累形成的优势，而注入新基因和新元素，也就是智能和网联等内容，则是传统车企急需弥补的部分。相比之下，拥有互联网背景的新创车企，急需把造好车的功课补足，而在注入新基因和新元素方面，这些企业可能具有一定优势，但很多内容同样需要新的投入。因此，每类企业都应该把自己的优势用足，同时加紧弥补劣势。当然，在这个过程中，最终还是要看企业拥抱未来、投入资源的决心。

新旧车企共同努力建设未来大出行生态

展望未来，汽车企业既要关注把车造好，也要关注把车用好。因为进入万物互联的时代，第一、第二和第三产业的区分很可能将不再分明，届时每一个产业都同时包含着产品和服务，形成紧密交融的整体。例如，出行产业就将把汽车产品和出行服务融为一体，很难简单地将其归入二产或者三产。也就是说，未来可能只有所谓的 A 产业、B 产业和 C 产业，而三产的概念将不再适用。

面对这样的前景，有的新创车企要成为全球出行产业的重要参与者。当然不是要成为滴滴那样的企业，而是要在大出行中找到适合自己的关键环节，打造自己的特色优势。实际上，很难有哪家企业能够成为未来出行产业独一无二的龙头，大家都是大出行生态的参与者和建设者，共同提供优质的出行产品及服务。无论是更好的交通工具，还是更好的出行体验，以及更好的出行服务，都是必不可少的要素。而在这其中，初创企业如能找准定位，将会大有作为。针对消费者、行业和政府，企业没有资格对消费者提任何需求，而是必须最大化地满足消费者的需求。只要为消费者提供真正优质的产品和服务，企业就一定能够获得消费者的认可和支持。而在汽车行业内，新旧车企应彼此尊重、相互支持，大家共同参与、一起努力，才能把产业的"蛋糕"做大。所谓"一枝独秀不是春，百花齐放春满园"，只有一两家企业独占鳌头，汽车产业是没有未来的。大家齐心协力、分工合作，汽车产业才能发展得更好。最后，任何企业的发展都必须依靠创新，而创新有赖于适宜的外部大环境。希望国家能够给初创企业提供更多机会，努力打造并不断优化有利于创新的政策环境，鼓励大家都能投身到创新中来。只要做好了创新，产业转型和经济发展也就有了保障。

04 研发和制造创新

整合性研发及其基础能力确保产品差异化

当前,很多整车企业都在和 BAT 合作,都在和某些大牌供应商合作,以此加强自身产品的智能化功能,这个大方向无疑是正确的。但是,如果最终是每个供应商各做自己的一部分,整车企业不能把各个部分彻底打通、有效整合,那么智能产品的差异化是无法保证的。当传统整车企业在汽车行业做得越来越深的时候,有着互联网基因的新造车企业可能反而觉得压力不大了。为什么呢?

第一,如果像管理硬件供应商那样管理软件供应商,也就是依然按照打造传统汽车的方法来管理供应商体系,这在智能汽车时代是很难成功的。很多传统车企也不是完全没有意识到这一点,但是每家公司都是有基因的,这些企业已经在汽车行业打拼了数十年甚至上百年,它们的基因早已固化了这样一种逻辑,即一款车开始销售后就不应该再改变产品功能以及相应的供应链了。在这方面,新造车企业的先天基因完全不同。

第二,智能化将会逐渐成为驱动消费者购买汽车的强劲动力,为此,车企一定要自己做很多研发工作。现在已经有部分消费者把智能化作为买车的主要诉求,虽然人数还不是很多,但增长很快,可能两三年后情况就会大不一样。对此车企必须早做准备,有效研发智能化功能的相应系统和技术。为此,在车辆操作系统、嵌入式系统、电子电气、线束以及运动控制等方面,都要进行整合性的自主研发。不把这些工作全部完成,车企是做不出好的智能化产品的。在这个过程中,车企做了很多可以让供应商来做的事情,就是为了确保差异化的用户体验。

第三,如果企业没有自己做研发,没有具备相应的基础能力,是无法进行在线升级优化的。智能汽车的在线升级能力,或者说车企通过智能化功能运营每一个用户的能力,不可能一蹴而就,一定是从小到大地逐渐积累起来的,或许需要一两年的时间才行。相对于互联网行业,由于汽车的复杂度更高，功能的升级肯定会碰到更多的挑战，需要更长的时间。而越是成熟的车企，可能越不愿意承担这种风险或者说学习成本。

第四，在大部分整车企业中，研发、制造和销售等环节都是相对独立的体系，缺少整体的运营体系。原来在组织上三个体系就是相互独立的，现在想用一个新体系把三个体系全部打通，从组织上就无法支持。一直以来，制造业常有"技工贸"的说法，而未来的新制造一定会变成"技工贸运"。其中，"技"指技术；"工"指生产制造；"贸"指贸易，在新时期将会是新零售；而"运"则是指运营。运营体系恰恰是传统汽车企业缺少或者不够重视的，而且对于这些体量庞大的车企来说，即使想要改变也不是两三年内就能完成的。

为什么以前的互联网公司可以快速转身？就是因为那时候的互联网公司普遍规模较小，也就几十人到一两百人。而汽车企业不是这样，像新造车企业刚起步，人数也有四五千人了，大型车企一般都有几万甚至几十万人，要转型应对新挑战是非常困难的。

用户群选择、系统性设计和基于用户数据的持续优化

占领用户的心智，是企业成功的关键。而占领用户的心智非常困难，必须付出很多努力。在这些努力中，产品是"1"，品牌、市场、公关、营销活动等都是在"1"后面的"0"，因此一定要先把"1"立住，也就是必须先把产品做好，这一点至关重要。

为什么很多整车企业没能让用户真正使用设计出来的智能功能呢？可能有三个原因。

第一，企业首先必须找对用户。用户应是乐于尝试汽车智能功能的人群。在移动互联网的最早期，大概前五年的时间里，移动互联网的高频用户都是电话的低频用户，反过来，移动互联网的低频用户都是电话的高频用户。简单地说就是，打电话多的人上网特别少，打电话少的人上网特别多。用户群体之间的差异是非常明显的。

汽车产品的使用其实也有类似规律。研究很多品牌的电动汽车之后发现，车越大、价格越贵，反而越没有使用智能化功能的可能，因为这

些车往往有专职驾驶员在驾驶，或是作为公务用车使用。在这种情况下，驾驶员由于担心影响乘坐者的感受，很少使用自动驾驶等智能功能。因此，企业应该选择心态年轻的用户群体，用户定位叫作年轻新贵，这些用户更愿意探索和尝试新鲜事物。

第二，今天不少汽车产品的智能功能，都是由几十家供应商的技术整合而成，在用户体验和智能交互方面缺乏系统性的总体设计。这往往导致用户体验不佳，人机交互不畅，车企对用户进行新手培育也较为困难。例如，有的产品需要系统进入到相应的界面才能进行自动泊车，而进到这个界面是有概率的，用户要碰"运气"；还有的产品直接采用了供应商的技术方案，在自动泊车时需要用户全程按着一个按钮，否则自动泊车就会中断。这非常不方便，而且用户也无法在下车后进行自动泊车。

第三，很多车企没有根据用户数据进行整车的检测、优化与运营升级。现在有些汽车上的自动泊车功能之所以使用率较低，可能正是因为企业没有去关注用户使用该功能的实际情况，这样也就无法发现问题并及时解决。密切关注用户数据，发现哪里做得不好立即进行完善优化，效果会好很多。

现在很多产品都有自动泊车功能，而且也都进行过宣传和展示，但是等到用户真正使用时，就会发现哪个产品的自动泊车功能更好用。如果某款产品的系统界面简洁、操作方便，成功率和安全性比其他产品好几倍甚至十几倍，那么用户的评价就会完全不一样。

"新制造"是基于智能制造的新型商业模式

基于当前产业变革趋势，企业可以实施"新制造"模式。所谓"新制造"，首先是以智能制造为前提的，或者也可以说是基于智能制造的一种新型商业模式。"新制造"的核心是以市场为导向，以用户为中心。目前，汽车制造主要还是以产品为中心的，基本逻辑是车企先打造出好的产品，然后再向用户销售。这种方式很难完全解决用户关心的痛点、满足不断变化的市场需求。新的制造体系必须是以市场为导向，以用户为中心。以此为目标，"新制造"把共同参与造车的各种资源都整合起来，最大限度地发挥各方的优势。

在研发端,车企在研发新车型的时候,可以集成传统国际大牌零部件企业以及国内顶级 ICT 公司等供应商资源,发挥各自的长处。"不一定为我所有,但一定要为我所用",这是新时期整车企业应有的经营理念和商业模式。

在采购端,以前车企也与国际知名供应商合作,但基本上是它们有什么产品,车企就用什么产品。而现在车企可以把各方供应商资源汇聚起来,按照自己的目标来进行零部件开发,绝不是供应商有什么产品,就往车上放什么产品,那样是不可能达到全局最优的效果的。而且在零部件开发和生产方面也要建立明确的分工,技术上以供应商为主的产品由供应商负责;技术上以车企为主的产品,供应商给车企代工,由车企提供技术,供应商收取代工费用。

在销售端,主要是线上和线下的体验式营销,车企可以设置城市展厅或体验中心来实现体验、交付、服务一体化。后续还可以做共享汽车出行,用户不一定买车,也可以用车。在此过程中获得的用户数据,都实时反馈回研发、采购和生产端。

也就是说,"新制造"是立足于智能制造,围绕用户需要,建立的全链条、全闭环的全新商业模式。

因为"新制造"以用户为中心,所以一定要为用户创造出更多的价值,让用户感到超出预期的价值呈现。如果没有这样做,很可能用户会觉得这个产品好是好,但还是贵了一点。而今后努力的目标是让用户觉得这个产品简直太好了,完全超出了他的期待。

比如,目前有些电动汽车具备了空中升级能力,厂商可以像手机一样,不断给用户推送更新产品,进一步提升自动驾驶能力,当然还有很多其他的功能优化。这就会成为超出用户想象的地方。又如,产品是基于用户定制来生产的,因为有智能工厂的支撑。这种定制需求不可能通过线下采集,一定是在线上完成的,是基于实时数据来实现的。从用户下订单到企业组织供应商,再到生产制造,整个过程都采用数据实时在线技术。而且用户甚至可以在线上看到自己定制产品的生产全过程,这是只有智能制造体系才能实现的。

面向智能制造需求重塑生产组织方式

无论是德国工业4.0，还是5G在工业领域的广泛应用，都对材料供应企业提出了新要求，同时也提供了新机会。为此，材料企业在生产方式、管理体系、商业模式等方面都应该最大限度地进行调整和改造。传统的批量式订单管理方式已经不再满足用户需要了，例如在生产组织方式方面，现在对应市场的不应再是企业或者工厂，而应是生产线，要把每一条生产线都变成直接面对客户的基本单元。这种全新的生产组织方式将为下游客户端提供定制化生产和个性化服务，而这正是新时期客户对材料供应商的需求所在。

在改变生产组织方式的基础上，营销团队也需要进行重大调整。营销团队将为客户提供产品以及相关的附加服务，这种服务不限于产品的供应期内，而是涵盖产品的全生命周期，包括围绕客户需求的更多深层次服务。与这种职责相对应的是，客户经理对内可以代表企业调动所有的相关资源，包括生产资源、技术资源和人才资源等。在智能制造即将到来之际，面对客户对材料供应商在定制和服务方面的需求升级，企业应通过整体架构和运行模式的战略性调整做好充分准备。

"智能工厂+体验营销"的创新组合拳

造车是一个系统工程，除了研发之外，在制造方面也要有大量投入。如果电动汽车还是用原来的传统工厂制造，不可能生产出满足新标准的电动汽车产品。为此，传统车企应考虑把电动汽车的制造体系与之前传统汽车的制造体系完全分开，包括人员、装备、工艺，也包括生产流程和体系，都应该截然不同。

也就是说，要努力建成接近"工业4.0"境界的汽车工厂，采取完全不同以往的研发和制造方式，以最先进的技术和智能化的工厂来打造电动汽车产品。即按照国际最高端电动汽车产品的标准来建设新工厂，或者说，是用生产50万元以上价位产品的生产条件来打造售价30万元的电动汽车。

另一方面，产品好，并不代表消费者就会买单，一定要设法让消费者了解到产品的好，真正感受到物有所值。因此在终端销售方面应考虑采取体验式营销的模式，即消费者可以先体验再购买；并且因为拥有智能工厂，企业有能力提供一系列的定制化服务，消费者可以先下单，然后企业再按照其需求交付。体验式销售一定是今后的趋势，尤其是新品牌更要这样做，因为只有让用户信得过，他才会购买。企业自己说产品有多好是没有用的，用户亲身体验一下就知道了。

要把产品做好，把品牌支撑起来，企业需要聚拢海内外高端人才，掌握具有自主知识产权的电动汽车核心技术；需要建成国内先进的全新智能工厂，提供顶级的定制化生产能力；还需要尝试体验式营销等一系列终端创新，让产品能够更贴近消费者。

院长心声　　VOICE

未来制造业升级方向指向智能制造

当前，新一轮科技革命方兴未艾，大数据、云计算、人工智能以及新材料、新工艺等技术将给制造业带来前所未有的巨大变革。而未来制造业的升级方向指向了智能制造，这也是德国工业4.0的核心思想，即通过打通设计、生产、服务全产业链条，实现大规模的定制化生产。由此，传统制造业将向服务端深度延展，呈现出"制造+服务"的新业态。

现在几乎每家企业都在谈论升级，但是具体要怎样落地，大家都觉得非常困难。实际上，智能制造的核心就在于，不是简单地销售产品，而是更多地提供服务，通过服务拉动高品质产品的销售，为此企业要走进前端，充分了解客户现有以及潜在的需求。例如，制造机床的企业不仅要关注怎样把机床销售出去，更要帮助买方利用自己的机床加工出更高质量的产品。在这个过程中，双方要在产品的质量、成本、制造工艺和生产节拍等各个方面紧密互动。

"新制造"是更关注用户需求的智能制造

智能制造的本质是大规模定制化的生产，是"制造"向"制造+服务"的升级。不过，对于智能制造，以往通常更强调制造本身的数字化、智能化、网联化，而对"服务"相对有所忽视。实际上，与其说是"制造+服务"，不如说是"服务+制造"，因为未来的制造是以服务拉动的制造，要把服务放在更重要的位置，以用户的需求作为整个体系的引领。正是因为侧重点不一样，我们可以用"新制造"的概念来区别于一般意义上的智能制造。

也就是说，区别于主要从生产端出发的智能制造，"新制造"强调利用智能制造的能力，最大限度地满足用户的需求。这也是在向互联网企业学习，因为如果忽视了用户，忘记了终端消费者，无论多么优秀的制造都将是无本之木，也都是没有意义的。制造能力的升级千万不要陷入自娱自乐的误区，总以为只要产品好，消费者就一定会买单。其实，产品好只是消费者认可的必要条件，但不是充分条件。

另外，"新制造"之所以能够把用户放在最重要的位置上，是因为有优质的设计、生产和服务能力提供支撑，这样才能最大化地满足消费者的个性化需求。因此强调以市场为导向、以用户为中心，并不是弱化设计和生产，而是要把设计和生产能力更好地发挥出来。简单地说，"新制造"就是更强调关注消费者的智能制造。

车企必须重新思考如何满足用户需求

"以人为中心"的服务理念，这正是汽车产业即将发生的颠覆性变革，不过从概念认知到产生需求，再到真正落地，还需要一个过程。为此，传统车企应该充分认识到这是未来的战略机遇和重大挑战，必须向互联网企业积极学习，不断输入新的理念。毕竟汽车产业已有一百多年的发展历史，汽车企业早已习惯了把汽车造好、然后再销售给用户，却并不习惯互联网行业习以为常的与用户交流互动。

当然，汽车作为由上万个零部件组成的复杂产品，技术含量高，资金投入大，使用范围广，确实很难完全按照用户的需求进行定制。而过去用户也没有太多选择，即使并不完全认同车企提供的产品，也只能从中选择一款比较折中的。这就造成了供和需之间相互不够认同，供应方总觉得自己的产品已经很好了，而需求方却认为很多钱没有花在自己真正想要的功能和服务上。

但是这种情况在万物互联的时代将会发生根本性的改变，物联网技术以及相应的商业模式将给用户提供更多选择，因此，车企必须重新思考如何最大限度地满足用户需求。当前，有些企业已经在做一些尝试，例如从用户预订汽车开始，就随时通报汽车当前处于什么阶段，是在设计或者生产中的哪个环节；又如让用户选择某种造型风格或者某个零部件的材质等。不过目前来看，这些服务总体上还是以信息通知为主，用户能够参与发表意见的情况只占很小的一部分。

这种局限很大程度上仍然是由汽车产品的复杂性决定的，一旦产品落地，汽车的硬件性能就定型了。当前，汽车还没有办法像手机那样通过软件系统灵活升级，也不具备手机那样丰富的 App 生态。从这个角度上讲，汽车产业还有太多的工作要做，这也为互联网科技公司进入汽车产业提供了广阔的发展空间。

05 销售和服务创新

新一代消费者需要"简单"的产品

现在消费者需要的是不会给自己添麻烦的汽车产品和服务，这也是企业必须为之不懈努力的方向。今天的消费者青睐"简单"，无论是快消品还是附加服务都是如此，最好一键就能解决问题。新一代消费者觉得，商家就应该给我提供所需的产品和服务，而不是让我自己去寻找和判断产品与服务。这就给企业提出了更高的要求，但车企别无选择，必须全力解决这个问题。关于汽车企业如何服务好消费者，有如下四点思考。

第一，在商业模式上要围绕消费者来构造生态，而不是把产品放在一个地方等消费者过来看。这个地方就是现在的汽车4S店。曾经4S店在汽车销售及售后服务中发挥了重要作用，但是今天4S店的存在已经逐渐不再合理了。在"车企–4S店–客户"这种汽车销售及售后方式中，4S店隔开了车企和客户；而在以后的商业模式上，车企应该直接面对客户。

基于这样的逻辑，车企会把"朋友圈"逐步建立起来，然后以车企为核心，组队来为消费者提供各种服务。

第二，信息要充分对称。过去，在汽车销售过程中信息是不对称的，实际上，那时候只有让信息不对称，才能给中间商更大的盈利空间。今天，消费者已经习惯了互联网时代的去中间化交易，所有的互联网电商，本质上都是一种去中间化的商业行为。汽车产业也应该给消费者提供这样的环境，让汽车消费变得非常透明。

第三，产品要实时在线。今天的消费者需要实时在线，比如大家都有这样的体会，离开手机一会儿就会产生焦虑感，而如果一两个小时处于不在线的状态，那简直就是一种煎熬，甚至会有不太安全的感觉。因此，今后的汽车产品必须要实时在线。

第四，服务要高度便利。新一代消费者中绝大多数是独生子女，他们是在改革开放后的大好环境下成长起来的，而且是互联网的"原住民"，早就习惯了各种生活上的便利。让年轻一代消费者花时间去学习如何使用产品，是不现实的。他们已经习惯于，你推送给我的就是我想看的，而不是我去寻找自己想看的内容；如果推送给我的不是我想看的，那我就要换掉你。当然，汽车目前还达不到这个层次，但最终我们必须把产品和服务做到这个层次，才能真正满足新一代消费者的需求。

未来汽车消费需求将呈现"两极分化"

新一代消费者或者说潜在增量市场消费者的需求是：要"简单"，追求一键式操作；要方便，必须实时在线、定制推送；要透明，消费信息完全对称；要"有趣"，充分彰显个性化。所有这些都是未来汽车消费的刚性需求。

由于新一代消费者目前还没有真正成为市场消费的中坚力量，我们必须提前了解他们的需求。实际上，消费者的需求与技术的进步是相互作用的。过去，企业经常以各种形式对消费者进行调研，比如组织焦点小组对消费者进行访谈，了解消费者想要什么产品。这就是先掌握消费者需求再用技术加以满足的传统思路。现在看来，这种模式有其局限性。

因为消费者对新技术的理解有限，在新技术没有实际应用前，消费者很难想象到未来的产品可以是什么样子。

更科学的办法是把未来科技进步的可能性充分传达给消费者，让他们能够真正想象到新科技带来的变化，而不是凭空猜想。乔布斯之所以能够预见未来，是因为他把自己当成一名消费者来进行思考，同时他又了解科技进步的现状和趋势。但并不是每个人都拥有像乔布斯一样的天赋。因此，应该让更多的消费者参与进来，把每一项重要技术将会带来什么变化，都梳理清楚、表达明白，再让他们去考虑未来的需求。

未来科技进步主要会在这样几个方面直接影响汽车消费体验。一是5G技术；二是自动驾驶技术；三是电驱动技术，这些都将是2025年前后影响汽车市场的关键要素。当然，这些技术都没有脱离"新四化"，像5G技术与网联化相关，自动驾驶技术与智能化、网联化都相关，而电驱动技术是电动化的一部分。此外还有商业模式的改变，如汽车共享等，也就是共享化。未来这几个方面既各自平行地影响消费者的需求，又彼此相互作用，共同改变市场的走向。

由此预计未来汽车消费需求将出现"两极分化"的现象。一部分消费需求是更加个性化的汽车产品。企业需要通过大数据分析，基于智能制造体系为消费者提供定制化的产品。未来消费者对于个性化的需求肯定会越来越高。

另外，一部分消费需求则是无差异化。这主要是针对共享汽车，消费者个人并不需要拥有这类汽车。例如未来人们出行时，出门就有共享汽车乘坐，下车就上高铁，等到从高铁下来，又有共享汽车来接，这样就可以得到完美的出行解决方案。显然，消费者对于共享汽车的要求不会像私人汽车那样多。

也就是说，未来消费者对汽车产品的需求将呈现出完全不同的两极：一极是更通用化的产品，即共享汽车，要求没那么"讲究"，但性价比极高；另一极则是个人拥有的汽车，消费者一定会要求极强的个性化，各个方面都非常"讲究"。

购车环节及用户连接体系的销售创新

目前，一些新创车企尝试在销售环节进行创新，其零售体系与传统车企的零售体系相比有两大不同。

第一个不同是在购车环节。很早以前，人们购物都是到市场，买菜到菜市场，买布到布市场。今天汽车产业还是这样，消费者到4S店或大型汽车市场看车买车。但是大众销售体系正在发生变化，消费者购物可以去大型的购物商场，也可以去社区周边的小型购物店，还可以去淘宝、京东等网购平台，销售渠道不再单一，而是组合的。今后汽车销售也会发生类似的变化。实际上，今天消费者了解汽车的途径已经越来越多元化了。当然，可能汽车销售的变化不会那么迅猛，毕竟汽车是专业性很强的大宗消费品。

为此，可以将原来集销售（Sale）、零配件（Spare parts）、售后服务（Service）和信息反馈（Survey）于一身的汽车4S店，拆分成两类不同的2S店。其中，2S销售店放在城市的大型商场里，可采用加盟商体系。加盟商不需要存车备货，也就不会有库存、压价等问题；不需要负责维修，也就不需要很大的店面，一百平方米的2S店，可以和以往几千平方米的4S店一样发挥作用。这样就降低了加盟商的专业难度和资金压力。

而2S服务店放在郊区，因为用户并不需要频繁地进行车辆的维修和保养，特别是相比于传统燃油汽车，电动汽车更不需要太多养护，所以完全可以把2S服务店放在郊区，以节省成本。另外，智能汽车新增了很多能力，比如有车辆被锁在充电桩上了，客服人员远程操作就可以为车主一键解锁，根本不需要到现场去处理。因此，如果一家汽车企业在北京这样的大城市原本需要20个维修点，将来可能只需要5个就足够了。这种模式的变化最终将改变整个汽车销售体系。

第二个不同是连接用户的体系。销售创新的方向是打通各个环节，变传统的单点服务模式为全方位服务用户的多点服务模式。为此需要搭建后台系统，从生产、物流、销售到交付、使用等环节，全部都要打通。同时，也需要开发前台的手机App。让用户使用手机App就可以选车、购车，包括支付购车定金、查询所选车辆的装配状态、获取交车的时间地点等，整个过程对用户都是透明可查的。

不影响与用户直接互动的新型加盟商模式

未来汽车销售的理想状态是 C2B 模式，即整车企业直接与客户互动，实时获取客户的需求信息并及时应对。以往车企采用经销商模式，是因为加盟商有很多资源，包括资金、土地、店面和客户资源等，但也因此割断了车企与用户的直接联系。如果现在还采取加盟商的方式，必须确保不会影响车企直接与客户互动。

实际上，在新型加盟商模式中，车企是可以和客户直接互动的，因为客户使用的 App 是车企自己开发的，除了实车销售之外，客户在其他环节都是直接和车企互动的。C2B 模式确实代表着未来的方向，但在最开始的阶段，在品牌传播和一些软件功能服务上更容易得到一定程度的实现，同时必须在硬件制造体系中找到一个性价比的平衡点，不需要做得太超前。

采用加盟商的逻辑，是因为加盟商往往拥有当地的资源，比如加盟商可以在某个商场拿到很好的铺位，而车企可能就拿不到。加盟商模式可以充分借用外部的有利资源，尤其鼓励那些做过电动汽车销售、做过手机销售、做过新零售的伙伴来一起销售汽车，这样就可以快速发展，同时大幅降低管理难度。

在这个过程中，车企先把系统做好，把流程打通，让体系运转起来，然后指导合作伙伴赚钱，由此逐步缩小管理范围，提高经营效率，从而在某种程度上实现由重到轻。互联网产业的一个重要经验是，要建设共赢的生态，帮助别人成功就是自己的成功，因为别人的成功一定会让我们取得更大的成功。建立加盟商体系，相当于车企在全国各地都有了合作伙伴，大家一起宣传和销售产品，共同从中获益。这是与传统制造业完全不同的经营理念。

建设服务运营体系，形成品牌口碑效应

豪华品牌都是服务出来的。在互联网公司有一个类似的说法——好产品都是运营出来的。这里讲的运营不是营销术语，而是从企业全方位服务用户的角度来看的。比如运营好一个互联网软件，就和做好服务一样，要通过运营让用户感受到你的变化，获得更好的人机交互体验。从这个意义上讲，汽车维修保养这类服务其实就是硬件的运营；而未来汽车还会有围绕软件的诸多服务和运营，例如探索如何做好电动汽车使用的运营、安全的运营以及用户服务的运营，包括生日、节日以及定制化的用户服务等。比如用户每天早上要从家里开车去公司上班，后台系统会根据他的出行轨迹，事先提醒他当天行车路线是不是拥堵，以及有没有更快捷的路径等，而且这些运营将来都是可以全自动进行的。

现在一些新创车企非常重视建设运营体系，因为做好运营，才能在每一天的每一点积累中建立口碑。用户获得了良好的体验，就会把自己的感受与别人分享，这样品牌就能传播出去。这些企业现在在做的就是培育一个优质的种子用户群。互联网企业需要的种子用户数是百万量级的，汽车企业需要的种子用户数可能会是 1 万~10 万，至于具体数字是多少还需要探索。要让口碑效应在去中心化的宣传中得以建立。品牌宣传以前主要依靠中央和地方媒体，后来依靠个人媒体，现在则依靠社交媒体，社交媒体传播的是真正的口碑。

车企深度进入出行服务领域的时机尚未成熟

今天大部分整车企业选择进入出行服务领域，可能有两个核心诉求：一是解决销售的问题；二是检验产品的品质。从大方向来看，出行服务是正确的。但是目前出行服务领域里的车辆，无论是在汽车总销量，还是在实际运行的汽车数量中，所占比例都非常小。对车企而言，从战术角度，进入出行领域可以达到刚才讲的两个目的，但是从战略角度，现在做一家出行公司可能不是最佳选择。

大家知道，在互联网时代，门户的概念非常重要，其功能类似于网

络普及之前的黄页，是网络流量的入口。而门户始终在变，从搜索引擎、浏览器，到操作系统、社交媒体。进入移动互联网时代，逐渐产生了多个割据的功能生态，使互联网的线上流量逐渐与线下的人流、物流连接起来，从而引发了整个社会的巨大变化。比如，原来的出行就是从 A 点到 B 点的移动，现在这个需求通过互联网与相应的出行工具连接起来了，这是 Uber、滴滴以及摩拜、ofo 这类出行运营公司出现的根本原因。在这个过程中，软件的发展只是起点，硬件也要发生改变，然后和软件一起去匹配应用场景，最终实现最佳的出行运营。但是硬件也就是未来的汽车究竟会变成什么样子，现在谁都无法准确预测。唯一可以肯定的是，"新软件＋新硬件＋新运营"的出行服务一旦真正实现，必将成为产业的一个重要里程碑。而能够把这件事做成的企业，一定是既懂硬件、又懂软件、更懂运营。

正因如此，有的企业现在去做出行运营，时间还太早，目前做一点尝试和积累就够了，不需要做很多。如果今天想去做很大的出行公司，将会面临一场"烧钱"的白刃战，而对于车企未来的发展不一定会有太大帮助。当然，也不能什么都不做，汽车企业必须在硬件和软件方面积累相应的能力，特别要思考面向未来应用场景的新需求，汽车硬件和软件需要有哪些变化。只有想到了，才会去做；只有有能力，才能做得出来。

企业必须有足够的规模、一定的品牌力、优秀的硬件制造能力和硬软件研发能力，才能在出行领域发力。同时，必须想清楚哪些必须自己来做，哪些可以让别人来做。要从五年、十年之后的产业前景和企业目标，倒推今天的战略取舍与战术行动。

出行服务的重点是如何用好车

回顾历史，过去是出租车公司在提供出行服务。全球有几家很大的出租车公司，它们都不造车。车都由整车企业制造，然后出租车公司选择不同的车来提供出行服务，过去几十年一直都是这种模式。

进入互联网时代后，人们可以在软件平台上随时叫车，于是出行服务的运行平台变得非常重要。不过就车辆的来源而言，不一定需要改变原有的模式。当然，出行服务商也可以自己造车，目前有些出行服务商就已经在考虑造车了，它们和整车企业合作，希望能够定制最需要的车型，比如某种等级的自动驾驶汽车。但是，出行服务商最重要的还是要把自己的关键业务即出行服务做好，至于用谁造的车，也许并不是那么重要。

不是说出行服务商自己造车一定是错误的，因为出行服务本身还处于一个摸索的阶段。例如，现在一些整车企业也开始直接为用户提供出行服务，以进一步了解出行服务所需要的汽车应该是什么样的。

实际上，产业未来的不确定性，导致几乎所有的企业都在焦虑。在中国现在有一定知名度的出行服务商可以数出二十多家，其中很多都有整车企业背景。因为整车企业都认识到将来造车的利润率可能会很低，而出行服务将是一块更大的"蛋糕"，所以大家都想介入进来，这是可以理解的。但是未来经过大浪淘沙最终尘埃落定之后，出行服务领域将会形成什么样的格局？这才是值得深入探讨的关键问题。

院长心声　　　　　　　　　　　　　　　　　　　　　　VOICE

汽车品牌是在产品销售、使用和服务中逐步形成的

互联网时代的发展趋势之一就是"去中心化"。引入加盟商，建立共赢生态，这可以理解为是一种"去中心化"。不过事物都是有利有弊的，加盟商体系当然有优点，但是也有一些缺点。例如，加盟商以较小的资金投入加入整车的销售业务，可以轻装前进，但是因为投入少，也可能会出现退出比较随意的情况，继而带来很多现实的问题。这样反而可能会影响企业的销售、服务，进而影响企业的品牌形象。

实际上，汽车品牌是在产品的销售、使用和服务体验中逐步形成的，任何正面或者负面的口碑都很重要。对此，我有一个观点——豪华品牌都是服务出来的。这里说的服务是一个大概念，除了传统的汽车售后服务即车辆维修保养之外，未来围绕汽车产品的服务要广阔得多。

车企进入出行领域应谋定而后动

汽车产业重构带来的重要变化趋势之一，就是汽车将从之前的拥有使用向未来的共享使用转变，由此很多汽车企业纷纷进入出行领域。现在一些汽车企业已明确将出行服务商作为转型方向，既要造车，又要参与出行运营。

无论车企是否进入出行领域，都没有绝对的对错。选择不做，并不是认为这件事情不对；选择做，也不一定现在做就对。出行服务是社会发展的大趋势，但到出行服务成熟的时候，硬件和软件一定都和现在大不相同。当前只是让软件来适应现有的硬件，而未来软件将拉动硬件发生质变，两者有效融合，最后形成全新的能力，从而真正改变人们的出行方式。

如果车企只是为了卖车而做出行，那是"挂羊头卖狗肉"；如果是把滞销的车拿去做出行，那就是"挂羊头卖臭肉"了。这并不是特指某一家车企，而是想提醒行业重新思考，出行服务的核心到底是什么？如果整车企业不是从一开始就致力于解决出行的本质问题，这种参与是没有意义的。更多的只能是在车企发展的背景板上签个到而已，就好像在说，出行是未来方向，我们企业也在做出行了。没有想清楚就去尝试，可能会有一时的宣传效应，但对企业的运营来说，有百害而无一利。

造好车和用好车需要不同的能力

用车和造车是两个不同的业务，用车是为了满足用户对于出行服务的需求，而造车则是为了满足各种出行场景对移动工具的需求。因此，造好车和用好车完全是两回事，需要不同的能力。具体到某一个细分领域，或许可以把用车和造车合二为一，但是恐怕这不会成为主流的模式。如果出行服务商认为自己造车就能降低用车成本，这种想法是错误的，因为造车本身投入更大，需要很大的规模才能分摊成本。

实际上，企业做出行服务时，不仅要有研发能力，也要有合理选择并有效运行商业模式的能力。例如依靠什么样的服务模式，用什么样的汽车，把什么样的客户都汇聚到一起，才能扩大出行平台与用户之间互联互通的范围，最终实现高效率、低成本、高质量的出行。此外，出行服务还要有一定的规模。因此，小企业会非常艰难。

四、技术战略

01 电动化创新

发展新能源汽车是产业、市场和社会的多元需求

当前是企业发展电动汽车的大好时机,对此可以归纳为三点:

一是产业大势。因为发展新能源汽车是国家大势,习近平总书记早在 2014 年就明确指出,发展新能源汽车是迈向汽车强国的必由之路。中国已经把新能源汽车提到了汽车产业转型升级和未来发展的战略高度。这些年来,国家各部委以及各级地方政府发布了一系列支持新能源汽车发展的政策,这是大家有目共睹的。

二是市场需求。相比于燃油汽车,电动汽车的操控性和舒适性更好。很多开过电动汽车的用户,都很喜欢这种驾乘体验,甚至不愿意再去开燃油汽车了。

三是社会需要。当前环境污染问题日趋严重,很多城市经常受到雾霾侵扰,大家都渴望拥有蓝天和白云。电动汽车在使用阶段没有排放污染,这一点是燃油汽车做不到的。目前燃油汽车即使满足了国家排放标准,对环境仍会有一定的影响。

正是基于政策、市场和社会的多元需求,很多企业最终选择了做电动汽车。

新能源汽车是中国汽车市场的强驱动力

有人说中国汽车市场正在经历严冬,还有人说这还只是初冬,真正

的严冬还没有到来。不管怎样,汽车市场整体形势不太景气是客观事实。可以从两个方面来看目前的市场形势:

第一,汽车市场整体增长与否,与新能源汽车市场增长与否是两回事。从汽车市场的整体情况来看,2019年1—10月的汽车销量仍在继续下降,但是新能源汽车相较2018年同期,仍然有所增长,特别是纯电动汽车的增幅最大。这一减一增,从市场结构的角度看,对专注于新能源汽车的新创车企更加有利。虽然进入2019年8月后,新能源汽车的销量也出现了同比下降,而且降幅达到两位数,不过这种情况主要是由短期性因素造成的,例如国五转换到国六、新能源汽车补贴退坡等,在这些政策变化的时间节点前,都会造成市场的虹吸现象。即有些消费者把购车计划提前了,需求提前释放,之后的市场就会出现疲软,这种现象是很普遍的。因此,还是应该从更长的时间尺度来审视新能源汽车市场的发展。

第二,财政补贴进一步退坡之后,新能源汽车的消费结构正在发生很大变化。其中受补贴退坡影响最大、减少比较多的车型是A00级的纯电动微型汽车。而从整个汽车市场的情况来看,微型汽车的需求本来就不强。这说明以前A00级电动汽车的销量高,是由于政策驱动或者说补贴驱动造成的。目前,汽车市场总体上销量最大的是A级车型,包括A级轿车和A级SUV。在新能源汽车补贴完全取消之后,其市场需求也将会回归自然状态,即与汽车市场的总体需求相类似。

也就是说,一方面,从汽车产品结构上看,新能源汽车今后仍将是汽车市场增长的强驱动力;另一方面,未来新能源市场将会逐步进入市场驱动的真实状态,届时很可能与汽车市场总体需求一样,A级车将大行其道。未来几年,真正符合市场需求的新能源汽车产品仍将有广阔的发展前景。对于中国的新能源汽车市场,A级车细分市场的前景还是比较乐观的。

电动汽车将逐渐建立起良好的口碑

目前汽车市场有两个变化:

一是中国汽车市场大环境的变化。对此，新旧车企都没有办法改变。但要看到，中国汽车销量的基数已经非常大了，而新能源汽车所占的份额还很小，且仍处于增长阶段。因此，整体市场规模的波动对于新创车企而言基本上没有太大影响，反倒是传统车企面临的压力可能会更大。尽管传统车企也在新能源汽车领域发力，但燃油汽车减少的销量，短期内很难通过新能源汽车增加的销量弥补。另外，环保标准的提高也是很大的挑战，国五排放标准的车型只能降价销售，而消费者通常是买涨不买降的，越是降价大家越不想买。在这个时候，新创车企没有这些包袱，这本身就是一种优势。从这个角度看，市场竞争更加惨烈，对于新创车企来说是危中有机。

二是新能源汽车的财政补贴退坡，即现在开始真正迈入后补贴时代了。此前，国家财政补贴直接推动了新能源汽车产业的发展，但也催生了一些为了补贴而做的产品。这些偏低端、竞争力不高的车型进入市场，影响了消费者对新能源汽车的使用体验。后补贴时代更能推动好产品的出现，因为唯有好产品才能赢得消费者。当然，企业打造出好产品之后，又会面临新的挑战，最主要的就是如何让更多的消费者购买好产品？而且企业要从中盈利。

问题的核心在于如何提升电动汽车对燃油汽车、混合动力汽车的竞争力。为此，新创企业必须更加聚焦于电动汽车产品的优化上，聚焦于用户体验的升级上。在当前这个时间点，有人质疑电动汽车，包括媒体对电动汽车安全性的担忧，都是很正常的，也是正确的。这说明作为一个新事物，电动汽车还没有被市场完全接受，这正是车企努力的方向和机会。而产生这些质疑，恰恰说明电动汽车的发展引起了越来越多的关注。随着越来越多好产品的推出，电动汽车将逐渐建立起良好的口碑。预计在2021年前后，中国一二线城市的新车销售中，会有10%的份额来自于电动汽车，此后消费者对电动汽车印象的转变将更加快速。

在电动汽车涉及的核心技术上有所取舍

目前开发电动汽车的企业，主要技术包括四个方面：一是通用性的汽车技术；二是与电动直接相关的技术，主要指三电系统；三是电子电气、线束等相关技术，这些技术既和电动技术密切相关，又和智能网联技术紧密关联；四是智能网联技术，主要有自动驾驶、智能座舱、AI（人工智能）和 V2X（车用无线通信技术）四个方面，后者也包含了未来的 5G 技术。

每家车企在技术战略选择上各有侧重。在电动技术方面，车企通常选用成熟的电池和电机，同时与合作伙伴一起开发电控系统。此外在电动系统安全方面，企业也必须做很多工作，例如开发电池管理系统。在电控和安全这两部分，车企必须充分形成自己的能力，同时电池和电机部分可以交给供应商。对于传统燃油汽车来说，大部分整车企业都是自己做发动机，因为发动机是驱动汽车的核心技术。现在电动汽车是由电池提供动力，电机直接驱动的。不过车企可以自己不做电机，而把战略放在智能技术研发上，更侧重于开发智能网联技术和电子电气及线束技术，并且做到深度参与设计。也就是说，舍弃的是那些和汽车智能化相关性比较小的技术，得到的是把汽车智能化做得更好更深。这可以是企业的一种战略取舍。

以创新来解决行业的新旧痛点问题

实现汽车电动化，既要以创新来解决行业原本存在的痛点，又要解决在创新过程中带来的新问题。针对这些新问题，例如里程焦虑问题，要努力在电池系统能量密度指标上做到行业领先，在轻量化指标上也做到行业领先，这样就可以在很大程度上化解用户的里程焦虑。即便如此，也不能说一定能够满足用户的需求，企业还要在续驶里程方面继续探索。

又如充电便利性问题，是整个行业面对的难题，这不是车企能够完全解决的。因为目前各地充电设施的情况差异很大，所以电动汽车企业可以在充电基础设施比较充分的市场优先切入，选择一、二线城市作为主攻市场。在等待充电设施的逐步普及的同时，企业也要自己努力做一系列尝试来改善充电便利性。当然，解决新问题的征途是没有尽头的，所有这些方面都需要汽车企业持续努力。

充电基础设施最终要靠社会解决

目前，用户对购买电动汽车最大的顾虑就是里程焦虑，在本质上这其实是充电难的问题。要去一个稍远些的地方，电动汽车用户总是担心能不能开得到？到了那里能不能找到充电站？否则开不回来怎么办？这对于所有的纯电动汽车来说，始终是一大痛点。哪怕未来有企业打造续驶里程1000千米的纯电动汽车，也仍然需要解决充电问题。

要从根本上解决这个问题，最好的办法就是普及充电设施。例如美国的一个高端电动汽车企业，其解决方案就是尽可能多建专用充电站。美国别墅多，安装家用充电桩比较方便，这样电动汽车利用晚上时间充电，白天就可以正常行驶。应该说这是一个可行的解决方案。

但是这个品牌却一直没能实现盈利，他们在充电桩建设上花的钱甚至比在产品研发上还要多。那么，作为后来者，中国电动汽车企业还要这样做吗？从市场特点看，用户大多住在高楼上，有些家庭甚至连停车位都没有，即使企业想给用户安装充电桩，可能都没有合适的地方。显然，这家美国电动汽车企业的商业逻辑在中国很难大规模推广。

回顾燃油汽车发展早期，福特汽车也尝试在各个地方建加油站，但是企业建站的速度始终跟不上用户的需求，而且福特的加油站又不能给通用等其他品牌的汽车加油。历史证明，单个公司要想解决整个产业发展所需的基础设施建设问题，是不可能的。最后，加油站的问题还是交给社会来解决了。

车企应思考适宜的技术方案来应对里程焦虑问题

自建充电站的商业逻辑难以复制，也无法完全解决充电难题，但是这个痛点不解决是绝对不行的，必须想别的办法。企业可以从产品技术方案的角度进行思考。例如，宝马i3增程式电动汽车在使用过程中基本可以做到里程无忧，即使电池里的电能都用完了，用油也可以再跑几十千米，而且如果一直找不到充电站，到加油站加上油也可以继续行驶。

不过，在电能耗尽后的增程阶段，虽然还可以行驶，但是速度比较慢，最高只能达到 80 千米/时，而且操控性和舒适性明显下降，噪声振动也很大，用户体验远不如纯电动汽车好。因此，这样一款增程式电动汽车只是解决了充电难的问题而已。

日本车企的相关技术，例如日产 e-Power 的驱动也很有特点，发动机只负责充电，不直接参与驱动，驱动车轮的始终是电机，这和 PHEV（插电式混合动力汽车）有明显的不同，后者是电机和发动机都可以驱动车轮。这样看来，增程式电动汽车可以解决充电难题，但在性能上有损失；而日产 e-Power 不属于新能源汽车的范畴，但因为全程电机驱动，始终都是电动汽车的使用体验，而且有不错的节油效果。

那么，能不能把这几款国外产品的优点集合起来，打造出一种新的电动汽车？这款产品一定只用电机直接驱动车轮，因为电动汽车的本质就在于纯粹的电机驱动。而电能的来源可以有多种方案，包括电池、发动机或者氢燃料电池等，由此打造出所谓的"新电动汽车"。

"新电动汽车"仍然是电动汽车，而不是混合动力汽车。传统汽车是由发动机提供动力，经过变速器后直接驱动车轮；而纯电动汽车是由电池提供动力，由电机直接驱动车轮，这是两者之间的本质区别。"新电动汽车"是基于纯电动汽车打造的，直接驱动车轮的只有电机，用户体验与纯电动汽车完全相同，这是其基本属性。

"新电动汽车"也是一个全新的电动汽车平台。一方面，彻底解决充电难题，让用户完全没有里程焦虑。另一方面，这个平台上的车型可以是纯电式的，也可以是增程式的，而增程的来源可以是发动机，也可以是氢燃料电池，只是价格会有所不同而已。在配备了增程发动机时，这台发动机并不是在电能完全耗尽的时候才开始工作，而是根据需要随时发电，储存到电池里，这样可以确保较高的效率。

增程式电动汽车的优势尚未得到充分认知

现在很多家庭都是在拥有传统燃油汽车之后又买了电动汽车，可能平时上下班通勤用电动汽车，因为电价比较便宜，又没有限行；而周末出游要去远一些的地方就用燃油汽车。这样同时购置两台车不仅增加了用户的开销，也是社会资源的一种浪费。而设计合理的增程式电动汽车完全可以合二为一，无论是日常通勤，还是远途出游，甚至是开到另外一座城市去，都不存在问题。有电的时候就充电，充电不方便的时候就加油。而且增程式电动汽车属于国家政策定义下的新能源汽车，可以享受新能源汽车的一系列优惠政策，比如使用绿色环保车牌、不受限行影响等。

目前增程式电动汽车还没有发展起来，在推广过程中会遇到一些挑战。对此，首先要提高用户对增程式电动汽车优势的认知。纯电动汽车无论续驶里程有多长，最后还是需要及时找到能充电的地方。如果充电基础设施不够普及，充电难的问题以及由此带来的用户里程焦虑是解决不了的。因此，推出增程式电动汽车的企业应该加强体验式营销，让更多的用户通过线上线下多种方式的亲身体验，了解其产品的便利性，并提出改进意见。体验式营销就是希望让更多的人了解产品，同时也可以获得更多的反馈，这样产品和技术就可以更快地迭代进化。

院长心声　　　　　　　　　　　　　　　　　VOICE

电动化创新为中国品牌提供了领先机会

如果造传统的燃油汽车，中国本土车企的产品要想把价格卖到30万元以上，客观来讲是非常困难的。因为我们的品牌沉淀和世界级的强企相比，还相差甚远，而且消费者先入为主的烙印也很难抹去。但是新能源汽车的发展加上智能网联技术的应用，正在推动产业发生全面重构。在这些新领域，国外的强企们也同样没有太多积累。而在消费服务体验方面，它们的经验大都来自于燃油汽车，对电动汽车的了解同样非常有限。实际上，电动汽车用户对品牌的感知、对产品的诉求以及对服务的追求，与燃油汽车是完全不同的。这就产生了一个重要机遇——在新能源汽车品牌的培育上，中外车企可以说基本处在同一起跑线上，因为现在竞争的方向不同了，竞争的方式也不一样了，大家都有领先的机会。

另一方面，有机会还要把握得住。汽车的技术含量是很高的，要想把产品做好，必须有优秀的研发团队，必须掌握核心技术。同时把产品设计好之后，要能造好。最后，还要把产品卖好。任何新生事物在初始阶段总会有缺陷，其发展完善需要时间。但至少要在现有条件下努力做到最好，包括续驶里程、网络安全等一系列问题，企业都应该有相应的解决方案。在这方面，一些企业已经进行了大量的探索，特别是在延长续驶里程和改善充电便利性等方面，开展了富有成效的工作。

各种汽车电动化技术方案各有特点

电动汽车发展的最大瓶颈，并不简单是电池成本或者能量密度的问题，而是充电困难的问题，因为里程焦虑才是电动汽车用户的最大痛点。这个问题必须解决，靠企业自建充电设施绝非长久之计，更应该从技术方案的角度寻找破解之道，同时要确保不改变电动汽车属性这个基本前提。

当前汽车产业已进入了动力多元化的新时代，各种技术方案各有不同的优缺点。纯电动汽车由于电池原因，成本相对较高，而且续驶里程越长，成本越高；要降低成本，就得减少电池，这又会导致续驶里程的缩短；而且续驶里程做得再长，电能用尽的时候也还是要充电，用户仍然会有里程焦虑的问题。增程式电动汽车的优点是真正实现了里程无忧，缺点是在增程发动机驱动车辆时，产品性能有可能会下降一些。

相比之下，日产 e-Power 只用了很小的电池，就让消费者体验到电动汽车的感觉，但因为电池太小，发动机几乎始终处于运行中，从本质上讲还是以燃油动力为主，属于串联式混合动力汽车，而不是新能源汽车。

增程式电动汽车是解决充电难题的可行技术方案

增程式电动汽车，即以全域电机驱动为基础，以发动机作为增程器来补充电能，成为彻底解决里程焦虑问题的一种解决方案。

增程式电动汽车应该作为全新的电动汽车平台打造，其基础是纯粹的电驱动。但不是只由电池提供电能，这就给了用户很大的选择空间。电能的来源可以有多种方式，可以是只用电池，那就是 BEV（纯电动汽车）；也可以是电池加上内燃机发电，那就是 REV（增程式电动汽车）；此外，未来还可以延展成为 FCEV（氢燃料电池汽车）。无论电能的来源有何不同，最终都是由电机来驱动车轮。这样充电方便的用户可以选择纯电版，充电不便的用户可以选择增程版，同样没有里程焦虑，而得到的依然是电动汽车的完美体验。

同时，这个方案能够发挥发动机与电池、电机耦合的优势，发动机作为增程器，可以始终工作在最佳性能区域内。实际上，与 PHEV 相比，REV 的特点与优势也是明显的，那就是 REV 在本质上是电动汽车，而不是混合动力汽车。

中国新能源汽车市场将面临激烈竞争

简单测算一下，假设 2020 年新能源汽车的销量达到 200 万辆，届时参与竞争的产品种类估计不会少于 300 种，那么平均每款产品的销量就不足 1 万辆了。规模对汽车企业来说非常重要，如果一款车型的销量还不到 1 万辆，这意味着单车的成本会非常高。

尽管目前新能源汽车仍保持着增长，但是毕竟总量有限，而且参与竞争的车企越来越多。特别是在 NEV（新能源汽车）积分政策的压力下，传统车企也必须导入新能源车型，这恐怕会加剧"僧多粥少"的局面。新能源汽车市场面临激烈的红海竞争，市场增长还需要一个爬坡的过程。

02 网联化创新

车企有责任打造"永不失联"的汽车

目前每辆车都处于"失联"状态，每辆车都各行其是，导致出行效率低下。政府应该承担起汽车组织者的角色和责任，但也只是在最后负责管理。而在此之前，发明一个"永不失联"的技术体系以及打造相应的产品，应该是企业的责任。比如，现在车企把车卖出去就"失联"了，未来车企要让汽车逐步具备采集并处理各种交通信息的能力。汽车如果具备了这种能力，短期内造价可能会非常高，但是，这样的努力方向是正确的。关键是不能还没开始做，就认为这不是汽车企业该做的事情。

举个简单的例子，其实汽车企业也做过很多本该别人做的事情，比如在车里装上了放咖啡的杯架，喝咖啡和汽车没有什么关系，但为什么汽车人做了杯架呢？这个例子可能不完全准确，不过道理是相通的。我们要开发更好的汽车，本来就没有什么固定的界限。现在因为杯架成本低，车企就做了。而今后要解决汽车互联的问题，肯定比做杯架复杂得多，成本也高得多，但是收益也大得多，为什么就不能去做呢？

实际上，车企很早以前就做过不是自己"份内"的事，而且完全是自己主导去做的，而不是等着别人做。今天我们要开发未来的汽车，这就是车企的责任。车企应该思考如何赋予汽车新的能力，这样才能真正体现汽车在整个交通环境里的重要性。

我们认真想一下，为什么可以把30名士兵编成一个排，不是因为有人发明了"排"这个编制单位，而是因为人具备基本的能力，可以被组织起来。现在，汽车之所以无法有效组织起来，就是因为不具备这种能力。

在线是汽车被有效组织起来的前提

在本轮科技革命中，究竟如何才能让汽车具备被组织的能力？最初的尝试方向，就是"跑在互联网上的车"。也就是说，第一个条件是要让汽车实现在线。当一辆车在线上的时候，管理就有可能实现。有人会说，如果没有有效的管理系统，我的车在线上有什么用呢？最终的目标一定是每辆车都在线，但这需要一个逐步发展的过程。当有能力在线的车辆还很少的时候，不可能建立起有效的管理系统，但是也不能等到管理系统建好了，汽车再具备在线能力，这个逻辑肯定不对。思考一下人类的发展历程，都是先有新的技术出现，发展了一段时间之后，才逐渐把新技术更好地组织和应用起来。

例如，三四十年以前，北京的路面上还能看到马车，反而是汽车比较少，但今天已经见不到马车了。显然，是汽车先具备了替代马车的能力，然后才渐渐实现了替代。因此，车企要做的第一件事，就是要让汽车逐步做到在线。实际上，今天我们还无法知道最终应该如何把在线的汽车组织起来，这个答案的获得，只能靠越来越多的在线汽车慢慢积累和迭代。

在线是汽车能够被组织起来的先决条件之一，同时，在线也是获取数据的前提。汽车"失联"，失去的不只是联系，更是最宝贵的数据资源。数据同样是组织的基础，如果没有实现在线，也就无法实时获得数据。而汽车一定是未来非常重要的数据来源。世界上第一位的物联网，一定是汽车的物联网，因为其他产品的物联网都没有汽车的物联网那么厉害，比如做个可以联网的所谓的智能音箱，怎么能和联网的智能汽车相比呢？

要把汽车组织起来，第二个条件是要有物质基础。这个物质基础不是造车的钢铁等材料，而是数据。过去大家喜欢讲数据虚拟化，这个说法是有问题的，数据的本质是物质。如果每辆汽车都既能在线，又有数据，那就为高效率地把汽车组织起来打造了很好的基础。当然，在汽车具备这两个条件的前期，有可能在较长的一段时间里，数据还是会被浪费掉，因为管理汽车的计算平台也不是一下子就能建立并完善起来的。但只有具备了基础条件，我们才能逐步区分出哪些计算应该放在车上完成，哪些计算应该放在云端完成，然后汽车就能比较容易地组织起来了。

未来汽车将与5G网络深度融合

汽车从联网进化到在线，5G会很关键。假定5G得到充分普及，那么在通信能力这一端就可以满足需要了。未来5G网络与汽车的关系一定远好于当年传统互联网与个人计算机（PC）的关系，预计汽车会和5G深度融合在一起。实际上，之前PC与互联网也是被人为绑定起来的，原本这两个发明是相互独立的，没有直接关系。而汽车和5G之间结合的紧密程度，将超过PC和互联网。如果不考虑成本，5G具备的低延迟、高速度以及多基站等优势，确实可以为自动驾驶汽车提供非常好的基础。

当然，没有5G，汽车在线也是可以实现的。可能汽车不应该完全绑定在5G上，或者说在没有5G的地方，汽车仍然需要保持在线。因为谈到汽车的移动性,还有一个很重要的内涵就是覆盖性,汽车可以跑到很偏僻的地方,不能说没有 5G 的地方就不让汽车去了。未来汽车和互联网的关系甚至会比和路的关系更紧密。比如一个地方即使没有路,但是只要有互联网,汽车就能开过去。其实今天的汽车也可以开到没有路的地方,但是要靠驾驶员;而未来只要有互联网就可以了。

打破品牌区分,建设数据 4S 店

打个可能不恰当的比方,负责汽车销售的 4S 店实际上是汽车厂商一个非常重要的发明。而现在的问题是,一辆汽车联上网络并不困难,难的是没有一个跨品牌经营汽车数据的"4S 店"。这样一来,汽车联网主要还是基于车企自身的需要,还没有把各个品牌的汽车当成一个整体来看待。

今后汽车产业需要一个去品牌化的运营层。即不分生产厂商,不分车型,所有在线的车辆,都把数据汇聚到一个地方,我们不妨称之为数据 4S 店。就像加油站一样,不分品牌,谁的车来了都可以加油。而不是这个加油站只能给上汽的车加油,那个加油站只能给一汽的车加油。试想,如果加油站是按汽车品牌区分的,那汽车产业绝对发展不到今天的局面。同样,如果汽车联网甚至在线之后,仍然是分品牌管理的,那就没有意义了。因此,汽车在线的关键是要建好数据 4S 店,至少应该做到加油站的程度,也就是说,可以分中石油和中石化,但是绝对不分汽车品牌,这样才能真正协同起来。

数据 4S 店要怎样建设呢?我们可以借鉴汽车产业的历史经验。美国当年建设了很多高速公路,其中一个重要的推手就是汽车企业,这些企业告诉政府应该建什么样的道路,从而确定了道路标准。今天针对互联网这种新型道路,我们的汽车企业能不能也为城市管理者提供一套标准,这才是技术活。而真正修"路"的时候,就是体力活了。

市场遇冷或促使企业重新思考数据价值

假如不同品牌的汽车都能采集这些数据,那又该由谁来统筹管理呢?

大家知道，微软推出统一的 Windows 操作系统，对计算机行业的发展产生了巨大的推动作用。我们很难想象，如果今天有五种不同的操作系统，产业会是什么状况。先不说统一的 Windows 系统带来了多少好处，至少它的坏处一定远远小于五种不同操作系统造成的麻烦。

在设计互联网汽车系统的时候，企业的初衷往往是做出系统来给整个行业用。但是只要打上了某家整车企业的烙印，其他企业就都不愿意采用这个系统了。这就是竞争，全世界都是这样。

每家企业都是从自己的竞争需要出发的，这是其一。其二，更大的挑战在于，中国现在每年卖掉几千万辆汽车，这些汽车实现了在线之后，到底应该怎样组织起来，会产生哪些价值？这一点是没有共识的。每辆车都在线后产生的数据会有巨大的价值，很多人不要说认不认同这个观点，可能都没有想过这件事，这样推行起来难度自然就大得多。

现在汽车行业遇到了严峻的挑战，中国汽车销量出现了负增长，市场不像前几年那样好了。这可能反倒是一个好时机，可以促使大家重新思考这个问题，因为以前是不是做在线都不影响卖车，而如今必须深入挖掘汽车的重要价值了。实际上，我们要解决汽车目前存在的问题，必须跳出原有的框架，引入新的元素，否则一定解决不了。

院长心声　　　　　　　　　　　　　　　　　　　　　　VOICE

汽车必须由联网进化到在线

当汽车产业从燃油汽车时代，跨入到电动化、智能化、网联化的时代之后，未来支撑品牌的核心技术究竟是什么？过去，发动机、变速器无疑是核心技术，车企必须通过卓越的发动机和变速器技术，让用户感觉到动力澎湃、低油耗和低排放的品牌内涵；而未来，电动化、智能化、网联化技术将成为核心技术。但是，通过电池、电机技术已经不足以让汽车品牌脱颖而出了，企业必须聚焦于智能网联技术，以形成自身特色。

谈到汽车要在线，实际上在线的前提条件是联网，联网之前则是通信。汽车已经从最初单点发射、接收的通信，发展到现在基本实现了联网，但是联网还不够，还需要向在线进化，进而获得更大的赋能。其实，

PC 的核心就是联网，而智能手机的核心则是在线，PC 只在使用的时候联网，而手机则是 24 小时在线，这种差别也是智能手机赢得越来越多使用者的原因所在。

未来的智能汽车也必须做到在线，甚至可以说，在线代表了一种最高境界。而真正有价值的汽车在线，一定是把各个不同品牌的车都连接在一起，形成一个统一的平台。

车企要在解决移动性问题中担当主力

汽车的作用就是实现移动，而从移动性的角度出发，在城市交通体系中，汽车的移动性应该是最高的。现在中国不少城市堵车严重，我一直调侃说，这是因为汽车越来越多了，中国人已经把汽车当成自行车来用了。而未来或许就是要把汽车当成自行车使用，这样交通系统的综合效率才能更高。当前，城市交通系统的移动效率确实存在很大的问题，或者说遇到了瓶颈。从根本上讲，要突破这个瓶颈必须构建起智能化的全新交通体系，汽车人认为这是整个交通系统升级的问题，即建设 ITS（智能交通系统）的问题。而在解决移动性问题的过程中，车企应该担当主力。

03 智能化创新

自动驾驶落地应用需要"三位一体"的通力协作

过去几年，汽车自动驾驶技术不断发展，也引发了业界的诸多讨论。从最开始备受关注的概念，到技术有所进展、行业充满期待，再到现在产业化进程预期下降、企业回归理性。我们都相信无人驾驶终有一天会比有人驾驶更加安全，但在发展的过程中，会存在诸多挑战，特别是技术创新必须满足汽车产品的安全诉求，才能真正走向产业化。要做好这件事情，只靠互联网科技企业单打独斗是不够的，必须与产业伙伴密切合作。

具体而言，互联网科技企业先要把自己的工作做好，全力提升技术的成熟度和稳定性，例如要确保人工智能技术能够准确识别道路上的每一个障碍物，甚至能够提前做出预测，然后快速做出最佳的应对决策，以保障汽车的绝对安全。同时要和产业伙伴紧密合作，尤其是整车企业和零部件供应商，由它们做好车端的工作。

而现在政府的支持变得至关重要。为什么呢？因为自动驾驶技术创新的目的不是单纯的基础科研，而是为了最终实现产业化，创造商业价值，进而造福人类。而在自动驾驶落地应用的过程中，一方面，唯有政府才能提供相关的政策法规支持，比如允许自动驾驶测试及示范。另一方面，在车路协同的发展路径下，唯有政府才能完成道路基础设施的信息化升级，从而显著降低自动驾驶的技术难度和应用成本。例如，智能交通基础设施可以直接向车辆提供准确的交通信号灯等路况信息，这样车辆识别交通信息的技术难度将大幅下降，技术成本也自然会随之降低。

也就是说，发展自动驾驶技术需要科技公司、整零车企以及政府的通力协作，而且政府在其中的作用远超想象。实践表明，唯有这种"三位一体"的模式才能更好地推进自动驾驶技术的发展与应用。

智能汽车技术必须基于本土化开发

现阶段必须高度重视在中国进行本土化开发，这种需求比历史上任何时候都更加迫切。因为人工智能技术的核心是数据，以车载语音系统为例，语音、语义都是中国人说的中国话，在国外要如何才能收集到足够的数据？又怎么能把外语的分析模型直接拿来套用呢？因此，语音、语义技术先在国外开发再拿到中国进行本土化，成功的可能性很小，或者说企业要跨越这个技术门槛需要更长时间的积累。

自动驾驶技术也同样如此，因为各地区、各城市的路况和驾驶行为都不一样。比如即使都是中国城市，交通法规和技术标准都是相同的，但北京和长沙的交通习惯和驾驶行为也存在差异，仍然需要进行自动驾驶技术的本地化开发，就更不必说不同的国家了。

当然，未来中国企业如果要走出国门，也会面临同样的问题。因此，必须针对目标国家特定区域和场景的实际情况进行本地化的技术开发，并经过一定时间和规模的应用检验,才有可能真正变得可行。

不同地区的自动驾驶技术开发存在差异性壁垒

本土化的技术开发模式也意味着必须更加开放,而目前一些企业在技术开发中还不够开放。设想一家外资企业在中国本土进行开发的工作量已经远多于在总部开发的工作量,在这种情况下怎么能不与中国企业进行更多合作呢?举个例子,如果只是通过大数据训练一个模型,那外资企业在中国采集数据再传到总部进行使用也可以;但是如果想让实车在北京的道路上进行测试,那么外资企业就必须在北京进行技术开发,并且要和中国企业合作才能真正满足需求。

当然,未来随着技术和经验的积累,企业在很多城市完成了本地化技术开发后,在下一座新城市进行开发的工作量就会小很多。对于外资企业来讲,可能本土化开发工作量的比例就会随之下降。但即便如此,未来一些核心技术的开发也不能寄希望于大部分在总部完成,而是必须要到市场所在地开展。

如果是针对不同地域的实际场景同步展开开发,那么不同地区采用的算法之间可能存在较大差异,除了驾驶行为的差异之外,主要是因为不同地区的感知系统必须有所不同。举例而言,在中国的道路上不可能看到袋鼠,也就不可能获得对应的数据,袋鼠的数据必须到有袋鼠的地方才能获得。但是未来随着所做的地域越来越多,确实可以实现一定程度的借鉴。比如已经在某个地方见过袋鼠了,再到另一个有袋鼠的地方就能识别出来了。因此还是存在一般的规律可以挖掘,也可以通过在更多地方的积累使模型和算法具备较强的拓展性,前提是开发所需要的基础数据必须足够多。在未来相当长的一段时间内,各地区的模型将处于交织状态,即相互之间可能存在也应该实现一定程度的数据共享,但是一些差异性的壁垒将始终存在、无法避免。

开放技术有助于企业形成核心竞争力

发展自动驾驶技术,需要先把自动驾驶这块蛋糕做出来,再把蛋糕不断做大。在这个过程中，每家企业基于自身的核心竞争力，找准位置、分工协作。这一点已经越来越成为行业的共识。实际上，一开始互联网企业往往认为软件算法和云端能力是关键技术，想把这部分能力完全掌握在自己手里。但是在推进自动驾驶技术实际落地的过程中，发现应用场景实在太多太复杂了，自己根本无法兼顾，于是决定将某些核心技术开放出去。这个决策是有悖于传统理念的，然而面对未来产业重构的全新局面，如果某项技术最终不能得到广泛应用，那么企业之前积累的能力和经验并不能形成真正的竞争力。反过来，通过开放来借助外部资源，将有助于企业持续构建自己的核心竞争力。

而在开放资源的情况下，如何构建壁垒是全球企业共同面临的问题。为此，要在确保参与者各司其职、分工协作的前提下，把每个层级都做成平台，如硬件平台、软件平台、云端平台等。这样各个参与者都可以依托相应层级的开放平台，通过分享自己的贡献，获得其他参与者的支持，从而在平台中受益。而不同层级的平台再统合形成一个开放的大平台，以更进一步提高平台的吸引力和黏度。只有这样，充分开放的平台才能保持长久的竞争力。

同时，制造硬件的企业也可以主动开放接口，构建起硬件平台，与不同的软件匹配。这样就可以更好地调动各方的创新能力，有效实现合作共赢。有了这样的平台架构，特别是形成了自身的优势能力之后，就不必担心合作伙伴会弃平台而去了。因为每家企业都各有所长，唯有合作才能找到共同的出路，否则在产业如此复杂的情况下，很多事情根本无法推进。

在本质上，合作是让企业有机会借助其他企业的优势来把自己的优势做得更强，而不是要把企业的短板变成长板。比如，互联网科技企业和车企合作，需要对方提供支撑 L3、L4 级自动驾驶的底盘，这会促进其提升汽车硬件能力；而有了这样的汽车硬件支撑，互联网科技企业的软件能力也就可以做得更好。这正是开放平台的基本原则和根本出发点。

自动驾驶将在特定场景率先实现

发展自动驾驶技术很不容易，自动驾驶的各个环节都非常困难，而最难的是如何实现关键技术的整体突破。目前，行业的共识是自动驾驶技术需要逐步推进，虽然 L5 级自动驾驶不可能一蹴而就，不过在部分限定环境和低速场景下，实际上已经基本可以实现了。后续，随着中国快速推进 5G 技术，带动 V2X 以及物联网的快速发展，自动驾驶整体解决方案的技术难度和成本有望大幅下降，由此，中国很可能成为全球范围内最先实现自动驾驶技术大规模商业化落地的国家。

未来，自动驾驶技术最典型的应用场景将是无人驾驶出租车。此外，自动驾驶的应用场景并不限于单个车辆，而是会拓展至整个智能交通系统。届时，信息化道路交通基础设施将实时监控整个交通场景，实现云端与车辆、车辆与车辆之间的信息互通，从而对整个交通流进行优化控制。

车机和手机不是竞争关系，应该并行发展

目前，很多人已经形成了机不离手的习惯，随时都会用手机与外界互动，比如微信通信、移动支付等。而今后智能汽车里一定会有车机，车机里肯定会加入与汽车相关的一系列内容和服务。这就产生了一个争议点，究竟手机和车机应该如何分工？有人就质疑，用户买了一款豪华车，第一件事就是在车内放上手机支架，包括导航也会用手机，这显然是对汽车连接和服务能力的否定。那么，手机和车机再往前发展，未来的趋势会是怎样呢？

对此，有如下两个基本观点。

第一，手机和车机并不是竞争关系。手机就像是人体器官的延伸，其计算能力、存储能力和摄像能力等都比较强，相当于增强了人的能力，更重要的是手机使用方便，因此用户愿意把与自己紧密度高的很多内容和服务放在手机里。这是人性的基本原理，由于把手机视为了人体的一部分，所以依赖性和信任感极高，不少人现在一离开手机就会焦虑。

再看车机的情况。在 L4 级自动驾驶汽车没有到来之前，人在驾驶汽车时还需要投入很多注意力，因此驾驶员与车的关系很紧密，或者说在汽车行驶过程中不应该允许手机过多地干扰驾驶员。像深圳等地目前已经立法，明确规定驾驶车辆时频繁或持续操作手机等电子设备属于违法行为，毕竟保障人的生命安全是第一位的。

在此情况下，我们就应该在驾驶员不能或不便使用手机的状态下，让车机起到弥补作用。从这个意义上讲，手机和车机不是相互竞争和替代的关系，而应该是彼此协同和补充的关系。一方面要让驾驶有安全保障；另一方面又要避免让人产生脱离互联网的焦虑感，这就是车机的价值所在。

要做好车机，一是要解决好用户最核心的强需求，例如驾驶员想与外界沟通时，如果不让其沟通，驾驶员就会感到很焦虑；二是要解决好用户当时亟待处理的需求，遇到这类需求，即使正在驾车，驾驶员也往往会去处理，从而带来安全隐患。这两类问题是我们要在车机上优先解决的。

另外，虽然手机和汽车都是移动的物体，但还是有明显的差异。汽车本身具有更强大的传感器，能比手机更精准地知道用户在哪里，行驶在哪条路上，处于什么天气中。所有这些与出行有关的具体场景，车机会比手机更适合去连接并提供服务。

第二，车机和手机应该并行发展。手机不可能被车机取代，但车机的核心能力也很难被手机替代。汽车本身就是出行工具，对于在各种出行场景中解决出行问题、提供出行服务，车机具有先天优势。无论停车、加油、洗车等与汽车直接相关的场景，还是自驾出游等活动中贴心的体验和交互，车机都可以使这些场景与人结合得更紧密，提供更人性化的周到服务，并借此加深人和汽车品牌之间的关系。

当然，车机在与手机并行发展的时候，应特别注意人离不开网络的核心需求到底是什么，要让人可以在车上安全地使用网络，以满足这些需求。在此基础上，提供贴近应用场景的智能化设计与服务才有意义。

五年之后,车机功能将趋于完善

实际上,我们并不需要一个统一的标准来比较车机和手机,因为两者处在完全不同的场景中,只要在各自所在的场景做好服务就可以了。五年之后,现在大家对车机的抱怨应该都可以被很好地解决了。因为人们在车内最需要的内容及服务,完全可以通过车机以更人性化的方式交互并获得,这比在驾驶时不安全地使用手机,体验会好得多。过去,车内其实只做到了联网,但不久之后,相信各种内容和服务就将通过在线进入到车内。目前,互联网企业在这方面已经取得了一定进展,而五年的时间足以让车机发生更明显的变化,使其能够与用户实时交互,并连接大量的内容和服务。

长远来看,手机和车机不仅不是竞争关系,而且会形成协调互补的伙伴关系。一个人的生活场景是多样的,不在车上的时候就使用手机,同时手机也会保持与车辆及出行服务的连接;在车上的时候就不必再用手机了,用车机交互会更方便,并且车机可以提供与控制车辆和出行服务相关的更多功能。此外,无论是与手机还是与车机互动,都应该确保个性化体验的一致性,这一点非常关键。就是说,要通过更先进的云技术和统一账号的方法,保证车机和手机以同样的标准服务于同一个人。

获取"黄金数据"对自动驾驶模型至关重要

数据至关重要,因为深度学习在本质上是基于数据驱动,而非基于规则驱动的,所以如果输入的是垃圾数据,那产出的一定是垃圾结果。比如说,基于数据训练自动驾驶模型的时候,输入不同驾驶员的驾驶行为数据,就会产生不一样的自动驾驶行为。因此,我们从平台上采集和选取一些驾驶行为良好的数据,然后再输入到模型中进行训练。

在这个过程中,由于数据量非常巨大,只能在宏观层面把握这些数据的质量,而在微观层面有时并不一定能分析得十分清楚。因此,企业实际面临的更大问题是如何获取到所谓的"黄金数据"。比如,我们可能比较容易获得大量满足 99.99% 或 99.999%,即所谓"4 个 9 或 5 个 9"

标准的好数据,而越往后含金量就会越高。

具体到某一自动驾驶平台,当以开放的心态欢迎更多伙伴来参与时,这些伙伴就会为平台贡献更多的数据,但是这些数据的质量差异也会很大。可能有些是好数据,也可能有些并不是好数据,不过这是企业为了获得开放带来的收益而不得不付出的代价。

互联网公司将助力车企做好信息安全

在汽车行业,安全就是前面的"1",其他功能和属性则是这个"1"后面的"0",如果没有了前面这个"1",那么即使其他方面做得再好也还是等于"0"。比如,同样是信息安全,互联网业务受到网络攻击,只是影响用户体验和企业经济效益;而汽车一旦受到网络攻击,将直接影响车内乘员的人身安全,这是人命关天的大事。

基于这个认知,互联网科技公司在深度进入汽车产业时需要改变自己的价值观。原来的价值观是用户第一,现在则应该是安全第一、用户为上。也就是说,当车辆安全和用户体验出现冲突的情景下时,绝对要选择安全;如果用户自己要选择不够安全的功能,我们也要坚定拒绝。

同时,互联网科技公司跨界进入汽车行业,也将互联网领域的安全概念,即所谓的信息安全带入了进来。当前人类社会已经步入移动互联时代,由于以前的汽车并不具备联网功能,因此汽车产业的信息安全还比较薄弱,基本上仍处在非常初级的水平,这与未来产业的发展方向是不匹配的。互联网科技公司进入汽车产业的使命之一,就是要帮助汽车行业把信息安全做得更好,因为它们有面对代码篡改、网络攻击等信息安全挑战的经验和能力,这也意味着它们能为汽车产业带来安全方面的新价值。也就是说,互联网科技公司不仅从汽车产业学习到对于安全必须心存敬畏,而且也将为汽车产业的信息安全贡献自己的力量。

信息安全本来就是分为很多层级的,不同的企业应该负责做好相应层级的工作。比如汽车产品,互联网公司既要与传感器等零部件供应商协同,以确保关键零部件及总成的信息安全;也要与行业组织协同,共同制定整体的信息安全标准及规范。

由于每次网络攻击都是层层渗透的,因此某个节点如果存在一点问题,可能恰好未经检测而会被忽略。因此,互联网科技公司需要主动与汽车产业链上下游的整车企业、零部件供应商进行有针对性的沟通,交流事关信息安全的技术诀窍。

三种机制有效平衡数据隐私和数据共享

互联网公司主要通过三种机制来平衡数据隐私和数据共享之间的关系。第一,建立有效的数据管理机制。在符合国家法规和行业规定的前提下,建立具有企业特色的内部治理制度,真正做到数据管理的有据可依。第二,借助技术突破尝试解决隐私问题。尝试开发及改良技术来实现数据的加密化和去隐私化。第三,通过加强宣贯来提升参与者的安全意识。因为在技术开发的过程中,参与其中的工程师、产品经理等业务人员都能接触到隐私数据,所以必须提高他们的法律意识,知道怎样做才是合法合规地采集、传输、储存和利用数据。这三种机制可以发挥积极的作用,取得较好的实践效果。

院长心声　　　　　　　　　　　　　　　　　　　　　　VOICE

自动驾驶技术是庞大复杂的系统工程

作为智能网联汽车的核心能力,自动驾驶技术本身就是庞大复杂的系统工程。由于汽车产业的复杂性和变革的交融性,唯有合作共赢才是正确的发展之道,而依托开放平台构建产业生态则是现阶段的有效策略。未来,不开放合作的企业一定会越来越难。

特别是高等级的自动驾驶,既需要优质硬件作为基础保证,更需要核心软件为其赋能升华,还需要信息化道路交通环境提供有力支撑。唯有整零车企、科技公司和政府各司其职、各展所长,真正实现"三位一体"的协同发展,才能让自动驾驶早日落地。

三年前,大家觉得自动驾驶可能会很快到来,后来在实践中发现,自动驾驶的复杂程度超乎想象,有太多问题需要解决,不仅需要车辆自身的技术突破,还需要交通系统提供环境支持。作为终极目标,随时随地可用的全天候自动驾驶，即L5级自动驾驶，可能还比较遥远。但在前往终极目标的道路上，我们已经取得的技术进展本身就有很大的应用价值。比如在限定区域及低速场景下，包括特定园区、封闭高速公路甚至部分封闭城区，已经基本具备应用自动驾驶技术的可行性，并将由此改善交通效率、减少交通事故和降低交通成本。这种所谓的"沿途下蛋"不仅给企业带来巨大商机，也将为社会做出巨大贡献。

未来中外车企都必须采取本土化开发策略

汽车行业的技术研发过去有"二八开"的说法，即技术的80%是在车企本国总部及研发中心完成开发的，剩下的20%是在市场所在地进行的本土化适应性开发。改革开放40年来，中国汽车产业快速发展，外资车企的很多核心技术，包括发动机、自动变速器等，都是按照这种模式进行的。即先在本国完成开发，然后再按照中国的交通法规、用户习惯、油品特点和道路基础设施等情况，进行适应性开发，使车辆产品满足中国市场的要求。未来，在发展智能网联汽车的时代，这种模式恐怕必须要有本质性的调整，肯定不能再是"二八开"了，或许会是"八二开"，即本土开发必须占据较大的比例。

外资企业在中国开发核心技术，并不一定要让中国工程师来进行，但是一定要在中国进行，完全针对中国的实际情况。万物互联时代的智能网联汽车绝不只是传感器或者算法的问题，而是有效利用用户、车辆、交通以及服务生态等大量本地化数据的问题。因此，未来将不再有一款车型畅销全球的情况；相反，基于当地生态及其驾驶环境的区域化汽车产品将占据主导地位。由于中国拥有全球最大且最活跃的本土市场，所以国际顶级企业必须积极投身于中国的本土化产品开发，以便更好地形成参与全球化竞争的新能力。在这个过程中，传统的适应性开发模式将不再适用于汽车行业，中外车企都必须采取本土化开发的策略。

手机和车机各有不同的分工

手机和车机有不同的分工，两者的目的完全不同，根本不存在谁取代谁的问题。具体来说，两者在人的生活中应该发挥不同的作用，车机是在车内场景下服务于人的，使车更好地在人的掌控中；手机则是人们随身携带的智能移动终端，现在已经成为人的外在"器官"。当然，可以考虑把车机也做成人的另一个外在"器官"，但是这其中存在着方便性以及成本的问题。其实手机上的很多功能，在车机上并不需要。此前，之所以大家对车机有很多抱怨，也是因为在车机技术的发展初期，不少企业试图把手机的功能直接嫁接到车机上。但实际上，车机根本不需要手机那么多应用，而是应该把车内场景下最需要的特定应用做出来，而且要用比手机更好的方式与车内用户交互。

智能汽车将给人类带来更加美好的出行生活

万物互联使数据可以有效采集，而人工智能源于数据的有效使用。无论是构建"千人千面"的外部服务生态，还是提供"千车千面"的个性化移动出行服务，都离不开海量数据的采集、传输和使用。而数据本身具有一定的隐私性，这实际上对数据的安全性提出了更高的要求。比如车辆在自动驾驶过程中需要时时刻刻进行大量的数据交互，如果过分强调隐私保护，就不能很好地进行数据共享；如果要进行数据共享，企业就必须确保在采集、传输和使用全过程中的数据保密和安全。

对于汽车企业来说，要想抓住万物互联前景下的历史机遇，必须充分认识到数据是未来最核心的资源，只有对各种数据进行分析及利用，并基于数据做出合理的判断，才能让汽车更加智能。为此，汽车企业必须努力形成相关领域的核心能力。

展望未来，汽车产业的变化必将超乎想象。十年之后，智能网联汽车很可能将在信息化基础设施的支撑下取得重大突破，进而带动交通系统及整个城市运行效率的显著提升。与此同时，智能网联汽车将彻底改变人的用车体验和出行模式。未来的汽车一定会更聪明、更贴心、更完美，从而更好地为人类提供无忧、高效和快乐的出行服务，使人类享受到更加美好的汽车出行生活。

五、融合创新

01 零部件供应商

产业变革给零部件供应商带来重大影响

回顾一百多年的汽车历史,这一次变革的影响堪比当年福特将"流水线"引入汽车产业。那次产业革命彻底改变了原来作坊式的造车模式,形成了整零高度分工的产业链条,使汽车真正进入了人们的生活,汽车由此逐渐替代马车,成为人类重要的日常出行工具。而本轮汽车变革带来的影响丝毫不亚于甚至超过"流水线"革命的影响,将实现从个人购车、驾车出行到未来共享出行模式的转变。对汽车企业来说,主要有两个层面的影响。

一是电动化。电动化给汽车供应商带来了很多影响,例如,传统燃油汽车中最关键的零部件是发动机和变速器。围绕着发动机和变速器,生产相关零部件及系统的供应商企业数以千计。如果未来的某一个时间节点,电动汽车完全取代了燃油汽车,供应商企业在这方面的"饭碗"就失去了。因此,电动化对传统汽车零部件供应商影响巨大。当然,电动化也会催生一批新型零部件企业,例如电池、电机和电控系统的生产制造商,未来可能还会产生与氢能源相关的零部件生产制造商,从而带来很多新的机会。

电动化对于整车企业也有很大影响。汽车不再搭载发动机,一方面,产品将在某种意义上失去个性化特色;另一方面,造车将变得相对简单,门槛大幅下降,这也是美国特斯拉以及中国蔚来、威马、小鹏等一批新造车企业涌现出来的根本原因。而这些新车企将和传统车企展开竞争。

二是移动互联和自动驾驶技术。实际上，这两大类技术的背后是人工智能技术。这些技术的发展进步，将会催生出智能出行，即汽车出行服务行业。过去一百多年，人们习惯于整车企业造车、个人买车，然后自己驾驶汽车完成从A点到B点的移动。而未来这种汽车使用方式将发生革命性的变革，汽车将自动驾驶完成从A点到B点的移动，人们很可能无需购买汽车产品本身，只需购买汽车出行服务。

对于汽车企业而言，原本整车和零部件的开发与制造就是一块很大的"蛋糕"，而现在又出现了"出行服务"这块很可能更大的"蛋糕"。也就是说，汽车技术的进步将引发人类出行模式的变革，进而形成全新的产业。问题在于企业能不能保住旧"蛋糕"，拿到新"蛋糕"？

正因如此，每家企业，尤其是传统零部件供应商，都必须认真思考，未来企业的定位究竟在哪里？如何才能继续生存和发展下去？这也是本轮产业变革的深远影响所在。

传统汽车供应商可以为车辆及出行服务进行技术赋能

零部件供应商过去都是服务于整车企业的，车企想要造什么车，把规格标准定好，供应商就按照其要求来提供产品，包括零部件以及相应的控制软件等。然而，今天谈到的服务，更多是指"软"服务，尤其是与数据相关的服务，比如基于造车的技术诀窍（Knowhow），获取并分析车内数据，以此提供相关的服务。

这部分服务一方面可以继续提供给整车企业，相当于供应商和整车企业一起转变为B2C（企业到用户）模式，为汽车用户提供服务；另一方面，也可以提供给出行生态的合作伙伴，一起把出行服务做得更好。设想一下，未来如果实现了自动驾驶，那么将由车辆控制系统来操控汽车，在这个过程中会产生大量的数据，对这些数据进行监控本身就是一个服务方向，同时，对这些数据进行分析又是另一个服务方向。

传统零部件企业的优势在于，对汽车从系统到零部件层级都有非常深刻的理解，这是多年积累获得的宝贵财富。基于此，它们不大可能成为像滴滴、Uber 这类的出行服务商，但是可以成为智慧交通和智慧出行的赋能者，从技术角度以及车辆的角度，为出行服务进行技术赋能。

企业转型必须兼顾眼前业务和未来发展

在应对未来产业巨变的过程中，传统零部件企业在进行大量前瞻投入的同时，必须兼顾传统动力总成、底盘等技术的发展才能确保生存。

第一，企业的理念转型确实非常关键。面对现在的新技术，包括纯电动、氢能源、自动驾驶等，以及商业模式和产业生态方面的变化，企业必须从骨子里相信这些就是未来。唯有如此，才有可能不断进行大量投入。如果企业局限于现有产品的利润，在决策上始终偏向眼前能挣钱的传统业务，那未来的转型注定会失败。最典型的例子就是柯达公司，因为胶卷业务太赚钱了，所以对于自己发明的数码相机，一直没有给予足够的重视。当然，理念转型做起来并不容易，尤其对公司管理层来说，必须经历痛苦的思想转变过程。

与此同时，过分超前的转型也会有问题，企业生存的基础将被动摇。对此，企业的策略应该是一方面坚持面向未来的前瞻投入，另一方面坚持把现有的业务继续做好。虽然这几年电动汽车发展迅速，但是燃油汽车在未来很长一段时间内还会继续占据大部分的市场份额，因此企业还需要继续加强该领域的研发，努力把发动机技术做到极致。

第二，最终企业的成败还是取决于人才。为了发展电动化、移动互联、自动驾驶和人工智能等变革性技术，企业必须进行相应的人才结构调整，例如延揽来自 IT 行业的高管和员工。这些人才对于公司转型非常重要。

第三，当企业把资金投放到新技术领域中时，还会遇到一个重要问题，完全依靠公司内部力量进行研发是不是最佳的选择？答案是否定的。目前，很多有实力的 IT 公司，还有各个领域的很多创业公司，都积极投入到汽车新技术领域的研发中来，传统企业与这些企业进行合作正变得至关重要。未来，全新的产业格局将不是某家企业处于绝对领先地位，而是各具不同优势的若干企业之间实现充分协作。这也是本轮产业变革带来的根本性变化之一。因此，企业应积极探索如何合作共赢。

企业决策必须首先保证公司的健康运营。说到底，只有基于现有业务产生的利润以及现金流，公司才能生存下去，也才能有资金来支持新技术的研发。在做好现有业务的基础上，企业必须持续进行前瞻性的研发投入，以确保未来的发展。

战略性投入即使不确定回报也要坚持

汽车动力电动化不是简单的技术转换，而是以其他能源替代传统汽车使用的化石燃料，以支撑产业的可持续发展，让汽车继续造福人类。在变革的过程中，既有机会，更有挑战。对于所有传统企业而言，产业变革的挑战都是巨大的。即使在某些领域已经做得很强的企业，也不得不思索，未来自己的既有优势是否能够维持？又该如何获得新的优势？

面对这种挑战，必须要在新的领域内加大投入，要研发很多新领域的相关技术。在电动化方面，例如电机、电桥等的研发，以及氢燃料电池相关技术都值得关注，从而为下一代电动汽车进行技术储备。在网联和智能方面，尽管现在看来实现完全自动驾驶不是轻而易举的事情，其时间节点很可能会有所延后；尽管自动驾驶领域充满未知和挑战，即使投入十年时间、几百亿资金，也无法确定何时能取得回报，但企业还是要投入，因为这代表着产业的未来。另外，传统零部件企业还要做服务方面的探索，例如基于对未来汽车的理解，可以尝试强化数据分析等一些与数据相关的服务。

面向产业变革趋势进行前瞻布局

面对产业变革大势，我们必须思考，未来在整个出行模式发生改变的情况下，社会需要的究竟是什么样的汽车？这样的汽车要如何打造？需要哪些技术支撑？汽车供应商必须围绕着这些方面做好相应的布局。

在未来汽车共享出行的前景下，首先要实现互联并把外部生态导入车内。这种导入不能只是从云端下载下来，而是应该嵌入到车里。由此引发的变化，第一是充分互联，第二是对汽车安全的要求不断提升，尤其是在陆续实现更高等级自动驾驶的过程中，相对应的安全等级要求会变得越来越高。因此，未来汽车安全是受到关注很多的一个领域。这其中既包括车辆功能层面的安全，也包括车联网和数据层面的安全。要确保车内控制系统更加安全，有很多工作需要重新定义和开展。

再从服务的角度看，车辆产生大量数据以后，这些数据要怎样实现价值，也是被关注的重点领域之一。供应商需要提供车辆数据远程监控以及刷写修改的技术服务，这样出行服务商们就能快速准确地了解到平台上每一辆车的运行状况，并随时进行优化调整，从而大幅提高车辆的使用效率和服务能力。

此外，目前中国正在大力推进 5G 落地应用，移动通信技术发展得非常快。未来汽车将在 5G 环境下运行，从车端出发，必须思考如何更好地开发与之匹配的 V2X 等技术，以充分发挥 5G 的优势。在这个领域，同样有很多事情要做。

目前，汽车产业迎来了不少新进入的力量，既包括实力强大的 ICT 巨头，如国内的 BATH（百度、阿里巴巴、腾讯、华为），国外的 Google 等公司，也包括很多规模小但技术强的初创公司。这些新入力量都有自己的强项，例如腾讯、阿里巴巴有各自的支付平台和生态服务，而且这些服务已经产生了海量的数据，蕴含着巨大的价值；而华为则在通信硬件方面有很强的实力。传统零部件供应商要做的其实不是和这些公司的强项竞争，而是要发掘出自己的强项。

实际上，对于汽车全方位的理解、对于未来汽车功能以及安全的认识，传统零部件企业都有很大优势。举个例子，对于充分网联、自动驾驶的汽车，应该如何做好关键零部件的冗余设计，如何确保车辆运行过程中能够更加安全，在这些方面，传统零部件企业有自己独特的技术诀窍。这样的优势不是新入力量能够媲美的。因此，这其实并不是谁强谁弱的问题，而是如何把自身的强项和其他公司的强项有效结合起来，共同探索出合作共赢的有效模式。

基于自身优势开展更广泛的合作

未来汽车产业格局的变化无疑会非常巨大，在转型过程中，其实各类企业都面临着严峻的挑战。因此，如何真正找准自己的定位，认清自己的长处，就变得非常重要。也唯有如此，企业才有资格和能力与其他企业展开合作。

第一，尽管有所降低，但其实造车的门槛依然很高，并不是随便一家IT公司进入汽车产业就能很快把车造出来，更不用说把车造好了。即使未来软件的比重越来越大，但只靠IT公司的技术仍然是造不出汽车的。因为汽车是高度复杂并在移动中体现价值的工业品，无论是实现各项功能，还是保障日益提高的安全等级，都需要有足够技术实力的企业提供最佳的解决方案。将来实现了自动驾驶，智能汽车更需要在各种工况和场景下保证绝对安全，仅仅这一点，就不是哪家IT公司能够轻松做好的。

第二，从当前合作的实际情况看，传统零部件企业与IT公司彼此愿意进行合作。以往零部件企业只是和整车企业合作，而当汽车产业出现了新的技术领域之后，零部件企业就不只是和整车企业合作了，而是把不少时间花在了和想要进入汽车领域的IT公司商谈合作上了。

未来汽车供应体系将趋向扁平化发展

过去汽车产业的分工模式是，Tier1整合各种系统和总成，提供给整车企业组装成汽车产品，但是这种模式未来很可能会被打破。未来就汽车硬件供应而言，还会存在Tier1、Tier2这样的体系，只要硬件存在，这个体系就会存在。但是，未来越来越多的价值将体现在软件上，例如车载操作系统以及不同层级的软件。从汽车软件供应的角度来看，就会出现Tier0.5。

由此，产业分工的格局也会发生变化。比如，谁来完成Tier0.5的工作？很可能在并行的很多Tier1中，会有某一家企业把软硬件进行集成，再提供给车企，从而变成了所谓的Tier0.5；也可能是车企自己直接来做软硬件集成。无论怎样，汽车供应体系将变得更加扁平化，不再像现在这样 Tier1、Tier2 逐级向下延展。Tier0.5 必须有效整合很多平行的资源，然后才能搭载到整车上。

未来汽车产业将从纵向合作向横向合作发展，而且不同企业之间横向的紧密合作将变得越来越重要。比如，A 企业的软件和 B 企业的软件如何有效地集成到一个操作系统中。也就是说，汽车供应链将趋于扁平化，这将是产业格局未来的演进方向。

软件与硬件结合，仍然需要掌握一定的硬件技术诀窍，尤其是在车上进行搭载验证的时候，了解硬件属性非常重要。因此，未来传统供应商仍然有生存的空间。

汽车产业正在进入群雄割据的时代

我们可以回顾一下历史，比如电喷系统，今天实力较强的只有博世、电装、德尔福等几家公司，但这其实是几十年产业发展的结果。最开始研发电喷系统的时候，也有很多公司在做，随着时间的推移，竞争格局逐渐发生改变。因为汽车零部件是薄利多销的行业，需要具备一定的规模才有望胜出，所以是持续竞争的历史造就了今天这种高度集中的现实。

而围绕着本轮产业变革带来的一系列新领域，包括自动驾驶、移动互联、出行服务以及相关的软件研发，实际上竞争才刚刚开始，产业正在进入群雄割据的"战国时代"。各路诸侯或彼此攻伐，或合纵连横，都在努力争取最终的胜利。不过，未来究竟哪种技术会成为主流，哪家企业会最终胜出，以及会在什么时间节点上胜出，这一切目前都还完全未知。或许经过十年甚至几十年的沉淀之后，产业会进入格局相对明晰的"三国时代"，形成几家有实力的大企业，各自占据一方版图，虽然互相之间也有争夺，但总体态势比较平稳。不过在此之前，汽车产业一定要经历一个优胜劣汰的发展过程。

那么，到了那个时候，汽车产业将会是怎样一幅图景呢？现在是整车企业处于产业顶端，下面有 Tier1、Tier2、Tier3 这样一个序列完整、层级清晰的供应体系。而未来在出行服务大行其道之后，处于产业顶端的很可能将是出行服务商，全球或许会有几家大的出行服务商，其运营平台操控着几乎所有的车辆，同时有众多不同的合作伙伴在平台上各司其职、分工协作。其中包括整车制造商以及各种生态服务商，如移动通信服务商、支付系统服务商以及类似高精地图这种专业技术领域的服务商等。从产业结构上看，将不再是纵向垂直向下很深的链条，而是横向水平延展很宽的生态。当然，最终的格局到底会是怎样，又有哪些企业能够成为有竞争力的出行服务商，现在还无法预测。

院长心声　　　　　　　　　　　　　　　　　　　　　　　　VOICE

产业变革给传统零部件企业带来严峻挑战

本轮产业变革在方方面面带来了全新变化。对于传统零部件强企来说，最大的挑战在于，原来自己最强的领域似乎一夜之间变得不再那么重要，而新的领域又不是自己所擅长的。尽管如此，传统零部件企业依然拥有很大的转型机遇和发展空间，关键是要积极探索新领域。比如，围绕未来的出行服务，可以基于自身优势，强化对数据的深度分析和价值挖掘，为出行服务商、也为整车企业提供技术赋能服务，以适应"软件定义汽车"的新局面。

这可能是很多传统零部件企业在转型过程中期待的一种发展模式，即规避自己的弱项，发挥自己的强项，同时用别人的强项给自己做加法。但是，这里面还是涉及一个主导权的问题。比如那些ICT企业愿意给传统零部件企业做加法吗？或者说，为什么不是传统零部件企业给这些ICT企业做加法呢？

此外，整车企业的选择也很关键。现在一些世界顶级车企已经认识到未来将是"软件定义汽车"的时代，它们希望自己做核心的系统和软件，或是让一些ICT公司来辅助自己做软件，而传统的零部件公司只要继续提供硬件就够了。一旦这种情况成为主流，整车企业将直接与软件供应商形成更紧密的合作关系，这会给传统零部件企业带来空前的压力。

新时期汽车供应链体系将被重新定义

此前，汽车产业里有整车企业，有Tier1、Tier2等各级零部件企业；而现在又出现了Tier0.5的概念。将来的Tier0.5很可能就是现在的Tier1

再加上一定的软件能力。同时，未来Tier1和Tier2的层级界限将越来越不分明，很多供应商都有机会在提供硬件的基础上，集成其他硬件以及相应的软件，提供给整车企业，由此成为Tier0.5。

当然，一些强大的整车企业可能不会让供应商做软硬件集成，而是自己来做。因为软件如果不与硬件一起集成，就无法达到预期的效果；而一旦都交了出去，整车企业也就很难掌控最核心的技术诀窍了。反过来讲，软件与硬件一起集成，涉及的协调、验证以及管理的复杂度超乎想象，尤其是车辆智能化、网联化之后，工作量将呈几何级数增长。因此，一些相对较弱的整车企业，或者规模较大、部分产品无法兼顾的整车企业，可能还得依靠Tier0.5来把软件和硬件整合到一起。

既要保证眼前的利益，又要确保未来的发展

本轮产业变革绝不只是简单的技术进步或产业进步，而将是整个社会的进步。实际上，这次变革的广度和深度超乎想象。因为涉及的参与主体更多，相关联的核心技术也更多，而且经过了一百多年的发展，汽车产业已经形成了高度发达、相对固化的架构体系。在原有的产业基础上，一方面要向电动化方向进行转移；另一方面又要实现网联化、智能化的全新发展，其复杂程度可想而知。

在这个过程中，传统汽车企业主要基于汽车硬件的既有优势将不断削弱，尽管很多技术依然重要，但将来只是必要条件，而非充分条件。同时，物联网、大数据、云计算、人工智能等新技术，又不是传统汽车企业的强项。这就给传统汽车企业，尤其是零部件供应商带来了巨大的挑战。为此，企业只有在技术投入方向、商业运行模式、人才管理体系以及公司理念文化上进行全方位的转变，才能有效应对产业变革的严峻挑战。

还有一点需要强调，新时期企业必须充分利用外部资源和资本力量，实现风险共担、利益共享，而不能只是单打独斗、靠自身积累缓慢发展，否则很难跟上产业变革的步伐。其实在万物互联的前景下，所有企业都应该建立"外部资源为我所用"的新思维方式。

当然以上策略要想真正落地并不容易，必须平衡好眼前的生存和未来的发展,这就涉及对自身的资源、合作伙伴的资源以及产业未来发展速度的准确评估。虽然最终智能汽车和智慧出行的社会一定会到来,但究竟是五年、十年,还是十五年、二十年后到来?企业的应对策略肯定是不同的。

因此,企业只能在纠结中努力前行,在苦恼中冷静投入。既要保证眼前的利益,毕竟企业还要赚钱才能生存下去;又要确保未来的发展,否则终将被产业淘汰。这其中对于传统零部件龙头企业来说,最大的难点在于,自己过去的巨大成功反而可能成为未来转型中的沉没成本。应该何时以及怎样抛弃过去、拥抱未来,并没有标准答案可循。但无论如何,企业只能下定决心、坚定迈步前行。

02 基础材料企业

材料企业应为汽车产业提供更高价值的产品和服务

因为汽车的油耗与自重直接相关,所以轻量化是未来汽车发展的重要方向之一。而对于电动汽车来说,轻量化带来的不仅是能耗降低,而且可以少装电池。为此,钢铁企业应在材料研发和生产上加大投入,以投放更多更好的车用钢,具体可在两个方面进行重点布局:

第一,在汽车高强度钢方面。满足汽车轻量化需求的最大挑战在于车用钢的强度,必须在实现轻量化的同时保证车辆安全性能不变,也就是说,要增大车用钢的强度。

第二,在汽车零部件方面。原来很多人把汽车零部件简单地理解为纯功能性的,不少供应商都可以生产,车企就通过比较性价比来进行选择。其实零部件非常重要,汽车的质量和性能在很大程度上都取决于零部件。一个值得重视的趋势是,当前汽车厂商越来越倾向于集成化和轻资产的发展模式,希望供应商能够"一站式"地负责零部件的供应,也就是说,既提供零部件产品本身,更通过零部件呈现供应商专有技术、专利和创新的价值。为此,钢铁企业不能只限于钢铁材料本身,而是要以钢铁材料为载体，承载技术、专利和创新，让汽车厂商从中受益。

实际上，钢铁企业可以与整车企业合作，直接投资和运营车企新建的钢板冲压生产线等。而整车企业把钢材加工业务完全交由钢铁企业负责也是合适的选择。由此，钢企提供给这些车企的不再是整卷的汽车板材，而是切割成片、冲压成型的相关零部件。对钢企来讲，这是原材料主业的一次重要扩展和强化，开始直接进入整车供应链体系中；对汽车企业来讲，则是轻资产运营，可以有效减负，节省资源用于应对产业重构带来的挑战。这样，原材料供应企业就与整车企业之间建立起有效分工和协同发展的良好关系，双方优势互补、紧密合作，也有助于提升产业整体的资源利用效率。

当前，钢铁企业和下游重点客户之间的关系，已远远超越了传统的买卖关系，更多的是协同关系；给客户提供的也不只是质量可靠、价格有吸引力的钢材产品，更重要的是产品之外的很多附加服务，特别是技术支持，例如解决方案的确定、用材的选择以及新材料的研发等。反过来，客户市场份额的扩大和所需钢材的升级，也给钢铁企业带来更多利润。双方的合作可以真正实现"双赢"。

站在未来新型客户关系以及商业模式的角度看，真正负责任的材料供应商，不仅要给客户提供所需的材料，更要通过材料传递先进的理念和技术，给客户提供超出产品本身的更多附加服务。

客户高端化是材料企业转型升级的重要支点

尽管环保要求升级和市场竞争加剧带来了空前的经营压力，但是企业绝不能只盯着降成本和减费用，否则对转型升级是不利的。过度关注成本而不关注产品，这样的企业是没有未来的。换句话说，企业只以成本为核心竞争力，是很难实现可持续发展的。尤其在当前的环境下，多重压力叠加在一起，要求企业必须向高端化方向发展，为此必须加倍关注产品端，努力实现产品提升、结构调整和客户升级。如果还寄希望于降成本、拼价格取胜，企业恐怕连生存都会有问题。

装备的升级相对来说容易做到，只要有足够的资金就可以，但是要把装备升级真正转换为产品升级,还需要人才、技术、管理以及创新。同时,装备的档次还必须与产品的品种相适应。也就是说,装备高端化了,而产品依然低端,企业还是不能实现高端化发展。为此,需要引入全新的企业升级理念——通过客户端结构的调整来拉动产品端结构的升级,因为产品结构趋于低端是由于客户端的需求不高导致的。

企业在装备升级之后,如果没有开发更高端的客户,就限制了先进装备的潜力释放,影响了企业整体的转型升级。因此需要把客户端结构调整作为企业的首要工作,以此带动产品端的调整,形成撬动企业转型升级的一个重要支点。材料企业需要通过这种方式选准定位、认清方向、拓宽眼界。

材料供应商在增材制造领域具有优势

轻资产是产业分工协同、资源配置优化的问题。钢铁企业本身是重资产的企业,这是由其所处的行业决定的。未来资源的价值将越来越多地体现在使用端,并不是谁拥有更多的资产,谁就是王者,而是谁能有效配置集成更多的资产,谁就能胜出。

从这个意义上讲,今后汽车企业"重集成、轻资产"的发展趋势一定会更加明显,因为唯有如此,车企才更能集中精力做好产品,实现其使用价值。如果说,过去整车企业不必自己建炼钢厂,那么,未来整车企业也不应该自己做增材制造等技术。与原材料企业相比,车企在增材制造方面至少没有优势。实际上,采用传统模具的制造方式,对材料的制约越来越明显。增材制造技术的关键是粉末冶金等材料问题,解决这些问题的技术诀窍是掌握在材料供应商手里的。未来包括汽车在内很多产业,要想实现零部件性能和结构的突破,制造模式的转变很可能是一个突破口。

院长心声　　　　　　　　　　　　　　　　　　　　VOICE

材料技术进步对汽车产业至关重要

汽车上大约70%的零部件是整车企业从供应商采购来的,零部件的成本和品质决定着整车的成本和品质。而钢材作为汽车产品最重要的原材料之一，直接决定着很多零部件的成本和品质。一般来说，在一辆1.5吨的汽车上，各种钢材的质量占比约为70%~80%。钢材对于整车的影响巨大，例如钢材的价格影响汽车的成本，钢材的强度影响汽车的安全性能，同时钢材的可塑性、可成形性也影响着汽车的造型。很多人或许认为，汽车厂商从炼钢厂买来钢材使用即可，实际上远不是那么简单，像钢材这样重要的原材料，其技术进步会对汽车产业产生巨大的推动作用。

产业创新不同于企业创新或者产品创新，是一个更大的系统工程。汽车产业上游有供应商，下游有经销商。而钢铁企业就是汽车企业很重要的供应商，反过来讲，汽车企业也是钢铁企业很重要的大客户。如何选好钢材、用好钢材，让汽车产品更具市场竞争力，一直是车企关注的话题。当前，汽车产业节能减排的压力日益增大，在这方面，汽车总质量是一个重要指标。轻量化将是汽车产业为之努力的一个长期目标，而汽车的轻量化与钢材的轻量化密切相关。实际上，汽车用钢的数量之大超乎想象，同时汽车作为民用工业中最复杂的产品，对钢材的要求也非常高。

从轻量化的角度，有了高强度钢，汽车轻量化就可以有效实施，通过减少材料用量和优化结构设计来实现减重，同时保证产品的安全性能不受影响。对传统燃油汽车来说，轻量化可以有效降低汽车油耗和排放。而对电动汽车而言，轻量化意味着可以在同样的续驶里程下少装电池，使整车成本大幅下降，从而具有更加重要的价值。因此，高强度钢在汽车领域大有可为。

轻资产的本质是产业链的再分工

现在大家都在谈论轻资产，但是其中有不少误区。对于制造业来说，轻资产并不是让企业都去做互联网，都去做软件研发，如果这样谁来做制造呢？实际上，轻资产是制造体系内部的产业链再分工，即让重资产集中在更合理的环节，而让其他环节实现相对的轻资产。从整个社会的角度看，还是要有制造，还是要进行生产投入，只是由谁来做的问题。

以往，车企自身投入得非常多，例如购置冲压设备，对买来的钢材进行加工。如今，车企面临的转型压力越来越大，迫切需要"轻装前进"，把原有的一些投入转移给有能力的供应商，以获得更大的灵活性。因此，对于车企而言，轻资产模式正越来越受到青睐。同样，原材料产业也面临着转型挑战，必须思考在新形势下如何更好地满足客户的需求。每家企业都做自己最强的部分，再通过强强联合，把整个产业做强。所谓轻资产，不是整个社会的轻资产，而是产业链条的再分工。

千里之行，始于足下。企业都知道转型的大方向，但重要的是如何真正落地。对于汽车企业而言，未来产业将越来越复杂，竞争将越来越激烈，如果企业依然按照过去那种"大而全"的模式发展，很可能会被市场淘汰。实际上，任何企业都不可能拥有整个产业链条，特别是在产业边界不断扩展的今天，轻资产更应该是整车企业发展的方向。整车企业的任务就是把车设计好、制造好并且卖好，这是其绝对的主业。而其他与主业关联性不强的业务，应该尽可能地交给产业链上下游的合作伙伴来承担。

而在汽车产业链的上游，像钢铁企业恰好可以借此机会实现业务扩展，在出售原材料的基础上，向提供专有产品和技术服务方向转型升级。这就好比企业原来是提供小麦，现在是帮助客户做好馒头，业务向产业链的高端延伸了。在这个过程中，钢企并不是简单地把整车企业的一部分工作承接过来，替它们出苦力，而是要深入了解汽车产品的真正需求，充分发挥原材料企业的技术优势，把这部分工作做得更好。这样就可以使材料的基本性能与整车的设计要求更精准地匹配，最终通过协同创新深度挖掘潜力，真正实现 $1+1>2$ 的效果。

材料创新是未来汽车产业创新的重点领域之一

未来供应商必须拥有自己的核心技术，必须提供有技术含量的零部件产品，这是保障整车产品技术含量的前提。从这个意义上讲，如果整车产品的创新没有领先的材料供应商参与其中，那从一开始就注定了会"先天不足"。例如，想做增材制造必须有原材料企业参与，否则整车企业自己是很难做到位的。增材制造应该是汽车产品非常理想的制造模式，其技术突破预计将对产业进步发挥巨大作用，值得所有汽车工程师们期待。

当前，汽车产业正在发生全面重构，而材料创新将是改变未来汽车产业的重点领域之一，新材料以及新工艺将为拥有130多年历史的汽车产业注入新鲜血液。未来汽车产业的创新发展离不开原材料企业的支持。面对汽车产业这个大载体，原材料企业要努力在其快速发展中分一杯羹。而要分到这杯羹，就必须不断提升自己的能力，在汽车产业发挥更大的作用。否则，就不会被汽车产业拥抱，只会被汽车产业淘汰。反过来讲，未来汽车产业要想获得很好的发展，也需要原材料企业的积极参与。

03 互联网公司

汽车和互联网产业正在相向而行、相互改变

目前，汽车和互联网两个产业的合作意愿非常强烈，大家都意识到必须加快转型，必须拥抱数字化、拥抱产业互联网、拥抱人工智能。实际上，在合作的过程中，汽车企业正在改变一系列既有的模式和做法，汽车产业积极探索、谋求改变的决心是很强的。而这对双方更好地开展合作有很大的帮助。

比如，有些车企开始着力加强数字化能力以及软件编程能力。这些能力的提升有助于双方合作，因为车企这样做，可以更好地理解自己需要什么、欠缺什么，以及互联网科技公司能够为其提供什么。汽车企业看得越清楚，就越能认识到互联网科技公司的价值，双方的合作也就会越顺畅。

又如，当前汽车企业在产品开发流程方面也在进行调整。过去面向硬件为主的产品，质量控制阀的节点都放在很靠前的位置，往往量产一年甚至一年半以上，就要把相关系统和总成都固化下来。但是现在软件在车上的比重越来越高，很多软件的更新周期很快，甚至从开发到应用

也就几个月的时间,按照车企原来的流程根本无法采用这些软件。为了适应软件高速迭代、优化体验的特性,一些整车企业调整了产品开发流程,并且也开始引入 OTA 升级,以支持软件的快速更新。显然,汽车产业正在为拥抱新时代而做出改变,而这些改变有利于互联网科技公司与车企更好地开展合作。

反过来讲,对于互联网科技公司来说,进军汽车这样复杂的大产业同样面临着很多挑战。对于扎根于消费互联网的公司,在这个领域的流程、方法和能力上有很深的积淀。但是现在要面对的是产业互联网,这对其组织能力进化是非常大的挑战。也就是说,互联网公司必须把面对 C 端个人用户时高速高效迭代服务的能力,有效进化成面对 B 端企业客户时高速高效迭代服务的能力,即将消费互联网的工作模式转变为产业互联网的工作方式。为此,互联网公司也做了很多改变,例如内部的架构重组和战略升级,进一步明确拥抱产业互联网的目标,并针对产业互联网的特征调整组织形式等。其实这也是互联网公司的特点之一,这些公司并不是不犯错,但要求自己必须尽可能快地改正错误,从而不断改变自己、完善自己,以便更好地为客户服务。

互联网公司将帮助汽车企业全面提升服务能力

汽车和互联网这两个产业都已经发展了很长时间,经过长期积累都形成了各自领域内深厚的技术诀窍(Knowhow)。而现在,汽车出行和信息通信两大产业相互交融,为汽车产业互联网的发展提供了绝佳的机遇。在这个过程中,互联网不仅将有效提升汽车出行效率,还将全面改善汽车出行服务。

相对而言,后者可能对汽车出行产业影响更大。因为面对新时期的激烈竞争,如果汽车企业不能提供"以人为中心"的各种优质服务,是无法满足用户日益提高的个性化需求的。而汽车产业要真正做好服务,还需要一些关键能力。

第一,需要认识和理解用户的能力。当前,用户群体已经发生了很大变化,85 后、90 后正在成为汽车产品潜在的主要用户群体,这一代人是互联网时代的原住民，具有和此前用户群体完全不同的特征。新一代用户群体已经完全习惯于互联网体验，因此我们必须参照互联网的特征来打造未来汽车产品。

第二，需要与用户互联互动的能力。在认识和理解用户的基础上，构建与用户充分连接、有效互动的能力也极为重要。这不是简单的互联互动，而是要让用户在互联互动中体验到便捷、智能和个性化。在这方面，互联网科技公司也可以有效帮助汽车企业打造人车交互的优质解决方案，例如通过公众号、小程序等使车企不仅在车内环境下，而且在车外场景中都能与用户保持对话。很多时候，对话本身就是一种服务，适宜的对话能让人感受到关心和体贴，这是一种很好的互动方式。

第三，需要将技术转化为服务的能力。目前，在越来越多的应用场景下，汽车产品都需要更加先进的技术来改善用车体验，包括自动驾驶、车联网技术等。而这些技术中有很多是互联网科技公司曾经深入研究过的领域，现在恰好可以转化到汽车领域来应用。与此同时，也会把自己原来服务于个人消费者即 C 端用户的核心能力，提供给汽车企业这类 B 端客户，以助力其提升将技术转化为服务的能力。

由此分析，汽车产业按照既有模式发展将会遇到越来越大的挑战。因为汽车企业既有的组织形式、经营方法以及核心技术，或许并不能很好地支撑"以人为中心"的服务。即使汽车企业必须坚持安全第一、质量为王和成本控制等核心诉求，也仍然要学会如何更快、更好、更全面地为用户服务。在这些方面，互联网公司可以为汽车企业提供帮助。

实际上，在上述能力的背后，跨领域、跨环节、跨硬件的云端基础设施及能力至关重要，这正是互联网科技公司可以为汽车产业互联网重点推出的内容。也就是说，这些公司要把自身核心的云计算能力、存储能力、分析能力以及信息安全能力都整合起来，服务于汽车产业的合作伙伴。也只有统一化、集成化的云端能力，才能有效指挥复杂汽车产品全过程、高效率的工作，为用户提供"以人为中心"的服务。

互联网公司要为进军汽车产业打造新能力

消费互联网和产业互联网都涉及数据、互联和计算，但是二者之间还是有巨大的差异。

当互联网公司接触一个产业时，首先会分析目标产业究竟需要什么。例如在进入汽车产业时，互联网公司进行评估后认为，未来汽车产业中的人、车、店、厂和环境以及相互之间的关系都会发生变化，比如车和环境将互通信息，人和车之间的互动性将不断增强，汽车的资产属性将转变为服务属性等。当前这些变化正在逐渐成为现实。

面对这些变化，互联网公司就需要基于原有能力来打造形成相应的新能力，以帮助合作伙伴在变局中保住既有优势，并争取新的优势。例如，人和车的关系发生变化后，需要加强人与车的互动。那么，互联网公司要做的就是把过去积累的与人互动的优质能力，以更符合车内场景的方式体现出来。又如，车与环境的关系发生变化，即汽车需要去感知环境，环境也需要将相关信息告知汽车，这样才能有效支撑自动驾驶。在这方面，互联网公司可以将在游戏领域积累的仿真发动机相关技术，引入到自动驾驶的仿真测试环节中，帮助自动驾驶车辆在仿真环境下高效完成大量的场景测试。

对于车企来说，未来一定还会需要更多更强的新能力；对于互联网公司而言，随着在产业互联网的积累不断加深，一定可以更快更好地帮助车企获取所需的关键能力。这也是互联网公司进行原有能力转变和升级以适应产业互联网需求的过程。

面向产业互联网，互联网公司选择优先进入什么产业，这是需要深思熟虑的决策，绝不能把自己最重要的核心能力丢掉。在进入具体产业时，要结合产业实际需求构建新的产品和服务，这和互联网时代确实有所不同。可能过去互联网公司只要关注 2C，完成一个产品的定义、交付和服务就好了；但现在的产品还会涉及 2B，这就需要把产品的解决方案置于产业中不断锤炼和优化。不过，最终这个解决方案能否被产业接受，还是需要让 C 端用户来评价。与过去相比，其实改变的只是 2C 的路径而已。而无论是过去直接 2C 的方式，还是今后先 2B 再 2C 的方式，只要最终赢得 C 端用户的认同，就会立于不败之地。

既然先要 2B 才能 2C，中间环节就变得非常重要。如果 2B 的环节没有打通或者做得不好，那么 C 端用户就会感受不到服务或者对服务不满意。因此在产业互联网中，互联网公司要努力与各个产业的合作伙伴紧密合作，去构建适应相关产业实际情况的内部组织形式，并且针对不同行业、不同区域、不同渠道，都要有不同的对策。同时在产品方案上也要不断加强，要让产业合作伙伴真正受益，从而接受关注 C 端用户、持续迭代优化的理念和方案。

进入产业互联网需要考虑共性需求和自身优势

当互联网公司发展产业互联网业务的时候，需要不断深入思考如何选择和取舍。

第一，要努力寻找产业互联网中的共性部分。当前，不同的产业都在拥抱数字化、拥抱互联网，而互联网也需要走进不同的产业中去，为此就要思考产业互联网中最基础的共性部分究竟是什么？答案应该是云端服务能力。因为没有一个强大、高速、安全、并行计算的云，所谓数字化就是构建在虚幻的基础上。比如，如果云端的安全能力不足，用户数据经常泄露或者被攻击，那这样的数字化是没有意义的。

产业互联网首先要避免带给产业破坏性更大的风险，然后还要确保能够给产业提供切实有效的支持，可以说，这是所有互联网科技公司共同面临的巨大挑战。因此，构建更安全且计算能力更强的高性能云，将是众多产业的共性需求。

第二，必须想清楚众多产业中以什么产业为先，或者以什么产业为主。互联网公司应依据自己相对更强的优势来做取舍。例如与用户连接和互动能力更强的互联网公司，能够更好地服务于 C 端用户。而在做产业互联网时，因为终端用户同时来自于不同产业，所以这类公司就要与其他产业加强合作，共同服务终端用户。

在这个过程中，互联网公司既可以帮助相关产业的合作伙伴更快更好地服务用户，也可以改善对自身既有用户的服务。在这两点上能够收效更大的产业，就是互联网公司应该优先投入的主要产业。诸如汽车、医疗、教育以及民生、政务服务等领域，都是很好的切入点。因为这些产业都需要直接面对大量 C 端用户，并与用户互动。互联网公司只要把服务用户的云平台建设起来，就可以很好地为这些产业提供共性服务，甚至将来可以把不同产业的用户打通。

在产业互联网中，企业与企业、企业与机器以及机器与机器之间都要实现交互，其中也有很多商机。互联网公司也在做这方面的事情，不过是有选择地去做。因为这些业务还是以硬件为主，硬件领域有大量深度、核心的既有诀窍，并不是随随便便就能跨界掌握的。我们应该尊重各个产业的技术诀窍，因此互联网公司不会直接进入到硬件的研发和生产体系中。

同时在软件业务上，互联网公司主要聚焦在如何帮助硬件实现更高效的连接，而不是囊括所有软件。软件也是分层级的，比如操作系统是最基础的一层，与硬件的直接联系非常强，因此操作系统可能更应该由产品硬件的提供方来掌控，控制权应该在车企手里，因为这类软件与控制硬件直接相关，而且车企要对控制汽车本身负责。

面向最基本的用户需求进行大胆创新

关于汽车企业应该如何与 ICT 企业协同创新，我们不妨把复杂问题简单化，来做个类比。在手机行业有一件事情，车企可以参考。现在几乎所有人出门旅游都会用手机拍照，我们想买一部没有照相功能的手机可能都不太容易了，也就是说，照相功能成了手机的标配，甚至很多消费者就关注手机的拍照效果。但是把照相机安装到手机上，最早并不是由用户提出来的，只是因为成本比较低，手机厂商觉得可以放上去增加一个卖点，于是就这样做了。慢慢发展到今天，每家厂商生产的手机都能拍照了。

这类决策只能由企业来做出。最初把照相机放上去，应该是有企业觉得成本不高，想放上去试一试，绝对没有想到会成为刚需。这种原创性的创意基本上都是无法通过用户调研得到的，因为用户自己都不知道有这种需求。在手机没有照相机功能之前，如果问消费者是不是需要，他很可能会觉得没必要，为什么我买手机还要额外付一笔相机的钱呢？另一个典型的例子是鼠标，在鼠标问世前，没有消费者会说自己需要这种操作工具。

今天我们都不知道究竟是哪家企业最先把相机装到了手机上，或许苹果公司在其中受益最多，但苹果肯定不是第一家安装相机的手机企业。现在的汽车产业就需要这样的创新，而且这种创新需要一步一步地积累和迭代。

汽车企业也是一样，应该从最基本的用户需求和体验出发，进行大胆创新。不能等到已经有了 iCloud 云服务，照片可以保存在云端了，才在手机上安装相机，那就晚了。当然，成本也很重要，但不能什么事情都以成本为由不做尝试。另外，也不能一上来就想做成一个完备的大系统，那就把自己逼入了绝境。从用户对汽车的本质诉求出发，始终坚持创新，并不断完善，这才是制胜之道。

构建人车互动的外部服务生态

互联网时代是人与人之间进行互动，而到了物联网时代，以汽车为例，实际上是人与车之间进行互动。人与人互动和人与车互动，会有完全不同的体验。如何做好人与车之间的互动？可以从人车互动的本质诉求上去寻找答案。

首先，从社交角度出发去加强连接，在互联网时代做的工作都是为了构建人与人、人与内容、人与服务之间的联系。现在面向产业互联网将是人与车进行互动，但是让人与车进行互动到底是为了什么？肯定不是为了互动而互动，而是要让人在与车的互动中感受到更多的人性化和便捷性。绝不能只是冷冰冰地把人和车连接起来，一定要让人可以用尽可能简单、方便的方式与车进行互动。而如何实现更人性、更高效的人车互动，需要相应的技术方案来提供支撑。为此我们必须强化语音交互，使汽车可以更人性化地理解用户表达的意思。这需要把众多领域的知识都汇集起来，这样汽车才能很快识别出用户是想问天气情况，还是想与另一个人聊天，又或者是想控制汽车。准确了解人的意图，这是人车互动需要解决的第一个难题。

接下来，准确理解了人的诉求之后，汽车又要如何去满足呢？其中有很大的空间值得深入挖掘。互联网公司刚接触汽车产业时，大家都在谈车联网，强调汽车应该具备联网的功能。其实这是一个很大的认知缺陷，甚至是误区。因为并不是有了车联网就能满足人的需要了，车联网本身只是手段，关键是汽车联网之后能干些什么？说到底，用户希望通过车联网，能够在车内场景中获得他所需要的内容和服务。因此，汽车联网是为了接入外部服务生态。而互联网公司应致力于开拓这个领域的业务，为汽车企业或出行服务公司提供相应的支持，让更多的开发者都能以非常简便的方式向汽车里平移内容和服务。

过去，汽车产业的一大痛点就是基本没有外部开发者，或者说开发者进入汽车产业的门槛非常高，这就导致汽车服务的数量不够，热情也不高。希望经过努力能够极大地降低这个门槛，特别要让一些已经看得到并经过甄别的服务，能够在汽车场景下尽快得到应用，包括各种便利的生活服务，比如自动停车和加油的服务，到达办公室时就能喝上一杯热咖啡，开车去接机时随时知道应该何时出发等。这些服务的背后都需要很好地连接相关场景。

更进一步来讲，将来车企想要强化自身的品牌影响力，不论是服务化的品牌还是资产化的品牌，都必须具有自身的特色。而每个品牌的特色在很大程度上就取决于能够让用户连接到哪些服务。为此，每家车企都需要基于自身品牌构建自己的程序，以便更紧密地与用户互动，传递品牌的核心价值。所有这一切，也就是车联网背后的整个服务生态，互联网公司都会帮助车企去构建。

构建人车互动背后的外部服务生态，是汽车产业未来长期发展进程中极为重要的事情，只有让用户享受到更多更好的服务，才能让用户真正感受到自己确实是汽车企业服务的中心。

软件能力与连接规模至关重要

汽车产业在长期发展中形成了非常有效的工作方式，即整车企业获得供应商提供的大量零部件，然后进行有效组合，以高效率、高质量、高安全、低成本的方式按时交付产品。由此可知，汽车产业的核心中枢还是在整车企业，整车企业清楚地知道需要打造什么产品，并且根据自己的品牌定位进行不同的选择，驱动着整个产业高效有序地运行。

互联网公司应充分尊重汽车产业的这种既有模式，将整车企业视为选择互联网产品和服务的最重要源头，由车企基于自身品牌和车型的定位来做出判断和决策。这种决策既包括硬件的选择，也包括软件的选择。只不过相对而言，过去车企更多的是选择硬件，今后车企对软件的选择会越来越重要。

现在一些车企正在发生变化，它们希望把软件的选择纳入第一层级，让软件和硬件提供商都成为一级供应商，也就是所谓的 Tier1；同时，还产生了 0.5 级供应商即 Tier0.5 的概念，即提供硬软件组合的供应商。这说明车企也都看到了软件定义汽车的重要性，也越来越重视软件的部分。既然软件能力将成为未来汽车产品的核心竞争力、汽车品牌内涵的重要支撑以及打动用户的关键卖点，车企就必须抓紧形成有效识别和选择软件的能力。正因如此，越来越多的车企希望能够直接选择软件。

而对于互联网公司来说，目前最重要的是以更快的速度帮助汽车产业与用户更好地连接起来。如果在这个阶段，没能让很多用户完成连接、接入到服务生态中，未来就有可能会出现碎片化和割裂化。一旦出现这种情况，就会对汽车产业的长期发展造成严重的影响和伤害。构建生态需要规模，规模越大才能使生态的繁荣程度越高。正因如此，互联网公司大可不必计较是直接与车企合作，还是通过供应商与车企合作。在这两条路径上都应加大投入，因为唯有如此，才能更快地形成规模化。

品牌差异化将体现在不同的服务方案上

目前，一家互联网公司可以同时服务于众多车企，这会不会导致严重的品牌同质化和产品同质化？因为互联网公司拥有的服务生态，应用在汽车低端品牌和高端品牌上都是一样的，而这些服务将成为未来汽车品牌内涵和特色的支撑。那么，车企和互联网公司合作时要如何确保实现差异化？

第一，服务能力的提升将使汽车产业的整体水平向前迈进一大步。过去可能只有高端品牌才能让消费者感受到很好的服务体验，而未来所有品牌的服务体验都会显著改善。做一个可能不太恰当的比喻，就像酒店产业有三星、四星和五星不同档次的酒店，分别对应着相应的硬件条件和软件服务；而现在产业互联网会让所有档次酒店的软件服务能力都前进了一大步，也就是说，三星酒店在原有的硬件条件下也可以配套四星甚至五星的服务了，当然，五星酒店的服务会比之前更好。这对于产业整体以及广大消费者来说，无疑是有利的。

第二，将来每个汽车品牌的不同定位是最重要的，究竟是奢侈品牌、商务品牌，还是经济品牌、通勤品牌，这个定位决定了企业要选择强化的服务内容。如果是商务品牌，那就要思考如何为用户深度定制，围绕着商务场景去构建相关服务，甚至在一些特别的商务场景中，要把用户整体的出行计划和商务安排进行匹配。例如在何时提醒用户去哪里，完成什么行程，这些都可以事先打通，从而提供更有针对性的商务服务。如果某个品牌定位在通勤，那最应该强调的是如何在最短的时间内帮助用户完成上下班出行。

也就是说，每一个品牌要想做出自身特色，都可以围绕着自身的定位去强化相应的服务，而不是像过去那样只能通过产品外观或配置的差异来彰显品牌特色。实际上，这反而会加强汽车企业打造品牌差异化的能力。如果说过去产品的外观和配置是汽车品牌差异的基准线，那么未来这条基准线将会大幅上移，因为加入了联网服务能力这一重要环节。最终哪种服务体验会被用户深度感知到，是由这家企业希望打造的品牌定位决定的。

虽然将来各家车企具备的服务基础是相同的，但是各个品牌在构建服务时，实际设计出来的方案还是千差万别的。这一点可能不好理解，举个现有的例子说明。现在，滴滴出行服务有礼橙专车、优享、快车和出租车等不同模式，其背后最核心的调度能力其实都是一样的。但是因为用户在选择服务时的心理是不同的，所以就会按照不同的需求选择某种出行模式，或者按照不同的价位预期从基础车型到豪华车型中选择某一类产品，而运营端提供的服务也有所不同。这种体验显然是有差异的，这样就形成了差异化。

未来汽车品牌也会是这样，高端品牌也好、低端品牌也罢，不同的定位就会有不同的服务理念来面对用户，而这个服务理念将全程贯穿于整个服务的过程中，并最终让用户感受到差别。因此，即便各种出行产品的基准服务水平都在提升，但是不同用户对于服务的感受还是会有差别的。同时，出行服务方在用户权益上也会有差异性的政策，比如在什么情况下要绝对确保用户按时到达，并以额外的保险来保障，甚至对日程变化造成的损失也可以提供保险。

支撑品牌特色的服务应由车企来定义

互联网科技公司可以为汽车企业提供一个基础性的平台，而车企在得到这个基础平台的支持之后，需要自己进行思考和定义以做出自己的特色。这个时候车企在软件方面形成的能力就会发挥关键作用。

当然，互联网公司也会为车企提供一些咨询建议，或者一起进行设计，特别是阐明究竟如何才能做好服务。对互联网公司而言，高中低端品牌的不同车企，它们都愿意提供相应的服务。如果车企需要，可以帮助其思考如何定义品牌的内涵，如何升级品牌的理念，以及这种内涵和理念需要如何支撑，但是最终还是要由车企基于自身定位来进行决策。也就是说，互联网公司可以提供的服务生态非常开放，也非常丰富，可以说是千差万别。但是在这个服务生态里选择什么，这是汽车企业自己决定的。

同时，互联网公司也应不断提升为车企提供服务的能力，要让车企更容易进行自己的定制化。并不只是交给车企一个产品，而是为车企提供一个平台，使其能够基于平台和生态做出自己的不同方案。

院长心声　　　　　　　　　　　　　　　　　　　　　　　　VOICE

跨界融合是协同发展，而非零和博弈

万物互联的时代正在到来，整个人类社会都将因此发生巨变。如果说互联网已经带来了空前的变化，那么物联网带来的变化将远超互联网。这也为不同类型的企业提供了前所未有的机遇和挑战。

在万物互联的时代，基于产业特色拥抱互联网变得至关重要。产业＋互联网，即产业互联网，将是未来最核心的商业模式之一。要发展产业互联网，只有产业没有互联网助力是不行的，但只有互联网没有对产业的深刻理解，也不可能成功。对于这一点，包括汽车在内的各个产业都不例外。因此，汽车企业要积极拥抱互联网，要在数字化、数据化、网联化方面做足功课，并努力形成和不断提升软件能力；而互联网科技公司也要把握产业互联网提供的历史机遇，学习和尊重汽车产业的基本规律，通过与汽车企业的密切合作，使产业得到更好的发展。

在这个过程中，无论是汽车企业，还是互联网公司，都需要针对产业互联网的需求进行自我变革。汽车企业在思想理念、流程体系和能力方法上，都应该有质的改变；而互联网公司要对汽车产业充满敬畏，并逐渐形成深刻洞见，同时依托自身优势形成服务汽车产业的独特能力。跨界融合并不是谁要吃掉谁的问题，而是要为产业共同注入更强的发展动力。

作为软件和服务的提供者，互联网科技公司既和整车企业合作，也和零部件供应商合作。但是无论与谁合作，都不会把传统汽车的硬件作为主攻方向，而是会从软件、服务以及生态的角度参与。而所有这些合作的根本目的，是为了尽快形成足够的连接规模，只有具备了规模，生态才能发挥应有的作用并真正成长起来。

两类企业有效协作是产业创新的最大驱动力

从互联网向产业联网，无论服务对象，还是服务内容，也包括技术内涵，都将发生巨大变化。不过，最核心的理念并没有变化，仍然是

"以人为中心"。原来人与人之间的互联网，在传递信息和提供服务时自然是围绕着人；而未来互联网进入产业之后，直接改变的是产业，但最终从产业获得更好服务的还是人。

正因如此，互联网科技公司获得了跨界进入其他产业发展的宝贵机会。以汽车为例，一方面，传统汽车企业经过长期的发展，其基本运营模式已经固化，甚至是僵化，要想进行重大调整非常困难。但是面对新一轮科技革命的挑战，又必须向"以人为中心"的方向转型。在此情况下，互联网公司带来的新理念、新策略和新方法，将对车企从根本上转变运营模式提供重要助力。另一方面，汽车造出来后还是要服务于人的，而万物互联时代用户的很多服务需求，只靠传统车企的现有能力并不能完全满足。这其中有认识和理解用户的问题，也有相关技术的问题，比如数据的采集、传输、处理与分析技术，基于网联化的自动驾驶技术等，都是传统车企相对薄弱或有所欠缺的，而互联网科技公司恰恰在这些技术领域有多年的积累。

当然，虽然传统车企面向未来发展存在部分能力缺失，但是互联网科技公司也不会造车。因此，两类企业必须有效协作，这将是产业创新的最大驱动力。不过双方要想真正合作好却并不容易，毕竟一方以提供硬件为主，另一方以提供软件为主，两类企业在产业基本特征、产品功能属性和企业理念文化等方面都完全不同。面向产业互联网，两类企业如何充分借助对方的资源和优势，加快自身的发展和产业的进步，将是至关重要的问题。

目前两类企业之间愿意展开合作、互相拥抱，这已经成为业界的共识。因为大家都认识到，今后封闭发展的企业只有死路一条。特别对于车企而言，未来将是软件定义汽车的时代，必须加快补齐相关的能力。

"软件定义汽车"需避免造成品牌同质化

在与很多车企老总交流时，我明显感觉到，低端品牌企业对于"如何提升品牌"的焦虑，远不如高端品牌企业对于"如何保持品牌优势"的焦虑大。为什么会这样呢？这是因为未来是以软件为主来决定品牌内涵的，无形中拉近了不同品牌之间的距离。原来汽车的品牌特征是靠硬件体现的，4.8升的发动机就是比2.5升的发动机动力更强劲，车内装饰用真皮材料就是比不用档次更高。但是未来硬件只是必要条件，甚至对于一些用户来说已经变得无所谓了，所有品牌的价值都将主要由用户体验到的服务来体现。

当然，不同定位的品牌可以选择强化不同的服务，但是互联网公司针对相应场景做出定制化的"服务包"之后，等于把不同品牌的服务水平拉到了同样的水准。这样一来，高端品牌和低端品牌的产品在相同场景下使用时，其服务和体验就很容易趋同。因此我们非常关注的是，互联网公司通过产业互联网所提供的外部服务生态，以及这种服务在提供给不同的企业时有没有显著的区别？如果不同车企的几款车型本来在硬件上基本没有差别，而其软件和服务都是采用同一家互联网公司的方案，那么在未来的竞争中，会不会出现同质化？

这就触及了非常核心的一点。万物互联之后，在服务一个产业的时候，同一家互联网公司提供的基础平台和服务生态肯定是一样的，不会因为某家企业而专门去打造一个平台或生态。而在同样的平台和生态下，车企要做出品牌的差异化，就必须进行二次开发和深度挖掘。在这个过程中，互联网公司可以参与，但是一定要由车企自己主导、自己决策。

未来打造汽车产品特色更考验车企能力

对车企来说，深度挖掘品牌差异化可能比之前的挑战更大。以前，车企是从选配置、选零部件、选材料，也就是选择硬件入手来挖掘品牌特性并通过产品价格实现差异化的，对于这些选择，车企可谓驾轻就熟。但今后硬件只是必要条件，软件及其连接的服务才是充分条件。因此在万物互联的时代，车企面临的严峻挑战之一，就是在新形势下如何继续掌握定义品牌内涵的能力，以及如何通过与生态提供者合作来支撑自己的品牌定义。就像现在大家都有智能手机，都能通过智能手机接入外部生态，但由于每个人手机里的App不同，所以每部手机都是不同的，也由此呈现出千差万别的个性化。

今后，能力弱的车企可能是互联网企业提供什么就用什么，但真正强大的车企则会与互联网公司互动，借助其平台进行定制化开发，以形成具有自身特色的差异化，满足不同用户的个性化需求。从这个角度来讲，未来汽车产品要做出差异化和个性化，可能比原来更难了，但也可能更容易了。更难是因为企业必须掌握基于软件定义汽车的能力，更容易是因为软件远比硬件丰富，企业有更多的内容可以展现差异化和个性化。因此，难与易的关键在于企业自身是否具备了相应的能力。

基于丰富的外部服务生态打造企业的百宝箱

当产业进入生态化阶段时，"蛋糕"确实非常巨大，没有任何一家或者一类企业能够拥有整个生态，大家都只是生态中的一部分，都需要参与生态建设，并在生态中找到适合自己的定位。

对于企业来讲，肯定希望能在生态中占据业务更核心、利润更丰厚的一部分，不过这是需要能力支撑的。企业必须对自身的能力有清醒的认识，要清楚自己的优势究竟在哪里，瓶颈到底是什么，以及如何才能形成有效壁垒保持竞争优势。这里所说的壁垒并不是自我封闭，而是要在开放生态中具备难以替代的独特能力。

人与人之间的互动是互联网时代的核心，不过真正关键的是互动背后的内容。到了物联网时代，人和各种机器之间的互动成为核心，这就带来了很大的不同。为此，必须首先确保人和机器之间能够真正有效地互动。人与人之间的互动相对简单，因为彼此很容易理解，但人和机器之间的互动就不一样了。机器不同于人，要让它人性化、高效率地理解人的意思，这是一个巨大的挑战，需要先进的技术手段提供支撑。

但另一方面，与互联网时代相同的是，即使到了物联网时代，互动本身仍然不是最终目的，而只是手段，真正关键的还是互动背后的内容。因此，企业必须深度挖掘人与机器互动的目的，看看如何才能满足用户的各种需求。从这个角度出发，把外部丰富的服务生态构建成企业赢得用户青睐的百宝箱，将是产业互联网最重要的目标之一。

04 资本与产业创新

借助外部资源加快创新发展

现在有很多新技术，如自动驾驶领域的不少技术，未来能不能成为主流，能不能带来很大的盈利，都是不明确的，但又不能置之不理，这就给企业带来了很大的负担。在这种情况下，企业可以采取的应对方式，一是剥离一些旧业务，主要针对未来发展前景有限的业务，有些可以直接卖掉；二是在新技术领域与一些公司开展战略合作；三是参股有潜力的新创公司，甚至收购其中的一些公司。总之，企业要采取多种模式以确保对未来新技术的掌控。

不过，从资本运作的角度看，企业可能还需要更开放一些。现在很多技术的未来前景都是不明确的。在这种情况下，是只用企业自己的钱来投入，还是和别人共担风险、共享成果？或许后者才是变革期更为合理高效的选择。在这方面，企业理念的转变是非常重要的。

其实，看看软银公司近几年投资的布局和规模，就会有很直观的感受。某种程度上，软银已经成了一家伟大的公司。在其发展过程中，很多业务都只是通过投资或者收购其他公司来介入的，但是最终结果却是把这些不同的业务和公司整合在一起，产生了更大的价值，这是非常成功的案例。

未来汽车产业的重心将不再是生产一个零部件、制造一辆汽车，而是在出行服务领域，这既包括移动出行服务本身，也包括相关的全生态服务。出行服务将是一个完全不同的新产业，要想在这个领域占有一席之地，企业的打法肯定要和以前有所不同。

因此，未来企业合作的范围一定会更加广泛。考虑到未来出行模式的改变，企业服务的对象要扩展很多，而在服务这些"新"客户的同时，传统企业自己也将完成从"以车为主"到"以人为主"的理念转变，并对相应的商务模式进行合理的调整。

资本将为产业创新提供全程助力

资本和创新是密不可分的。创业者以及创新公司，必须获得资本的支持，才有可能把事业真正做起来，毕竟创新是需要大量投入的。同时，把知识变成财富，也是很多公司和团队进行创新的原始动力。在现代社会，各类基金将在创新全过程中提供宝贵助力。

第一类基金是天使基金。天使基金的投资在创新链条的起始阶段发挥着非常重要的作用。对于天使基金来讲，甘愿进行试错冒险是有原因的。一定会有不少投资最终失败了，但只要成功了一个项目，天使基金就可以按照事先约定的股权比例获得丰厚的回报。

天使基金的投资策略基本上就是占满赛道。在一个看好的领域内，把钱分别投在很多项目上，最终总会有几个成功的项目。如果一个项目都没有成功，那就是投资人的眼光出了问题。实际上，就算偶有判断失误也不完全是坏事。对于天使基金而言，失败是成功之母，再选项目的时候经验就会更足；而对于整个产业来说，等于把各种路线都摸清楚了，这是更大的贡献。

第二类基金是风险投资基金，也就是大家通常说的 VC。第一轮天使投资做出了样机之后，第二轮风险投资便会扶持企业进行下一步的小批量生产。如果要类比的话，天使基金就像孵化器，而风险投资则如同加速器。在这个阶段，将验证整个制造工艺的可行性，还会找一些企业或客户试用产品，并根据反馈进行优化。

如果反馈良好，那就需要建立大规模量产的体系了，否则在产能上无法满足企业或客户的需求，也无法实现更大的发展。这个时候就需要第三类 PE 基金即所谓的股权投资基金提供支持了。此阶段项目已经有了较为稳定的营业活动和相对成熟的盈利模式，经 PE 估值后可以通过公开或非公开的方式获得大量的资金支持。

项目价值越高，投资成本就越高。或者说，距离创新成果的产业化变现越近，资本进入的成本就越高。风险和收益是成正比的。到了 PE 阶段，虽然不能说一点风险没有，但是总体上风险已经不太大了。总体来说，这几类资本各有不同的专注环节和擅长领域，都在创新活动中发挥着重要的作用。

国家基金重点培育标杆企业和产业生态

相比私人基金，国家基金要求专注于推动整个产业的转型升级。这些基金总体额度往往都不小，但是投入到各个大产业中就并不多了。为此，必须精打细算，把好钢都用在刀刃上。

总体上，国家基金是按照国家指示的六大领域进行投资。一是新能源汽车和智能汽车；二是医药和医疗器械；三是智能制造，包括人工智能和机器人等；四是现代农业装备；五是现代轨道交通装备；六是现代海洋工程装备。要用有限的资金推动六大产业的转型升级，这无疑是非常艰巨的任务。

为了圆满完成任务，具体打法是关注细分领域，在其中抓住若干龙头企业。通过注入的资本以及投资后的服务，促其成长，使之成为国内的标杆企业，甚至在国际头部企业中占据一席之地。

如果在某个细分领域里有中国企业进入了全球前十，国家基金投资公司就会将其列为标杆企业，然后再推动下一个细分领域。这些领域可能划分得很细，比如电池、电机、车灯、转向机等。每一个细分领域无论大小，都要努力培育出标杆。这样就可以引导国内其他企业向标杆企业看齐，并不断学习和追赶。通过在若干领域内培育标杆企业，再由标杆企业带动其他企业进步，整个行业就会快速向前发展，最终顺利实现转型升级。

在汽车领域，国家基金先后选择了一些企业，按照培育生态的目标来进行投资。前一段时间主要集中在电动化领域，重点是动力电池、电池核心组件及材料、电池回收以及电机等方面。可以说，围绕着电动化的整个生态都做了布局。与此同时，在网联化和智能化方面也开始拓展。

国家基金的投资不只给企业注入了资金，而且加强了相关企业之间的互动，具有双重作用。这种互动效应其实也不需要刻意为之。投资公司所做的就是把大家对接到一起，企业自身就有合作的强烈需求。有了这样的基础，就可以做到三融，即融市场、融体制、融资源，从而为培育生态发挥积极的作用。

专业化管理是资本有效发挥作用的前提

总体来说，管理国家基金的理念可以概括为三句话。一是践行国家战略；二是市场化运作，因为良好的机制一定是市场化运作的结果；三是专业化管理。什么是专业化管理？就是研究整个产业发展的趋势，梳理产业链条的情况，摸清各个细分的领域，掌握相关企业的信息，在这些专业研究的基础上，开展投资管理工作。这样既可以避免在大方向上走弯路，又能够提高具体投资项目的成功率和准确度。

在投资界有一句话——投资就是投未来。投资者看一家企业的过去和现在，其实是在判断这家企业的未来会怎样。特别是当今时代，科技进步和产业发展的速度都非常快，有时候甚至超出了原有的迭代规律；同时，市场竞争也日趋激烈，这恰恰是产业发生革命性变革的特征。

实际上，人类历史上的几次产业革命，都是先由科技进步带来更为先进的生产力，然后引发生产关系的转变，最终形成全新的产业乃至社会形态，这是由生产力决定生产关系的客观规律所决定的。本轮产业变革也不例外，我们看到的是，产业不断出现一些新形态和新模式，其背后其实还是新技术在支撑。比如汽车共享，没有网联化，没有大数据，是难以实现的；又如定制化生产，没有智能制造的相关技术，也是不可能的。因此，国家基金在投资时，先要把核心技术的发展状况和未来方向搞清楚，然后再来判断整个产业的发展趋势。

> **院长心声**　　　　　　　　　　　　　　　　　　　　　　**VOICE**
>
> **资本对创新的促进作用不可低估**
>
> 在创新的过程中，资本的重要性不言而喻。科研需要资金，工程开发需要资金，产品量产也需要资金。在创新的过程中，人员的投入、设备的投入以及后续创新成果商业化的投入，都需要大量的资金。因此，资本对于创新的促进作用不可低估。而对于传统汽车制造业而言，如何

有效利用资本是以前我们相对关注不足的一个方面。

资本在创新的不同阶段有不同的作用。从一个基本的想法到最终的产业化，这个过程中技术的成熟度不同，风险度不同，相应的投入与回报也就不同。越是成熟的阶段，风险就越小，但是需要投入的资金量就越大。因此，在不同时机介入的基金无疑有着不同的侧重点和投资策略。也就是说，没有一个资本是万能的，但是不同的资本组合起来，就能为创新提供全程的助力。

在产业重构的前景下，只是把发动机、变速器、底盘和车身做好并组装好已经远远不够了，因为未来汽车产业的涉及面非常广。对于大企业来说，如果不用大量资金来投入或者并购一些新创公司，很可能无法满足未来产业发展的需求。即使有很多领域现在还看不准、看不清，但是也要投入，因为等到看得准、看得清的时候，就来不及了。这将对传统车企的既有研发模式构成一定的挑战。

以往制造业都是自己赚钱，然后再投入，自己做研发。这种模式在过去没有问题，像丰田、大众、通用等企业都是这样一路走过来的；但是未来这种模式可能就不够了。因为新一轮科技革命催生出太多的小公司，它们各自拥有不同领域的很多特色技术，这些技术都是车企需要的，而车企又不可能样样都自己研发，必须进行有针对性的投资或并购。不过这样一来，车企需要投入大量的资金，只靠自己赚的钱可能就不够了，必须考虑借助社会资本。

新时期技术创新要与资本运作创新有效组合

在万物互联的未来，人类社会的进步在很大程度上取决于资源组合的有效性和充分性，这其中资本是很重要的力量。对企业来说，如何用好资本这条纽带，正变得越来越重要。因为资本是黏结剂，可以把很多不同领域打通；同时资本又是催化剂，让企业借助各种资源加快发展、实现升华。

过去，汽车企业主要依靠自身资金投入创新的发展模式是正确的，但是再往前走就不够了，应该改变一些理念。抢占未来的战略制高点，既需要技术创新的领先，也需要资本运作创新的领先，两者有效组合的能力可能才是新时期企业最核心的竞争力。

相对来说，过去产业的维度比较低，层次比较少，或者说比较简单，企业只要把材料、工艺和机械相关的技术做到位就可以了。但是企业面向未来布局的时候，情况就不同了。并不是说材料、工艺、机械等技术不重要了，而是说只有这些技术不够了。当前，汽车产业越发呈现出多维度、多层次、多行业、多领域、多环节、多学科的不同要素相互交织的特点，这恰恰是诞生新一代伟大企业的历史契机。

正因如此，企业必须与其他参与方合作，必须借助外部资源，而外部资源中很重要的一部分就是资本。资本可以让其他企业与你分担风险；资本可以让你投入更多的种子公司，让它们充分试错，最后检验出真正优秀的科技创新成果；资本还可以助力你涉足技术以外的其他要素。实际上，未来出行大生态一定是资源组合的产物，其中就会包括平台型公司，它们可能自己不造一辆车，也不拥有一个停车场，但却能整合利用全社会的资源，为整个社会出行提供支撑。我想，有实力的传统整零车企巨头们，都应该在未来的转型过程中尝试资源组合模式的创新，而不是只盯着技术创新。

借助资本力量加快产业创新进程

从这个意义上讲，投资公司也可以成为伟大的公司。虽然自身可能不进行任何技术上的创新，甚至也不进行商业模式上的创新，但是能够为从事各种创新的公司和创业者们提供足够的资本支持，让大家都能静下心来，放手去做对社会有价值的事情。通过支撑其他公司的创新，最终投资公司将间接地为社会做出重要贡献。

因此，未来我们不仅需要伟大的企业家，还需要伟大的银行家、伟大的金融家以及伟大的投资家。当然，后者不是只有钱就够了，他们还要有格局，有战略眼光，有使命感，有责任心，更要有支撑别人创新、最终回馈社会的境界——虽然资本肯定要考虑投入产出比，但对于代表未来方向的领域，即使还不能完全看清楚，也要敢于大胆支持，因为即便失败了，这种经验教训的积累也是对社会的巨大贡献。

面对产业乃至社会巨变的前景，传统企业既要把现有业务做好，更要针对未来趋势加大投入,在这个过程中不能只靠自己盈利来滚动投入,也要借助外部资源包括资本的力量来加快发展。

而在创新的过程中,资本发挥着至关重要的作用。资本不是万能的,但是没有资本的支撑,创新将举步维艰。当然,新时期资本管理的工作非常具有挑战性,并不是资金充足就可以了,投资者还要对未来产业发展大势了如指掌,对政策、市场、企业、产品、技术和商业模式有深刻的理解,否则很难选准投资对象,更无法把不同投资对象的资源有效整合,形成创新合力。

05 人才与产业创新

汽车产业需要方方面面的优秀人才

在产业重构期,汽车企业的团队需要汇集传统汽车、人工智能以及互联网等行业的顶尖人才。因为汽车产业更强调团队作战,而不能靠个人英雄主义,要把车做好,企业需要方方面面的优秀人才。

面对产业重构挑战,企业需要有清晰前瞻的转型战略。而支撑转型战略有效落地的最重要因素就是人才。无论是培育新能力、寻找新合作伙伴,还是探索新商业模式,最终都要靠人来实施。现在汽车企业迫切需要各个领域的大量人才,特别是懂IT技术的、懂软件的、懂人工智能的人才。在引进人才方面,新旧车企都付出了很大的努力。

人力资源管理体系需要在继承中创新

在吸引人才方面,传统汽车企业确实也有一些困难。这些企业往往拥有一套完整、系统的管理体系,要打破这套体系是很难的。因为这套体系,包括组织架构和人力资源管理模式等,都是在过去多年的实践中不断完善而形成的,不仅支撑了企业之前的成功发展,而且对于维持企业现在的稳定也非常重要。但是当产业变革出现以后,企业反而因此面临挑战,如何既有继承、又有创新地改变原有体系,吸引并维持优秀的人才队伍，激发他们的工作动力，就成为至关重要的课题。

这其中的主要问题在于很多传统车企的管理模式没有或只有很少的股权激励，同时工资和奖金也基本是与公司业绩同步，不会出现大起大伏。当然，这种稳定性本身也是一种吸引力。不过，要吸引期待快速致富或者创业思想较强的年轻人，可能就会有一些难度。为此，传统汽车企业也要思考如何改善人力资源管理模式，尝试一些新的人才项目，制订很多不同的激励方式，包括多种激励打包的模式等。根本目的就是要吸引IT行业的人才，尤其是年轻人，并且让他们能够在公司持久工作。

企业转型期更需要重视人才作用

企业在转变发展路径和升级产品结构之际，一定会更重视人才、技术、管理和创新。说到底，这种重视还是因为有需求。企业对人才、技术、管理和创新的重视程度，与其发展模式以及内在需求是息息相关的。

企业进入了新的发展阶段，选择了新的发展模式，特别是在产品结构调整序幕拉开之后，将比历史上任何时候都更加需要人才、技术、管理以及创新的力量。因为真正的高质量发展，唯有优秀人才、核心技术、先进管理和持续创新方能提供有效支撑。这并不是说，之前的一个时期，人才、技术、管理和创新不重要，只不过在客户和产品相对低端且比较固定的时候，在企业固守原有的市场定位和经营策略的时候，这些要素的潜力都被屏蔽掉了。

从这个意义上讲，在一家企业的某个时期，人才能不能发挥作用，技术会不会实现突破，管理有没有显著提升，创新是不是非常活跃，都是与企业的战略定位、发展方向紧密相关、相辅相成的。而在此过程中，人才又是实现技术突破、管理提升以及创新发展的基础和关键。

院长心声 VOICE

需要关注新时期人才诉求的变化

都说留住人才对于企业来说是一个难题，其实企业能否留住人才，关键在于企业家制定的发展战略以及由此决定的对人才的重视程度。反过来讲，如果人才"生不逢时"，在企业没有很强创新发展需求的时候，再优秀的人才也难以发挥应有的作用。

传统企业的困难在于，既要考虑既有员工的福利待遇，又要考虑未来所需新人才的招揽。从这个意义上讲，架构清晰、相对稳定的人力资源管理体系和制度，既是传统大企业的优势，也是其转型的瓶颈。而新创企业因为是从零开始，反而没有这些问题。

还有一点需要注意——新一代年轻人对于工作环境和个人发展的诉求，已经和从前大不一样了。过去，大家往往更关注工资和奖金，因为每个月都等着用钱；而现在，年轻人普遍衣食无忧，一些家庭条件好的甚至本来不需要"为钱"出来工作，因此可能期权和股权更受他们关注。因为他们更追求对企业的拥有感，以及在企业发展过程中的成就感。为此，企业应该形成一些新机制，如内部建立孵化器，允许甚至鼓励员工创业。假如企业没有提供内部创业的机会，那么一些人才就会到别的地方去发展，这对企业是不利的。

此外，对于跨国公司而言，还要充分考虑人力资源的地域性差异。如果简单认为美国人、德国人或者日本人就是这样的，中国人应该也是这样的，恐怕很难适应中国快速发展的步伐。

成功的企业家必须具有"三识"

我曾经总结过，成功的企业家必须具有"三识"。改革开放初期，只要敢于去闯就能成功，此时"胆识"是最重要的能力和战略；改革开放中期，中国人开始走出国门，看到了国外的企业在怎样做，回来后"照猫画虎"就能成功，此时在"胆识"的基础上，"见识"也成了最重要的能力和战略；但是，到了改革开放40年之后的今天，粗放式以及模仿式的发展已经难以为继，我们必须进行转型升级，实现创新突破，否则根本无法保持竞争力，此时"胆识""见识"和"知识"都变成了最重要的能力和战略。"胆识"不可或缺，"见识"也必须具备，而"知识"的重要性将在未来日趋凸显。企业有"知识"，意味着必须拥有具备产业完整知识体系和创新能力的优秀人才团队，无论国企还是私企，这都是新形势下企业实现可持续发展的基础和支撑。

当前一些企业取得了快速发展，原因就在于此。有些优秀的企业走出国门，输出的根本不是产能，而是技术，是管理，更是背后拥有技术能力和管理能力的人才。而这些优秀的人才能够得到重用，能够在合适的岗位上发挥突出的作用，则是因为企业领军人对发展方向的前瞻眼光和战略抉择。

附 录

嘉宾简介

一、凤凰网汽车、主持嘉宾及本书作者

01 凤凰网汽车

凤凰网（凤凰新媒体，纽交所代码：FENG）是全球领先的跨平台网络新媒体公司，整合旗下综合门户凤凰网、手机凤凰网及移动客户端、凤凰视频三大平台，秉承"中华情怀，全球视野，包容开放，进步力量"的媒体理念，为主流华人提供互联网、移动互联网、视频跨平台整合无缝衔接的新媒体优质内容与服务。

凤凰网汽车，日均UV250万，PV5500万，月度覆盖人数3800万，拥中华情怀，享全球视野。凤凰网汽车力求打造最准确、最详尽、最专业的车型数据及报道产品，提供最新行情及走势分析。凤凰网汽车由媒体平台转变为产品服务平台，深度满足汽车用户需求，追随互联网移动化的趋势，打造PC+手机的服务平台。凤凰网汽车品牌栏目《速识主义》《读懂白车身》《凰家众测》等共同打造凤凰网汽车媒体影响力，为品牌广告提供强力支撑。目前，凤凰网汽车布局区域构建新渠道，为汽车网站发展提供新机会。据统计，凤凰网汽车已在华北、东北、华东、华中、华南、西南、西北大区开设50个城市分站，通过以看车、选车、买车于一体的无缝式服务体系，向不同地域汽车消费者提供本地化、零距离的全程关怀式购车服务。凤凰网汽车以全新的理念迎接汽车市场变革，以地区为核心，城市为基础，建立覆盖全国各地的地方站网略系统，深耕二三四城市，扩大用户群，强化品牌影响力。

02 主持嘉宾及本书作者

赵福全，博士，清华大学车辆与运载学院教授、博导，汽车产业与技术战略研究院（TASRI）院长。同时担任世界汽车工程师学会联合会主席（2018—2020）。目前主要从事汽车产业发展、企业运营与管理、技术路线等领域的战略研究。在美国、日本、欧洲汽车界学习、工作近二十年，曾任美国戴姆勒-克莱斯勒公司研究总监（Research Executive）。2004年回国，先后担任华晨与吉利两家车企的副总裁、华晨宝马公司董事、吉利汽车（香港）执行董事、澳大利亚DSI控股公司董事长以及英国锰铜公司董事等职务。作为核心成员之一，领导参与了包括沃尔沃在内的多家国际并购及后续的业务整合。

赵教授于2013年5月加盟清华大学。现任世界汽车工程师学会联合会首届技术领导力会士，美国汽车工程师学会会士，中国汽车工程学会首届会士、理事长特别顾问、技术管理分会主任委员，英文杂志《汽车创新工程（Automotive Innovation）》创刊联合主编，中国汽车人才研究会副理事长，以及多个地方政府及多家企业的首席战略顾问。

赵教授作为特邀主持嘉宾，与凤凰网共同创办了凤凰网汽车"赵福全研究院"高端对话栏目，迄今已和行业领袖及知名企业家等重量级嘉宾进行了57场对话。赵教授主持开发过近20款整车及10余款动力总成产品；主导完成了各类重大战略及管理咨询项目150余项；拥有授权发明专利300余项；已出版中英文专著9部，其中一部英文专著已被译为中文；发表中、英、日文论文300余篇；在主流报刊媒体上发表产业评论100余万字；在重大论坛上发表主题演讲200余场次；获得包括《中国汽车报》行业年度人物、纪念改革开放30年及40年中国汽车工业杰出人物、《21世纪经济报道》年度自主创新人物、"中国经济网"汽车行业年度人物等各类重大奖项30余项。

刘宗巍，博士，清华大学车辆与运载学院副研究员，汽车产业与技术战略研究院院长助理，主要从事汽车产业发展及技术管理研究，侧重于技术创新体系建设及技术路线评价与决策等。

吉林大学（原吉林工业大学）汽车工程学院车辆工程博士，麻省理工学院（MIT）斯隆汽车实验室访问学者。曾在吉利研发一线工作六年，历任吉利汽车研究院技术管理部副部长、项目管理部一级高级经理、产品战略及策划部部长、院长助理（副院级）等职，直接领导过企业产品战略、技术、项目、知识产权以及商务五大业务板块的技术管理工作。

2014年入职清华大学至今。现任中国汽车工程学会第九届理事会理事、技术管理分会秘书长、人才评价工作委员会首届委员，中国汽车人才研究会常务理事，英文杂志《汽车创新工程（Automotive Innovation）》副主编。

近年来承担及参与国家、行业以及企业战略研究项目40余项。领导编撰企业、产品及技术战略等各类研究报告，合计近百万字。已发表论文50余篇，出版著作6部。经常受邀在行业重大论坛发表主题演讲或在行业主流媒体上分享观点。获中国汽车工业优秀青年科技人才奖（2017年），中国产学研合作促进奖（2018年）。作为主要完成人，获全国企业管理现代化创新成果一等奖（2012年）、浙江省企业管理现代化创新成果一等奖（2012年）以及中国汽车工业科学技术二等奖（2016年、2018年）。

胡津南，资深媒体人，凤凰网汽车总经理。他致力于将凤凰网汽车打造为最准确、最详尽、最专业的车型数据及报道产品，提供最新行情及走势分析。凤凰网汽车由媒体平台转变为产品服务平台，深度满足汽车用户需求，紧跟互联网移动化趋势，打造移动端+PC的全面汽车资讯服务平台。除工作外，爱好运动，每年参加全球各大马拉松赛事30余场，被《China daily》誉为中国最会奔跑的媒体人。

马青竹，凤凰网汽车事业部产经组主编，从业十年的资深汽车产经编辑。

二、第十三季"赵福全研究院"嘉宾简介

01 刘世锦

全国政协经济委员会副主任、国务院发展研究中心原副主任　刘世锦

刘世锦，中国发展研究基金会副理事长，全国政协经济委员会副主任，国务院发展研究中心原副主任，研究员，博士生导师。长期以来致力于经济理论和政策问题研究，主要涉及宏观经济、产业发展、经济体制改革等领域，是《陷阱与高墙：中国经济面临的真实挑战与选择》《在改革中形成增长新常态》等一系列近年来产生广泛影响的研究成果的直接领导者和主笔者。参加中共十八届三中全会、十八届五中全会、十九大报告的起草工作，是国家"十三五规划"专家委员会委员、国家应对气候变化专家委员会委员、中国经济50人论坛成员等。曾多次获得全国性有较大影响力的学术奖励，包括两次获得经济研究界最高奖——孙冶方经济科学奖，中国发展研究特等奖等。

02 于勇

河钢集团党委书记、董事长　于勇

于勇，1963年出生，工学博士，正高级工程师，享受国务院政府特殊津贴专家。历任唐山钢铁股份公司总经理，河钢股份有限公司总经理，唐钢集团总经理、董事长，河钢集团总经理。现任河钢集团党委书记、董事长，世界钢铁协会主席，中国钢铁工业协会轮值会长，中国共产党第十九次全国代表大会代表。长期从事钢铁生产技术开发、大型企业经营和工程管理工作，研究解决行业关键共性技术，负责并完成"十二五"国家科技支撑计划课题2项，负责"十三五"国家重点研发计划课题1项；先后荣获国家科技进步二等奖1项，省长特别奖（河北省最高科技奖）1项，省部级科技进步奖一等奖4项，国家级管理现代化创新成果一等奖1项、二等奖5项。荣获全国劳动模范、全国五一劳动奖章、中国青年科技创新优秀奖。

03 张兴海

重庆小康工业集团股份有限公司董事长　张兴海

张兴海，1963年出生。研究生学历，高级经济师。重庆小康工业集团股份有限公司创始人、董事长。全国人大代表、中国民间商会副会长，重庆市工商联副主席；全国非公有制经济人士、优秀中国特色社会主义事业建设者、中国光彩事业奖章获得者、全国抗震救灾先进个人、振兴重庆争光贡献奖获得者、重庆市五一创新劳动奖章获得者、重庆市优秀企业家、重庆市首届十大慈善人物。

04 王坚

中国工程院院士、阿里云创始人　王坚

王坚，中国工程院院士，阿里云创始人。首创"以数据为中心"的分布式云计算体系架构，率先提出采用计算作为公共服务的产业模式，主持研发以大规模分布式计算系统"飞天"为核心、拥有自主知识产权的阿里云计算平台。通过创办"云栖大会"和创立"云栖小镇"，构建了完整的云计算生态，实现了从"飞天"技术平台到云计算产业的突破。提出"城市大脑"作为未来城市新的数字基础设施，以数据资源为关键要素，提高城市公共资源使用效率的城市可持续发展路径。曾获中国电子学会科技进步特等奖，浙江省科学技术进步奖一等奖。

05 何小鹏

小鹏汽车董事长兼 CEO　何小鹏

何小鹏，1977 年出生，1999 年毕业于华南理工大学计算机专业。曾工作于亚信科技（中国）有限公司广州分公司。2004 年，何小鹏先后与梁捷、俞永福共同创办 UC 优视公司，2014 年，UC 优视以近 40 亿美元，创中国互联网最高并购整合整体并入阿里巴巴，何小鹏先后担任阿里移动事业群总裁、阿里游戏董事长、土豆总裁；2017 年 8 月 22 日，何小鹏从阿里巴巴离职，同年加入小鹏汽车，出任董事长。曾获首批"广州市创新创业领军人才""广州十佳青年""广州市科学技术一等奖""广州市科学技术市长奖""第十八届广东青年五四奖章"等荣誉。

三、第十四季"赵福全研究院"嘉宾简介

01 付强

爱驰汽车联合创始人兼总裁　付强

付强,吉林工业大学汽车专业毕业,工学硕士,高级经济师,拥有28年汽车产品研发、财务、市场营销、企业管理经验。现任爱驰汽车联合创始人兼总裁,曾任沃尔沃汽车(中国)销售有限公司总裁兼首席执行官,中国区高管委员会(CEMT)成员、全球副总裁;北汽奔驰汽车有限公司销售与市场执行副总裁;上海大众汽车有限公司斯柯达品牌营销事业部执行副总监;一汽-大众汽车有限公司控制部部长;一汽-大众销售有限责任公司市场部部长、副总经理(负责奥迪品牌业务)。曾成功推动北京奔驰和沃尔沃中国营销业务的转型和变革,是奥迪和斯柯达品牌营销业务在中国的奠基人。

02 李钢

国投创新投资管理有限公司董事总经理　李钢

李钢，1957 年出生，1982 年毕业于北京工业大学。1982—1990 年，任职于北京汽车制造厂；1990—2015 年，担任国家发改委产业协调司机械装备处处长；2015 年 10 月至今担任国投创新投资管理有限公司董事总经理；2017 年 9 月至今担任北京汽车集团有限公司董事。拥有超过 30 年的机械装备、汽车、轨道交通装备、船舶等领域产业发展和宏观管理从业经验，先后参与了多个国家重大政策的编制起草和组织实施工作；长期从事汽车、机械装备、轨道交通装备、船舶海工等产业领域的固定资产投资管理工作，对产业的发展有丰富的从业经验和政策水平。

03 钟翔平

腾讯公司副总裁　钟翔平

钟翔平，1975 年出生，1997 年毕业于南京大学。2004 年 7 月加盟腾讯，现任腾讯公司副总裁。曾组织成立腾讯无线研发部，在移动互联网时代，孵化了手机 QQ 浏览器业务，带领 QQ 浏览器业务成为移动浏览行业领跑者。面向产业互联网时代，带领腾讯发展智慧出行、5G 技术应用、AI 智能平台等业务，助力产业转型升级。作为腾讯智慧出行业务及智能平台业务负责人，全面负责腾讯地图、腾讯车联网、腾讯自动驾驶、腾讯位置服务、腾讯云小微、腾讯智能翻译等业务及团队管理工作，带领团队在智能网联汽车解决方案、自动驾驶技术、高精度地图及仿真平台等技术领域取得领先优势，并在语音、语义、图像识别等技术研究领域取得丰厚积累。

04 李震宇

百度副总裁、智能驾驶事业群组总经理　李震宇

李震宇，1976 年出生，2001 年硕士毕业于北京航空航天大学。毕业后入职华为，从事网络相关技术的研发工作，个人及带领团队获得华为最高荣誉金牌奖。2007 年加入百度，历任百度多个基础技术部门和业务部门的负责人，曾任百度人力资源部首位政委。2015 年筹建百度自动驾驶事业部，并担任自动驾驶事业部常务副总经理。2016 年 10 月，轮岗至百度 AI 体系，筹建 AI 平台部；在此期间，"百度大脑"入选 2016 乌镇世界互联网大会 15 大领先科技成果之一。2017 年，轮岗至百度智能驾驶事业群组，全面负责自动驾驶事业部。同年，担任百度智能驾驶事业群组总经理。

05 徐大全

博世（中国）投资有限公司执行副总裁　徐大全

徐大全，1985 年毕业于清华大学热能工程系，1989 年获得日本千叶大学机械工程硕士学位，1992 年获得生产科学和技术博士学位，2000 年获得美国罗切斯特大学 Simon 商务学院工商管理硕士学位。1992—1999 年，徐大全博士先后在通用汽车公司日本东京和美国纽约技术中心任发动机管理系统高级工程师。2000 年，在某大型国际汽车零部件集团美国纽约技术中心担任国产化项目经理；2005 年归国后，先后在该公司中国区任工程部经理、质量部总监、总经理以及动力总成事业部中国区总裁。2010 年 9 月，担任博世（中国）投资有限公司执行副总裁，负责博世中国汽车与智能交通技术业务。